A-G・オードリクール

作ること使うこと

生活技術の歴史・民族学的研究

山田慶兒＝訳

藤原書店

La technologie science humaine
Recherches d'histoire et d'ethnologie des techniques

by André-Georges Haudricourt

作ること 使うこと 目次

II　輸送と動力　141

V　動物と植物と社会　335

作ること　使うこと

生活技術の歴史・民族学的研究

われわれは作ることと、
その作るものの用い方を知っていることとが
一緒にそこでは落ち合っているような
何かそうした知識を必要とするわけだ。

プラトン『エウテュデモス』17

人文学のなかで
技術学にふさわしい位置を与えられた
マルセル・モースと
『アナール』誌において
私の最初の論文に序文を寄せられた
マルク・ブロックの追憶に捧げる

凡例

一　本書は André-Georges Haudricourt, *La technologie, science humaine: Recherches d'histoire et d'ethnologie des techniques*, Paris, Éditions de la Maison des sciences de l'homme, 1987. の飜訳である。ただし、préface, *Haudricourt et technology*, par François Sigaut、と小論文五篇を割愛した。詳しくは「訳者あとがき」参照。

二　原文中のイタリック（主として単語）は訳語を〈　〉に入れ、必要があれば原綴をイタリックで記した。言語学的記述のなかの技術はイタリックの原綴のままである。そのほか南太平洋の島の地名で原綴のまま使った例がある。

三　本文中の（　）内の原綴の人名と年号は、巻末「参照文献」の著者による指示である。

四　本文中の（　）内の注記は、本文と同じ大きさの活字が原注記、小活字が訳注記である。

五　原注は（　）付き数字、訳注は＊数字を本文の傍に記し、原注は各論文の末尾に、訳注は当該段落末に載せた。

I　領域と方法

1　人文学としての技術学

生産力の科学である技術学は、自立した科学として認められ、それにふさわしい位置を占めるにはまだほど遠い。

第一次近似として、ひとつの科学はその対象、すなわち研究している物ないし、存在によって定義される、たとえば生物が生物学の対象であり、線と面が幾何学の対象である、など。実際には、ひとつの学問を特徴づけているものは対象でなく観点であることがすぐに分かる。たとえば、ここにテーブルがある。それは面と体積をもち、数学の観点から研究することができる。物理学の観点からは、その重さと密度と圧力にたいする抵抗を研究することができる。化学の観点からは、火による燃焼か酸による溶解。生物学の観点からは、材木を提供した樹木の年齢と種。最後に人文科学の観点からは、人間にとってのテーブルの由来と機能。

同じ対象をいろいろな観点から研究できるとすれば、その代りにほかの観点よりもっと本質的な観点、対象の発生と変化の法則を与えることができる観点があるのは確かだ。製作物にとって本質的であるのは人間的観点、人間による製作と利用の観点であり、技術学が一つの科学であろうとするならば、人間的活動の科学という資格においてであるのは、疑問の余地がない。

技術学へのこの観点の導入が長い間妨げられてきたのは、明らかに十九世紀の大学の観点がこの研究にあたえた地位の低さである。多様な「労働の歴史」や「労働者階級の歴史」は生産力の歴史よりもはるかに生産様式の歴史に集中していた。長いあいだ歴史概説の「大発明」は大砲の火薬と羅針盤と印刷術であったが、しかし水車や輸送手段や冶金についてはいかなる指摘もなかった。マルク・ブロックというひとりの歴史家が中世にとっての水車と馬の技術の重要性を明らかにしたのは、二十世紀も第二四半期に入ってからのことに過ぎない（Bloch, 1926, 1935, 1936）。

民族誌は、逆に、その学問の始まりから、技術学に大きな重要性を認めていた。ルイス・モーガンが人類の諸段階をその技術的知識、とりわけ火と弓矢と陶器と灌漑《かんがい》農業と鉄の冶金術によって分類したことを想起しよう。諸民族の工芸の研究は、物質生活ないし物質文明という項目の下で、民族誌的研究全体の恩恵にあずかっている主題である。フランス語の最初の概説（Deniker, 1900）のなかでは、物質生活は正確に諸民族の社会学的特質のなかに分類されている。

博物館に集められた民族誌的な器物は科学的研究の基礎を提供している。しかし、その研究はそもそも類型学的であった。つまり文化圏学派のドイツ民族誌の影響を受けた、形式的、人為的な、「アプリオリ」な分類である。文化圏学派にとっては形式が、機能と無関係だっただけになおさら重要である、説明のつかないもの、理性では捉えられないものに強調点を置くのだから。

フランスでは、逆に、民族誌の教育が一九二六年に、社会学の闘士というもう一つの顔をもち、エミール・デュルケム（一八五八―一九一七）の甥でもある、マルセル・モース（一八七二―一九五〇）の講義によって創始された[1]。この講義のなかで、モースは博物館のために集められている物の用法と機能についてできる限りの情報を集める必要性を強調していた。技術学についてのこのダイナミックな考え方はただちに、道具がその結果である物質的な物を伴わない技術があることを考慮するようかれを導いた。――その技術をかれは「身体の技術」と名づけた。たんに槍をその長さと重さによって投げるやり方だけではなく、たんに履く(長靴を、サンダルかモカシン(北米先住民の柔かい革靴)を)という流儀による歩き方だけではなく、泳ぎ方も民族と民族のあいだに、なんらかの物のせいには帰せられない違いがある。ヨーロッパ人が平泳ぎしか知らなかったこと、十九世紀末にアメリカ・インディアンとポリネシア人から借用した泳ぎが今日のスポーツ選手の速さを競う水泳を生み出したことは、よく知られている。水泳の場合はとくに印象的である。だが日常生活の身振りのすべて、座る、食べる、小便をする、などの仕方は、生物学的に受け継いだ本能的な身振りではいささかもなかった。それはみな学習して、社会的に受け継いだ、特定の人間集団に特徴的な身振りなのである。モースは最後には技術を、伝統的に効力を有する行為、と呼んでいた[2]。

さてすべての行為は一種の筋肉運動である。伝統的に世代から世代へと学習されたその筋肉運動は、おまけに技術学が研究する現実であった。技術学は、これまで民族学者が分類した、技術教育のなかで行われているような、加工原料、つまり木、金属、皮革、などをもとにした、あるいは充足必需品、つまり住居、衣服、食料、などをもとにした、技術的行為の分類を再検討していた。一九三六年以来、ルロワ－グーランは用いる身振り、すなわち握ったままの打撃、投擲を伴う打撃によって道具を分類していた[3]。特定の人間集団の物質文明は製作するか使用する物の全体であるよりも、むしろ伝統的でかつ技術的に有効な筋肉運動の全体であると言ってよかった。

これらの主張があらわれた時代以後、技術学は一新すべきだったのだが、実際にはなにもなされなかった。なさるべきであったことを検討するために、まず技術学を言語学と比較しよう（しばらく前から多くの民族学者が言語学を「モデル」とみなしていることはよく知られている）。言語活動もまたひとまとまりの伝統的筋肉運動とみなすことができる。幼児は周囲の人たちから喉頭と口の筋肉をどう使うかを学び、それらの筋肉の調整された運動、その喉頭口唇行為が音声、すなわち母音と子音を生み出し、これらが整序されて語になる。言語の本質的な機能、象徴的な表現力に富むコミュニケーションの機能があらわれるのは、語の水準においてである。

物理的に実在する言語活動とはなにか。ある一部の言語学者にとってはそれは音声、話す人と聞く人のあいだを伝わる音の振動であり、テープレコーダーに記録できる実在である。これはとくにローマン・ヤーコブソンの見解である。わたしの考えでは、それは実在する言語の二次的な（無視はできない）一側面に過ぎない。本質的な（あるいは主要な）物理的側面、それは話す主体の筋肉収縮である、というのは言語の進化を研究すると、大部分の音声変化はその側面によって説明されることに気づくからである。

言語学のいちはやい始動を可能にしたのは、アルファベット表記が存在したからだった。それぞれの文字がひとつの運動をあらわす表音表記をうるには、正書法の伝統を取り除けば十分である。たとえばMは両唇の閉鎖と喉頭の振動を意味し、口蓋帆が下がるのにともなって、鼻腔との通路が開くのであり、Tはといえば口腔の閉鎖にともなう喉頭の不活動を意味し、口蓋が上がり舌端が歯に当たることによるのである、など。語しか書き写さない（数字や漢字のような）表意文字では、近代言語学は誕生できなかった。

いまのところは人間が技術的活動において行う運動を書き写すのに適切とみなされる記号法はない。スポーツの領域、ダンスの領域には確かに記号法の試みがあった、広く用いられるにはいたらなかったが。両手で行う綾取りだけは民族誌家によってきわめて正確に描写されたが、製造の領域でわたしが知っているのは編物にかんする著作だけである（未刊〔Pelosse, 1981〕）。十九世紀末の資本主義企業における労働合理化事業計画の研究は科学的に利用できる成果を上げているだろう、と人びとは考えたかも知れなかった。とんでもない。『運動研究の理論と実際への手引き』と題するパンフレットが、スタフォード・クリップス卿の序文つきで、一九五二年にC・E・G・O・Sから出版された。F・W・テーラーとF・B・ジルブレスのその研究結果にはがっかりである。基本的運動を象徴化する代わりに、*therblig*（後から読んだその発明家――Gilbreth――の名前！）と称する単位は、知る、集める、放す、などなどといった動詞しか象徴化せず、運動をおこなうやり方についてなんの指示もない。そこにあるのは発音が与えられていない表意文字に相当する表記法なのである。(4)

深く掘り下げた研究はなくても、人間の技術学的進化の見当をつけることはできる。はじめは、言語活動の獲得と相関的に、自発的であると同時に社会的に伝えられる技術である、筋肉運動の方法の獲得があった。エンゲルスの著作にいう人間的になること。*1 次いで動物の家畜化、動物の動力としての利用が連続運動の利用、車輪、蓄力回転装置、水車の発明の問題を引き起こし、次いで人間と動物の動力に代えて水、空気、熱を用いることが可能になった。そしてついに、今日、有効な人間の身振りはレバー、ペダル、ボタン、……の操作に帰着する。

＊1　**人間的になること**（humanisation）　モーガンの『古代社会』に依って書かれた『家族、私有財産および国家の起源』（一八八四年）には、humanisationという語は見当らないが、人類が動物に由来するならば分節言語の形成という過渡的段階を、直接に証明する証拠はないが、仮定しなければならない、と述べている。

生物の進化と技術の進化のあいだの類比は、逆説ではなしにかなり先の方まで推し進めることができる、物は脊椎動物の骨格が軟体動物の殻としか比較できないことを理解しさえすれば。博物学者が軟部、すなわち動物の筋肉と内臓を元通りにしようと試みるのと同じやり方で、物のまわりにそれを生産しそれを機能させる人間の身振り全体をまとわせなければならない。

技術学者が打ち樹てようとする物の自然分類は、生物学者が打ち樹てようとする自然分類と同じ種類であろう。それは歴史上実在した親族関係を説明するはずの系統分類である。系統分類は、収斂か並行[＊2]のおかげで、同じ落とし穴にさらされる。生物学では、収斂は外部環境の影響と自然選択のおかげである。それは技術学においても同じであり、外部環境は自然環境と同時に社会環境、そして選択はもっとも有効な技術の選択である。たとえば、水中を移動する必要性から魚と鯨の仲間とあざらしのあいだに形の収斂が生じ、同様に土地を耕す仕事の必要性から中国の耕作器具とヨーロッパの耕作器具のあいだに形の収斂が生じて、刃が左右対称の犂《アレル》から左右非対称の刃の犂《シャリュ》へ移行した。この後の場合には、独立に進化したのは確かである、インドと中央アジアは左右非対称の刃を知らないのだから。逆に、ヨーロッパと中国のあいだに直接の交通があるときは、中国の鋳造した金属の湾曲した犂《すき》べらを、木か鍛造した金属の犂べらしか知らなかったヨーロッパで模造した。生物と道具のあいだの重要な違いがひとつここにある。交雑はごく近縁の生物のあいだでしかありえない。逆に交雑、あるいはもっと正確にはある道具のほかの道具への影響は、その道具の起源がどうであれ、製作者の頭の中で生じうる。その道具が同じ関心領域内にあり、同じ社会集団内で知られていれば十分である。発明は移動よりも容易であり、交雑よりも頻繁に起こる。それが技術進化に、生物進化には知られていない、加速の可能性をあたえる。

＊2　**収斂か並行**　収斂は異なった種の器官や体型の相似。並行は分化した種の進化の並行性、ただし原文には並行変異とみえる。

例として農具、犂《シャリュ》の一世紀末の分類の変転を取り上げる。[5] 十九世紀の民族誌家は、犂《シャリュ》のような複雑な道具は鍬《くわ》か草取り鍬のような単純な道具から自然に生まれてきた、と無邪気に考えて、犂《シャリュ》にはただ一つの起源しかなかったかどうかを知ろうと議論して、ある人たちはそれを草取り鍬に、べつの人たちは鍬に、あるいはそれどころか掘り棒に設定した。それとも二つの異なった起源（たとえば生物学者のいう、二つの系統）を認める必要があったら、ある種の犂《シャリュ》は草取り鍬に由来し、一方別の種は掘り棒から来た、と。その間、地理学者と歴史家は系統学的先入観のない、もっと形式的な分類で満足していた。有輪の器具、いわゆる犂《シャリュ》があり、無輪の器具、犂《アレル》があった。一九三一年に「文化圏」学派のある民族誌家（Leser, 1931）が犂にかんする重要な専論を出版したとき、かれは「環境」への適応、すなわち風土、土壌、繋駕法、文化様式への適応であるかも知れないものをすべて排除して、なんとかして系統学的なつながりを確立しようと試みた。最後に残ったのは器具の枠組の形、三角形か四角形だけだった。著者はこう言ってはばからなかった、「文化圏」に見合う犂《シャリュ》の二つの系統、二つの系列があった、と。だが技術の影響を受けない形というものがあるだろうか。木製の農具をほかの木製の物の骨組全体の中に置き直せば、道具類がまだ新石器段階にあるとき、紐で括る木の技術においては頑丈さを手に入れるには三角形の枠が必要であることが分かる。道具類のおかげで枘《ほぞ》と枘穴を使って木を組立てることが可能になり、頑丈な四角形の枠を手にする可能性がでてくるのは、ようやく鉄器時代の段階においてである。

進化と適応に反対するのは完全に幻想的である、というのは道具の進化はいろいろな技術、いろいろな必要性への不断の適応によってしか説明されないのだから。起源はどうかといえば、それは道具が延長する運動のなかに見つかる。すなわち人間が操作する道具にたいする人間の身振り、それとほかの動力が動かす道具と機械にたいする似たような推進力。だから垂直に打撃をくわえて打ち込む掘り棒と鍬、斜めに打撃を加えて打ち込む草取り鍬は、たとえば熊手のように引っ張られる犂《シャリュ》および犂《アレル》とはなんの関係もない。そもそもエジプトとメソポタミアでの初期の犂《アレル》は種播きのときに馬鍬か熊手に似たはたらきをしていた。その器具が草取り鍬か鍬のように、土地を耕すのに使われたのは、ずっと遅く、古代のプリニウス[*3]の時代である。

＊3　プリニウス　ローマの著作家（AD23/24-79）。『博物誌』三七巻を著す。

技術学の方法とはなにか。過去に遡るために現在から始めよう。現在はいたるところで、もっとも「原始的な」民族の集団においてと同じくわれわれの社会の職人や労働者の集団においても、研究されているだろう。労働と遊びと休息の身振りがすべて、その社会的かつ技術的なあらゆる文脈のなかで撮影され、分析され、そして集積されているだろう。それらの活動に属する語彙もまた収集されているだろう。

いまはいろいろなやり方で過去に接近できるだろう。まず最初に、現在の記録がふんだんにあるときはそれを使って。身振りまたは語の地理的分布はそれだけでも情報を提供することができる。言語地理学、あるいは生物地理学では、ある非連続圏はもっと古い連続圏の名残りをあらわしている、など。

次ぎに図像学。素描、絵画、彫刻は身振りか道具を表現しており、年代を確定することができる。資料が有効であることを確かめるにはありとある用心深さを持たなければならない。というのは様式化、別の時代の模写、あるいは空想（超現実主義はあらゆる時代にある）にそこで出会すかも知れないからである。

最後に、言語学。技術用語、とりわけ日常語には知られていない、特殊な語の研究によって、ほかに証言のない発明ないし借用の年代を推定することが可能になる。ロマンス語の技術用語の検討はスラブ語の検討とおなじく、文献資料がごく少い時代の、中世初期について貴重な情報を提供してくれる。それらの研究はすべて注意深く進めなければならない。事物と語のあいだにはいかなる必然的な結びつきもない。乗物という語はエンジンが馬に取って代わったのちもずっと使われている。もちろん単一の語の歴史にかんする推論を根拠にするのは軽はずみだが、語彙全体を使って行うときは、結果ははるかに確実である。

明白な証言である文献は、歴史家にはありふれた原資料だが、技術学者には幸福な例外に過ぎないだろう。技術史にたずさわる歴史家たちを方向転換させたのは、文献の欠如、そのいちじるしい稀少性である。間接的な（民族学的、図像学的、そして言語学的な）証言を利用するには歴史家の素養とは異なった素養を必要とするし、それがわれわれの専門分野の立ち遅れを説明してくれる。直接的利益が明らかになっていなかった、一つの新しい科学の誕生が優遇されるに到るには、科学研究は依然としてあまりにも大学教育の慣習と伝統の影響下にある。

教育課程のなかで技術学を発展させることにはさまざまな利点があるだろう。まず技術教育を高等教育のなかへ延長するならば、個別的なそれぞれの技術を人類進歩の通史に組み入れることを可能にして、機械の使用とヒューマニズムのみかけの二律背反を乗り越えてゆくだろう。

しかしいちばん直接に役立つその貢献はおそらく人種主義との戦いであろう。というのはヨーロッパ人は最初はほかの文明の技術的立ち遅れを非ヨーロッパ人の知性と創意の欠如のせいにしようとした。いまでは技術とその歴史の科学的研究が立ち遅れの原因に光を当てて、それは人種の心理的ないし知能的劣性となんの関係もないと証明することを可能にしている。

たとえば、アメリカのコロンブス以前の文明のユーラシア文明にたいする全体的な立ち遅れは、人類がアメリカに比較的遅く（早くとも最後の間氷期に）到達したことによって説明される。そのときその人類はユーラシアでは「先住民」だった。アメリカの大型哺乳類は人間を警戒することに慣れておらず、たちまち絶滅された。その時代に生息していた馬でさえ、家畜化されることなく、野獣として全滅させられた。しかしスペイン人が飼い馴らした馬を再導入したとき、先住民はすばやくプレリとパンパスの中でみずからを馬に順応させた。ある種の金属、金、銀、銅、ときには青銅も、コロンブス以前のアメリカに知られていたが、鉄はそうではなかった。というのは鉄には鞴《ふいご》によってしかえられない温度に炉が達することが必要だからである。ところで鞣皮《なめしがわ》製の物である鞴は最初にユーラシアで遊牧民の文化のなかにあらわれる。家畜化されたウシ科の動物も羊もいなかったアメリカでは、鞴は知られていない（その代わりゴム製の注入器はアマゾン平原で発明される）。

オセアニアでは、（競争を減らす）島の孤立と限られた自然資源がある種の技術の退化を引き起こす。たとえばポリネシア人の集団では陶器が消滅し弓が稀少化していて、それがルイス・モーガンにかれらを（オーストラリア人とともに）もっと低い段階に分類するように仕向けていたのだった、その全住民は大陸を離れたときには少くとも金属器時代に近い新石器時代にあったというのに。

アフリカでは、孤立の原因はあまりはっきりしない。どちらかといえば生態学的な孤立（ある気候帯からべつの気候帯への通行難）が問題である。雨なしに規則的に洪水になる渓谷のエジプトも、高山のエチオピアも、アジアとアフリカのあいだに適当な中継地がなかった、というのはこの二つの地方はそれぞれその生活習慣が独得であり、アフリカの残りの地方と似ていないからである。逆にヨーロッパはアジアと地理的、生態的に連続していたし、歴史のあいだに近いエジプトや遠い中国から到来するあらゆる新しい技術革新がそこに浸透できたのである。


だからといって技術学に、そして一般的には生産力に、歴史的説明にかんしてただそれのみに重要性を認め、技術革新と発見と発明を、生産関係を除けば、ただひとつの歴史の推進力と考えてはならない。

ときおり文明の技術学的分類を見かけるが、それは人間と動物の動力しか利用しない素朴文明、水力を利用するすべを知っている半工業文明、最後に蒸気を利用する、次いで電気を利用する、ついには原子力を利用しようとする工業文明に区分する。

科学の進歩の一世紀このかたのように発見と発明が緊密に結びついていなかった当時の、現代以前の技術史を検討してみると、ひとつの事実が際立っているのは、技術革新時代の期間の不均等な分布である。紀元前三千年紀にメソポタミアとエジプトで発明された犂《アレル》をもういちど例にとろう。青銅器時代の間に犂《アレル》はヨーロッパとアジアに多様化しながら拡がる。地中海地方ではそれは今日までそのまま変化していない。それにたいして中欧では、五世紀のはじめから、固定撥土板つき犂《シャリユ》に、次いで西欧の「回転撥土板犂《シャリユ》」に、北欧の無輪犂《シャリュ》に形を変えて、十二世紀から十八世紀まではもはや変化していない。鉄の冶金術の歴史でも同じような事実を挙げることができよう。それははやくも西暦紀元前一千年期に、手動の鞴を採用したおかげで、小アジアで生まれていた。それは急速にユーラシア、ついでアフリカに広まる。中国では坩堝《るつぼ》とピストンつき木製鞴を利用して、はやくも西暦紀元前に鋳鉄を手に入れることが可能になる。ヨーロッパではようやく十五世紀に鞴を運転するための水車を利用して鋳鉄を再発見するだろう……。

つまり同じ民族はある時代には発明の才に富み、次いで何世紀にもわたって旧套を墨守する。人種主義者たちは技術革新の時代を北欧的知性の「移民」によって説明していた！　結論は異なるだろう。人びとの知性と進取の気性が問題になっているのではない。そうではなく、発明を利用し開発する可能性は社会構造、生産様式の変化がその体制を揺るがすときにしかあらわれない。逆に発明が利用されない安定期があり、ときとしてそれが古文書のなかに発見される。

五十年まえのことである、ユーラシア史を説明するある仮説が流行していた。すなわち中央アジアの乾燥、それが飢えた全住民を東へ西へと駆り立てて、「蛮族の大侵入」を形づくった、と。実際にはこの気候変動は、サハラ沙漠には通用するが、蛮族の侵入を引き起こしておらず、砂漠がきわめて古くからある中央アジアにはまったく通用しない。この仮説を「蛮族」の軍事的優越の仮説によって置き換えようとするひとがいるかも知れない。ローマ人の有する冶金術と騎馬術が蛮族より劣っていたのは確かだが、しかし長い間、蛮族から補充し蛮族に装備を施したローマ軍を保持するには、かれらの軍隊勤務を金で買えば十分だった。逆に、十三世紀に、中国人は、大砲の火薬を持っているので、モンゴル人より軍事的に優越していたのだが、モンゴル人は中国の工学者たちを買収してかれらの側に移らせた。

最後にこの数十年が明らかにしたのは、二十世紀の黎明期の多くの人びとが思い込んでいたように、ヨーロッパの技術的優越が自動的に世界の残りの支配をもたらしたのではなかったということである。

結論としてつぎのように言うことができよう。マルクス主義者が正しく客観的本質とみなした生産様式の歴史のなかで、生産力の手堅い研究、厳密にいえば、技術学、きわめて基本的できわめて物質的であるところの人間の行動の科学に、有用性を認めるのは余計なことではあるまい、と。

科学としての技術学の発展、人間と自然の関係の地理的かつ歴史的な研究の深化が寄与できるのはほかでもなく人間と人類のいっそうすぐれた理解にたいしてであろう。

原注

（1）詳細についてはMarcel Cohen（1949, 1962）をみよ。

（2）一九三四年五月十七日の心理学会の報告のテーマ。一九三六年に『心理学雑誌』に発表され、『社会学と人類学』（一九五〇年）に再録された。無痛分娩は、長いあいだ生理的で本能的と信ぜられてきた一つの行為を、訓練可能な獲得性質と証明したばかりである。

（3）『フランス百科辞典』の人類の巻の第一分冊において。『人間と物質』（1943）に復刻された。

（4）「科学的方法と言語構造」（1959）のなかでいくらか詳しく述べた。次の第2章に復刻した抜萃をみよ。

（5）「犂《アレル》と犂《シャリユ》の生物地理学」『生物地理学会の報告』280, 1955:77-83（本書第17章）、HaudricourtとMariel Jean-Brunhes Delamarre（1955）の要約。

（6）逆向きの論法で、生産様式の起源への生産力の影響がありえたことの例として、わたしの試論、「家畜化、植物栽培と他者の処理」、を挙げておく。

2 身振りと運動

ときとして人文科学の存在そのものを否定するひとがいる、人間は科学法則によって行動を予見できない自由な存在だからというのである。この反対理由に反論するには、人間の研究が現在の在り方よりもっと進んで、言語活動の研究と同様に、それ以外の行動も、実り多い研究の対象でありうることに気づかなければならない。不幸にして心配の種は、人間の活動を十分に観察し了えるまえに、工業の発展がそれを消滅させるかそれとも画一化するのではないか、ということである。

言語活動の研究のなかに認められた三つの段階を想起しよう。第一段階は語の発音と意味を結びつけることにあり、文字は、中国語の場合でのように、この段階にとどまっていることもできた。一文字であらわされる音素にまで発音の分析を推し進めて、アルファベット表記法へ移行できたのは、語が発音の規則的変化を受ける屈折語についてだけである。第二段階は物理‐博物学的視点から言語活動を観察し、音素をその物理的実在の視点からか、でなければ音素を生み出す筋肉運動の視点から、特徴づけることにあった。第三段階は言語活動の社会的性格を認識するとともに、その社会的機能がメッセージの伝達にあることを明らかにしたにすぎないが、まえに述べた近代言語学の原理が導き出されたのはこの基礎のうえにである。

人間を研究する言語学以外の専門分野、たとえば技術学あるいは物質にかんする民族誌の進化の段階の現在位置を測定するならば、まだ第三段階に到達していないのが分かる。

おそらく、ある種の活動にたいしては、言語活動にたいして見出したのと同じように明確な機能を見出すのが難しいのだろう。たとえば、舞踊にかんしては記号表記の最初の試みは十六世紀に遡る。今日ではほかにいくつか提案されているが、いずれも言語にかんしてアルファベットに起こったように、是非とも必要とされるにはいたっていない。体育の教授やスポーツの理論家は、振付け師の記号よりずっと抽象度の低い、運動の絵文字記号を使っている（Demeny, 1904; Barnier, 1950）。その試みは十九世紀の言語学者の音標文字の創作と比較することができる。しかし運動の記述はヨーロッパ社会にしかかかわりがなく、いかなる民族誌も古い慣わしの社会における運動の体系的な記述をいまだに試みていないのは残念というほかはない。

ダンスと遊びにたいしては、機能を抽出するのが難しいかも知れないとしても、逆に労働のなかでは明白である。問題は物の移動や変形を説明することなのだが、事態は逆説的にも、振付け師やスポーツ選手がアルファベットの揺籃期にあるとすれば、産業労働研究の専門家はまだ表意文字に、中国文字の段階にある。

仕事中の労働者の運動の研究は一八八〇年にF・W・テーラーとその弟子F・B・ギルブレスとともに始まる。ギルブレスは運動の基本単位を見つけようとした。それは敬意を表して*therblig*（かれの名の逆《さかさ》言葉）と呼ばれたが、実際には運動の単位ではなくて、言うなれば意図の単位である。ここに一例を、スタフォード・クリップス卿の序文をつけて一九五二年にC・E・G・O・Sが出版したパンフレットから抜粋する。

オリーブ色…	空《から》で運ぶ（ポケットへ手）
青色…………	姿勢をとる（ポケットの真ん前に手）
濃紫色………	組合わせる（手とポケット）
黒色…………	探す（ポケットの中の鍵束）
灰色…………	見つける（ポケットの中の鍵束）
赤色…………	握る（ポケットの中の鍵束）
緑色…………	荷を運ぶ（鍵束）
淡灰色………	選ぶ（鍵）
赤色…………	握る（鍵）
緑色…………	荷を運ぶ（鍵）
青色…………	姿勢をとる（錠の穴の真ん前に鍵）
濃紫色………	組合わせる（鍵と錠）
赤紫色………	使う（錠に鍵）
淡紫色………	ばらばらにする（錠から鍵）
緑色…………	荷を運ぶ（鍵束の鍵）
洋紅色………	荷を放す（鍵束）
オリーブ色…	空で運ぶ（手）

この要素連続は鍵のかかった戸口を開ける身振りを描写している。分かるのは一つの *therblig* がたくさんの運動を含みうることだ。たとえば握ることを意味する運動は、親指と人差指の間に握るのか、あるいはほかの二本の指の間にか、あるいは単に孔のなかに指を通すのか、はっきりしない。そこには記述の半分、その流れしかない。この視点からですら、使用以後の手の運動は使う身振り以前の手の運動ほど分解されていないことがたぶん分かるだろう。労働合理化論者の方法はだから技術学の目的に役立つものをなにひとつもたらさない。実際には労働の運動の流れはその言語のなかに十分に説明されている。

人間の行動の研究全般にたいして、言語学は先進的な専門分野の範例をしめすことができるが、しかしまた言語の語彙によって、いろいろな運動を形容して、もっと直接的な援助を提供することができる。フランス語をインドシナ諸語と比較すると、フランス語の抽象的な語彙はどんな点でフランス人に現実を隠蔽しているかが分かる。「持つ」という語は、持つのが頭の上にか、背中の上にか、肩帯でか、帯でか、着物のように自分の表面にか、棒の端で肩の上にか、天秤棒でか、腕の下にか、手でか、などにしたがって、一ダースの異った語に翻訳されるだろう。モーリス・リーンハルトはその『*houaïlou* 語（ニューカレドニア）の語彙と文法』（1935）において、食物を手で自分の皿に取り分けていろいろなやり方を指す語の意味をしめすのに、草稿一頁を費さねばならなかった。奇妙な話だが、テーラーシステムが誕生して発展した、しかもインディアンの言語と風習をくわしく記述するために多くのことをした合衆国には、インディアンの集団において労働の身振りを詳しく研究をしようとする学者は見当らない。

現在、人文科学の全体のなかで、言語学はすこし例外的で、ほかより進んでいるように見えるが、それは基本的性格の違いからくるのではない。というのは、公理や公準を明示することによって言語学が精密科学に近づくにつれて、言語活動の行為の社会的性格が、それ自体で、ますます重要性をあらわにしており、そのことが、ほかの人間の行動、労働の身振りと遊びの身振りとも言語活動の身振りと同じように厳密なやり方で研究できるようになる時を、正当に予告しているように思われるからである。[*1]

＊1　今日ではコンピュータの画像解析の出現によって状況は一変した。「身体の技術」の科学的研究――いわば「言語学化」――に果たしたコンピュータの画像解析の役割と意味を、この論文はその出現前史として、あざやかに逆照射している。

3　旅する言葉は理解できるということ

技術史は証言の欠如に苦労する。それを考古学と言語学の間接的な証言によって補う。すなわち労働の道具、発掘現場の地層学によってか芸術の歴史によって年代を推定した製作物、音声と語源によって年代を推定した語。

日用品の、たいへん特殊な、名称が問題であるとき、最近借用された、あるいは逆にある言語のなかに古くからある、という事実は貴重な証言である。

たとえば中欧と東欧では、馬の首輪の名称は中世に遡る一連の借用語の証拠になる。しかし二頭立て用のガロ（大型獣の肩の上、頸の付け根までの部分）の頸木《くびき》を指すのに用いられる名称は古代印欧語に同じ語があり、その物が先史時代に遡ることをしめしている。中国人とタイ人は同じ様式の、一頭用のガロの頸木による、牛の繋駕法を用いている。この物の名称についてタイ語の方言を対照すると、*ʼèk* と復元することが可能だし、十二世紀の中国音韻書はそれを指す文字（軛《あく》）にたいして発音 *ʼàk* を指示しており、しかもこの文字はいまも中国の近代方言で一頭用の頸木を指している（Haudricourt, 1936; Meillet, 1937: 110; Karlgren, 1923, *n°678*）。いまここにあるのはいちばん都合のいい事例である、というのは遠隔地の商品ではありえない物を問題にしているからだ。頸木はそれぞれの村の農民自身か地方の職人によって作られる。つまりはまさにひとつの技術が持続していることが問題なのである。

逆にここに蜂蜜の名称がある。印欧諸語（サンスクリット *madhu*、スラブ語 *medu*……）の比較から先史時代に蜂蜜を指していた語 *medhu* を復元することが可能になる。コーカサスではチェチェン−イングーシュ語の名称 *moz* とバツ語の *mots'* が、もっと古い *mats'u* を推測させる。フィン−ウゴル諸語（フィン語 *mesi*、ラップ語 *mitt*、モルドヴ語 *med'*、ハンガリー語 *méz*）を比較すると、*mete* を復元することが可能になる。十二世紀の中国では蜂蜜の名称は *miet* と発音され、日本語はそれを、*mitsu*(1) と借用した。問題は語彙集のなかの珍しい語でなくて、考察している各言語のなかで、日常使われている名称なのだ。その借用は技術、この場合は養蜂の進化、と直接には無関係である。R・ゴーティオがかつて輝かしい論文のなかで明らかにしたところでは、問題は森の野生の蜂蜜を採取することだった。アルコール飲料を調合するため求めたこの物質を、遊牧民は穀物と交換するために耕作民のもとへ運んでいた。

砂糖にたいしてはイギリスからカンボジャまで同一の名称が見つかる。それはもっと新しいが、しかし前のと同じ種類の現象である、つまり物質とその名称の交易による伝播。ところが、*sucre* と *suger* はアラビア語から来たのであって、ギリシア語の *sakkaron* からではない。それは西洋で中世に砂糖が、古代には持っていなかった経済的重要性を獲得して、そのことからこの語を再借用する。M・プシルスキー（1921:208）は、砂糖のクメール語の名称 *skar* がインドのアリアン語族（サンスクリット *çarkarâ*、プラークリット語 *sakkara*、パーリ語 *sakkhara*）からの借用であることに異議をとなえている、パーリ語の諸語はクメール語へ移行するさいに帯気音（n）を保持しているからだ。しかし宗教語からの学問的な借用が商業用語と同じ音韻処理をこうむらなければならないことはない。(2) フランス語でも *sucre* の *s* は *azimuth*（方位）や *zénith*（天頂）の *z* と同一のアラビア文字をあらわすが、一方はイタリア商人たちの口を通して口語で伝わり、他方は聖職者たちのラテン語手稿に書かれて到来した。

語の旅が技術の伝播よりも貿易関係の領域に属するようにわたしには思われるほかの事例は、鉄の鋳造についての東洋の名称の旅である。周知のようにヨーロッパでは中世以来、鉄は鉱石の溶解によって鋳鉄、すなわち炭素を含有した鉄の形で抽出される。古い（カタロニア炉*1のような）方法においては、溶けたのは鉱滓であって、可鍛鉄の固体の塊が残っていた。大部分のヨーロッパ語では、使われた冶金の方法に特有の、この物質には固有の名称がなく、ひとつの形容語によって指示される――*fonte, cast-iron, Güsseisen**2……。肝心なのはまずなによりも精錬工だけしか知らなかったことである。できた物はただちに可鍛鉄を得るために精錬された。それで鍋や暖炉の鉄板やその他の日用品が作られるのは十六世紀以降に過ぎない（グレー『考古学語彙集』による）。興味深い問題がある。ロシアとブルガリアには、鋳鉄を指す特別の語、*çugun* がある。(3) それは十中八九、チュルク語からの借用語である。チュルク語には同じ意味で、オスマン語 *çögen*、カザンのタタール語 *çuyln*、ウズベク語 *çugln, çuyln*、バルカール語（北コーカサス）*çogun, çoyun*（鍋の意味でも）が見つかる。この語は、パミール東南の先アーリア語を話す民族、ブルシャスキー人の集団にまで見つかる、すなわち *çian*。(4) 最後にルーマニアでは、*çaun*(5) は鋳鉄鍋を意味する。まるでチュルク語族がヨーロッパ人以前に鉄の鋳物を持っていたみたいにすべてが運んでいる。それは中国との古代からの関係によって説明することができる。というのはトマス・T・リード（1934）が、鉄の鋳造はすくなくとも紀元前二世紀（漢の武帝の冶金業独占の時代）以来中国人に知られていた、と見なしているからである。その同じ著者が、北中国で二十世紀の初めに使われているのを目撃した方法を説明している。鍛冶屋は可鍛鉄の塊を炉から取り出したのち、比較的炭素成分の多い鉄の小さいかけらを丹念に集めて、それを藍鉄鉱（鉄の燐酸塩鉱物［$Fe_3(PO_4)_2 \cdot 8H_2O$］を含む「黒土」で溶かす。得られた金属はたいへん溶けやすい（燐の含有率六パーセントで、銅よりも溶けやすい）。とはいえこの方法がむかし使われたはずはなかった。というのは中国の古代の鋳鉄は燐を含んでいないからである。実は石を使用するたいへん特殊なその古代冶金術のことは、ほとんどなにも分かっていない。

＊1 **カタロニア炉** 紀元四世紀ごろから主としてスペインで発達した溶鉱炉。二台の鞴を交互に動かして恒常的に送風し、直接に可鍛鉄を産出したが、それは引き続いて精錬する必要があった。

＊2 ***fonte, cast-iron, Güsseisen*** いずれも鋳鉄を指すが、原義は上から仏語「溶解」、英語「投入鉄」、独語「注入鉄」。

同様に鉄の鋳造の代わりに、ルーマニア語では *tuç*[6]、グルジア語では *tuc*、という特有の名称が見つかる。それは真鍮すなわち黄銅のチュルク語の名称であり、オスマン語は *tunç*、カシュガル語は *tuç*。周知のように、ヨーロッパでは古代以来知られていたこの金属（真鍮製家庭用品）は、銅と亜鉛の合金である。そのチュルク語はイラン語から来ている。ペルシア語の *tutiya* は、アラビア語を介して、中世ラテン語に伝えられ、酸化亜鉛を意味するヨーロッパ諸語（*tutie*）になった。現在オスマン語の語 *tutya* とグルジア語の語 *tutava* は亜鉛を意味し、一方インド諸語のなかでは、*tuta, tuttha* は硫酸亜鉛、もっと一般的には硫酸塩を指す。

亜鉛は技術学的および歴史的に厄介な問題である。この金属は溶けるまえに空気に触れて燃焼する。だから古代人は酸化物 *cadmie*（ギリシア語 Kadmeia。酸化亜鉛［ZnO］）しか知らず、銅との合金の形でしか抽出できなかった。レトルトの中に入れ空気から護りながら操作してはじめて金属の状態で手に入れることができる。亜鉛は十八世紀には、錫メッキ工だけが知っている、稀少物質だった。工業生産がイギリスではじまったのはその世紀の中葉であり、ヨーロッパ大陸では十九世紀の初期に旧モンターニュ県にはじめて工場が設置された。抽出の実際の方法は中国でそれを習得していたアイザック・ローソンによってイギリスに導入された、とベルトルド・ラウファー（1919）は指摘するが、しかし、P・ペリオと同じく、かれは正当な理由（特有の語がなく、証言する文献がないこと）で、亜鉛の抽出は中国では古くなく、それはイランに由来すると考える。ヨーロッパの競走相手がこの生産を急激に没落させたので、残念ながらわれわれには技術学的な証言がない。インドの亜鉛生産は一八一三年ごろに終った、とジョージ・ワット（1889-1896）は指摘する。残されているのはひとつの語であり、ヒンディー語とペルシャ語では亜鉛を指す語——*cast, casta, dasta*、チェチェン語では類似語が銅を指す *ts'asta*[7]、モンゴル語では *dses*、カザンのタタール語では黄銅 *jiz*、そしてロシア語ではブリキ——*jes'*。

ブリキ、といえば、十五世紀ごろ中欧に知られた。それはオスマン帝国に属していたすべての民族の国で同じ名称を持つ。グルジア語で *tunuki*[8]、アルメニア語で *t'anag*、チュルク語とギリシア語で *teneke*、アルバニア語で *tenek*、セルビア語で *tenece*、ブルガリア語で *tenekia*、ルーマニア語で *tenechea*。

この語は十二世紀以降英語ではおそらく *tinker*「鋳掛屋《いかけや》」に、ドイツ語の *zink*（*zinn* 錫と交差して）に、そしておそらくはまたスラブ語の *tinuku* 薄い、にも関係づけなければならない。ブリキの現代語はポーランド語では*blacha*、チェコ語では*plech*、それがドイツ語になると*Blech*なのだが。

辞書しか使わずにこの種の研究を続けてゆくのは道理に合わない。まさに技術的な源泉に助けを求めなければならない。というのは珍しい語と異国の物質については、辞書のなかに奇妙きてれつな誤りが見つかるからである。

たとえば、日本に〈醤油〉*shôyu*と呼ばれるソースがある。*soja*または*soya*という穀物〈スウェーデン人C・ツンベルグによれば、そのソースの名称の音訳〉を主成分にしており、その穀物（大豆）はヨーロッパに普及しはじめている（Haudricourt, 1940: 457）。ラルースの『十九世紀大辞典』を見ると、*Soya*では、用途を言わずにある植物のことを述べており、ソースについては*Suoi*を参照させている。

「*Soui*、男性名詞、（料理法）。日本のソースの一種、きつい香辛料入り、数種の肉で作ったもの。*soy*とか*soya*とも言う。」

リトレ（1863-1869）は博物学者で批判的精神の持主だが、かれの『辞典』にはなんと見えているか。

「*Soui*、男性名詞。使用法が日本から伝わったソースの一種で、いろいろな肉汁、とくにローストビーフの汁の混合物、たいへんきつい香辛料入り」。

ディドロの『百科全書』第十五巻には無署名の次の項目が見える。

「*Suoi*または*Soi*、男性名詞、（料理法）。日本人が調合するソースの一種であり、アジアの諸民族、および国に持ち帰るオランダ人に人気がある。それはあらゆる種類の肉、とりわけ山鶉《やまうずら》と豚の股肉《ももにく》から取り出される一種の抽出物ないし汁である。そこに茸《きのこ》の汁、たくさんの塩、胡椒《こしょう》、生姜《しょうが》、その他の香辛料を加えて、それにとてもきつい風味をつけ、しかもそれがこの液体が腐敗するのを防ぐのに役立つ。それは多年のあいだ密栓した瓶のなかで保存されており、この液体を少量普通の汁物に混ぜると、その味を引き立てて、いとも心地よい風味をそえる。中国人もまた*soui*を作るが、日本のもののほうが上等だとみなされている。肉は中国より日本のほうがずっとおいしいせいだという話だ」。

しかしながら、リトレは一七九六年に出版されたラングレ訳のツンベルグの『日本への旅』を参照して調べることもできていただろう。そこにはこう見えている。

「ヨーロッパの多くの国に持ち込まれているsoyaソースは、空豆 - 大豆、大麦、小麦、塩で作られる」。

一七八六年に出版された、『系統的百科辞典』第二巻で、ラマルク（1783-1817）は、日本の藤豆についての項目を次の言葉でしめくくっている。

「日本人はその種子でバターの代りになる一種の粥を調理し、それをロースト肉といっしょに使って、有名なソースを作る。粥は*miso*、ソースは*sooju*、または*soja*と呼ばれる。」

次のことはすべて一七二九年と一七三二年に仏訳が出た、ケンペルの旅行記の出版以来知られていた。ラテン語のその原典『珍奇な楽しみ』にはすでに一七一二年にこのソースの製法の記述がふくまれていた。つまり、アムステルダムで一七〇一年に出版された『続世界一周旅行』（p.30）のなかでG・ダンピアが述べたことばが、ここにある。[9]

「Nuke mumは薄茶色で、灰色がかっていてたいへん透明であり、やはりとても風味がよく、たんにその国の人びとのあいだだけでなく、ヨーロッパ人のあいだでも、鳥肉によく合うソースとして使われており、それはSoyと呼ばれているものに匹敵する。Soyの成分のなかに魚が入っていると話題にしているのをわたしはこの耳で聞いたし、味からしていかにもありそうなことだが、にもかかわらず知り合いのある紳士がわたしにこう教えてくれた、トンキンから本物のSoyの出処である日本へたびたび赴くさる人物は、水と塩で混ぜ合わせた一種の空豆と小麦以外の物から作られてはいなかったことを、よくよく知っていた、と」。語彙記述者はどこからその誤りを導き出したのかとみんな自問する、というのは日本について当然調べることになるフランス語の古い著作が正確な事実を提供しているのだから。とはいえそれだけではない。二十世紀のはじめに出版された、『挿絵入り新ラルース』のなかで言う。

「*Joui*、男性名詞。日本人が食べる、ローストビーフを主成分とする液体」。

同じ項目がラルースの大辞典にも見られ、しかもその言葉はベシュレルの『辞典』（1843）に引用されている。

リトレとディドロの『百科全書』は*joui*に言及していない。*soui*と同じ物と認めたのである。*joui*はトレヴーの『辞典』（1771）のなかに見つかり、やはりフュルティエールの『辞典』（1690）の一七二七年版にレムリの署名でこう見える。

「*Joui*、男性名詞。日本で作られ、十年か十二年は輸送し保存することができる、食用のリキュールでレストラント[*3]。それはブイヨンのような流体で、水分が多く、黒くて、いい匂いがして、風味もよく、塩味でおいしい。その中味は、半ロースト状態だったときに抽出した牛肉汁が主成分である。それ以上のことは分からない。余事はそれを秘密にしてこのたいへん高価なリキュールを売る日本人だけが知っている。その国の金持ちは食べる物にはほとんどなんにでもおいしいソースみたいにそれで味をつける。このリキュールはヨーロッパにはめったにないが、少数の金持ちと病人はそれを取り寄せた。このリキュールは性慾をかき立てるのにひどく適していると全東洋人に見なされている。だから病後の衰弱した力を取り戻すためにそれを供する」。

＊3　**レストラント**（restaurante）　もともと元気を取り戻させる（restaurer）飲食物を意味し、十八世紀においてはとくに滋養に富む肉のスープを指した。それがやがてそういう食べ物を提供するレストランとなる。

わたしはこのソースの歴史のなかをさらに以前まで遡ろうとはしなかった。きっとスペイン語かポルトガル語の原典に赴くことになっていたとわたしは想像する。というのは頭文字jはスペイン語のxに対応し、xはその言語では日本語のshをあらわしているに違いないからである。

この部門の研究をてきぱきとやってゆくにはまだ道具がたいへん不足している。フランス語についての用語集《シソーラス》もなければ、中世と近代ラテン語についての用語集もない。アラビア語やペルシア語と同じように重要な文明の言語は、今日その歴史辞典と語源辞典が待望される。

原注

（1）A. Meillet, 1937: 396; Sommerfelt, 1938, pl. 33: 140; J. Szinnyei, 1910: 20; Karlgren, 1923, n°617. つけ加えておけば、もっと先で言及する特異な言語、ブルシャスキー語では、蜂蜜の名称は *machi*。

（2）借用語の音韻構造は「音韻体系」（かつては「言語の特質」と呼ばれたもの）に応じてもっと研究しなければならない。

（3）語の比較を容易にするために、ここではすべての金属の名称をオスマン語公用アルファベットに音声転写した。*ç* はフランス語の tch、*c* はフランス語の dj、*u* はフランス語の ou、*I* はロシア語の後寄りの *i* をあらわす。

（4）R. Schahumjan, 1935; L. R. Lorimer, t. III, p. 97.

この語はブルシャスキー語ではそれほど古くないかも知れない、というのはそれは本来、カシュガールから伝わった、犂《シャリュ》の刃の金属 *tish* を指しているからである。日常語のなかに、ほかにも借用チュルク語がいくつかある、手押し車 *araba*、鋼 *karç*、鉄 *chumar*。奇しくも七〇〇〇メートルの山の峠を越えて犂刃の交易が確認される。鋳鉄の刃は中国農業の特色であり、インドシナでそれを見かける。鋳鉄の名称は安南語では *gang*、ラオス語では *ghang* である（たいてい鋼鉄と翻訳される中国語 *kang* から来た）。

（5）ルーマニア語の正書法 *ceaun*。

（6）ルーマニア語の正書法 *tuciu*。

（7）チェチェン語の正書法 *chasta*。

（8）ここからは普通の音声転写と正書法に戻っている。

（9）発酵した魚のソースを指す安南語の語、*nüöc mam* の音声英語の転写。ダンピアはトンキン語の記述をしている。

4　文化技術学方法試論

人間の物質的活動の記述は伝統的にいろいろな項目の下に見えている。地理学ではそれを「経済生活」、民族誌では「物質生活」、と呼ぶのが慣わしである。フランスでは、マルセル・モースの教育の流儀にしたがい、民族学的諸科学のなかに「技術学」と呼ばれる一専門分野を区分することになっている。かれは経済学の一専門分野と区別することを強く望んでいた。技術学はしばしば外国人に、たとえばほかの点ではすぐれているリヒャルト・トゥルンワルトやレーモンド・ファースの著作のなかで[*1]、それと混同されている。そこでわれわれは「技術学」を全住民の物質的活動の研究、すなわち狩る、漁《すなど》る、耕す、着る、住まう、食べるそのやり方の研究、と呼ぶことにする。マルセル・モース（1935）は「身体の技術」の名の下に、技術学のなかに、社会的に獲得されたあらゆる筋肉運動の習慣、つまり歩く、座る、眠る、泳ぐ、走るやり方、を含める。それによって、研究を物の製作の方法と使用の仕方に強く限定しがちな民俗誌家、博物館向けの物の収集家の習い性となった考え方は、乗り越えられる。

＊1　Richard Thurnwald（1869-1954）ドイツの民族学者、社会学者。／Raymond Firth（1901-2002）イギ

リスの人類学者。

G・モンタンドン（1934）のような、ほかのなん人かの著者は、「精神学」[*2]、概念的装置（社会制度・宗教・科学・芸術）の研究に、同じように社会学の研究にも、その場合対置される分野に、「仕事学」[*3]（労働ないし物質的装置の科学）という術語をあてた。

＊2　animologie　ラテン語の anima（魂、心、精神）より造語。

＊3　ergologie　ギリシア語の ergon（仕事）より造語。エネルギー（仕事）のCGS単位 erg と同じ語源。

技術学を『民族学概論』の独立の一章として取り扱うさいに想起しなければならないのは、マルセル・モースが、民族誌的な事実全体はひとつの総体的な社会現象であり、技術と経済のあいだに区別を導入するのは分析の鋭さを研ぎ澄ます目的のためにすぎない、と見なすように教えていたことである。わが近代複合社会にあっては、技術的行為を経済的行為あるいは宗教的行為から分離することが、あまり細分化していない社会に属する全住民のなかでよりもずっと容易なのは明らかである。技術的行為が儀礼的行為か呪術的行為と混同されている多くの社会では、両者を緊密に結びつけることなしに研究することは必然的に不可能である。技術学的観点は民族誌的観点でしかありえない。たとえば、何年か前かに、鹿の角は有用な生成物を含むことが分かって、それを薬に使うのは技術的に有効と思われるようになっている。以前はそんな迷信と一笑に付してその使用を呪術の部類に入れたものである。逆に、われわれの社会では紙幣の使用はわれわれにとってひとつの経済的行為であるが、ある古い慣わしの全住民には純然たる呪術と見えるかも知れない、中国に赴いたマルコ・ポーロには紙幣がそう見えたように（元朝は紙幣を発行した）。

ある全住民の技術的行為を研究するとき、われわれはすでにある観点にすすんで立っているが、それでもマルセル・モース、ついでアンドレ・ルロワ＝グーランは、その著作のなかで、いろいろな技術的行為を検討するさい、つねに同じ観点に立ってはいない。モースはとりわけその目的にしたがってそれらの行為を、すでにやや機能的と思われる、物の獲得、消費に分類していた。ルロワ＝グーランは運動とその結果を検討しながら、まさに文字通り動力学的な観点を発展させた。打撃の加え方、打撃を加えられた材料の可塑性。それはすでに二つの異なった観点である。しかしながら、モース以前に、技術に関心を抱いていた地理学者や民族誌家は、歴史的ないし進化的な観点と、地理学的ないし生態学的な観点とから考察していた。だからわれわれは、ここで関心を抱いている現象の研究を企てるための、そのそれぞれが現実の異なった相《すがた》を明らかにできる、少くとも、四つの方法を手にしている。したがってそれを順番に検討することにしよう。

歴史的ないし進化的観点

歴史的観点がいろいろな科学のなかで発展するのは十九世紀の前半期である。自然科学（キュヴィエ、ジョフロア・サン＝ティレール）、法学（サヴィニー）、文献学（グリム、ボップ）。デンマークの考古学者C・J・トムセンとヴォルソー[*4]は、まず最初に石器時代と金属器時代を区分し、ついで打製石器時代（旧石器時代）、磨製石器時代（新石器時代）、銅器時代（金石器併用時代）、青銅器時代、鉄器時代を区分して、先史考古学の基礎を築いた。スウェーデン人モンテリウスは金属器時代に武器と宝石と道具の型式に本づく下位区分を設けた。

＊4 Cuvier（1769-1832）フランスの博物学者。／Geoffroy Saint-Hilare（1772-1844）フランスの博物学者。／Savigny（1770-1861）ドイツの歴史法学者。／Grimm（1785-1863）弟と共同研究をおこなったドイツの言語学者。「グリム童話」で知られる。／Bopp（1791-1867）ドイツの言語学者。／C. J. Thomsen（1788-1865）デンマークの考古学者。／Worssae（1821-1885）デンマークの考古学者、歴史家。

同じ時代に、E・B・タイラーのようなアングロ－サクソンの民族誌家たちは『初期人類史の研究』（1865）において、そしてとりわけルーイス・モーガンは『古代社会』（1877）において、技術水準に本づく社会の歴史的分類を行った。それはひとつの階段であって、われわれの文明が経験したにちがいないすべての段階を列挙しており、現存する古い慣わしの社会の型をその階段に配置して、モーガンは六つの段階を区分した。すなわち文明の段階である第七段階に到達する以前に、三つの劣等段階（野生の段階）と三つの優等段階（未開の段階）。それを想い起こそう。

野性の下等段階（〈野蕃の下層状態〉）[＊5]は、言語活動の出現および生で食べる果実と芽と穀粒の採取に本づく生活と同時に起こる。現存する全住民のなかにはこの段階は知られていない。

＊5 （〈野蕃の…〉）（ ）内は英語、モーガンの表現。翻訳は青山道夫訳岩波文庫版（一九五八）による。以下同じ。

野性の中等段階（〈野蕃の中層状態〉）は、火の獲得とともに始まって、灰の中か地面にじかに掘った炉の中で焼いた魚と塊茎塊根の食事を可能にする。石は打ち欠かれ、木製の武器（棍棒、投槍）が存在する。この段階はオーストラリア人と大部分のポリネシア人に代表されよう。

野性の高等段階（〈野蕃の上層状態〉）は獲物の肉のもっと十分な供給を可能にする、弓矢の発明とともに始まる。それはまた籠編みの発展と磨製石器の出現にも対応している。アメリカ大陸沿岸とカナダ西部のいくつかの部族はまだこの段階にあるのだろう。

未開の下等段階〈未開の下層状態〉は、定住形態と植物栽培を前提する、陶器の発明とともに始まる。それがアメリカ北東部の耕作民のインディアン。

未開の中等段階〈未開の中層状態〉は、耕作における灌漑の始まりと日乾煉瓦造りか石造りの家屋の建築に対応している。プエブロとメキシコと中央アメリカとペルーのインディアンが新世界でこの段階を代表している。旧世界においてはそれは動物の家畜化に本づく牧畜文化に対応した。

未開の高等段階〈未開の上層状態〉は恵まれた地方における鉄と農業と犂《シャリュ》の発明および表意文字の出現に対応する。ホメロス時代のギリシア人の諸部族とカエサル期のゲルマン人の諸部族が属したのがこの段階である。最後に文明の段階が文字とともに出現する。

この分類が公にされて以後、われわれの認識とわれわれの概念に変化が起こった。「未開」あるいは「野生」という用語はあまりにも軽蔑的として捨て去られて、技術進化の全段階にたいして「文明」が語られる。未開人にたいしては「素朴な」、文明人にたいしては「工業化された」という表現が提案された（Leroi-Gourhan, 1943）。考古学的知識の進歩は、いろいろな要素がその指定された順序では出現していないこと、しかも選ばれたその基準は〈アプリオリ〉と考えることができるよりも遥かに地理的影響を受けていることを、明らかにした。われわれはここではもっとも一般的かつもっとも普遍的な、あらゆる環境に共通する、それゆえに環境とは比較的無関係な技術に限定して検討することにしよう。そしてそれが考古学者のもっとも興味をそそられる問題でもある、というのはいろいろな地方間の同時性を確認するためには、もっとも持続性があると同時にもっとも広く分布している技術を取り扱わなければならないからである。その技術とは火の技術、石と骨と木と繊維の技術である。

もっとも持続性のある物の年代学的順序を駆足で検討しよう。まず最初に先史時代の始まりとなる加工された石がある。つぎに旧石器時代に確認される骨細工。つづいていろいろな焼物が出現するが、それは新石器時代から今日まで文化の年代決定に同じ役割を果たしている。とはいうものの、そこでもはやり、太平洋の島々での有用な資材の欠如、あるいは生活様式のそのほかの特徴（たとえば牧夫の遊牧生活）のような、いくつかの場所的な事情によって、比較的進んだ文化段階の焼物の欠如を説明できる。だから、結局、考古学的発掘が明らかにしたいろいろな段階に関連させて現存する文明を分類するのはたいへん難しい。

研究の至極最近の総合は、人類の主要な進歩の継起の順序を現にこう提示している。

火の使用は現生人類以前に始まる。北京原人の遺跡とともに炉が見出されるが、その火はどうやら料理には使われていなかったらしい。カールトン・S・クーン（1954: 83）によれば、食用髄骨が縦に割られていたという事実が、それは料理されていなかったことを証明する。食料のきちんとした加熱調理が現れたのは、前期旧石器時代という考古学的段階の、現世人類の出現と同時にすぎない。その時から髄骨はただ横に切断されるだけである。

中石器時代と呼ばれる、それに次ぐ考古学的段階は、弓矢の発明に対応していた。鏃《やじり》として役立つ燧石《すいせき》が現れるのは、ようやく前期旧石器時代以降である。この最後の段階に到達しなかった全住民が現時点で存在するか。この問題はまだ議論されているが、それもほとんどオーストラリア大陸とタスマニアの先住民にかんしてだけだろう。別のところにもはや弓を使っていない民族が存在するかも知れないが、それは特殊な事情のせいで消失したのである。いずれにせよ、若干のポリネシア人は、モーガンがそうしたように、たしかにそこに位置づけなければならない。アメリカへの植民はすでに弓を所有していた全住民の行動であったと思われる。

その次の段階、一般に焼物の製作と石の研磨を伴う、農業の段階にかんしては、明らかに自然条件、生物学的環境、すなわち栽培可能な植物と家畜化可能な動物の存在、に依存している。その時以降は分類を行うのがたいへん難しい、というのは異なった環境に適応した文明を比較する破目になるだろうが、それは民族学的観点からはなんの意味もないからである。逆に、自然環境の違いを考慮に入れるとすれば、エスキモーを中央アメリカの耕作者たちより進化していると考えなければならないだろう。だから大部分の民族学者はグレーブナー、それからW・シュミットの推奨した「文化圏」の歴史‐地理的分類を放棄した。したがっていろいろな技術における進歩はそれぞれの技術のなかで個別に検討するのがいいだろう、それぞれの技術の到達した段階がいかなる点でもその文明の全体が到達した段階をわれわれに決めさせたりすることがないように。

実際には、ほかの観点に属するカテゴリーの枠組のなかに、たとえばそれぞれの地理的環境にかんしては、歴史的展望のなかに立ち戻ってみる必要があるだろう。

地理学的ないし生態学的観点

地理学的観点は十九世紀の後半、一八八二年に『民族地理学』の刊行に着手したフリードリヒ・ラッツェル、次いでフランスでは人文地理学の基礎を築いたヴィダル・ド・ラブラシュとジャン・ブリュン[*6]を俟って、はじめて発展する。しかし間接的に労働についてしばしば世界的段階を想定するその観点は、民族学者の研究と同じように深く掘り下げた研究には到達しなかった。そのうえ、マクス・ソールの著作『人文地理学の生物学的基礎』(1943)のような最近の業績は、主としてさまざまな分野の専門家の業績の整理統合であって、地理学者のそれでないことに気づくかも知れない。地理学者にとっては、地表の起伏すなわち地形への人間の適応を説明することがとりわけ重要であるが、われわれにとっては逆にいろいろな環境、すなわち大気と土壌となかんずく植物界および動物界、への適応が問題である。次つぎに検討してゆこう。

＊6　Friedrich Ratzel (1844-1904) ドイツの地理学者。『民族地理学』二巻、一八八二―九一。／Vidal de La Blache (1845-1918) フランスの地理学者。／Jean Brunhes (1869-1930) フランスの地理学者。

気候への適応

ヨーロッパの思想家たちは長いあいだ気候にたいへん大きな重要性を認めてきた。ギリシアの哲学者たちに遡らなくても、モンテスキューとテーヌを想起しよう[*7]。実際、一見して、温暖な気候は文明の早期の誕生に有利にはたらいたようだし、したがって民族誌家の好みの対象、古い慣わしの社会はたいていわれわれの気候より寒いか熱い気候のなかに見つかる。事実、文明への気候の影響は植生を介してはたらくことが今では分かっており、そのことはもっとあとで検討する。健康への気候の有害な作用はとりわけバクテリアか菌類を介して、すなわちやはり生物学的環境を通して起こる。われわれはだから、言葉の厳密な意味における環境への適応として、太陽輻射線と雨と寒さへの適応のみを検討しなければならない。

＊7　Montesquieu（1689-1755）　フランスの政治学者、哲学者。主著『法の精神』。Hippolyte A. Taine（1828-1893）　フランスの批評家、哲学者。主著『現代フランスの起源』六巻（未完）。

太陽にたいする保護は、油脂か泥を頭髪か皮膚に塗ることによって、あるいは身体のまわりに纏《まと》うかそれとも掛ける衣服を、光を遮るように着ることによって、いとも容易にえられる。焼けた地面にたいする足の裏の保護は靴底かサンダルによってえられる。同じように地下住居によっても（南チュニジアの穴居人）、あるいは戸も窓もない住居によっても（ニューメキシコ州のプエブロ族）また保護される。狭い道かアーケードのある地中海地方の都市も、同じようにこの問題への解答をもたらす。

雪に覆われた地方では、太陽の反射にひどく眼が疲れる。そういうわけでエスキモーは瞳孔の幅に水平に開けた細い隙間だけから成るめがねを持っている。庇《ひさし》もやはり雪をかぶった地方（アラスカ）や陽の照りつける砂漠（南米）で見かける。

雨にたいする保護は人体にかんしては太陽にたいして用いるのと同じようなやり方でえられる。寒さと風にたいする保護はどうかというと、いま述べたことと区別が難しいので、衣服と避難所と炉を検討しなければばならない。衣服はその厚さによってと同時に、衣服を身体から隔てる空気層の重要性によって、身体を保護する。ところでこの間隔はその着方にしたがって異なる。衣服は掛けるものと纏うものと合わせるものに区別しなければならない。掛ける衣服はもっとも単純な部類に入る。それはただの大きな一枚の毛皮か布地に帰着させることができ、肩に掛ければ袖無しマントに、腰に掛ければエプロンになる。この衣服はもっと不足を補って、身体を一回りすることもできる。そのときは一つないしいくつか穴の開いた、肩に掛ける袋の形をとる。それがアメリカの〈ポンチョ〉やオリエントのバーヌース（アラブ人が着る、毛織物の男のフード付きマント）である。それならば実際の保護を可能にするゆったりした衣服である。

巻く、すなわち纏う衣服は身体のまわりに巻いた布地の帯から成っており、いちばん簡単なものは、腰巻やある種のスカートや〈ラングチ〉（ラオス）のように、腰のまわりに巻くが、しかし同時にインドのサリーや古代ローマ人のトガのように、上半身のまわりに纏うこともできる。暑い地方にうまく適応したこの衣服は、とりわけ南アジアと東アフリカの古い文明地域で使われている。

合わせる衣服は寒い地方で皮革や毛皮を用いるところから生まれたように思われる。それは四肢を覆い、手には手袋、足には長靴かモカシンが付き物である。この衣服はエスキモーにあっては前が閉じてあり、シベリアと中国では開けてある。ヨーロッパでは同様の裁断が織った布地の衣服に使われていて、上着とズボンは、革靴とともに、近代文明の特徴となった。

避難所はもはや個人でなく、集団すなわち家族か団体にかかわる保護の方法である。それは不完全であっても、言い換えれば、風の方向からしか防がない庇か雨からしか保護しない車庫のように、一面しか保護しなくてもかまわないが、しかしたいていの場合は、中に入り込むための小さな入口しかない住居である。土のなかに掘った住居はアジアの北部から南アメリカまでかなり広く散らばっている。それは寒さにたいしてと暑さにたいして最良の保護を保証する住居である。地面に立てた住居は気候とよりも植物環境の可能性や生活様式とはるかに深く結びついている。

炉はこの観点からは寒い気候にたいしてしか重要でない。たとえば、フエゴ島（南アメリカ南端の島）人にあってはそれは衣服の欠如を補っていて、かれらは片時も火から離れず、いつも小屋のなかに残しており、ボートのなかに持って行く。エスキモー集団では、それは木の足りない地方で炉の代わりをするオイルランプである。その炉は北極地方の冬の長い夜の闇と戦うのにもまた役立つ。恒久的な住居の暖房には二つの方法がある。直接炉は、住居の暖房すべき部屋のなかに置かれる、〈焜炉《こんろ》〉のように可動式にせよ、部屋の真ん中に据え付けられるにせよ、ヨーロッパに中世にあらわれる暖炉におけるように壁に接して置かれるにせよ。そして間接炉は、初めは炉が隣室に通じていた竈《かまど》であって、それがローマ人床暖房か、あるいは中国人の「炕《カン》」*8（すなわち一種の集中暖房）か、あるいは室内に置かれた竈、すなわち中欧のストーブかになった。

*8 「炕」朝鮮ではオンドル（温突）と呼ばれる。

寒さにたいする生理的な戦いの方法のひとつは蒸し風呂であり、スカンジナビアからトルコまでと北米全体に、北半球地方のすべての民族に知られている。焼けた釜《かま》のなかに水を注ぐと、水が蒸発する。

年間の温度と降水量の変化が植生のリズムに、移動の条件におよぼす影響は、人間の活動にかかわる。北極地方では、凍結と雪が解氷期には利用できなくなる移動手段の発達に有利にはたらいた。熱帯地方では、雨期が道路と滑走路もほとんど利用できなくする。

地表への適応

地理学者は往々にして、多かれ少かれ柔かく、多かれ少かれよく水を透す、土地の物理的性質に応じてその適合性を研究して、居住環境と農業についてそこから推論できる結果を引き出そうと試みる。

われわれはここでは地表の化学的性質と人間によって利用できる原料の源としての重要性を検討するにとどめる。文明の最初の段階でもっとも役に立つ物質は、もっとものを切りやすくてしかも長持ちする物質であり、珪質堆積岩（シリカ［二酸化珪素SiO_2］を多く含む堆積岩）、とりわけすべての堆積地層に散在する燧《すい》石《せき》と砂岩とグリットストーン（砥石・臼石）、それに火山地層では黒曜石（天然ガラス）と珪岩だった。これらの珪質堆積岩は金属が発見されるまで道具（とりわけ木を加工するため）の刃や切先《きっさき》と武器を供給した。金属は最初は自然状態で知られたが（銅、鉄隕石）、鉱石からそれを抽出するすべを心得るまでしか重要な役割を演じなかった。

ある種の鉱石、たとえば黄鉄鉱（琉化鉄）は、金属を知らなかった民族（フエゴ島人、エスキモー）によって、火打ち石[*9]か焚付けとしてすでに使われていた。火による鉱石の処理は炉の送風の発展に比例している。それなのにアメリカでは、火への送風は手であおぐ団扇《うちわ》の段階を超えなかったように見える。それでは銅鉱、鉛鉱か、でなければ自然金属以外の鉱石を熔かすことはできなかった。逆に、旧大陸中に、いろいろな型の送風器が発達する。最初に近東で、革袋に由来する鞴《ふいご》が銅、青銅、ついで鍛鉄の冶金の発達を可能にして、西暦紀元前一千年紀からそれはヨーロッパとアフリカに行き渡る。極東では、革の鞴に竹管かピストンで動かす箱が取って代わり、同時代にたんに青銅器の開花のみならず、鉄の鋳造をも可能にした。やがて全アジア文明は金銀を象嵌《ぞうがん》した銅鉄を知り、熔けた鋼を熔接して可鍛性の鉄を手に入れた。われわれは民族鉱物学に当てられた草稿（Haudricourt, 1968: 1767）のなかで人間と鉱物の関係の技術学的側面にかんする若干の指摘をおこなった。

＊9　**火打ち石**　黄鉄鉱 pyrite は鉄で打つと発火する。pyr はギリシア語の「火」、-ite は鉱物名をつくる接尾語。

いま言及したばかりの原料の地球表面への分布はさまざまである。たとえば珪質堆積岩と鉄鉱石はたいへん広く散在していて、人間集団の大多数はそれを自由に使っていた。しかし、それとは逆に、ほかの有用鉱物、銅やなかでも錫《すず》はきわめて不均等に散在していて、ゴードン・チャイルドは銅器時代を独占時代と見なしたほどである。アフリカの大部分のような、ある特定の地方はこの段階を知るよしもなかった。

道具の材料のほかに、容器や住居を作るための材料も地表から取り出すことができる。最初に用いられたのはいちばん柔かな材料、粘土と白亜（チョーク）であり、ついで焼物の容器かまたは住居に充当する煉瓦のための焼成粘土とガラスのための砂であった。

初期の証言では建築は実用的な役割を持っていなかったよう見える。巨石文明では、ひとは巨大な石塊を運ぶか立て直すかした。エジプトの一枚岩から切り出されたオベリスクはそのもっとも進化した証言である。しかし実用的な建築物にたいしては、あとで大建造物を建てようとする場所へ運ぶために、石切り場で石を切り分けなければならなかったが、作業中や輸送中に改善しようと考える余地を残したままである。柔かい石や粘土は地球表面にたいへん広く散在しており、堅い石が見つかる地方では急流、海が、あるいは温暖な地方では古い氷河がすっかり用意してくれた砂利に出会す。しかし現在まで輸送手段がごく限られていたので、大建造物の材料と地表の性質との関係が大部分の文明でいまなおはっきり見てとれる。ナイル川が輸送を楽にしたエジプトにおいてすら、ルクソールの大建造物は石灰岩でできており、若干のオベリスクと若干の彫像が南から来た結晶質の岩石製であるに過ぎない。ロンドン塔では壁の基礎は第三紀の砂利と白亜紀の燧石でできている、もっと遅い時代の部分はほかの州から来たジュラ紀の石灰岩でできており、さらに近代の橋はエコス（スコットランド）から来た結晶質の岩石でできているのだが。

植生への適応

植物界は、大部分の地方でその食生活に必要不可決なものを供給するために、人間にはとくに重要である。それは地表よりも気候にずっと多く依存しており、したがってわれわれはいろいろな気候帯[*10]を検討してゆかなければならないが、それらは同時にその生産物の重要性と量のゆえにたがいにまったく異なっている。

＊10　**気候帯**　気候の分類への数多い提案のなかで、いちばんよく知られているのはW・P・ケッペン（1846-1940）の気候帯であろう。低緯度から高緯度へ順に、A熱帯気候、B乾燥気候、C温帯気候、D冷帯気候、E寒帯気候。これは樹木の生育への適・不適による、樹木気候（A、C、D）と無樹木気候（B、E）の下位区分である。この五つの気候帯はさらに降水量などによって、十一の気候型に区分される。サバンナ気候は熱帯気候に属し、ステップ気候と砂漠気候が乾燥気候を構成する。
以下、この論文にみえる気候帯は気候分類への試みの一つである。

そのうえ、たとえ人間は気候も地表もほとんど変えることができないのにたいして、とくに農業段階に到達した時以来、植物なら一変させることができる。だからそれぞれの気候帯において適応を農業以前と以後に区別することにしよう。

さらに、それぞれの気候帯において、今日の気候と直接に関係している植物群系、常緑林と落葉林と低木林と高草木サバンナと低植生ステップまたは砂漠、を区別しなければならない。この段階的な変化は日常的に雨が降る気候とほとんどめったに降らない気候までの間に見られるものに対応している。逆に、植物相と呼ばれるもの、すなわちその地方の植物種の数と多様性は、とりわけ地質学的な歴史、起こった気候変動と関係がある。ある地方の植物相は、多数の異なった種をふくむならば豊か、その逆の場合には貧しいといわれる。たとえばモミ林は、現在の温暖多湿な気候のおかげで、種の生きた標本としては豊かな郡系であるかも知れないが、しかしそこではほかの種の高木を見かけないのだから、貧しい植物相であることが、氷河時代当時の壊滅状態によって証明されている。

赤道帯

常緑林とはいえ、植物相がたいへん豊かな赤道帯の森林は、人間にとってたいへん都合のいい環境であったとは思えない。現在そこで見かける無農業の民族、でなければ農業から隔絶されてはいない——がしかし狩りの獲物と採集物を植物性の食物と交換する（アフリカかインドネシアのピグミーの場合がそれだ）——民族、でなければアンダマン諸島のような、漁業が重要な資源を供給する島々に生きている民族。猿、とりわけ今日の類人猿に都合のいいこの環境が人間それ自体にとっても好都合だったとは思えない。

この森林の現在の農業従事者たちはほかの気候帯、とくに乾燥林からやって来て、そして、居を構え、森林の高木を切り倒し焼き払って植物的な環境に変えている。

熱帯と亜熱帯

この地方の乾燥林とサバンナは人間にとってずっと都合がいい。対照的な気候、乾季と雨季の間のしばしば突然の交代は、塊茎塊根と球根と大粒の穀物の形をとって乾季をやり過ごす保存のきく植物の生存に都合がよく、料理法を発見してからは人間はそれを利用することができた。事実、自然の状態では、それら保存植物は人間の体にはよく消化できないか（生澱粉）、でなければ毒やちょっとした収斂性の苦い物質を含んでいて、動物がそれを食べないようにしているかである。

これらの地方のなかには農業を誕生させなかったところがいくつかある。北オーストラアの場合には、ヨーロッパ人によって発見されるまで採集経済しか知らなかった。同様に赤道の南に位置するアフリカの諸地方は、西暦紀元以後、北から来たバントゥー族によって農業がはじめて導入された。

それとは逆に、アメリカでは、穀物（そのなかにトウモロコシ）と塊茎塊根（ジャガイモとサツマイモ、キャッサバ、サトイモ科の植物）の作物化が農業の基礎となり、それはサバンナだけでなくアマゾンの森林中や中央アメリカの森林中にも定着している。

旧世界では、アジアでのヤマノイモ、タロイモの作物化が太平洋の島々への植民を可能にしたにちがいない。アジアのイネ科の植物とコメは、インド半島とインドシナとインドネシアの多くの島々の農業では、これらの塊茎塊根を伴っている。

東岸温帯

大陸の東岸温帯は夏に多雨のモンスーン気候に属しており、その結果森林帯が熱帯から寒冷地方まで切れ目なく続く。

アメリカには、トウモロコシとインゲンマメとカボチャに本づく亜熱帯農業があり、メキシコからカナダまで続く。イロクォイ部族がそれをセント・ローレンス川流域（カナダ）へ導入した。農業以前には、その地方の森林は植物性食料資源にかなり乏しかったようにみえる。北アメリカの湖や沼沢の水生イネ科の「野生イネ」（*Zizania aguatica L.*）のような植物は、森林の繁みが途切れる景勝地をまさしく占有していて、ミシシッピ川上流地方ではボートで穀物を取り入れている。

旧世界では、逆に、対応する地帯として、中国地方が果樹と食用植物に富んでいた。それはおそらくその植生と古くから結ばれていたヒト属[*11]や類人猿の存在と関係がある。にもかかわらず、中国では農業が古く、驚くべき数の作物化された種を伴っているとしても、農業が満州、ついで東シベリアに到達するのは十九世紀にすぎない。

＊11　**ヒト属**　ヒト属にはエレクトゥス種（ピテカントロプス。北京原人などをふくむ）、ヒト種などが属する。

西岸温帯

大陸の西岸温帯は、亜熱帯から温帯を分かつ砂漠地方の北方で、冬に雨が降る地中海気候、次いでほとんど間断なく雨が降る大西洋気候（温帯多雨気候）、の支配を受ける。

地中海気候は保存のきく植物の存在に都合がいい。にもかかわらず、アメリカでは、農業を誕生させなかった。カリフォルニアの全住民は採集（ドングリとマツの実と球根の採取）で生きていたとはいえ、その採集物で年間を通じて生活し独自の文明を発展させるには十分な資源を手にした。旧世界では、この地帯ははるかに広大で、西暦紀元の数千年前に、西洋の穀物（コムギ、オオムギ）と西洋のマメ科植物と西洋の果樹の作物化を生んだ。この農業はその後、大西洋沿岸森林の開墾によって農業が可能になったとき、北方へ拡がる。いわゆる大西洋沿岸地帯は植物性の食料資源にとりわけ乏しいところであるが。

内陸ステップ帯

大陸の温暖地方の内陸地帯は一般に、雨が降らないので、森林がない。南アメリカのパンパ、北アメリカのプレリ、アジアのステップがそれである。

この地方の植物資源（イネ科の穀物、または球根）はあまり重要でない。アジアのステップでは牧畜の発達が植物資源の古くからの利用法に気づく余地をもはやほとんどなくしてしまった。

寒　帯

寒冷気候帯はたいへん異った二つの環境から成る。針葉樹林、次いで北方には、凍結した湿原——ツンドラ。植物資源はごくわずかである——樹皮、漿果。

高山地帯

高山地帯は一般に極地の近傍で見かけるのと同じ植物群系を呈するのに、独自の地帯を構成するにはそれらの群系が十分に大きいことはめったにない。その広がりにもかかわらず、チベット山塊は亜熱帯と温寒帯のあいだの境界にすぎない。

南アメリカでは、逆に、アンデス高原は自立した温暖地方を形成するに足るほど広大であり、ジャガイモをふくむ、何種類かの塊茎塊根の作物化によって特徴づけられる農業の発生の地であった。

食料資源の観点では、だからいろいろな農業文明のあいだで植物相の構成の不均等が確認されるが、しかしこの不均等は古代以降のアフリカとアジアのあいだの、そして一四九二年以降の旧大陸と新大陸のあいだの交換によって弱められる傾向にある。

数世紀以来、自生的な植生にもたらされた変化は、なお残存している少数の採集民にとってはたいして重要性を持たなかった。それとは逆に、農業にとっては、その交換は重要な役割を果たした。たとえばアフリカのかなりの農業従事者はほとんどもっぱらアジアの植物（タロイモ、バナナ、イネ）かアメリカの植物（ラッカセイ、トウモロコシ、ジャガイモ、キャッサバ、カカオ）に基礎を置いている。植物的環境に適応するのはもはや人間ではなく、植物が気候的環境に適応しているのである。

地理学的観点から食料資源にかんしてわれわれが確認したばかりの大きな不均等は、食料でない植物材料――繊維と木材――については見出されない。繊維か木材が不足するかも知れないのはほとんど植生の欠如地方、砂漠かツンドラのなかだけである。極東での竹の豊かさは逆に、この植物の節のある天然の管のおかげで、原料の観点から特権的な地方をなしている。

ほかの地帯のどこででも樹皮は、ボートや容器や小屋などをこしらえるために加工しない状態でか、織物に変えるためにたたいてか（たとえば、オセアニアのタパ）、あるいは綱をなうために繊維でか、利用することが知られている。枝と根を使うのは籠作りによく見受けられる。最後に木材そのものが使われるのは、金属の利用で挽割《ひき》が容易になった直後からである。ワタの種の繊維のような天然の繊維は旧大陸と新大陸で無関係に用いられていた。

この領域では、それぞれの人間集団がその地方の植物資源を最大限に活用していた。歴史の間に、採集植物についてと同じく栽培植物についても、有用な種の漸進的減少が目撃された、原料の使用にかんする風習は食の風習よりずっと速く進化するからである。たとえばわが国ではシナノキの樹皮（繊維）の使用は栽培されたアサのまえに消滅し、次いでアサはアメリカのサイザルアサとアジアのジュートのまえに消滅した。

動物相への適応

人間にとって動物の捕獲を植物の採集よりずっと難しくしているのはその感覚能力と移動性である。あるときは網や罠《わな》や梁《やな》の助けをかりて移動性を減らし、あるときは毒の助けをかりて動物の不動状態を手に入れる。毒による漁法はすべての大陸の淡水で知られている。毒矢の使用もまた、南米のクラーレ（植物毒）のように、たいへん広まっている。地上の動物とあまり深くない水中の水生動物とに共通する捕獲の仕方（矢、投槍）には、もっと後で立ち返るだろう。その代わりに、深い水中での、水生動物にたいする独得のやり方、すなわち紐の使い方を書き留めておかねばならない。水中の環境は漁師の漁具に捉えられるか傷つくかした動物に漁師の近づけない場所へ逃げ込むことを可能にするので、動物を引き止めておくことを漁師に可能にする長い紐に、漁具の端、釣り針、あるいは武器の先を括りつけるか、でなければその紐に十分大きな浮きを括りつけたらそれを水面で見張るか、しなければならない。ベーリング海峡あたりでその一段と高い完成度に達する銛の進化は、大型海獣の狩猟への適応の好例である。地上の動物は植生に密接に依存してるのだから、ここではそれを植生と同じ枠組のなかで検討することにしよう。

赤道帯

この地帯の動物界は網と弓で射る矢となかでも、この環境にとくに適した武器、吹矢を使って獲る野生の鳥獣である。

熱帯と亜熱帯

乾燥林とサバンナは大規模な狩猟、つまり勢子を使う狩猟、火による狩猟の領域であり、それは囮《おとり》か鳴き声をまねる器具で獲物をおびきよせる典型的な小規模の狩猟や、同じく個人でやる狩猟、罠仕掛け、とも共存する。オーストラリアは別として、狩猟が副次的な食物を提供するに過ぎないのはいずれにせよ耕作民である。しかしその地方が乾燥してればいるほど植物資源は豊かでなくなり、草食動物の狩猟がいっそう重要になる。アフリカでは、この地帯に耕作民だけでなく、また動物飼育者も見かける。アフリカはその草食動物にたいする家畜化の中心であった（たぶん北－東部を除いて）としか見えないが、しかしそれらはアジアに由来する。というのは熱帯で、水牛と雌鶏の家畜化、および象の調教が確認されるのは世界のその部分においてだけなのだから。

この地方の大河と川と湖は地方の重要な漁業資源を供給する。

東岸温帯と西岸温帯

これらの地方の森林‐公園は新石器時代に絶滅する多くの草食動物の属する第四紀[*12]で知られる。この絶滅をほとんど気候変動に帰することはできず、そこで人間がなにか関係しているということはありうる。たとえばアメリカでは、人間の到来のもっとも古い証言は、マストドンの骨格に突き刺さった鏃にある。マストドンとウマと大型貧歯目（アリクイ、センザンコウの類）のアメリカでの絶滅は、旧大陸でのマンモスと大型シカとモウサイ（毛犀）の絶滅やウマとウシ科の大型獣の減少と同様の流儀で行われたように思われる。

＊12　第四紀　約百万年前にはじまり、氷期と間氷期をくりかえした冲積世と約一万年前から現在にいたる洪積世に分かれる。いわゆる氷河時代を代表する動物のマンモスは、七千―八千年前に絶滅した。第四紀は人類が世界各地に拡散し、その活動が盛んになった時代であり、人類時代とも呼ばれる。

家畜、すなわちウシとブタとヤギとヒツジ、は農業の発明以後にはじめて増殖し、農業の拡大とともに、絶滅寸前の野生種と交配して亜熱帯にまで広がる新種を形成しながら、拡散する。

新大陸については、そこは温帯での栽培植物の作物化の中心地を持たなかったのと同様に、草食動物の家畜化の中心もまた持たなかった（アンデス地帯を除けば）。人間と一緒にやって来た犬は、いくつかの地方で家畜の役を果たすと同時に、肥らされて食べられ、その毛は紡いで編まれ、しかも牽引動物として役立っていた。

温暖地方の川は、産卵のために遡る大型回遊御魚、サケとチョウザメ、のおかげで重要な食料を供給してきた。ブリティッシュ・コロンビア（カナダ）とアラスカ南部の沿岸地方は、農業がないにもかかわらず、かなり稠密な定住人口を収容できた。サケ漁はかなり短い期間しか続かないが、しかし一年中食物を供給する。

北海沿岸地方への植民が中石器時代に似通った基礎のうえに行われていたということはありうる。東アジアの北部では、ギリヤク人かアイヌ人のようないくつかの民族はほかに資源を持たなかった。このことは厳密な意味での海の狩猟、たとえばオレゴン海岸（アメリカ）でか日本人によって最近でもまだ行われている捕鯨を妨げなかった。もっと南方では、地中海地方でのマグロのような、多くの場合魚の回遊に本づく、厳密な意味での洋上漁業が行われている。海岸の形状はその発展に大きな役割を演ずる。たとえば漁夫文明が発展することとできた中国の南方海岸に注目しよう。この文明はその後オセアニアのすべての島々とインド洋の島々に伝わっている。

内陸ステップ帯

この地帯は、先史時代に、人間がまだ草食動物の群れを絶滅させていなかった、唯一の地帯である。その群れは、狩人たちが通りすがりに、一年の残りの分を入手できるほど十分に潤沢だった。肉が必要不可欠な食料なら、皮は避難所や衣服や容器の原料だった。

南アメリカには、グアナコ（野生のラマ）に本づくパンパ（大草原）の文明があり、北アメリカにはバイソンの活用に立脚したプレリ（大草原）の文明である。

旧大陸では、西暦紀元前三〇〇〇年以来、耕作民とその家畜が中央アジアのステップと接触していて、その結果ウマとラクダもまた同様に家畜化されて、肉と皮だけでなく、乳も同様に大きな役割を担う、まさしく牧人の文明を人類は手中にしたのである。この牧人集団は遊牧民であり、つまりかれらは一年中群れをいろいろな遊牧地に連れて行くのだが、輸送手段（荷鞍、鞍、繋駕法）の大きな進歩によって移動が容易になったのは、まさにこの文明のおかげだった。アフリカでのラクダ曳き遊牧民の定着は比較的新しい出来事である。

寒 帯

この地帯の沿海部では氷上の狩猟が発展し、海獣の活用に本づいたエスキモー文明のなかで、その最高度の専門化に到達する。

この地帯の大陸部では、主要な草食動物は野生のトナカイ（またはカリブー）である。アメリカでは、年に一度のその移動の道中待ち伏せに会って狩り立てられる。旧大陸では、トナカイは飼い馴らされてその結果狩猟者は、群れを連れて行く、遊牧民の牧人になった。スカンジナビアのラップランド人と同様にベーリング海峡のチュクチ人がその事例である。

この地帯の南部を形成する針葉樹林ではトナカイは、やはりその乳を利用する、ツングース人が乗りまわし荷鞍をとりつけている。この地帯におけるもっと最近の段階はヤクーツ人によって代表される段階であり、かれらはウマとウシ科の動物を導入し、草を草食動物から守って刈り取って夏の間に作っておく秣《まぐさ》の備蓄のおかげで、定住民になっている。

高山地帯

この地帯ではその場で家畜化された動物が見つかる。チベットのヤク、アンデス山脈でのラマとアルパカである。ある種の移動放牧なのだが、農業も知っていて、人間のための食料の備蓄と動物のための秣の備蓄を手にしいるのだから、これらの文明は定住民のものである。

植物についてと同じく、もともとの不均等な分布も、動物は人間同様、植物よりも気候に左右されないので、時代が経つにつれて、地帯間か大陸間の交流によって弱められる傾向にあった。にもかかわらずアフリカでは大陸の大部分が、チェチェバエの餌食である大型草食物にとっての禁断の地である。アメリカでは、ウマの導入がステップ帯のインディアンの文明を変えていた。ヨーロッパの植民者の牧畜と農業をまえにしてかれらが姿を消すのはその後である。動物は、この地帯では食料の観点から重要であるが、同様に原料の源としても大きな役割を果たす。それは主として皮であり、ヒツジについては羊毛、ラマ（ラクダ科）からラクダについては毛、最後に度合いはもっと小さいが、骨と角である。

植物界と動物界を別べつに検討したあとで、全体を見るのもむだではない。というのも十九世紀の歴史学派は動物の家畜化を、定住農業の定着と栽培植物の作物化以前の、遊牧生活段階に位置づけていたからである。ところがこの命題は疑わしいように思われる、というのは熱帯地方では農業が牧畜なしに出現したかも知れないからであり、近東では植物の作物化と動物の家畜化が同時に出現するからである。さらに、現在までのところ考古学は、牧畜がステップないし寒冷地方において存在していたのは、もっと温暖かつ湿潤な地方で行われていたより以前であったことを、証明していない。だから牧畜は、耕作がもはや利益をもたらさず、われわれが純然たる家畜飼育者に帰している状況しかなくなっていた地方における、農業－牧畜複合体の拡張であると考えることができる。別のところには、中央アジアあるいはアフリカには、たしかにほとんどもっぱら牧畜専門に特化した民族（モンゴル人、プール人）がいるが、しかしかれらは農業民族と接触し生産物を交換して生活している。

機能的観点

機能的観点はおそらくいちばん当たり前である。それは人間がいかにしていろいろな欲求を満たすか、あるいは逆にこれこれの行動がどんな機能に対応しているかを検討することにある。実はこの観点は、十九世紀には、形而上学と究極原因論[*13]と目的論に汚されているとして、無視されるか、でなければ攻撃された。たしかにそれはある意味で、人間のために創造された宇宙、人間の幸福を保証するために神によって啓示された制度と行動という素朴な信仰に対応していたからである。マリノフスキーによって民族誌に、トルベツコイ[*14]と音韻論学派によって言語学にと、人文諸科学に導入される機能的観点の有用性が理解されはじめたのは二十世紀にすぎない。逆に経済学ではいつもこの観点が提示されていた。経済学は欲求の満足を人間活動の本質的な源泉として捉えており、それを次の三つの段階、すなわちその欲求を満足させる商品と物の生産、その物の分配、そして最後にその消費に区分したのは、経済学者たちである。社会学に固有の見地は、誰が働くか、何処《どこ》で何時《いつ》働くかを検討することにある。

＊13　究極原因論 finalisme、究極目的論とも訳される。あらゆる事物の説明原理を究極的原因とする哲学説

（*Le Petit Larousse*, Grand format, 1996）。

＊14　Nikolai S. Trubetskoi（1890-1938）　ロシアの言語学者。

生産

物、道具、容器、武器、などの生産を製作技術の名の下に、商品、食料、原料の生産を獲得技術の名の下に区別するのが民族誌の伝統である。そういうふうに区別せざるをえないのは専門的な必要性である、というのは実際には両者は明らかに緊密に結びついているのだから。つまり原料を獲得するために道具を製作しなければならないとすれば、原料の獲得には道具を製作することが必要不可欠である。

ところでその獲得技術には採集と狩猟と農業と牧畜がふくまれる。食料を供給するのが、そして人間集団の生存のために日々利用しなければならないのが、これらの技術である。それにたいして、製作技術には木材と植物材料の加工技術、つまり籠編み、指物作り、樽作り、車製作、機織り、同様に鉱物の技術、つまり焼き物作りと冶金術がふくまれる。武器と道具と容器と住居は長持ちするから、その製作技術はあまりたびたびは利用されない。なによりも、専門家に属するのがこれらの活動である。

これまで観察できたもっとも単純な集団のなかには、つねにある種の分業がある。もっとも重要なのは両性間で行われてる分業であり、たとえば男たちが大きな野生の鳥獣を手に入れる役割を担うのにたいして、女たちには植物の採集と小さな鳥獣の採取が割り当てられる。彼女たちはまた出産と育児（往々にして何年も授乳して）を役目とし、一方、男たちは危険な動物にたいして、そしてまたほかの人間集団にたいして、集団を守る役割がある。この分業はそもそももっと複雑な社会にも認められ、食料の日々の調理はおおかた女の仕事、そして戦争は男の仕事になっている。

物の生産もまた両性のあいだに割り振られており、社会によって一方は他方と違うかも知れないが、どちらかといえば女たちは陶器と衣服、男たちは武器と住居を作る。

年間の、とりわけ季節がはっきりしている地方での、生産における推移もまた確認できる。すなわち木の実の採集、一定の時期に川を遡る魚の漁獲、一定の期間に平原から山地へあるいはプレリから森林へと移動する草食動物の狩猟。生産の不均等なリズムはしたがって採集と狩猟の段階から存在する。食料に無関係な技術活動は資源が豊富にある時期ともはや収集作業を行わなくなった時期に置かれる傾向がある。

農業文明においては、植生のリズムは年間の労働の配分に継続して影響をおよぼして手工業技術の発展を可能にする、つまり農民が農閑期にそれにたずさわるのだが、農閑期は長い冬によってか（スラブの農民）、あるいは稲作農業における大きな生産量当たりの労働時間の短かさによって（極東）生み出される。その他の地方（インド、アフリカ）では、ある種の生産技術、たとえば冶金術は専門家に属する行為であって、カースト制度にまで到ってもおかしくない分節社会に出会うのである。わが西洋社会の独特な点は手工業生産の都市への集結[*15]であった。

＊15　手工業生産の都市への集結　中世ヨーロッパでは、たとえば農村の女性の職業であった毛織物製造が、その生産物が取引される場所へと移動し、染色・石鹼などの関連産業をもふくめた毛織物工業が集結して、商工業都市が成立するなど、農村工業から都市工業への転換が起こり、いくつかの分野で産業革命が進行した（アンリ・ピレンヌ『中世ヨーロッパ経済史』）。

このことはすべて、こう言ってよければ、生産の社会学的な局面である。残されているのはいろいろな職業を通して、時間と空間のなかで、それを検討することであるが、そのさいには技術の歴史に取り組むことになる。

分配

もっとも単純な社会では、消費は一般に生産の次に来るのだから、食料の分配に特別な問題は生じない。武器と道具は個人用であり、個人に合わせてあって、その人が死んだときには破壊されるか利用できなくなるから、主要な分配物には技術的な有効性がない。一般に高価な物や象徴的な物がある。確かに、C・レヴィ＝ストロースが明らかにしたように、これらの社会において「もっとも重要な交換物」は、人間集団の再生産の道具としての女性の社会的かつ生物的な機能である。高価な物や象徴的な物は結婚という交換の代償として、あるいはもっと一般的には近隣集団間の契約を象徴するために利用される。しばしば「通貨」と呼ばれているものがそれである。

原料の、とりわけ鉱物の不均等な分布は交換の起源でありうる。次いで他の集団の用途に充てる物を製作する専門化した集団の出現とともに、本格的な貿易がはじまる。貿易は陸上でも海上でもよく、その発展はやはり輸送技術にかかっている。通貨、数系（十進法など）の改良の原因となるのは分配の技術である（南アフリカ、オーストラリア、南米の先端に住んでいたある狩猟＝採集者たちは数字の名称を知らなかった）。多くの著者が文明の発展の重要な一段階とみなした文字は、分配の技術と繋がりがある、人口稠密な地方にしかあらわれない。

分配のこの社会学的な局面以外にまた、もっと技術的な局面、その輸送中か配分を待っている物または商品の保存という局面、つまり屋根裏部屋、サイロ（貯蔵庫）、倉庫について考察することもできる。動物起源の物質または液体は保存するのが容易ではない。太陽によってか、あるいは火または煙に曝して乾燥させる方法は、気候が極度に湿潤でないすべての地方で、肉と皮にたいして利用される。灰と塩はあまり一般的には使われず、それにある種の発酵をともなう。寒気は自然に保存するが、しかし南米の高山地方ではそれは塊茎塊根を乾燥させるのに利用される。甘い植物の液汁か水分の多い果実は自然にアルコール発酵をおこす。この変化はヤシ酒にたいしてかパンの木の果実にたいして利用される。唾液の生化学的性質は革の加工や食料の下拵えにたいして利用されたが、それが今度は、吐き出されて、カワ（コショウより抽出）かトウモロコシのビールのようなアルコール性飲料を提供した。最後に、食用液体のなかで、乳を取り上げると、それは自然に凝固し、アジアとアフリカでは、加熱するか攪拌してバターを抽出し、さらにチーズの形で蛋白質を保存するのに充てられる。一方中央アジアの寒冷ステップでは、牝馬の乳がアルコール性飲料を提供できる。これらの技術においては保存と消費が緊密に結びついていて区別するのは難しい。

消費

この見出しの下には、本来の意味での消費や食料の日々の消費と同時に物、一般的にはずっと長持ちする衣服や避難所の使用が、多くの場合一つに集められる。

この領域では、消費行為と同時に非消費行為を検討するならば、ある人間集団からほかの人間集団へともっとも著しい変異が認められる。そもそもここでは歴史段階を確立するのがおそらくいっそう難しい。それぞれの集団のなかで、性により年齢による禁忌が認められる。極東での乳製品の「不使用」、あるいは近東における豚肉の禁止のような地方的な分布は、直接に環境への適応のせいにできないとすれば、まさしく民族－社会学的観点からしか明らかにすることはできない。歴史的観点から想起できる唯一の一般的な特徴は、社会の内部と異なった社会間にみられる消費の画一化の増大である。消費の技術は専門化される最後の技術である。料理と繕いと洗濯はわれわれの社会ではまだ各家庭内でやっているが、しかし生産物はわが近代文明にあってはますます直接消費可能な形態のもとで分配される傾向にある。

動力学的観点

ここでわれわれが動力学的観点と呼ぶのは、同時に自然環境とも人間の欲求とも無関係な、人間の行動の研究、すなわち制作する運動の記述である。物はもはやそれ自体としてではなくあるいくつかの運動の結果として、そして道具は運動の変換具として考察される。関心は伝統的な技術とマルセル・モースが「純粋技術」と呼んでいたもの、すなわち身体の技術とその動きとの関係、つまり物を使用しない人間の活動か、さもなければ直接に必要不可欠な欲求を満たすことに向けられているとは見えない人間の活動との関係を明らかにすること、そして結果として生産はしなくても、にもかかわらず伝統技術の歴史と分布を理解しようと

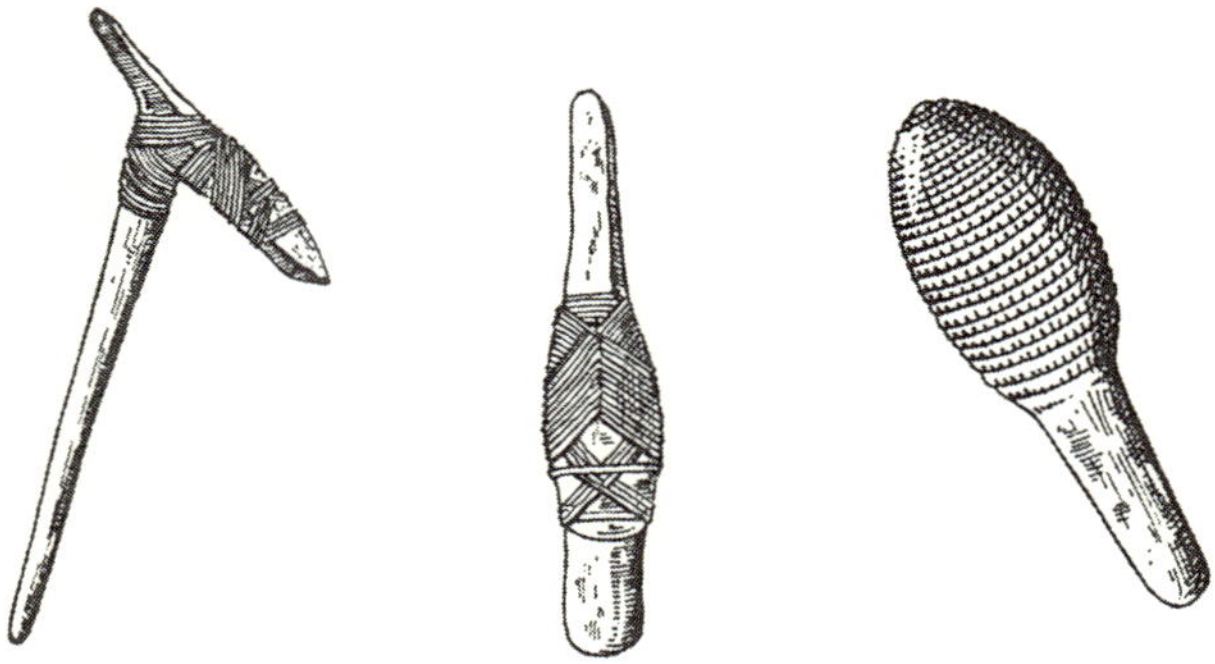

図4-1　手斧とタパ打ち槌（ニューカレドニア）

手斧（柄，46cm。刃身，28cm）。側面図（1）と平面図（2）。タパ（コウゾの樹皮）の細片を部分的に蛇状に巻きつけた刃身。タパを包む繊維による緊縛（交錯する11本の糸）。タパ槌（3），長さ23cm。タパを準備するさい植物繊維をうまく砕けるように堅い木に彫りつけた碁盤目の溝。

すれば知っておかなければならない、これらの活動をひとつにまとめることにある。

運動

人体の筋肉運動の、とりわけスポーツと舞踊あるいは労働の理論家たちが取り組んでいる研究は、言語活動を生み出す筋肉運動を記述するために音韻学者たちが生み出した象徴的記号法にならって、同じようにそれを推進しながらもまだ精密に仕上げるには到っていない。

A・ルロワ－グーランがようやく一九三六年にその分析にとりかかったのは、『フランス百科辞典』の第七巻のなかの「人間と自然」と題する章においてであるが、われわれがふたたび取り上げて発展させようとしているのはこれらの概念である。スポーツや舞踊の専門家とはちがって、われわれが関心を持つのは運動の記述それ自体よりむしろその運動と物、障害物または道具との関係であって、技術学の観点からすれば、重要なのは障害物との接触である。だからおのずと、三種の接触のしかたを区別することになる。打撃、すなわち運動は接触以前に行われ、接触が起こると、衝撃、打撃がある。加圧、すなわち接触は運動以前に起こり、運動は障害物を越えて進もうとして、それを変形させるか、さもなければ移動させる。摩擦、すなわち接触はつねに運動以前に起こるが、運動が大きく傾斜していて、接線方向にあり、したがって接点が物の上か道具の上を移動する。

接触＼広がり	点	線	面
衝撃または打撃	鶴嘴（つるはし） 矢 短刀	剣 斧 鍬（くわ）	槌 棍棒
加圧	目打ち 針	鑿（のみ） ナイフ ペーパーナイフ	圧搾機
摩擦	鑢（やすり） 下ろし金 鋸（のこぎり）	犂（シャリュ）	石臼

同じようにそれぞれの場合に接触面の形を区別することもできる。点、すなわち刺す。これは点状の打撃か加圧を行うことである。鑢《やすり》をかける。これは（多数の尖端で）点状の摩擦を行い、均等に目打ちに彫ることである。線、すなわち道具の刃で行うことである。ナイフなら、線状の加圧を、斧なら、縦に線状の打撃を、手斧なら、横に線状の打撃を、丸鑿《まるのみ》なら、曲線状の加圧を、錐《きり》なら、円形の打撃を、両柄の鉋《かんな》または鉋なら、横に線状の摩擦を行う。面、すなわち拡散した接触。槌の一撃は拡散した打撃を生じ、乳鉢のなかで磨りつぶす乳棒は拡散した摩擦を生ずる。

これまでは道具が人間によって動かされる運動を記述してきている。これから道具が固定されていて、動かされるのは物である場合を検討する。フォンテーヌブローにある砂岩の砥石はその上で、石器時代に、磨製の斧を磨いていて、拡散した摩擦の道具であり、オセアニアでは、コ

打撃	横に線状に	縦に線状に
	手斧	斧
摩擦	鉋（かんな）	ナイフ
置いた打撃	鑿（のみ）	楔（くさび）

運動とエネルギーの変換

コナッツを二つに割るのに尖った杭《くい》に打ちつけ、固定した下ろし金の上で食物の塊を磨り下ろす。機械工の旋盤では、木製品は高速回転で動かされ、労働者はその道具を製品に接触させたままじっとして動かない。陶工の轆轤では、素地《きじ》は回転運動に巻き込まれ、手か道具で成形される。

線状の接触では運動に関連して刃の向きを区別することが重要である。極端な事例は、刃が運動方向にあって多かれ少かれ柄と平行になっている斧と、刃が運動にも柄にも垂直になっている手斧とに見られる。とはいえ鉈《なた》、柄が刃身にたいして軽く傾斜している小さな斧が存在しており、丸材を角材にするのに役立っていた。

打撃にかんして別の区別をしなければならない。さきに指摘した例のうち、衝撃の瞬間にまだ道具か物を手に持っていたら、道具あるいはむしろ武器を投げるさいの投げつけた打撃と対比して、持ったままの打撃と呼ぶことができる、というのはこれらの身振りが用いられるのはとくに狩猟か戦争のさいだからである。「投げるlance（ランス）」というフランス語が曖昧[*16]であるのに注意しよう。なぜこんなことを言うかといえば、中世の競技の騎士の槍（lance）は持ったままの点状の打撃によって作用していたのにたいして、投げる投げ槍（javelot）は投げつけた点状の打撃を実行するからである。

＊16　**曖昧**　この曖昧さ（両義性）は、lanceはlanceせず、lanceするのはlanceではない、と表現できよう。

手で行う運動を話題にしたあとは身体のいろいろな部分が行う運動を検討しなければなるまい。そうすれば歩行、地面の上での足による拡散した加圧、ランニング、同じく拡散した打撃、氷上のスケート、縦の線状の摩擦、などなどを同様のやり方で記述できよう。

Ａ・ルロワ－グーランが注意を促した組み合わせに設定した道具の上に加える打撃、もっと簡単にいえば「設定打撃」であり、打撃器である第一の道具が第二の道具に拡散した打撃を生ずる。第二の道具は打撃器の全エネルギーを吸収して物に作用する。

動かす軸が刃の軸に平行であるか、それとも垂直であるかに従って、さまざまな種類の運動を区別することにしよう。そうすれば前頁の表になるだろう。

運動の変換とエネルギーの変換

今日知られているもっとも原始的な民族（オーストラリア人、その他）は植物繊維を手で腿《もも》の上に擦りつけて紐を撚《よ》ることができる。かれらは堅い木の細い棒を両手のあいだで急速に回転させながら、開ける孔か火を起こそうとする木の位置にその先端を据えて、孔を開けたり火を起こしたりするすべを知っている。ここに運動を変換する最初の機械がある。両手の拡散した摩擦の往復直線運動が棒の点状摩擦の往復回転運動に転換されている。

この段階以来人間の筋肉運動は使用する道具と機械に密接な関係にあり、残念ながら古代から唯一保存された、金属か石の硬い部分を考慮に入れなければ、堅い木と紐としなやかな木が人間の運動の有効性を高めてゆく道具と機械の本質的な要素であるということができよう。たとえば投擲は、別の一本の木を投げる、継いで長くした堅い木（推進具）によって（**図4―24**［一三一頁］）か、それとも同じ役割を果たす紐（投げ槍の〈革紐〉*amentum*）（**図4―25**［一三二頁］）、または手にしっかり握っておくことによって弾を投げるの

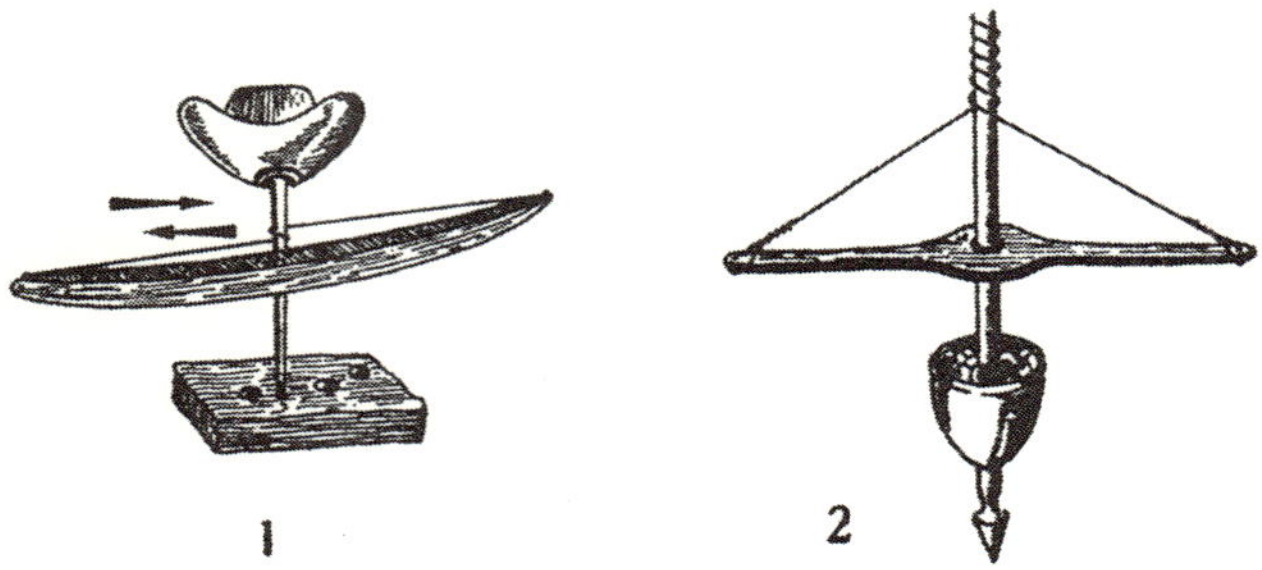

図 4-2　穿孔装置

1. 弓錐。弦は軸に留められておらず，弓は横向きである。それゆえに錐に往復回転運動を伝えるのは往復横運動である（エスキモー）。2. 弓錐。錐が真ん中を貫いているので，弓は下の方へ押し進めたときに巻きついている弦をほどく。次いで獲得した速度が別の向きに弦を巻きつけるので，もう一度弓を押さえつけながら，錐を逆方向に回転させる（ニアスのインドネシア人）。（シンガー，ホームヤード，ホール編『技術の歴史』）

に役立つ紐（投石器）、または投げ弾（*bolas*）に括りうけてある紐によって改善される。柄の先に取り付けた綱（鞭）は独楽に円運動を与えることができる。綱としなやかな木の組み合わせは重要な器具、弓を生み出す。それは矢を射るためと同じく往復回転運動を与える（弓錐）ためにも利用されるのを次に見ることにしよう。

回転――錐の軸に巻きつけた紐の両端を引っ張れば、その器具は労働者の頭によってか別の人によって支えられているので、錐を作動させることができる。紐の両端を弓に結びつけると、往復直線運動を行わせるには片手で十分であり、その運動はもう片方の手が孔をあける物体のうえに支えている器具に往復回転運動をあたえる。もし紐が錐に結んであり、錐がはずみ車を備えていれば、弓は下から上まで運動することができて、器具はそのたびに獲得する速度のおけげで紐を巻きつける（**図4―2**）。同じような方法は先に見た旋盤の運転にも利用されている。

手か足の往復運動の連続円運動への変換は、まずはじめに極東で、米を脱穀する手動の挽《ひ》き臼《うす》に確認される。ヨーロッパの紡車《つむぎぐるま》でのように、その変換がペダルに適用されたのはずっと後のことに過ぎない。

連続円運動の速度変換もまた極東で、生糸の糸繰《いとくり》機と綿糸の紡車の伝動ベルトとともに現れ、西洋では、歯車とピン歯車、水車と灌漑設備の動力回転装置の形式で現れる。

ばね——もっと量的に大きい変換の方式に木か腱《けん》の弾力性を利用するものがある、というのは、その場合、変換は即座にはなされないからである。エネルギーは（罠を仕掛けるとき）蓄積されていて、止め金を外す力はごく小さい。堅い物の投擲では二つの運動を区別することができていた。たとえば、投げ槍の投擲では、物に推進力をあたえる胴体と腕の運動と、物が投擲者から離れることを可能にする手を開く運動である。とはいえこの二つの運動は切れ目なく継起する形をとる。逆に、たとえば矢の発射では、弦の緊張は狙いを定めるのに要する時間のあいだ中持続し、指で引き金を引くのは射手が姿勢を変えてもかまわない段階のあとに行うに過ぎない。

弓——弓は、武器として、もっともよく研究された民族誌の対象の一つである。それはいろいろな材料（木、角）で作ることができるし、弦も同様（腸、腱、植物繊維）である。しかし分類するのはとくにその形状によっており、たった一本の材料でできているか（単式弓）、それとも接着するか一緒に紐で括るかしたいくつかの部品の複合であるか（複式弓）に従い、かつ横断面の形（円形、卵形、平形）に本づいている。メラネシアと南米の平弓をウィーン学派が文化段階の類型として選んだことを想起しよう。複式弓は反り返る、つまり、弦を緩めると、その反りが張っていたときの反りと反対になる。それがモンゴル人、日本人の弓だったし、エスキモーや北米の少数のインディアンにも知られていた。弓の両端への弦の取り付けもやはりいろいろなやり方で行われる。

矢は多かれ少かれ長く、木製や葦製で、鏃《やじり》は有ったり無かったりだが、こちらは骨製。石製あるいは金属製でもよかった。貫入するようになっている鏃の代わりに、〈*boncon*〉（不詳）には打ち倒すようになっている丸い頭がある。最後に弾丸は多重綱か太綱を備えた弓で投擲することができる。矢羽根はいろいろな方法で作ることができるが、たいていの場合は裁断し、縦に割り、矢に縛りつけるか、矢の割れ目に挟んで固定できる羽根を用いる。

弓の弦を張って矢を射るさいに使う手と指の運動もやはり研究された。弦は直接には人差指か中指で、間接には矢筈《やはず》で、その位置から引き絞ることができる。矢筈は親指と人差し指のあいだに挟むか、または簡単に指何本かで保持できる。弩《ど》は弦を手ではもはや引き絞らない弓である。弓と直角に交わる台木は、その上に矢を置き、切り込みがあって張った弦を止め、発射用の引き金を備えている。この器具は中国古代からすでに知られており、弦を張るために用いる方法に従って分類される。これは実際には携帯用のバネ付き罠[*17]である。

＊17　**罠 piège**　動詞 piéger には罠を仕掛けると起爆装置を仕掛けるという二つの意味がある。英語の trap にあたり、動詞 trap には罠を仕掛けるのほかに発射機を操るという意味もある。弩はバネつきの発射機である。

バネ付き罠では引き金は、犠牲獣が楔止《くさびど》めの小さな細い棒を動かすか、それとも一本の紐を噛むことによって作動する。もっとも独創的なのはエスキモーの狼用の罠の場合であり、そこではバネと武器が一つに

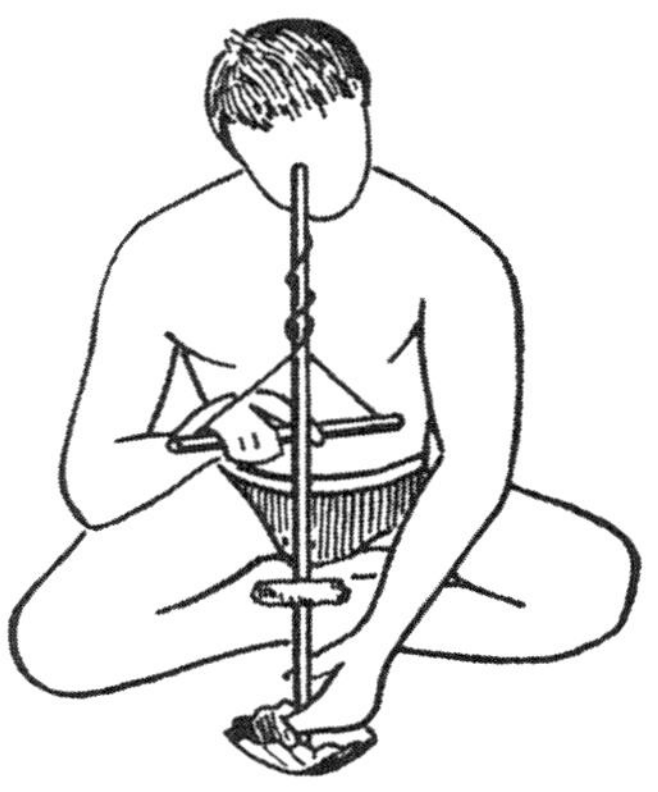

図4–3　メラネシアの貨幣製造用の貝殻の穿孔
この装置はニアスの装置と同じ原理にしたがって作動し，軽いばね秤が備わっている。(Malinowski, 1922.)

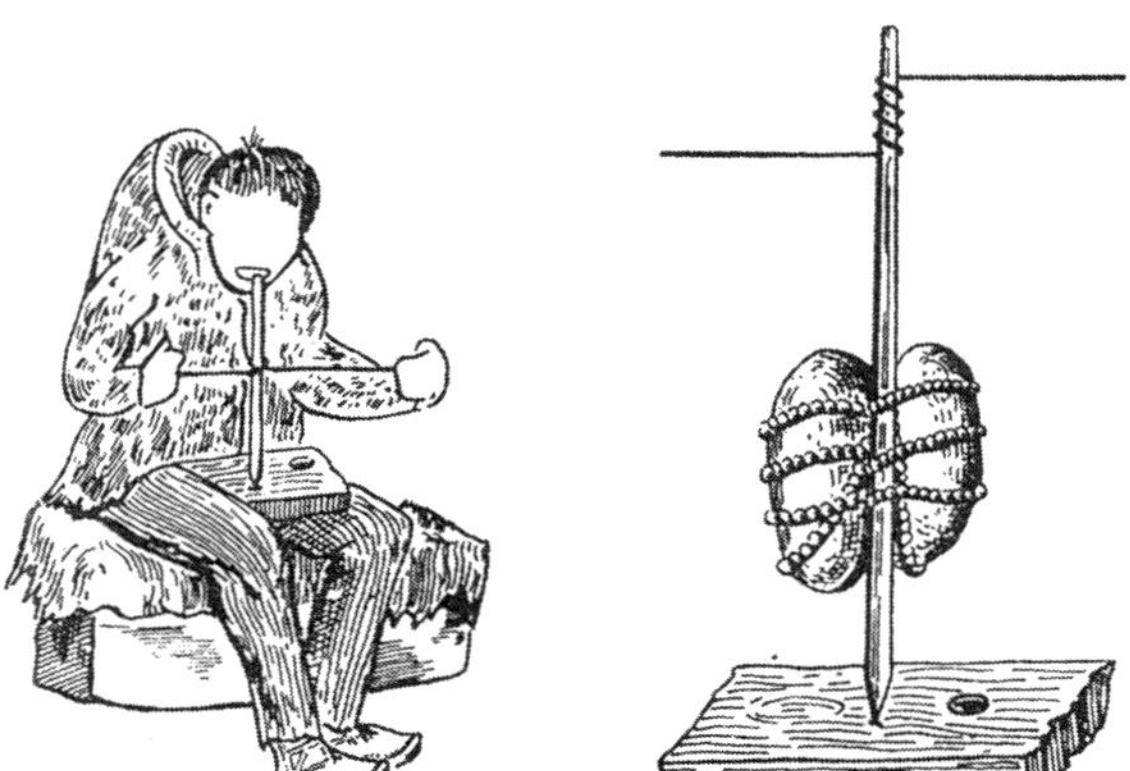

図4–4　エスキモー民族とニュージーランドでの穿孔
1. カナダのエスキモー民族では，口でぐらつかないように加圧して，道具に巻きつけ両手に持った細引きによって往復回転運動。2. ニュージーランドのポリネシア人では，錐の軸にくくりつけた，はずみ車としてもまた役立つ，錘で垂直にぐらつかないように加圧する。

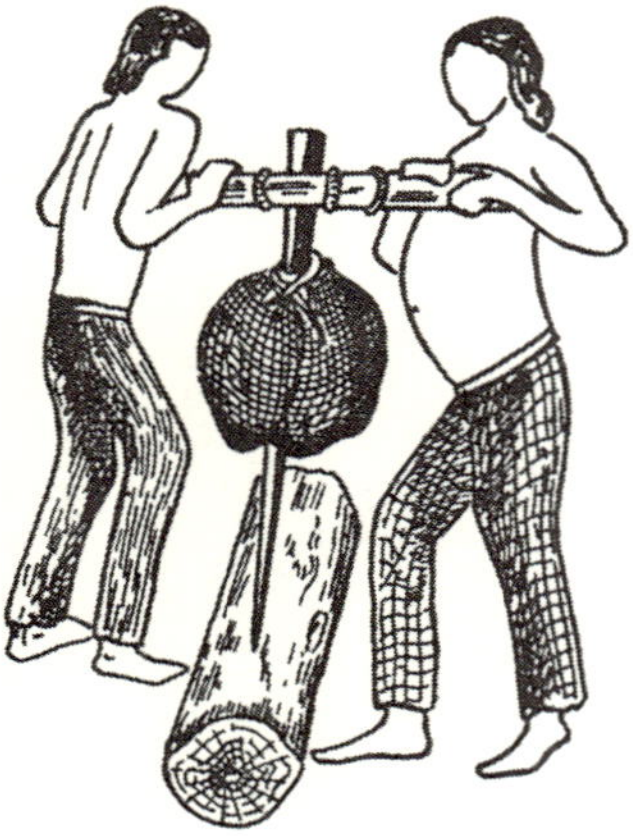

図 4-5　ジャワあたりの穿孔法

ロンボク島では，穿孔は二人で持つ装置を用いて，石の袋で垂直にぐらつかないように加圧しながら行うこともある。(McGuire, 1894.)

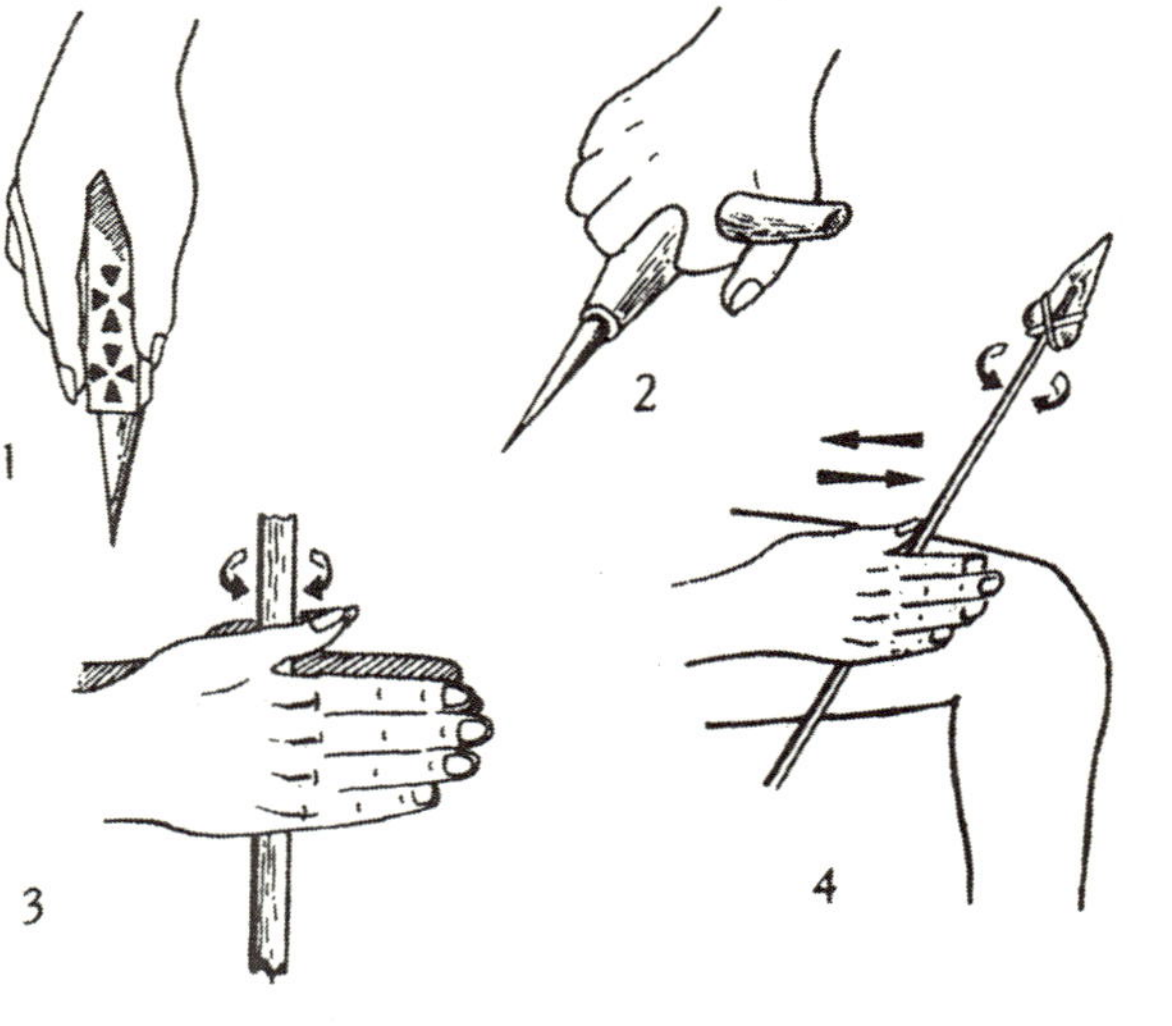

図 4-6　穿孔法

1. 骨の柄つき鉄の目打ち（ネブラスカのインディアン)。2. 往復回転運動を助けるL字形の柄つき目打ち（ラブラドルのエスキモー)。3. 掌の摩擦による往復回転（南ボスチマンス)。4. 掌と腿のあいだの摩擦（ブラジル)。(McGuire, 1894.)

なっていて（それは先を光らせた鯨のひげである）、引き金は腱か冷凍肉でできており、犠牲獣の胃のなかでしか作動しないだろう。バネ付き罠は突き刺すのに充てる尖端（弩の場合）か、身動きできなくするのに充てるあご（の摑み）を作動させてもいいし、または輪差を張ってもいい。

重さ――重さ利用の罠の名の下に、二つの種類を区別することができる。動物の重さを利用する罠は、絶壁の上から突き落とすが、それとも大抵の場合は穴を掘っておくと、その底で頭を強打するか、底に設けた猟槍《ししやり》で怪我するかである。それに動物が我とわが身の上に落とす重量物を吊るした罠。同様に鉛付き棍棒の屠殺罠とギロチン罠、もっと簡単なのは動物が入ると入口が閉まる籠か網がある。

はずみ車――連続円運動もそれと同様に力を保存することができる。多くの装置（紡錘、旋盤）では、はずみ車があるおかげで運動を蓄積して次いで放出することが可能になり、その結果間を置いて加える推進力で連続運動を得ることができる。

ここで連続円運動の直線運動への変換、つまり投石器の操作に注意を促しておかねばならない。同じ手で両端を握っている帯の真ん中に投擲する弾丸を置き、次いでその全体を急速回転させると、弾丸を投擲するには帯の一端を放せば十分である。この武器は、たとえばニューカレドニアでは、弓に置換えることが可能であった。

火

人間が火の活用とともに発見した化学エネルギーは、中世中国における大砲の火薬の発見以前にはほとんど利用されなかった。とはいえ、火器は、当時、内燃機関とジェット機関に先立つ、最初の化学エネルギー機関であった。点火方式は最初は導火線による、次いで火打ち石による、最後に起爆薬、すなわち雷管による直接点火である。ガソリン機関の点火が行われるのは電気火花からであるのを想起しよう。

それにたいして、逆の変換、運動から熱への変換は、ここでとりわけ興味があり、点火法をつぎのやり方で分類することができる。

点状の打撃すなわち火打ち石――あまり硬くない物質への硬い素材、一般的には燧石の先端の衝撃は、細かい火花すなわち熱せられた粒子を、この場合は黄鉄鉱（団塊状の鉄の硫化物）の粒子[*18]であるが、空気中に放出する可能性がある。黄鉄鉱は金属器時代に軟鉄に、次いで現在はほかの合金に取って代わられた。金属の火花は植物性の物質、すなわち火口《ほくち》や繊維などに点火する。

＊18　**黄鉄鉱の粒子**　黄鉄鉱は燧石の主成分の一つである。その細粒。＊9（五三頁）参照。

縦の摩擦――これは柔かい木の上で堅い木の棒を、繊維の向きに沿って摩擦することにある。オーストラリアとオセアニアにもっとも広まった方法であり、もっとも古いと思われる。摩擦が火のつく柔かい木屑をこそぎ取る。イギリスの民族学者たちが耕作〈火耕〉*fireplough*）と呼んだのがこの方法である。

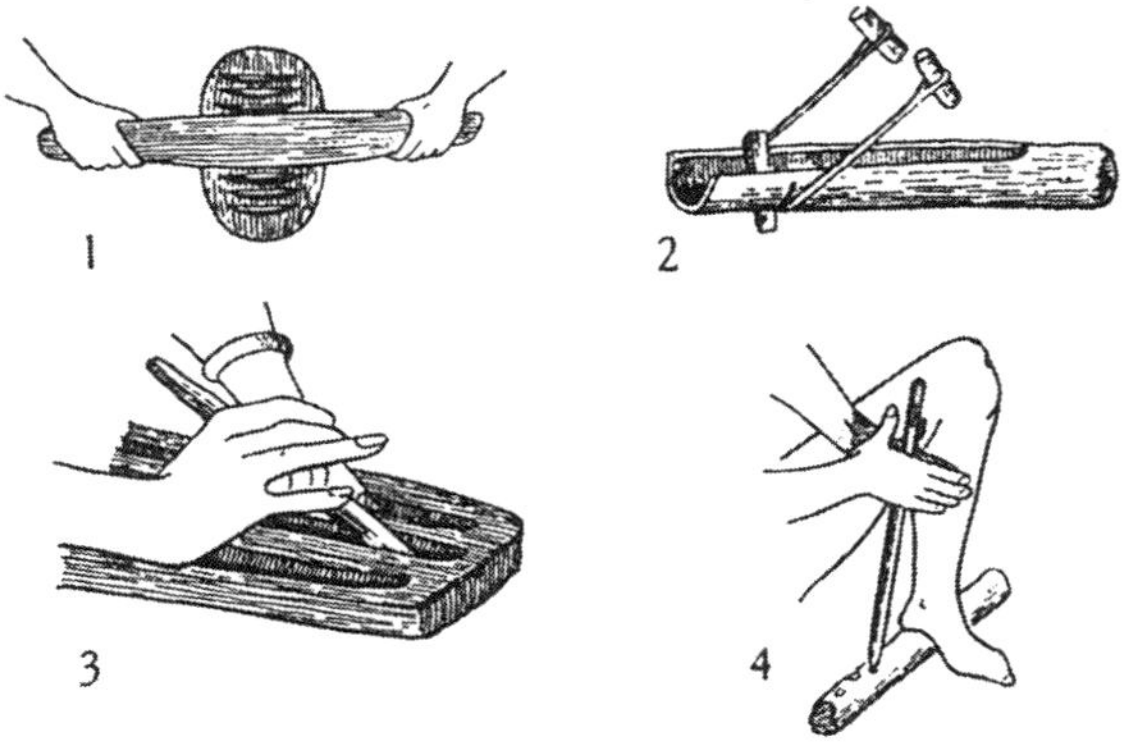

図4–7　火起こしの技術

1. 柔かい木（防具）の表面を堅い木（推進具）で横に摩擦（オーストラリア）。2. 縦に割った比較的柔かい木の表面を竹皮の細長い紐で横に摩擦。熱くなった木屑は，一隅が開いたままの細長い凹みに集まって，最後には火がつく（マレーシア）。3. 柔かい木の枝の表面を堅い木の先端で縦に摩擦，最後には深い溝が掘られる（ポリネシア）。4. もともと丸い*19，竹の小さな細い棒を，両手のひらの間で摩擦して，それに回転運動をあたえる。その一端は，軟い木を摩擦しながら，そこに孔をあけて，木屑に火をつける。（Singer *et al*., 1954-1958.）

＊19　**もともと丸い**　図からは判別しにくいが、おそらく割った竹の棒を丸く削ったものでろう。

横の摩擦——ここでは二本の細い木片が問題であり、いちばん細い木片がもう一片の繊維を横に鋸で挽く要領で摩擦すると、木屑に火がつく。

円い点状の摩擦——孔を開けるのに使うのと同じ型の道具、ただし木釘を使って、同じく火がつく木屑をつくる。円運動は直接に両方の掌が、でなければ両手に握るか弓に取り付けるかした一本の紐でえられる。

拡散した加圧——東南アジアの空気点火装置はピストン付き送風機であり、一端が塞いであって、そのため空気が十分に加熱されてピストンの一端に取り付けた繊維に火がつく。

動力の源泉

動力の源泉としてここで検討するのは、人間と動物と流水と風である。

人　力

人力の利用は三つの部類に分けることができる。すなわち人が物を移動させる、人が物に対して移動する、人が物を携えて移動する。

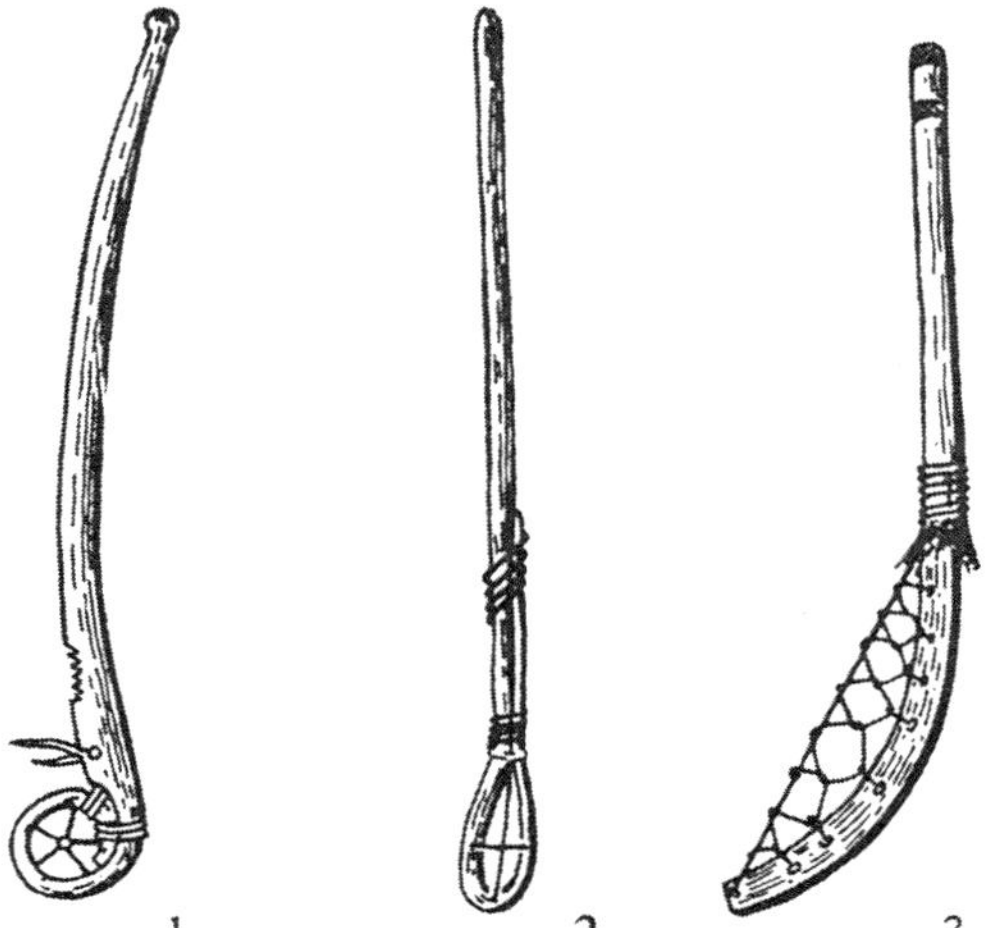

図4-8　ボールのラケット
1. インディアンのメノミニ族（五大湖地方）。2. セミノウル族（フロリダ）。3. インディアンのトムソン族（ブリティッシュ・コロンビア）。

物の移動——物の移動はとりわけ手を使って行われる。物の製作ともっと先で検討するはずの建造が行われるのは道具の移動によってである。技術的に、もっとも単純な場合は、運動を変換することなしにたんに衝撃から手を保護しながらの道具の移動である。しかしたいていの場合道具は、人がそれを持ち上げる間に、ポテンシャル・エネルギーを蓄えていて、それを垂直に落下させるときには保存されている。柄の長さは運動を変換する別の方法であり、速度を増大させ、したがって衝突のエネルギーを増大させる。このことは単一の部材でできた頑丈な道具にかんして、それを握るか投げるときである。てこの腕の長さの増加は、推進具、またはラケットのように、頑丈な腕の延長によるか、でなければ投石器か〈投げ槍〉*amentum* の場合でのように、紐によって、手にすることができる。

足もまた頑丈な物を移動させることができる。

手にかんしててこの方式[*20]が地球上に広く伝わっている間に、足の運動は極東の古代文明においててこを動かすために用いられているに過ぎず（米搗き杵）、そのことから残りの旧大陸のなかに、ペダル式機械とともに、多かれ少かれ広まっている。

＊20　各種のてこの方式　てこは支点のまわりを自由に回転する棒である。てこの原理を用いる運動はきわめて多い。

運動のもうひとつの源泉は口の呼気にある。呼気によって生ずる空気の運動は火を熾《おこ》し、あるいは液体、または唇に挟んだ小さい弾を吹き飛ばすことができる。筒を用いて延長すれば、火を煽《あお》るために利用する吹管、発射物（弾丸が小さな毒矢）を射るために役立てるときは吹矢筒になる。人工的な呼気は手か足で動かす器械、すなわち鞴によって作ることができる。液体用のゴム製の注入器しかないアメリカでは知られておらず、鞴は極東ではピストンで動かす筒に由来するのにたいして、西洋では革袋に由来する。冶金術の進歩におけるその役割は、鞴が水車で動かされるようになったとき、なによりも重要になった。

ある特定の社会における物の移動は武器と道具の使用だけにとどめるわけにはゆくまい。残りの行動、たとえば遊び（楽器の演奏と同じく球戯も）を考慮する必要があるだろう。

物に対する移動すなわち場所の移動――子供にあっては歩行は、言語活動の獲得と同時期に、遅れて獲得したもののように見える。大人はもっとも習慣的な歩行から舞踊や民族舞踊のいろいろな歩調、ついでに軍隊の行進まで、どんな中間形でも持っている。いろいろな歩き方はまた足に履く物、つまり木靴、モカシン、サンダル、長靴とも結びついており、それらは人間の活動（狩猟、漁撈、戦争）あるいは踏む地表（泥、雪、氷または岩）に依っても決まる。竹馬はあちこちで見かける。スキーは、反対に、旧世界の北極地方でしか発達しておらず、オリノコ川のインディアンが沼沢を横切るのに役立てているのは例外的である。反対に、かんじき（紐を張った木枠）は旧世界では珍しい（アルプスとラップランド）。それが発達しているのはとりわけアメリカの北極地方においてである。アジアで用いられているアイススパイクシューズはどうかと言うと、これは蹄鉄を誕生させたが、それに反してアイススケート靴は木靴という、中世ヨーロッパに特徴的な履物（というのは木靴を削るのに金属の道具が必要だから）に由来する、ヨーロッパに特有のものと思われる。

垂直的な移動、登攀《とうはん》、はたぶん歩行と同様に古く、果物と蜂蜜、人間化以前に遡るにちがいない食物を採集するのにも同様に重要であろう。やはりまだ、人間は手足だけを使いながら、どんな小道具も利用せずに細い木の幹やヤシに攀じ登るすべを心得ている。片手か両手で握った綱を利用する登り方はすでにオーストラリア人の集団で確認されている。別の方法では、両足を繋ぐ紐や両手を自由にしておく帯が他のあちこちで知られている。最後に垂直な綱と頑丈ないし柔軟な梯子も同様に広まっている。金属のスパイクシューズは最近のヨーロッパのものである。

ここで吊橋による峡谷と急流の渡り方に注意を促しておかねばならない。吊橋は旅人を吊すのに役立つった一本の綱で作ることができる。それにゴンドラか帯を懸けて、行程の前半のあいだはそれを滑らせ、後半は腕の力で引き上げるのである。別のひとつは垂直面に吊るした二本の綱でできている、一本は両足を置くため、もう一本は両手でつかまるためである。最後に多綱橋（水平綱梯子）は鉄道吊橋の起源である。一方原型的なゴンドラを動かすために滑車とウインチを使用するのは運搬橋の起源である。

水中の移動——水泳、小道具を使わない、淡水か塩水中での人間の移動方式は世界的には知られてはおらず、地方によってその方法に大きな差違が確認された。それは大まかに三つの部類に分類することができる。同時対称形の泳法。この泳法では、平泳ぎのように、両腕が同時に作動し、両脚も同様である。ヨーロッパの伝統的な泳法であり、アビシニアと南アジアでも見かける。交互対称形の泳法。左腕がその運動を行うとその時右腕の運動が終る泳法であり、はるかに広まっている。全黒アフリカで、エスキモーの集団とポリネシアの島々でこれを見かける。最後に非対称的な泳法。身体は同じ側に傾いており、右手足の運動は左手足と異なる。この泳法はアメリカとオセアニアの土着民にもっとも広まっている。

泳法は物、浮く物、材木片かでなければ膨らんだ皮袋を伴うこともできる。浮く物は集って筏になり、人体は水の外に出るかも知れない。そうなると手、腕または脚で推進するのがもっと難しくなり、水底で押す棹《さお》によってか、でなければ水を押すオール（櫂）かパドル（水搔き）か櫓を用いて手を延長することになる。棹は水底が浅くボートが遅いときに使われる。パドルは両手で握って幅の広い先端で後の方へ水を押しやる。前を向いた人は、そのパドルを右か左へ水に突っ込んで、そのボート自体を操縦することができる。パドルは細くて速いボートに使われる。オールはボートの舷側上で軸回転するてこであり、そこにいろいろな方法で取り付けられる。すなわち舷側の孔（舷窓か綱）、小さな木釘（櫂座ピン）、あるいはまた立って漕ぐために軸に取り付けられる（ヴェネツィア、極東）。漕ぎ手は、もし一人なら、前進させるためにオールを押す。ボートを別の人が指揮しているなら、漕ぎ手は後向きになってオールの端を引き寄せる。最後に櫓は、船尾に取り付けられた櫂だが、習得しなければならない螺旋運動を用いる。これはとりわけ中国に広まっている。

ひとつの人間集団が独自の筋肉について行うその利用についての研究全体は、同じく休息の姿勢全体、そして見たところもっとも生理的な振る舞い（食べる、消化する、眠る、排泄する、などの仕方）、自然であろうとなかろうと〈アプリオリ〉と言うことはできない姿勢および振る舞い、と結びつけて研究しなければならない。

物と一緒の人の移動——男は武器を携えて狩猟や戦争に出かけ、獲物を携えて帰ってくるし、女は収穫物や彼女たちの赤ん坊を持ち運ぶ。いま検討したばかりの水による移動の場合には、運ぶべき物を筏かボートに載せることができる以上、問題は人の移動の場合と違わない。反対に陸上移動には別の問題があり、荷物運びを、運ぶべき物が人体に重くのしかかる場合と、運ぶべき物が大部分は地表に重くのしかかる橇とに、区別しなければならない。

図4-9　腰のうえに子供を抱えるオーストラリアの女

荷物運びのなかでは、筋肉の不断の自発的な収縮を要求しながら、しかも軽い物にたいして、短い距離でしか実行されない、能動的な荷物運びを区別しなければならない。手に持つか腕に抱くときがその事例である。

受動的な荷物運びは身体のうえに物を置くか掛けるかするにある。習慣化しているやり方は、衣服を持たないか、あるいは衣服を巻

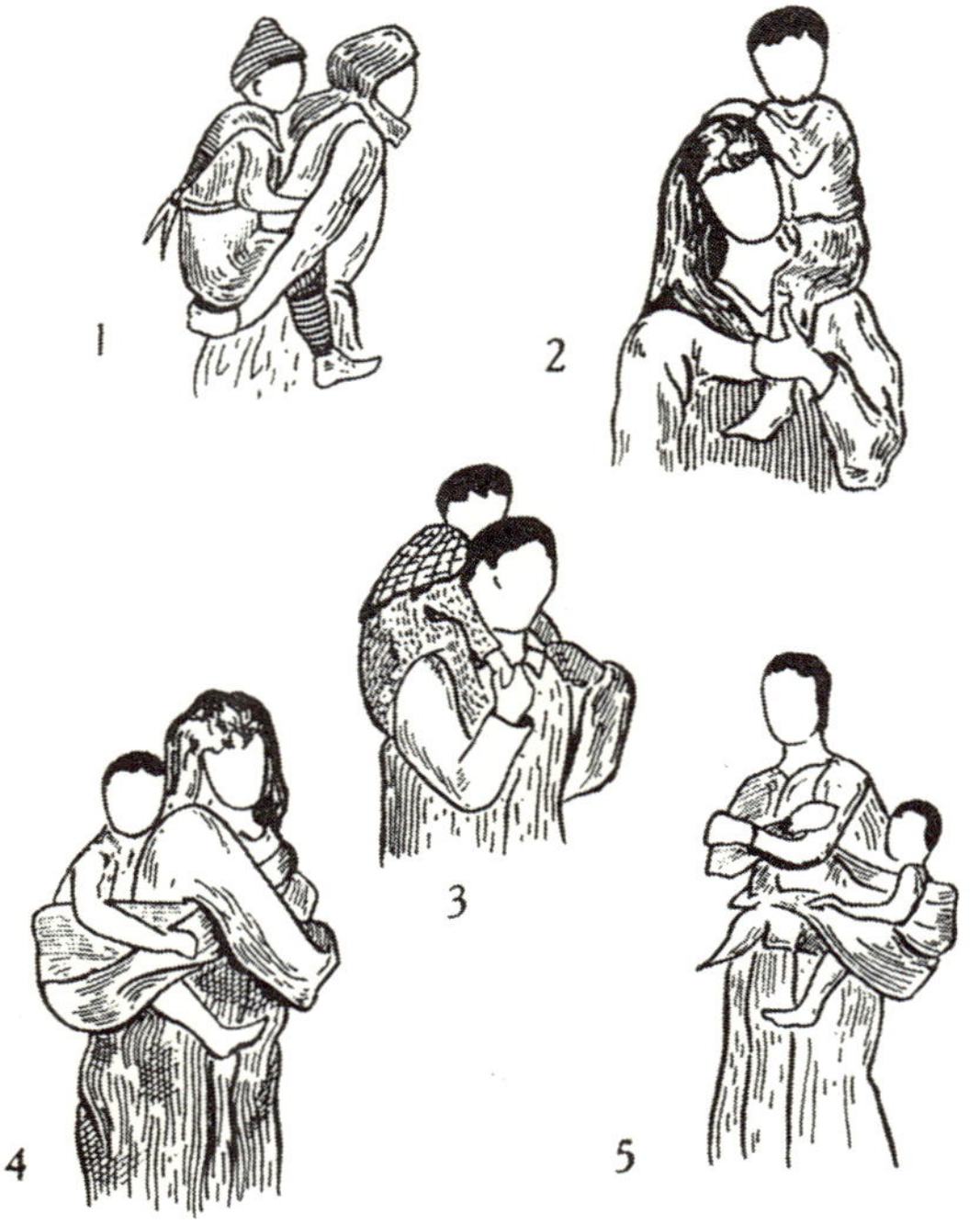

図4-10　子供を背負う女[*21]

1. 腰に馬乗りになって（ブルターニュ）。2. 肩に馬乗りになって（エジプト）。3. 衣服の背中に入って（エスキモー）。4. 腰のうえにあてがわれ，肩掛け帯の布地で支えられて（アフリカ）。5. 腰のうえで，同じく布地の帯で支えられて（カリフォルニア）。（Mason, 1895.）

＊21　**背負う**　フランス語ではporterの一語であらわすところを、日本語では持つ、背負う、抱く、抱える、担ぐなど、場面に応じてさまざまに使い分ける。逆に、腰骨のあたりで抱えて肩から帯を掛けるような習慣はないから、それをあらわす適切な日本語はない。図4-15も同じ。

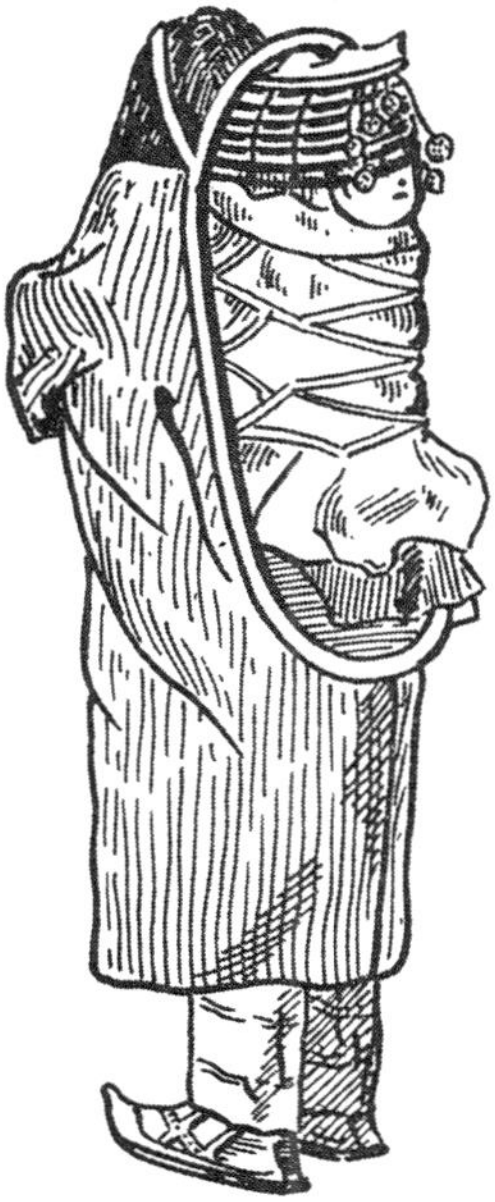

図 4-11　額掛け帯で保たれている枠内に置かれて，すっかりくるまれた子供（合衆国西南のアパッチ族）
子供の頭は，むき出しの鼻と口を残して顔を隠すリボンでくくってある。リボンに付いている鈴。身体の周りの紐。

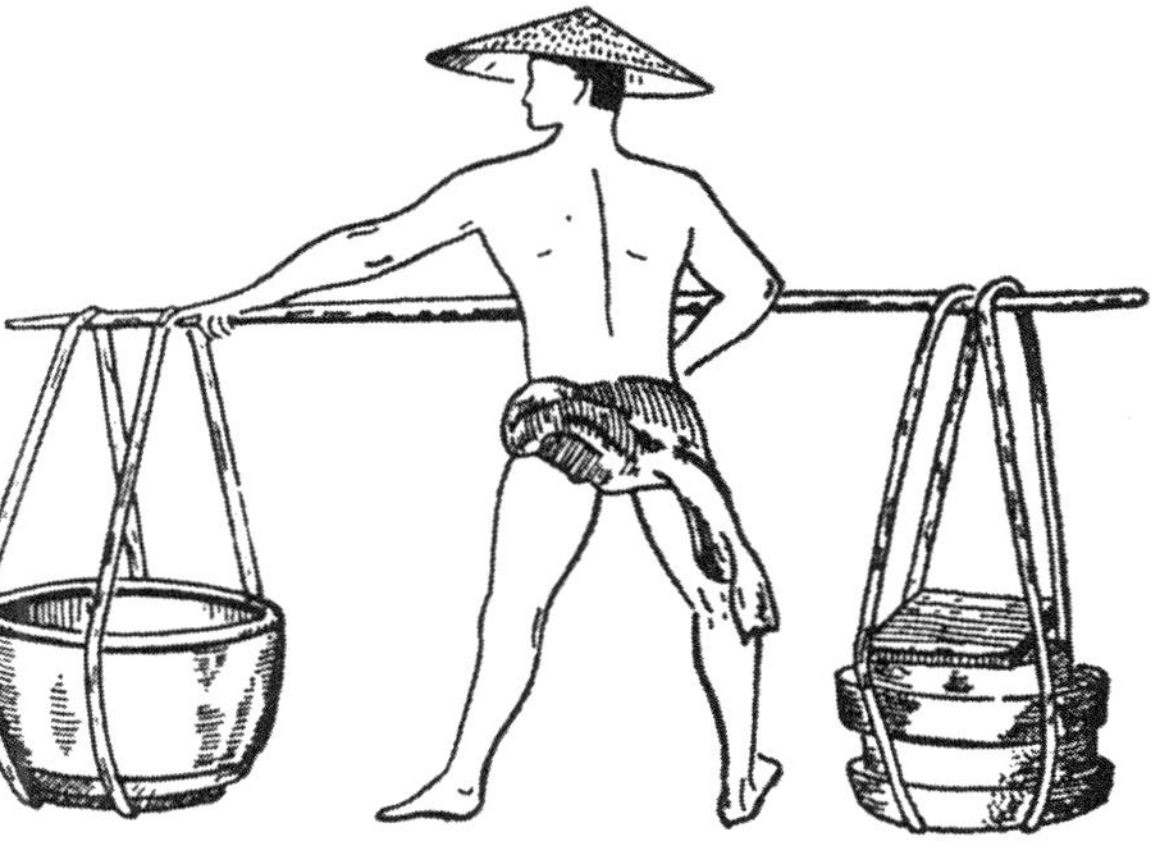

図 4-12　積んだ部厚い板を担ぐ日本人
この器具は普通肩に担ぐ。棒の弾力性には許される足どりがある。そのリズムが両側の荷物の同時振動と同調するような足どりである。（Mason, 1895.）

図4-13　1. 頭の二本の帯で運ぶメキシコの肉屋

額掛け帯と腹掛け帯のついた大籠。二番目の荷物は，頭のてっぺんを通って釣り合い錘になっている，第二の帯で吊されている。

2. 交差させた肩の二本の棒に載せた重い荷物を担ぐアンゴラの黒人（Mason, 1895.）

図4-14　1. アンデス山脈中での，肩の上の，水の背負い方

2. ロンドンで見られた陶工の結び

3. 背中に薪を背負う朝鮮の木樵（Mason, 1895.）

図4-15　1. 胸掛け帯を用いる容器の背負い方

2. 額掛け帯を用いて壺を背負うチョロティ族（チャコ）の女

（Nordenskiöld, 1919-1931, vol. 1）

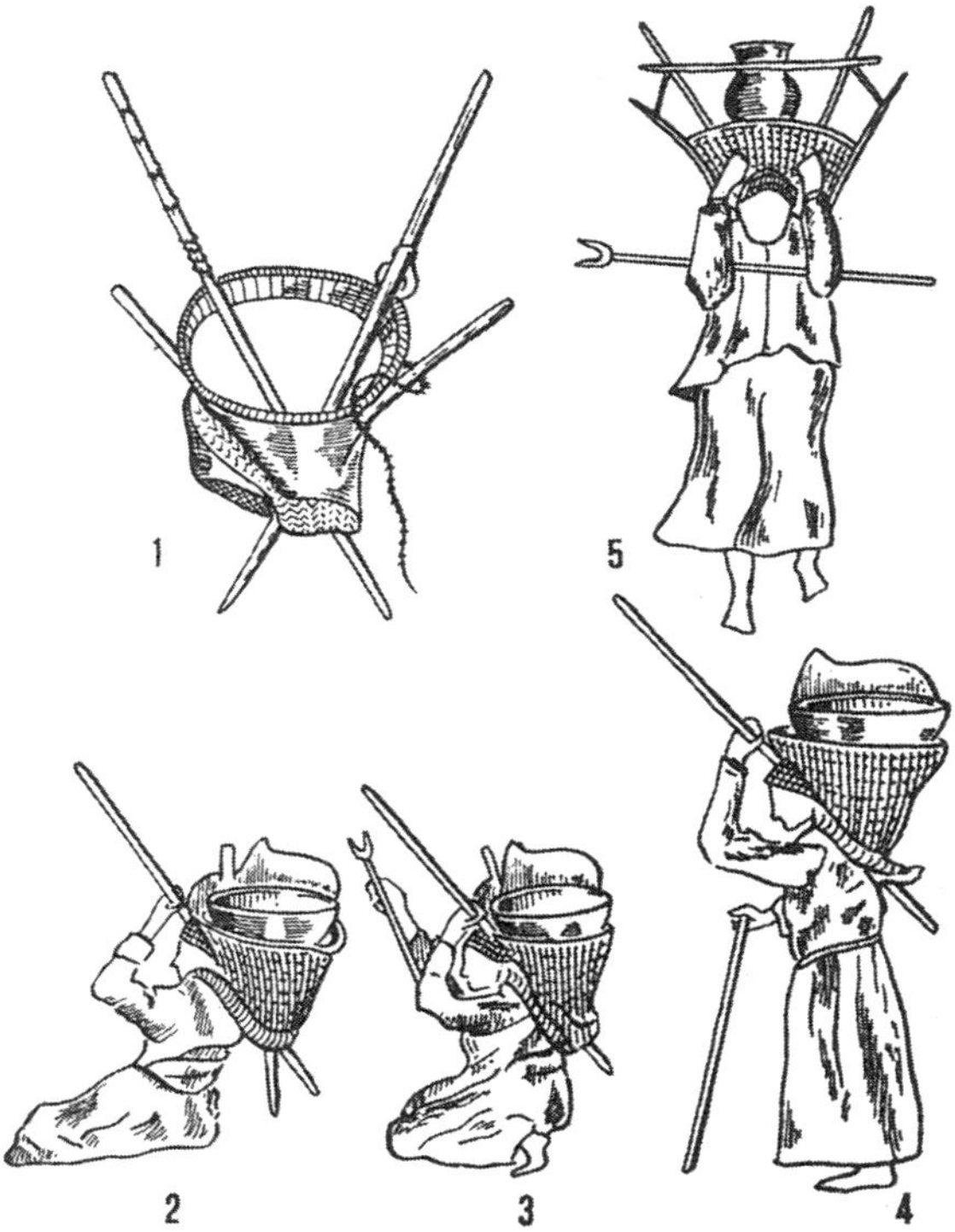

図4-16　木のつっかい棒のついた軟らかい背負い籠。杖と額掛け帯による荷物背負いの技術（メキシコ西北部のパパゴ）

1. 袋の大きな口を支えるつっかい棒で補強された軟らかい背負い籠。2. 袋は地面に置かれ，3本の脚，2本のつっかい棒と1本の杖，のうえに乗っている。女は杖の方に体を滑らせて額掛け帯の下に頭を入れる。3. 籠を頭ですこし持ち上げ，左手でつっかい棒の一つをつかみながら，右手で杖を握り，それで支えて全体を持ち上げる。4. 立った姿勢の女。5. 杖を左肘の内側の凹みに挟んだまま，歩くあいだ荷物が平衡を保つように左手で第2のつっかい棒を握る。（Mason, 1895.）

きつける民族にとっては、釣り合いをとって物を頭のうえに載せる（アフリカ、南欧）か、あるいは額掛け帯を頭に宛《あて》がう（南米、東南アジア）ことにある。身体のまわりを包む、寛衣を着た民族は、胸掛け帯のおかげで（コーカサス）、あるいは片方の肩の上を通る、肩掛け帯によって（ヨーロッパ）運ぶ。最後に、南シベリアの中世の間にアジアの南の方とヨーロッパの方へ広まった、腕を通す袖付きの、前が割れた衣服を身につけている民族は、紐のついた背負い籠（苗族）と背嚢《はいのう》を使用する。両端に二箇の重い荷物を掛けた、頑丈な棒かしなやかな梶棒による荷物運びは、ユーラシア（極東、北欧）の農業全住民において見られる。

人力を用いる橇は、おそらく北米においてを除けば、もはやあまり使われていない。そこでは山中で引っ張る、トボガン橇を誕生させたが、下り坂ではそのうち重い荷物と人は滑るに任せる。逆に、ヴォージュ山脈（フランス東北部）の森林の橇運搬人は、木のレールの上を滑る伐採木の積荷の下降にブレーキをかけるのにそのエネルギーを使う。橇の近代版の道具、手押し一輪車[*22]は、あとで見るように、動物牽引の車に由来する。

＊22 **手押し一輪車**　中国の三国蜀の諸葛亮（孔明、一八一―二三四）は絶壁に設けた桟道を食糧輸送するために、部下の技術者に命じて「木牛流馬」を作らせた。それを伝える四種の文献の記述に、混同や矛盾があり、断定はできないが、木牛と流馬のいずれも手押し一輪車であり、おそらく型の違いによる呼称であろう。

畜力

家畜化以前に、畜力は狩猟者によって利用されている、つまり動物は罠（本書七八―八一頁をみよ）を作動させて落とし穴に落ちるか、または輪差か綱にかかる。後者は同じ器具を待ち伏せた狩猟者が引っ張る

（獣用輪差）ことも、罠に仕掛けてあって（小動物用輪差）犠牲が引っ張ることもできる。

輸送と移動――荷物運びのための動物利用はかなり広まっている、つまり南米の山岳地帯でのラマ、北極地方での犬、アジアとアフリカでのウシ科の動物。古代の騎乗者は裸馬か軟らかい絨毯のうえに乗っていた。商品を輸送するために利用される荷鞍《にぐら》、それと騎乗者の鞍は、はじめアジアに現れ、徐々にヨーロッパへ広まる。荷鞍は地中海地方にはローマの支配下にはじめて現れるだろう。鐙《あぶみ》付きの鞍はフン族と一緒にはじめてヨーロッパに、そしてササン朝時代にアラビア半島に到来する。北アフリカの砂漠における駱駝の利用および今日のトゥアレグ族とムーア人の全住民の居住は荷鞍の採用以後にはじめて実行できた。

橇への動物の利用、すなわち牽引にかんしては、直線的牽引と円環的牽引を区別しよう。

直接的牽引への家畜の利用は近東に現れる。頸木《くびき》の下に二頭ずつ繋がれたウシ科の動物とロバがそこで利用されたのは、犂《アレル》を引かせて種子に土をかぶせ、次いで雑草を根こそぎにして表土を柔かくするためであり、あるいは長柄付き二輪車を引かせるためであった。この方法は、車輪付きの乗物と同時に、アジアに、中国にまで広まる。そのかたわら印欧語諸民族、ステップの遊牧者たちは、戦車を引かせるためにこの繋駕法（背峰の頸木を結びつける柔かい頸帯をそなえた）に馬を適合させて、それが侵攻者たちとともにエジプトへ新王朝以前（前二〇〇〇年期）に滲透する。

極東では、橇と棒橇（**図4―20参照**）の発展が長柄付き運搬具と、一頭の動物が長柄によってかそれとも柔かい引き綱によって運搬具を引く、近代繋駕法による牽引の発展をもたらす。柔かい近代的な繋駕具、胸《むね》懸《か》け[*23]（**図4―17・4**）は、古代中国で知られており（漢墓の浮き彫）、今日ハンガリー平原、イタリア南部および北アフリカで見かける。堅い近代的な繋駕具（**図4―17・5**）、詰め物をした堅い頸帯は、スラブ人によってヨーロッパに広められたらしく、北欧の平原を通ってフランスに到来している。アジアではモンゴルと中国に知られている。農業において馬の古い使用法を見かけるのは、近代繋駕法の領域だけである（モスクワ、ネーデルランドおよびフランス北部）。

＊23　**胸懸け**（bricole）　bricoleは従来胸懸《むながい》（「むなかき」の変化）と訳されている。胸懸《むながい》は馬の胸から鞍へ懸けわたす紐である。一方、bricoleは胸に懸けて頸の付け根から吊り（あるいは頸の付け根に回し）、長柄や引綱の先端を繋ぐ紐ないし帯である。だから胸懸《むながい》と訳すのは正確ではない。のみならず、図4―18、19にはgarrot（背峰）に懸けるbricole de garrotが見える。そこでたんにbricoleとあれば胸《むね》懸《か》け、bricole de garrotは背峰懸けと訳すことにする。

北米では、ヨーロッパ人によって持ち込まれた馬が到来する以前には、プレリーの狩猟者たちは棒橇にくくりつけたテントの支柱を引かせるのに犬を使っていた。北極地方では、牽引のための犬の使用はエスキモー集団にしっかり維持されている。しかしシベリアでは、ウラル語諸民族（サモエード人、オスチャーク人）のあいだで、家畜化されたトナカイが牽引動物として犬に取って代わる。はじめは人による牽引か犬の繋駕法から着想をえた、トナカイの繋駕法は、最近では馬の繋駕法から着想をえている。逆に東シベリアでは、近代的な柔らかい繋駕具はチュクチ族の犬に、他の地方同様荷鞍と鞍はツングース族のトナカイに適用されている。

動力回転装置[*24]**と動力**――畜力の使用は移動と輸送にとどまらない。すでに念を押しておいたように、動物の足踏みは極東では表土を柔かくするために、地中海地方では穀物を脱穀するために用いられていた。動物に器具を引かせて労働の速度を増やすことも試みられていた。歩き回る地面は限られた大きさなので、動物はぐるぐる回り、それを中心の杭に繋いでおくことができる。手に入れた円運動はほかの目的にも使うことができる。穀物の挽いた粉は上下に重ねた二枚の石の、上の石を往復直線運動で動かす摩擦によって、手動で得ていた。この粉挽き石はまだ最近も東アフリカやとりわけアメリカで使われていた。トウモロコシを挽く石は〈臼石〉*metate* と呼ばれている。粉挽き石への動力回転装置の適用によってローマ式製粉機が備わるが、それは砂時計の形をした上の動く碾き臼が、上部は漏斗型投げ入れ口の役割を果たして、下の凹型の固定された碾き臼のうえで回転する。連続円運動によって回転させることができる側面の把手で動かす手動の碾き臼は、全近東で粉挽き石に取って代った。それはやはり極東でも米を脱穀するために利用されている。しかしここでは、碾き臼は多くの場合粘土で固めた複数の竹刃でできていて、籠細工の円筒で周りを囲んであり、上の碾き臼は連接棒の代わりをする水平に吊した腕で動かす。したがって手の往復直線運動によってそれを回転させるのである。

＊24　**動力回転装置 manège**　メリーゴーラウンドをも意味する語。ここでは動物動力による回転装置を指す。

ほかの型の動力回転装置もある。ローラー付き動力回転装置で、北中国では穀物を粉にするのに、西洋ではリンゴ酒用のリンゴを、またオリーブの実を押しつぶす（ローマ人の *trapetum*）のに利用された。擂鉢《すりばち》動力回転装置はインドとその近隣地方（南アラビアと東アフリカ）で油を含んだ穀物の油やサトウキビの汁を抽出するのに用いられる。この最後のものを縮小した雛形が西洋の薬剤師の乳鉢にほかならず、そのなかで先の丸い乳棒を使って多かれ少なかれ回転する運動で押しつぶす。

動力回転装置の第四の型はその起源がもっと曖昧である。それはどちらかといえば地中海沿岸地方の起源

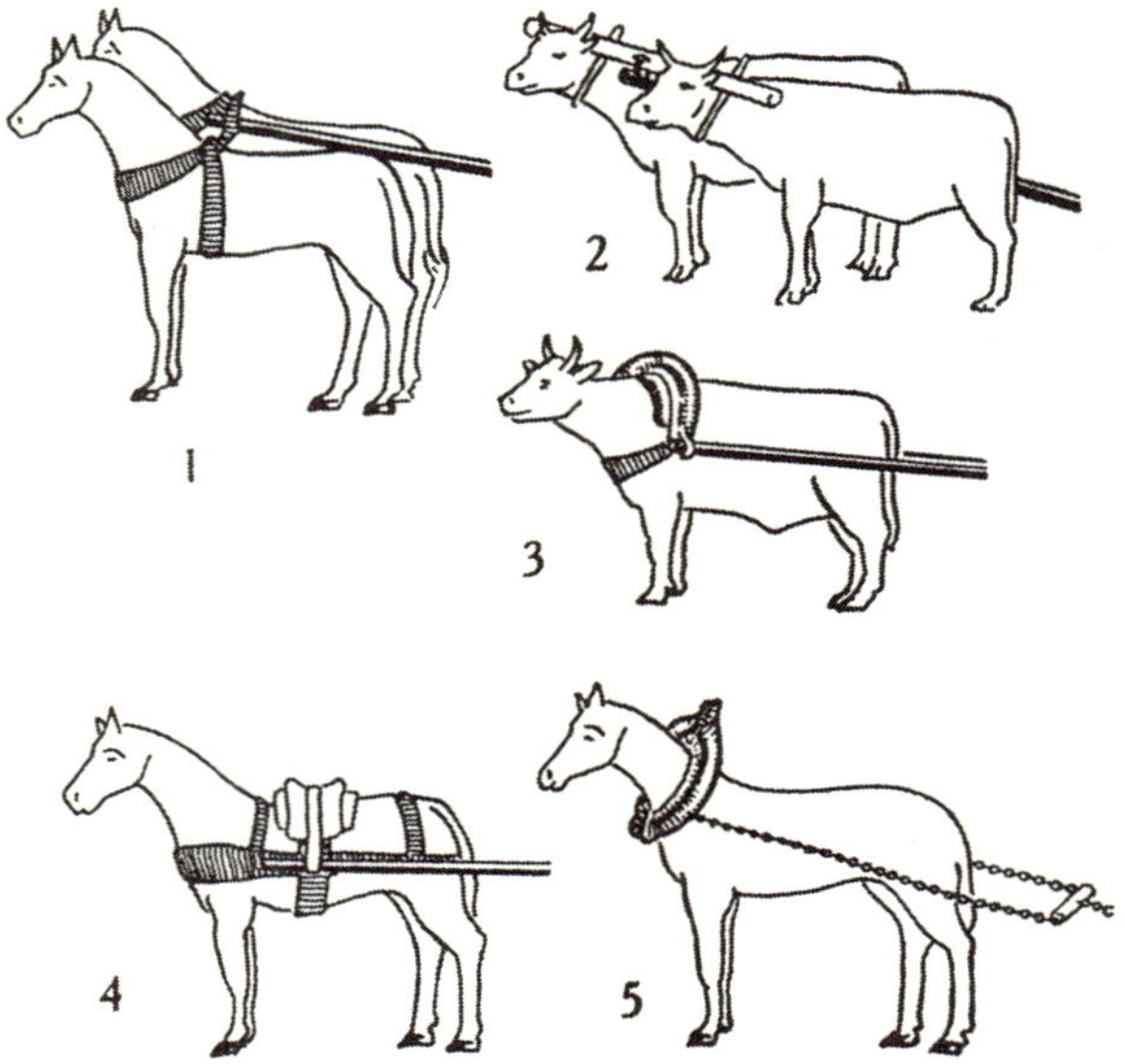

図 4-17　馬と牛の繋駕法

1. 馬の古代的繋駕法（Haudricourt et Jean-Brunhes Delammarre, 1955.）2. 牛の古代的繋駕法。3. 中国での牛の繋駕法。（ibid.）4. 馬の近代的繋駕法：胸懸けと長柄。5. 馬の近代的繋駕法：頸帯と引き綱連結棒。

図 4-18　モンゴルでの駱駝の繋駕法：背峰懸け

この動物は長柄付きの運搬具を，長柄の先端で，頸の上を通る帯を使って，牽引する。（Lattimore, 1938.）

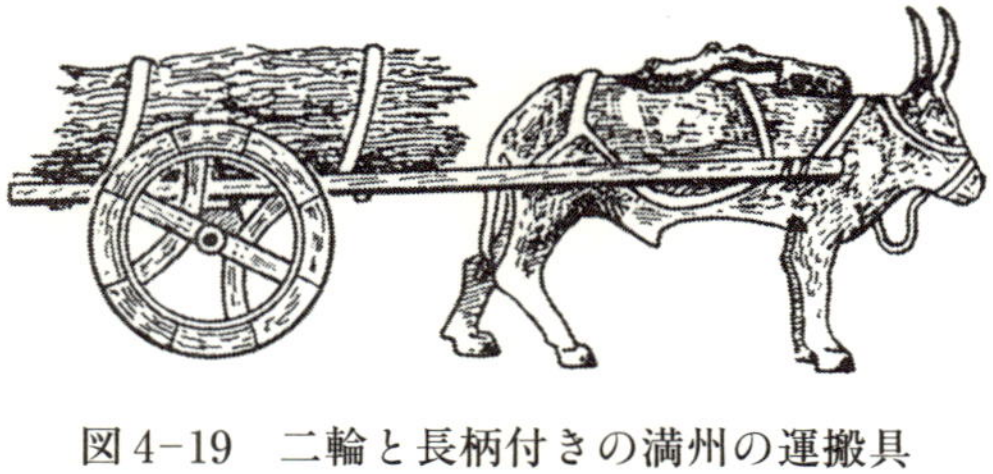

図 4-19　二輪と長柄付きの満州の運搬具

横断する輻の車輪，背峰懸けによる繋駕。

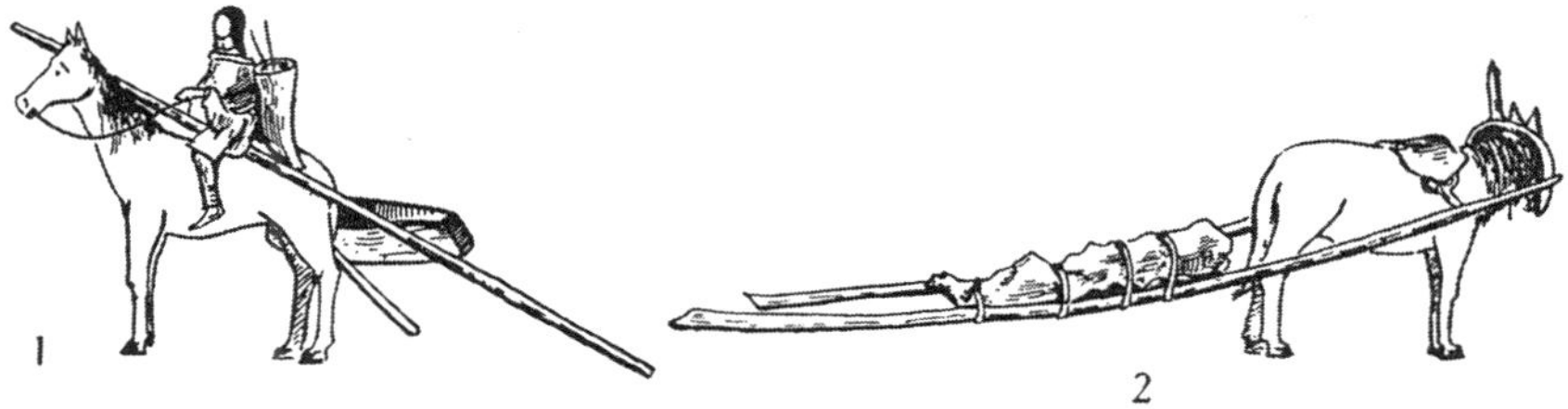

図4-20　1. アメリカのインディアンのあいだでの棒橇による輸送（Decamps, 1934.）
2. アムール川地方のロシア人のあいだでの棒橇に乗せた死体の輸送（Montandon, 1934.）
アメリカでは，テントの二本の支柱が動物の背峰の上かつ前で交差する。アジアでは，平行な二本の棒が弓形の頸木，ドウガ，によって結びつけられ，しかも鞍に繋がれており，したがって馬は頸帯をつけていない。

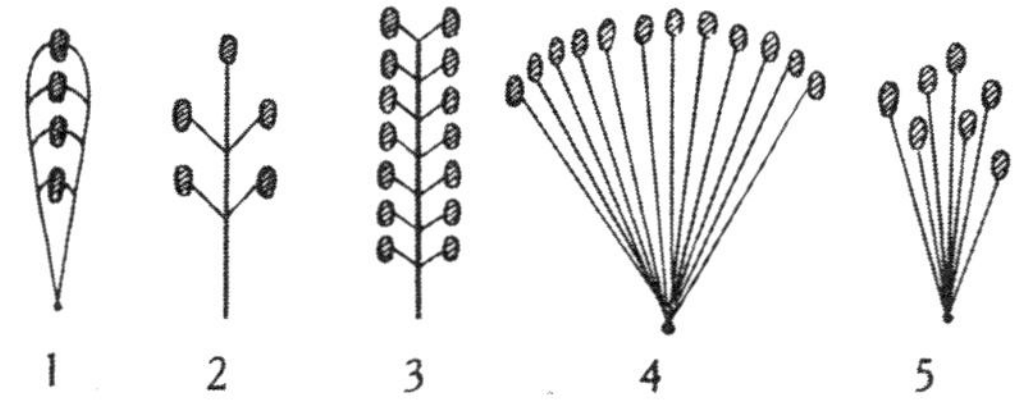

図4-21　犬の装具

1. オスチャーク族。2. ギリヤーク族。3, 4, 5. カムチャダール族。6. チュクチ族。7. インディアン。8. 東方エスキモー。9. 西方エスキモー。

犬の繋駕法の型

1. カナダ式縦列。2. カムチャダール族の整列繋駕。3. チュクチ族とコリヤーク族の整列繋駕。4. エスキモーの扇形繋駕。5. 東方エスキモーの長く伸びた扇形繋駕。（O. Montandon, 1934: 130に本づき，J. Poux, 1945から引用した。）

のように思われる。というのは多くの場合それはある歯車装置を備えている。ところがその歯車はほかの地方には知られていないように見えるからである。地中海沿岸地方から全ヨーロッパのサトウキビ農園に広まった、サトウキビ碾き臼である。それは連続運動を行う最初の圧搾機である。それは冶金術の圧延機の起源である。ところで手動に縮小されたその雛形は、綿花の摘み取りに使われて、南アジアと東アジア全体に広まっている。

連続円運動の人間による利用、すなわちクランクの使用は、だから動物牽引の動力回転装置とつながっている。しかしながら「リス籠」と呼ばれる動力回転装置が、古代ローマにおいて、とりわけドラムのなかで奴隷を歩かせて、利用されていたらしい。極東では、農民がペダルによって軸を回転させて水を揚げているが、いずれの場合にせよ、畜力回転装置よりも古いものではあるまい。

灌漑用の水の輸送は、一方では畜力と動力回転装置の利用の重要性を、他方では水力の起源を表現している。だから灌漑の方法を検討するのが望ましい。

灌漑技術はかなり熱い地方で、しかもたいへんな乾期か長く続く乾期に、したがって極東から地中海地方まで利用される。ナイル川やアジアの大河のように、水源がほかの気候帯にある大河の沿岸には自然灌漑地方がある。

人工灌漑は受動的でありうる、すなわち雨期のあいだに自然にいっぱいになった貯水池（インドの場合）か、それとも恒久的な水流の分水路（極東の場合）を利用することができる。

灌漑は動力の消費を必要とするとき能動的である。この後者の場合には、水は井戸の底か土手の下にあるので、手で引っ張る容器を使って水を揚げなければならない。たとえば、極東には、三脚つきのひしゃく、一種の大きなスプーンがあって、それを吊るして土手越しに水を投げ飛ばすことができる。でなければ四本の綱付きのひしゃくは、操作に二人を必要とし、底に取り付けた二本の綱がいろいろに操作を助ける。たいへん広まっている別の器具に、容器を持ち上げる釣り合い錘《おもり》付きの大きなてこ、エジプトの *chadouf* すなわちコウノトリ（天秤形の揚水装置）があり、以前は井戸端で見かけたものである。滑車の形をした車輪あるいはクランクを備えたウインチの利用がそれに取って代わったのは、灌漑をやっていなかったヨーロッパの温帯地方においてであった。

畜力を利用するときは、動物に縦の往復運動を行わせる（各往復ごとに容器が空になりそれから一杯になる）、北アフリカからインドにいたるオアシスで使われる方法か、でなければバケット付きエンドレスチェーンを動かす歯車装置を動物が作動させる、正真正銘の動力回転装置がある。それは多くの場合 *sagieh* の名で呼ばれている（シリアとエジプト）。

流水

手で動かす往復運動装置、あるいは足で動かす連続運動装置を用いていたのは、水位と灌漑すべき地面とのあいだの高低差がそんなに大きくなく、あまり乾燥しない地方においてであったように見える。それらの装置は可逆的存在の重要性をしめしている。つまり弱い水の流れはそれを逆の方向に動かせて動力を生み出すことができるということである。

極東には、往復運動の水力機関がある。極東の南部で米を搗くのに用いられる、ひしゃくつきの杵《きね》であり、中国中世の天文時計のなかにもそれが見つかる。

水平軸のまわりを回転する羽根車は、日本では足の力で水を揚げるのに使われている。それは水で一杯になったバケットを、流れそのもので動かして揚げるのにも用いることができる。この装置はだから大型になって、極東から地中海地方まで、アラブ支配期に到来するシリア、エジプトにまで、目撃される——それは一般に〈筒車〉*noria* の名称で呼ばれている。

この羽根車はとりわけローマ人に知られており、かれらは歯車装置を使って穀物製粉機を回転させるのにそれを応用した。遅い流れを利用するこの水車は中世に全ヨーロッパ中に広まる。それは多くの産業にとって動力源（縮絨機用水車、タン皮用水車[*25]、油用水車）となったし、冶金業にとっても同じだった。羽根車は撥槌《はねつち》のある鍛造工場の槌を動かしていた。中国でも同じくこの水車はかなりはやくから発展する。それは鋳造工場の送風機と米搗き杵を運転していた。

＊25　**タン皮**　革鞣《かわなめし》に用いるカシワ・カシ・ナラなどオークの樹皮。タンニン樹皮。

垂直軸のまわりを回転し、それゆえに歯車装置なしで水平の碾き臼を回すことができる、別の型の羽根車があるが、かなり速い噴流を利用しなければならない。祈禱車としても用いているチベットの山岳地帯で、そしてスカンジナビアとアイルランドと北アフリカにまで、この型を見かける。

風

いたるところで人間は革の遮蔽物や編んだむしろを使って風から身を守るすべを心得ていた。しかし風力は最初は水上移動に関心がある文明においてしか利用されなかった。一本マストの帆桁《ほげた》に吊るした四角帆はたいへんはやく地中海に、インド、極東に、そして新世界に見出される。帆の操作は滑車の使用によって容易になる。西洋でも中国でも堅い帆を用いて鎧戸のように畳むのである。

極東の横では、別の型の帆（方向を変えるために回転させるのが簡単で、釣り合いフロートを付けたカヌーに設けられている、三角形の堅いむしろ）がマレー・ポリネシア諸語を広めた海洋文明の優越の原因であったように見える。柔かくなった、布地製の三角帆は、そのあとインド洋に広まって、中世の初期の時代に、ラテン帆の名の下に地中海に到達した。

大陸の内部では、中国で、一般に極東で、帆はもはやめったに利用されない。堅い帆はとりわけ空中浮力器具として使われる。

それが凧である。もっともその利用は技術よりも遊びの領域に属するが。しかしながら蜘蛛《くも》の巣取りという東インドネシアでのその利用法に注意を促す必要がある。

風力の陸上での利用は連続円運動装置、風車とともにはじめて出現し、あるときは穀物を碾くために、あるときは水を揚げるために利用される。アジアの風車は垂直軸のまわりを回転する羽根を持っている。支配的な風の方向に向けて最初に固定された、水平軸の風車があらわれるのは、地中海沿岸、トルコとギリシアの海岸にである。それから西欧に、風の方向を向くように軸上で回転する木製の風車、そして最後に石の塔のなかに組み立てられ、そのてっぺんだけが回転できる風車（オランダ式）があらわれる。東南アジアには、風車は見かけない。それでも多数の案山子《かかし》すなわち耕地を守るために用意された楽器は、風力の利用に本づいている。

道具による簡単な物の直接製作

ここでは製作の方法を加工する素材の性質にしたがって分類するつもりである。だから均質な堅い素材と不均質な堅い（繊維質か劈開《へきかい》可能な）素材と可塑的な素材に区別することにしよう。

均質な堅い素材はとくに石材であり、主として打撃と摩擦によって加工する。行う運動が目指すのは手に入れるべき物に近づけるために余計なものを取り除くことである。素材が適度に脆ければ、加圧も利用できる。新石器時代に燧石の薄い刃を剝ぎ取っていたのがこの方法である。

不均質な堅い素材にかんしては、われわれは実例として木を選ぶだろうが、そのほかいろいろな動物に由来する骨や象牙や角、それに多くの岩石（石灰岩、成層岩（堆積岩）、頁岩（シェール））のような素材も、この部類に分類しなければならない。これらの素材の不均質な特性のおかげで、ある方向に、ほかの方向よりもずっと簡単に、劈開することが可能になる。石の道具を使って、ブリティッシュ・コロンビアの住民は木の幹を、まだ真直ぐに立ったままなのに、板を手に入れるためにうまく縦に割ることができていたのだった。火は根を焼いて木を倒すために、そして幹に穴を開けるために利用された。金属製の道具の使用によって幹をもっと簡単に切断し、ついで、鋸で縦に挽くことによって、板に挽き割ることが可能になった。木材を加工する器具のなかでは次の区別がある。縦に直線的に打撃を加える斧、これは縦に劈開し、横に切断することができる。横に直線的な打撃を加える手斧。同様に加圧を利用してナイフを使い、摩擦を利用して鑿《のみ》と鋸《かんな》か鑢《やすり》を使う。これらの単純な道具は二つの部分から成る道具とは区別することが大切である、A・ルロワーグーランが打撃具によって加えられる打撃（置いた道具への打撃具による打撃）と呼ぶ操作をする、すなわち刃を加工しようとする表面に置いてそれから木槌または金槌で打撃を加えるのだから。そういうものが木槌で打撃を加えて縦に割るための楔《くさび》であり、金槌の衝撃によって彫る鏨である。こうした加工法は旧世界の農業社会にしか現れていないように見える。

素材の切断か除去による成形のほかに、変形による成形がある、というのは木や角を蒸気で蒸せば、新しい形をとらせることができるからである。このことは車、ユーラシアの繋駕具、罠などに役立つ円弧形の物を作るのに重要である。逆に、曲った物を真直ぐにすることもできる。矢の矯正具は端に矯《たわ》める矢を入れる孔の開いたてこである。

革と樹皮と小枝はそれほど堅くはないが、かといって可塑的でもない素材である。若い小枝や蔓植物の茎は天然の紐になる。横の直線的な摩擦（剝ぎ、削ぎ）か、あるいは分散した打撃（叩き）によって加工されるのは、とりわけ樹皮と革である。幹から引き剝がしたばかりのときは堅い樹皮は、これらの方法で柔らかくなる。それはとりわけ〈イチジク属〉*Ficus*、あるいはオセアニアの〈タパ〉*tapa*（コウゾの内皮）を提供する〈コウゾ属〉*Broussonetia*の樹皮である。別の植物を使っても、その方法で、もはや柔かな平たい表面でなく、繊維が手に入る。上手に切り離した葉脈は、直接に利用できる長い繊維を提供する。同様に蚕の繭から直接に繰った絹糸、あるいは縦に裂いた動物の腱。動物から剝がしたばかりのときは柔らかい皮がその柔かさを保つのは、これらの操作によってと、北極地方では尿、温帯では脳漿といった、皮に塗布するいろいろな液剤の作用による。それにたいして、堅い素材が不足しているステップ地方では、皮で靴底や盾を作るために、逆に、鞣《なめし》法を使ってそれをもっと堅くしようとする。最後に、樹皮と革は作ろうとする用途にしたがって裁断され切断される。

粘土のおかげで人類は実際に軟かな、手で直接にこねて、それから日で乾かしてそのあと火で堅くすることができる、物質に辿りつく。水を加えた小麦粉も同じく加熱によって堅くなる生地を作る。ほかの物質は高温でしか軟かくならず、したがってその取扱いには特有の問題を生ずる。金属、金、銀、銅、鉛、鋳鉄については、必要なのはたんに鋳型に注ぐことである。その鋳型は石に彫ってもいいし、あるいは前もって取り出しておく堅い模型か、融けた金属に触れると消えてなくなる臘型を覆う、テラコッタで作ってもいい。ガラスについては、それが冷えるときに息を吹き込んで成形する。最後に可鍛性の鉄とある程度まで銅および青銅は、鉄床のうえで鍛える薄板から冷たいまま成形できる。

筆蘆《ふであし》、削った蘆を、粘土に圧しつけると、メソポタミアの楔形文字、それに円筒形印章がえられた。ヨーロッパの封臘はこの成型技術をそっくり再現している。

結合による複合物の構成すなわちいろいろな部品の組み立て

ここに提起した問題はまず第一にいろいろな部品のあいだの溶接の問題であり、もっと大きな寸法の物については、多かれ少かれ弾性のある部品を配置するやり方（骨組）である。

溶接

溶接は分子引力によって直接に生じうる。柔かい素材を加工する場合には、それはたんなる接触によってえられる。練り陶土によって焼き物を作る方法では、巻きながら積み上げた粘土のソーセージは、それぞれの層それぞれの輪が前の層前の輪にくっつく。金属とガラスはその融点でそれ自体が溶接されてしまう。

染色

染色とはある液状の物質のごく薄い層をほかの多かれ少かれ堅い物質に塗り付けることである。主な方法が二つある。まず第一に染める素材に直接に塗る、刷毛塗りを見てみよう。型抜を用いることができれば色を着けない面を保護しながらもっと速く事を運ぶことが可能になる。型抜と逆の方法は、塗る表面のうえに染料を着けた表面を重ね合わせて、印刷することにありそれは古代以来中国で用いられた、印刷による方法（中国印章）であって、印刷術の起源である。染色の第二の方法は染める物を溶液のなかに漬けて行なう。色を着けてはならない面を保護するには絞染《しぼりぞめ》（*ikat* マライ語）によるか、それとも臘染（染める物を前もって臘の溶液のなかに漬け、それから染める部分のうえの臘を取り除いた。それが *batik* マライ語である）によればいい。染色の色は多かれ少かれ発酵によって入念に作られた植物性の産品か鉱物性（粘土や砕石）の産品からえられる。

革の鞣《なめし》は染色によく似ており、同時に植物起源のタン皮（ナラ類、マングローブ、アカシアの樹皮または種子）を用いるが、しかしその役割は着色するよりもむしろ革を堅くして引き締めることにある。シャモア革鞣[*26]は、逆に、もっと柔かい革にする。インクの起源の違いを想起しよう。西洋では、それはタンニンか、または明礬を加えた染料によく似ているが、これに反して極東では西洋の印刷用インクの先祖、油性の煙の煤《すす》である。

＊26　シャモア革鞣　羊・山羊などの革を、ヨーロッパや小アジアの山中に住む野生山羊シャモアの革のように、魚油などで柔かく鞣すこと。

接着

接着は二つの堅い物をいっしょに固定するのに用いられる。二種類の接着を区別できるが、一つは多かれ少かれすぐ乾く、粘着性のもの（それは鳥黐《とりもち》のように植物性であるか瀝青《れきせい》のように鉱物性である）、もう一つは血やラテックス（ゴムの木の乳液）のように即座に凝固するものである。焼き物の釉《うわぐすり》もそんなふうに作られる。

毛や植物繊維のようなたいへん細い材料の緊密な結合は分子間引力によって直接に確保できる。アジア地域においてしか見られない方法がある。それはフェルト加工である。適当に加工され撹拌された毛は、あらゆる方向にもつれ合い、革か布地と見まがう、連続的な柔かい集合体を形成することができる。紙は同じ構造をもっている。植物繊維を、目の細かい金網を張った枠に沈澱するように、水中に浮動させておくのである。この中国の発明は西暦紀元一世紀に生まれた。短い繊維の堅い結合を確保する、べつのもっと古い、もっと一般的な方法は、糸を同じ方向に揃え、それから引き伸ばし撚《よ》りをかけて、長い繊維になるようにすることにあり、それが糸紡ぎである。

糸紡ぎ

原料は動物起源、つまり家畜か狩猟動物（野牛、野生羊、大蝙蝠《こうもり》）の毛であってもよく、あるいは植物起源、つまり樹皮（アマ、アサ、オウマ、カラムシ、シナノキなど）の靭皮《じんぴ》繊維か穀物の毛（綿）であってもよい。汚れを洗い落とし、梳綿や梳毛によってか、あるいは弓打ち（特殊な弓の振動）によって縺《もつ》れを解きほぐして、そのあと繊維を糸に紡ぐ。いちばん簡単な紡ぎ方は繊維との間で、でなければ太腿《ふともも》にのせて掌で摩擦することにある。紡車《つむ》は小さな糸巻きで、とれた糸をすっかり巻き取りながら撚《よ》りをかけるのを助ける。それを手で回わすと、小さな塊、はずみ車（またはばねばかり）が慣性によって、次の推力が加わるまでのあいだ円運動を維持する。糸車はクランクを使って紡車を回転させる、極東の手動の器具である。ヨーロッパでは、スピンドルが備わっていて、糸の撚りを巻き取りと同時に確実に行い、しかも手のクランクはたいてい足のペダルに置き換えられている。

こうしてとれた糸は、繭の絹の天然の糸のように、何本もの糸の撚り合わせによって、もっと太い材料をうることが可能になる。これがケーブル製造[*27]である。その材料の付着は、凝集力が内部の一本一本の糸の絡み合いによってえられる編んだロープ類[*27]とは違って、撚り合わせの弾性力によってえられる。

＊27　**ケーブル製造**（câblage）、**ロープ類**（cordages）　ケーブルは、日本語で送電・送信などに用いられるものに限定して使われるが、フランス語ではその用法の外に、一般に繊維・合成繊維・金属を問わず、撚合せて作るものを指していう。ケーブルとロープの違いは糸を撚り合せると編むという製法の違いである。

糸と紐のもっとも古い用法はたしかに緊く縛ること、二本の木の断片を両方の端に結んだ紐で整然と巻いて固定することであるらしい。オセアニアの斧と手斧に好例が見られる。

縫い合わせ

これは二つの物の縁《へり》を、一本の糸を使って、一緒に固定するために用いる方法である。それには孔をあけて、それから糸を孔の中に通さなければならない。針の発明によって、すくなくとも革か布地のような薄くて柔かい材料にたいしては、二つの操作をたった一度に行うことが可能になる。鳥か蝙蝠の骨で作った針には自然に開いた孔[*28]があるが、たいていの場合骨針か金属針には人工的な針穴《めど》がある。

*28 **孔** 骨の溝になんらかの原因で自然に開いた小さな直径一ミリメートル以内の孔。それを含む部分を切り取り磨いて針を作る。

エジプト人の初期の木造船は縫い合わせた板でできていたし、世界のいたるところで縫い合わせた樹皮のボートや小屋が知られている。わが国ではライ麦の藁の子綱を巻いて形を作り、野生の桑の樹皮の単糸で縫い合わせた籠を相変らず見かける。

太平洋地方に広まった、毛皮の切れ端や布地の端切れを一枚また一枚と合わせてゆく縫い方は刺繡、すなわちもはや取り付けるという技術的役割しか演じない縫い方を生み出すことができたが、美しい装飾的役割はユーラシアに大いに広まった。手編みレース（ヴェネツィアやノルマンディーのアランソン）がそこから派生する。

この固定するという役割の外に、紐掛けもやはりぴんと張るために使われる。物を製作するさいに木か皮の弾性を利用するのであり、その動力学的な役割は重要であろう。いちばん簡単なものを挙げれば、弓（ぴんと張った紐）、それにドラム（ぴんと張った革）とラケット（ぴんと張った紐の網）をつけ加えなければならない。これらの物はさまざまに利用されている（武器、音楽と遊びか移動の器具）。

編みと織り

糸と紐はもはや、綱のような、同一の性質の物を製作するためでなく、樹皮や皮革に似た柔かな面を実現するために利用することができる。それが編みと織りの方法である。ここではそれをまず自由な一本の糸を用い、その糸の端を手が操作する方法と、閉じた糸を用い、端には触れない方法に分類する。単一の糸を用いる方法と等価な何本もの糸を用いる方法とナップ（平行な糸を用いて構成される面）を用いる方法がある。

単一の自由な糸を用いる方法――網（漁網、網袋）の製作はこの方法に属する。結ぶか縫うかすべき物があったときは、人は同じ運動をする。多くの場合木型を利用してその周りで網の目を結ぶ。結び目のある網のほかに、太平洋のもっとも古い慣わしを残す地方には、ありふれた螺旋状の籠との過渡的段階をなす、螺旋状の糸でできた網袋がある。

何本もの自由な糸を用いる方法――これは編みである。何本もの糸を一端で留めて、労働者は手でいろいろな糸を結ぶ。そういうふうにして何種類もの綱かあるいはリボンかあるいはマクラメレース[*29]のようなもっと大きな品物か、それとも手編みレース（ル・ピュイ、ヴァランシエヌ、ブルージュ、など）がえられる。多くの場合結び目は真珠その他の飾りを挿入するのに役立つ。

＊29　マクラメレース　手編みで結んだ、幾何学模様の、かなり重い調度品のレース。

ナップによる方法（すなわちいわゆる織り）――操作は二段階に分けて行われる。まず経糸《たていと》を整えてそれから織らなければならない。整経は経糸と称する比較的動かない糸のナップを取り付けることにある。経糸は円筒状に閉じていてもいいし、さもなければ開いていてもいいが、それを水平であろうとなかろうと織機、長方形の枠のうえにぴんと張る、さもなければ錘《おもり》で垂直にぴんと張る、あるいは最後に固定点と労働者の胸との間にぴんと張る。

織りは、緯糸《よこいと》、すなわち第一のナップに直角に交わる第二のナップを作るために、たいてい糸巻きに巻いてある自由な糸を、経糸の糸の間に通すことにある。その方法は経糸の糸を分離する仕方にしたがって分類することができる。

（1）指で。これはアメリカでいちばんよく使われた、そして旧大陸では東洋の絨毯を製作するための方法である。それは糸を結んで簡単に配色法を変えることを可能にする。ゴブランの綴《つづ》れ織はその方法の改良である。

（2）厚紙で。連続する経糸の四本の糸を正方形の厚紙の四隅にある四つの孔に通す。[*30] できた隔たりには緯糸を通すことが可能になり、それぞれの厚紙を四半周回転させると、そこに経糸が織り込まれて織物を得ることが可能になる。得られるのはリボンやかなり狭い帯である。この方法は地中海地方から極東にまで知られている。

＊30　**孔に通す**　四本の並んだ経糸1・2・3・4を厚板の四隅の孔に、たとえば下図のように通せば、緯糸を二本の経糸にわたす織りができる。

4	2
3	1

（3）格子を使って。経糸の偶数番目の糸を格子の細長い透き間に通し、奇数番目の糸を孔に通せば、格子のわずかな移動で奇数番目の糸を偶数番目の糸の上か下にくるようにするのが可能であり、それが無地の織物の製造を可能にするが、しかし狭くて格子の幅より広くはならない。この方法は全ユーラシアに知られている。

（4）分離棒と綜絖《そうこう》の支え枠を使って。分離棒は経糸の偶数番目と奇数番目の糸を分離する細い木の棒である。綜絖の支え枠は経糸の上に位置している細い棒であり、一続きの小さな針金の輪、すなわち経糸の奇数番目の半ナップの糸のそれぞれに属する綜絖、によって枠に繋がれており、したがって枠を引き上げるか後へ引くかすれば、それは奇数番目の半ナップを偶数番目の半ナップの上に持ってゆく。この方法は西洋古代に知られていたし、北アフリカに（垂直な枠で）、そして極東の周辺地方にも（多かれ少かれ水平な枠で）見られる。

（5）二つかそれ以上の綜絖を支える枠を使って。経糸のすべての糸が針金の輪によって綜絖を支える枠に繋がっている。いちばん単純な場合には、偶数番目の糸が一つの枠に、奇数番目の糸がもう一つの枠に繋がっている。二つの枠は交互に上げることを可能にする二つのペダルによって操作する。中国で発明された、このペダル織機は中世にヨーロッパとアフリカに広まる。

二本の繊維が交差する仕方を織り（組織）と呼ぶ。交差させる行為が規則的である、つまり一本の糸を下にし、一本の糸を上にするとき、その織物を平織りという。緯糸の一本の糸が経糸の数本の糸を跨いでいるとき、それぞれの列が糸一本ずれていれば、サージ織り（斜文織り）であるが、糸数本ずれているならば、それはサテン織り（繻子《しゅす》織り）[*31]である、など。補助的な経糸のナップを備えているチェック模様織機は、刺繍を真似た織物を織ることが可能になる。それが錦である。

＊31　**繻子織り**　以上の平織り・斜文織り・繻子織りの三種の組織は三原組織と呼ばれ、それを変化させたり混ぜ合わせたりして、さまざまな織りを作ることができる。色でいえば三原色にあたる。

閉じた糸を用いる方法——端のない糸を操作するときは、それを結ぶことができる（短くするための水兵結び）。指で繊維を入り組ませてその場限りの線模様を作ることができる（綾取り）。古代ヨーロッパの特産品に *sprang*、単一ナップの糸の入り組んだ集まりでできたヘアネットである。しかしヨーロッパで、鉤針を用いるか、それ編み機を用いて、この方法にしたがって加工しはじめたのは、ようやく中世になってからである。編みは織り以前の自動化された最初の方法であった（十七世紀初頭）。

籠編み

取り扱う原料がもっと太いかもっと堅い繊維でできている。すなわち乾燥させた草、藁《わら》、藺草《いぐさ》、タコノキ[*32]の葉の繊維、竹か籐《とう》の茎の籤《ひご》、柳か榛《はしかみ》の若い枝——細枝——の木部。柔かい素材は錯綜させてきつく締めつけるか、あるいは樹脂か脂肪の塗料によって硬くし、逆に硬い素材（木）は加工するまえに水に漬けて柔かくし、あとで乾かしてその硬さに戻す。平らな面（筵《むしろ》、日除け、仕切り）を手に入れることもできるが、しかしたいていは容器を手に入れようとする。

＊32　**タコノキ pandanus**　温暖な地方に産する常緑高木。葉は屋根を葺《ふ》き、また夏帽子・籠その他種々の物を作るのに用いる。

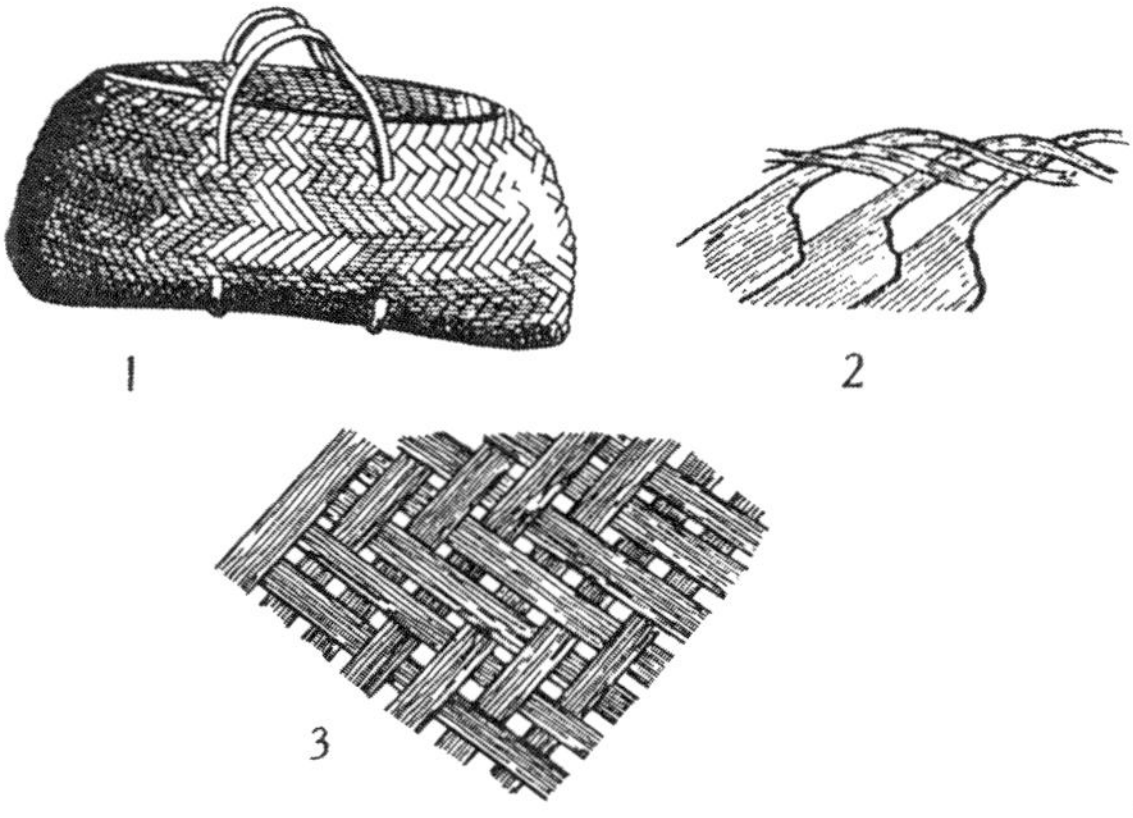

図 4-22　1. 籠編みのバスケット（ニューカレドニア）

ココ椰子の葉の編みの実例：2. 繊維の中断とその交叉の細部。3. 技法の細部。例. 底の繊維，左から右へ：1 つ抜かす，2 つ取る，2 つ抜かす，2 つ取る。

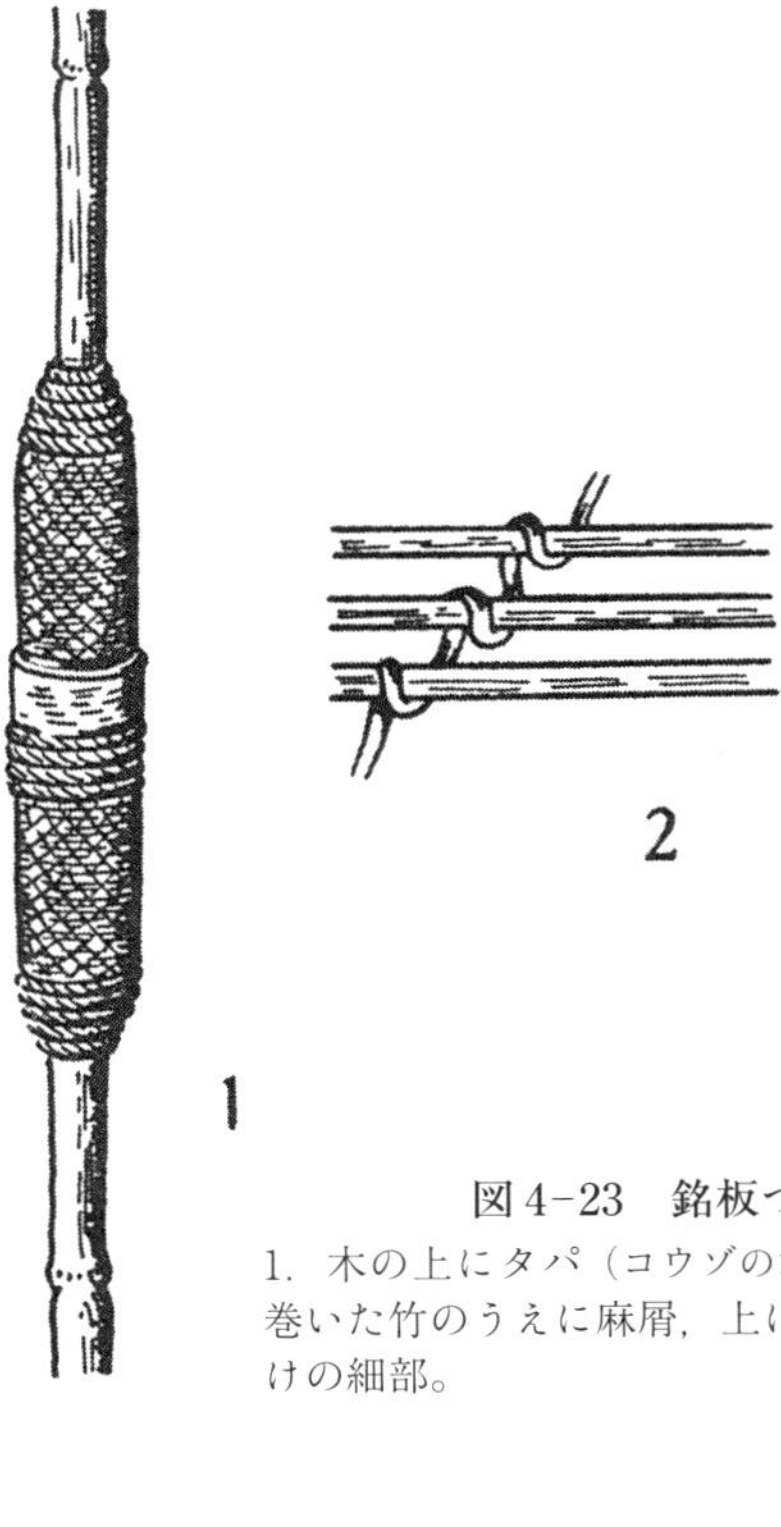

図 4-23　銘板つきの投げ槍（ニューカレドニア）

1. 木の上にタパ（コウゾの木の内皮）切れが巻いてある。タパと細い紐を巻いた竹のうえに麻屑，上に，濃紺に染めた繊維の交錯。2. 繊維の巻き付けの細部。

籠編みの方法は織りの方法よりもっとずっと不均質である。方法から三つの大きな系統に分けることができる。

積み重ねによる方法――極東の筵《むしろ》か日除けのような、平たい面を手に入れることが問題であるときは、柔かい糸のナップが経糸の代わりをする簡単な機械を使って、格子で経糸の糸を分離したり、あるいは巻いた経糸の玉を持って経糸を動かしたりしながら、堅い繊維を一本また一本と加えてゆく。容器を手に入れることが問題であるときは、積み重ねによる方法は一般に螺旋状籠細工と呼ばれる。多かれ少かれ柔かい細紐を巻きつけて、それを一本ないし数本の繊維で固定してゆくのである。この固定の方法は今度はそれを螺旋状の縫い、螺旋状の交叉と織り、螺旋状の撚りないし綯《な》いに分類することが可能である。

均質なナップの方法――ナップの繊維が一方が他方と同じように柔らかであれば、織りにおけると同様、手で交叉させる。二面のナップがあってそれらが直角に交わるときは、織物にかんしてと同じ組織、格子縞の籠細工（平織り）、モザイクの籠細工（斜文織り）がえられる。三面のナップがあるときは、その三面が一二〇度に交わる。繊維は目を詰めて、一続きの間仕切りを作ることもできるし、あるいは籐張りでのように多かれ少かれ間隔を開けておくこともできる。使われている素材が長くて平たくて柔らかならば、ぺしゃんこにした藁か、あるいは竹、または籐から切り取った籤《ひご》から来ている。

不均質なナップの方法――ナップの一方が他方よりずっと柔らかであれば、後から置くナップは、土砂止めのしがらみ（杭に木の枝を組んだ柵）か、それとも螺旋状に撚った縁飾りのように、たんに交差させるだけでよい。この最初の方法によってえられる結果はいくつも見つかるが、それよりここではいろんな大きさの容器を製作することが問題である。容器はヨーロッパの籠編みのなかで支配的なものである。堅い繊維は多くの場合木である。この方法の変形のひとつは二面の堅いナップを重ね合わせて、それを第三の柔かいナップかまたはばらばらの紐で一緒に結ぶことにある。

注意したいのは、土砂止めの柵において、繊維の交差は二面の等質な柔かいナップの方法すなわち織りにおけると正確に同じ類型であるかも知れないが、しかし導かなければならない製作の身振りはまったく異なることである。

桶物作り（または樽作り）

用いる部品は細長くて平たくて堅く、それは小さな板である。いろいろな方法を区別する必要はもはやない、というのはそれらは同じ物のなかで一緒に使われているのに出会すかも知れないからである。

集めて一緒に括った木の部品でできている容器はヨーロッパと極東の北部に共通している。柔らかな繊維を使って行われた外側の括りはのちに金属によって置き換えることができた。車輪の外枠は樽板と同じやり方で輪金によって組み立てられているのだから、輻《スポーク》付きの車輪はその起源をこの技術に負っているのである。

間仕切り

これまで検討してきたばかりの技術は本質的に容器その他の家庭用品の製作にかかわっている。しかし記述した技術はもっと大きな容《い》れ物、すなわち家、船、室内の間仕切りの建造にも同様に適用される。

積み重ねによる方法——石または日干し煉瓦か焼成煉瓦による積み重ねの方法がこの技術の核心を成している。ヨーロッパの東北地方、森林地帯では、金属器時代に、木の幹の積み重ね、つまり〈丸太小屋〉*blockhang* を利用することができた。接着は材料の重量によって（積んだだけの小さな石材）、融合によって（日干し煉瓦、雪すなわちエスキモーの雪造りの小屋）、接着物質によって（石灰、漆喰、石膏）、連結具によって（板の帯金《おびがね》、石用の鉛の枘《ほぞ》、など）行うことができる。

被覆による方法——これは不均質なナップの方法のひとつと考えていい、というのは内骨格、そのうえに外装を施す、骨組が含まれているからである。骨組は木片の集まりである。それは地面に打ち込まなければならないばらばらの部品（杭、小杭）、でなければすでに平にならした地面の上に置くだけでいい、すでに組み合わされている部品から構成することができる。被覆は皮で、布地で、樹皮で、板で、張る、張り付ける、引っ掛けるかまたは釘で留めることができる。

第一の方法では、家は下から上へ建ててゆかなければならないが、第二の方法では、まず屋根を葺くことができ、それが極東でのしきたりである。

混合方式――骨組が見えていてその間が積み重ねで充填されているものをこう呼ぶことができる。以上のような、荒壁土《あらかべつち》（粘土と藁）か煉瓦で充填している、ノルマンディー地方、バスク地方あるいはニーダーザクセン地方の家がある。

組み立てと骨組の形――いちばん古い方法は木材どうしを紐で縛るやり方であったように見える。オセアニアの斧か手斧で確認できる、紐で縛るそのやり方は、多かれ少かれ編んであるので、その結果ケースに収めたような外観を呈している。そのあと、木片か石片に孔を穿ち、その孔を使って内側から紐で縛るか、それとも間釘《あいくぎ》または円い枘穴《ほぞあな》を用いて組み立てることによって、いっそう緊密に結合することが可能になる。この最後の紐なしの組み立て方は単独で用いられるために概して十分に強固でない。この《新石器時代》的技術段階は地球上の大部分の地方に見出され、北極地方の橇、アジアの犂《アレル》、小屋とテントの骨組は一般に、同時に木材（か骨材）の三角形の組み立てによってと、ある種の堅固さとある種の弾力性を同時に保証する紐の縛り方とによって、特徴づけられている。この三角形枠の原理は屋根の骨組とヨーロッパの船の骨組にも共通している。骨組のうえに張った皮によって特徴づけられる船はたいへん簡単な形をとるか（アイルランドの〈コロクル〉[*33] *coracles*、アメリカのプレリの〈ブルボート〉[*34] *bull-boat*）、あるいはエスキモーのカヤック[*35]（*guaiag*）ではたいへん完成された形をとって存在しており、張った皮は航海者の服と接合するように上から閉じてあって、不沈ボートを実現している。北方森林地帯のインディアンの〈カヌー〉*canoë* は張った皮を樺の樹皮に代えている。北海地方では、内壁が竜骨にもたせかけた板でできていて、骨組は棟梁のある家の屋根を想起させるものだった。

＊33 〈コロクル〉*coracles* 柳の枝の骨組に獣皮や布を張って作った小舟。アイルランドのほかウェールズでも用いられる。

＊34 〈ブルボート〉*bull-boat* 木の骨組に大型獣の皮を張って作ったボート。

＊35 カヤック エスキモーの一人乗りボート。木の骨組は、漕ぎ手の席を取り囲んでいる、縫い合わせた皮にすっぽり覆われている。スポーツ用のカヤックはそれから着想されたもの。

金属製の道具の発展はもっと大量の木を手に入れることと角のある孔を開けることを同時に可能にした。一個をほかの一個の上に積み重ねる四角形の組み立てはインドと中国の建築を特徴づけている。中国の屋根の彎曲した外観はその建築様式からきているのであって、布地のテントの模倣からではない。舟艇では、木の幹の組み立ては三角形の〈カタマラン〉[*36]と四角形の筏をもたらす。釣り合いフロートをつけた丸木舟は大きな筏の安定性から思いついてその四角形枠を実用化したにちがいなく、それも、やはり新石器時代の技術によって実現される。中国では、それどころか、船の本体が四角形の外観を保ち、そのおかげで後部に船尾舵を設置することが可能になる。中世に、ヨーロッパの船舶の尖った船尾はそれを採用して改良するように手直しを迫られた。

＊36 カタマラン *catamaran* 横にフロートをつけた丸木舟、帆か櫂で推進する。今日では船体を横に連結した双胴ヨットをいう。

金属製の道具で木を四角い厚板と板に製材するのが楽になったので、ユーラシア定住文明を特徴づける家具類、長持、箪笥、あるいは台（椅子、テーブル、寝台）、あるいは容器、箱、の製作が可能になった。西洋では、木釘が金釘に取って代わられた。ほかの事例では、金属が木釘にでなく、植物性の綱に取って代わった。こうしてオーヴェルニュ地方（フランス中央山脈）の今日まで存続している犂《アレル》では、金属性の固定具は確かに麻の皮や柳の細枝の昔の縛り方を想起させる。森林地帯、あるいは山岳地帯の社会の文化的特徴である吊り橋は太いケーブルでできており、中国では、つとに金属の鎖に取って代わられた。

石の建造物は、最初に粘土の建造物か木の建造物を模倣しているので、これまで見た建造物ほど独創的ではないように思われる（ギリシアとインドの大建築物は模倣した木造の大きな建物についてとりわけ貴重な情報を与えてくれる）。新機軸と見えるかも知れないもの（たとえば、円天井）も恐らくはすでに木（樽作り）、土か雪（エスキモーの雪造りの小屋）の建造物のなかに存在していたのであろう。

類型学と民族学

人間の労働の研究に取り組むことができるいろいろな観点を検討したあとには、物の分類に携わる収集民族誌と博物館誌の伝統的観点に立ち返らなければならない。

人間によって作り出された物はある程度まで自然によって生み出された生物に比較することができる。しかし博物館に展示されているような物は生物の骨格としか比較できない。それを理解するには、それを生産しそれを機能させている人間の身振りの全体をそれにまとわせなければならない。その全体は、動物学者が骨骼を研究している禽獣の形態を理解するために知らなければならない、動物の軟部の役割を果たす。

分類の二つの型

自然史における分類の問題は何世紀ものあいだすぐれて創造的な方法で提起されている。たとえば、植物の分類はまずはじめにその用途に本づいて（有用植物、有害植物）、その組織に本づいて（草本食物と木本植物）行われる。有名なリンネはもっぱら雄蕊《おしべ》の数のようなもっと正確な特徴を選んで、人為分類と呼ばれる分類の類型を確立する。それは同じ特徴を用いて可能なかぎりもっとも広範な分類を行うことにある。次いで、その特徴から引き出せるものがすべて出つくしたら、べつの特徴、たとえば心皮[*37]の数――リンネの分類の場合では――を選んで、さきの特徴でえられた区分をつづけて下位区分してゆく。そこにあるのは特徴の〈アプリオリ〉な従属関係と呼ばれるものである。

*37　**心皮**　種子植物の雌蕊を構成する、一枚から数枚の葉。

十八世紀末以来、つまり生物進化論が勝利する以前に、リンネの方法に満足しなくなっていた生物学者たちは自然分類と呼ばれる、もっと経験的でもっと直観的な分類法を提案した。〈アプリオリ〉な従属関係よりも、それぞれの場合に、先入観なしに、それぞれの異なった特徴のもつ重要性を評価するのである。進化学説が受け入れられると、自然分類はなにか実在する事物を表現しているに違いないと認められた。生物の自然分類はその系統樹と同じものだったのである。

動力学と自然分類

これらの概念は車あるいは犂《シヤリユ》のような物に適用することができる。おそらく、地理学者が車を車輪の数に本づいて分類したとき、それは〈アプリオリ〉な分類行為ではなかった、たとえば車を無輪、二輪付き、三輪付き、四輪付きに分類しながら、それを行ってのけたのではあるまい。かれらが二輪と四輪に区分したのは、それが地理的集団に対応していたからである。しかしこの対象にかんして動力学的観点を導入するならば、すなわち牽引装置を研究するならば、この装置の地理的分布、この場合は長柄付きの車と引き革付きの車の区分は、車輪の数を基礎にしていた区分よりもはっきりしていて、歴史的観点からするともっと興味深い。

長柄付き二輪車は引き革付き二輪車より数千年も古い。ヨーロッパの四輪車は大雑把にいえば一台をべつの一台の後に取り付けた長柄付きの二台の車でできており、アジアと近東で報告された四輪付きの橇とはなんの関係もない。こうすることによって、車のひとつの系統樹、歴史的かつ地理的な、したがって民族学的に価値のある自然分類を再構成することができる。

犂《シャリュ》もまた形式的分類の対象となっていた。地理学者や歴史家たちは最初に有輪の器具を無輪の器具から区分していた。次いで、ある民族誌家（P. Leser）は三角形の枠組の器具を四角形の枠組の器具から区分していた。これらの特徴の地理学的分布は価値がないわけではなかったが、しかし動力学観点、すなわちここでは表土上での器具の作用という観点から対応する特性を研究するならば、比較的古い対称的な器具と比較的新しい非対称的な器具に区分される。耕す人が身体をもたせかける握りと、牽引するための梶棒の存在はやはり、地理的分布がある確かな価値をしめしている、動力学的特徴である。

人為分類と自然分類は研究の二つの段階であるといっていい。一方ははっきり確立されていて、実際的な目的で資料を集めはじめるときに使われ、他方は研究の目的のように見え、不断の改善が避けられない。

動力学と綜合

動力学的観点の価値は研究を物よりもさらに先へ推し進めるところにある、というのは同じ物が人間の異なった活動によって製作されることもありうるからである。プロス（Pelosse, J.-L., 1981）は同じ編物をヨーロッパではいろいろな方法で製作できたことを明らかにした。フランスのやり方では、針は手に持ち、糸は右手の人差指の上にぴんと張るのにたいして、ドイツのやり方では糸は左手の上にぴんと張り、べつのやり方ではほかの針より大きい針を一本腕の下に挟む、など。この観点はたんに、技術の歴史的系統を研究し、その起源を探究して、真の技術史を可能にするだけでなく、いろいろな技術のあいだの思いがけない関係を明らかにすることをも可能にする。衣服の形と荷物運びの習慣とのあいだには関連があったに違いないということを、袖を通すせいでしなければならない身振りを介して、すでに検討した。同様に、手の円運動はクランクと動物動力回転装置に緊密に結びついており、したがって牽引動物なしの民族は往復円運動（振子運動）の器具しか知らない。似通った意図で、ある種の狩人集団の自然模写術（鳴き声模写など）獲物をおびき寄せるのに必要な擬態と獲物を真似る踊りに結びついていないかどうか、それどころか、様式化は農業にみられるようなリズミカルな労働と調和していないかどうか、自問してみるがいい。クローバー学派[*38]のような、比較民族学者たちはとりわけ物と制度の相関関係を、両者のあいだに存在する繋りを論理的に理解できないままに設定した。生産と利用の動作の研究がおそらくもっと深い意味をもつ、もっと解釈しやすい成果をもたらすであろう。

＊38　クローバー学派　Alfred Louis Kroeber（1876-1960）はアメリカの文化人類学者。『人類学』（一九二三

年）をはじめ多くの著作がある。

経験的観点

これまで説明したさまざまな観点からの分析的研究には、包括的な経験的調査が先行し、随伴し、追走しなければならない。つまり実地の詳細な調査リストである。それは最初に人体について観察できるすべてのこと、次いでそれの周りにある、それのために存在し、名称をもつすべての物、すべての事を書き留めることにあるだろう。そういう研究が行われるのは多くの場合言語学的調査においてである。民族誌とは違って、言語学者はひとつの言語について研究できるようにするために語彙の完全な調査リストを必要としている。

いわゆる〈人体〉にかんすることで、ここで最後に動力学的観点から話題を提供する。

切除。すなわち散髪、抜毛ないし剃《てい》髪、歯の切断、剪爪《せんそう》、あるいくつかの指の切除、割礼、半去勢、切採（腫物などの切除）。

刻み目。すなわち主として黒い色素沈着のある集団に用いられる、とくに盛り上がった瘢痕を生ずる乱切。

穿孔。すなわち耳輪か木の筒か骨（ボトク）を通すための耳朶《みみたぶ》の穿孔、インドでのように宝石を着けるための鼻孔の外隔壁か、あるいはニューギニアでのように細い棒を通すための内隔壁の穿孔。唇飾りを取り付けるための唇の穿孔。最後に細い針を用いた皮膚の穿孔は入れ墨の最初の施術であり、褪色しない着色図案は比較的淡い色素沈着のある集団で用いられる。オーストラリア人の下切開法（陰茎下面で切開して尿瘻を作る方法）をここで想起しなければならない。

拡張。すなわち身体の自然孔か（オーストラリア）、それとも耳朶か唇を引き伸ばすさいにできた人工孔の拡張。

圧迫。すなわち生長している間ずっと圧迫しておくと、身体の恒久的な奇形が生ずる。たとえば頭蓋の奇形は新生児の頭蓋骨を板で圧迫することによって生ずる。首の伸長はパダウン（ミャンマー）のカレン族の女たちにおいては複数の金属の輪の首飾りによって生ずる。十九世紀のヨーロッパ人の国ではコルセットによるウエストの細腰化。最後に中国人の、最末期の数王朝の下での足の奇形（纏足《てんそく》）。

洗浄、塗油、染色。すなわち身体と頭髪の洗浄は、ときには灰か石鹼（もともとは灰と脂肪の混合物）を使いながら、流水で行うことができる。反対に、油、バターか脂肪の塗布は長持ちする保護塗料となり、粘土質か植物性の産物を主成分にした染料は皮膚と頭髪の色を変える。周知のようにアメリカの先住民はその染色のゆえに赤膚《あかはだ》と呼ばれた。

ここにきていまや〈身体に着ける物〉、それも多かれ少かれしっかり固定されるもの、すなわち装身具と衣服に辿りついた。頭部からはじめて検討してゆこう。

頭髪はいわゆる身体と装身具のあいだの天然の架橋《かけはし》であるように思われる。古代エジプト人は人工的な頭髪、すなわち鬘《かつら》を着けるために頭を剃っていた。十七、八世紀のヨーロッパで鬘が果たした役割はよく知られている。まっすぐか簡単に巻ける頭髪をもつ全住民は三つ編みに編むか髷《まげ》に結うことができる。髷は古代中国、ベトナム、日本を特徴づけていた。有名なお下げ、中国人の剃った頭にある小さな三つ編み（弁髪）は、満州出の最後の王朝によって中国人に強制された。

被物《かぶりもの》、頭に載せる物、はその硬さと形にしたがって分類できる。

環状の冠や王冠は堅くて頭のうえに置くのにたいして、リボン（狭い）やターバン（もっと広い）は頭髪のまわりに巻く。ターバンの型はその巻き方によってじつにさまざまであり、南アジア全体に広まっている。ニューカレドニア人の投石器は頭のまわりに巻きつけておくのが普通だった。

ベールすなわち頭のネッカチーフ、頭を取り囲むただの布切れは伝統的ヨーロッパにたいへん特徴的である（英語の語〈ネッカチーフ〉*ker-chief* はまさしく古フランス語の被り物「couvre-chef」からきている）。ボンネットは頭頂を中に入れる布地か毛皮の小さな袋である。もっと小さくて剃った頭頂に合うものにキャロットがあるが、一方では庇《ひさし》を補って、ボンネットはヨーロッパ式制帽を誕生させた。

いわゆる帽子は円い縁《へり》を備えていて、多くの場合フェルト製なのでそれだけ堅く、多かれ少かれごわごわしており、でなければ籠細工製である。円筒形の帽子は、たとえば、昔の朝鮮人、ウェールズの女、十九世紀のヨーロッパのブルジョアが利用した。

金属のヘルメットは古代から今日までユーラシアの軍隊が利用している。十九世紀には軍用の被物に警察のボンネット型（トルコ帽）や制帽（ケピ帽）があったにもかかわらず。

被り物のほかに、注意を促しておかなければならないのは、日除け、目を保護する木製か色ガラス製のサングラス、鼻か耳か唇に通す細い棒か輪、そして最後にサハラの男や近東の女が使用する、顔隠しのための、ベールか婦人帽用のベールである。

手と腕にたいしては装飾品としていろいろな型の輪がある。すなわち指のまわりの輪、手首やとりわけ腕のふくらみのうえの腕輪、それは植物性の紐か木か金属でできている。指サックと籠手《こて》は弓と投石器のある種の操作のために用いられる。ミトン（四本の指が一つになっている手袋）とハーフミット（指がはみ出している手袋）と手袋は、北極地方では毛皮製であり、あるいはある種の戦争用甲冑では金属製である。防具は多くの場合前腕に着けるか手に持つかだが、しかしある種のものは次の部類に属する。

首と肩にかんしては、編んだか織ったか金属製の、柔かいか堅い首飾りが首を取り巻く。古代エジプト人は首のまわりで留める衣服を身に着けているが、それは肩と胸の上部を覆っていて、ケープ型である。吊り下げる紐帯のなかでは、肩のうえを通って垂直に吊るす吊り紐は、肩から胸へ斜めに懸ける肩帯とは区別される。寛衣は肩の片方か両方にしか掛けることができない。古代のコートのような、留め金をかける衣服はフィブラ（大きな安全ピン）を用いて肩のうえで留める。ポンチョ型すなわちチュニック型（古代ギリシア・ローマ）の（頭と腕を通す）貫頭衣は紐か安全ピンかホックを用いて首の下で留めることができる。

前が開いているので、ぴったり合わせるカフタン（中近東のガウン）型の衣服は、まず紐で閉める、というのは、開口部の長さ全体にわたって寒さを防ぐ、首に結える胸当てが一緒についていたからである。ベトナムでは、女の小さな上着はやはり首と腰に結える胸隠しを一緒につける。ヨーロッパには、カフタンは中国にと同じく前を重ねる上衣の形で導入され、最初はボタンにかける紐（飾り紐）で結び、次いでボタンをかけて留めた。

胴体と腰。皮か繊維のベルトを習慣的に締めるのは腰の上にであり、それはあらゆる民族に、衣服をもたない民族にすら見られる。下半身の衣服は腰のまわりに巻きつけて、スカートのようにベルトで固定することができる。すなわちスコットランドのキルト、ビルマ人のスカート。でなければ腰のまわりと脚のまわりに同時に巻きつける腰巻、ラングティ（不詳）。でなければ脚を通す衣服、つまり半ズボン、ズボン。でもベルトを利用せず、吊り紐を使って肩から吊ることを可能にしたのはヨーロッパだけである。ウエストにかける簡素な薄地の布はエプロンと呼ばれる。

最後に女の体形はある場合には腰を利用しなくてもすむようにしてくれる。胸にかける腰巻きスカート、それにインドシナには臀部の出っ張りにかけるスカートがある。

脚。踝《くるぶし》かふくらはぎかあるいは膝の上に輪をはめることができる。また踝かふくらはぎにもたせるゲートルか巻きゲートルで脚を包むこともできる。

足。革か繊維のサンダルは足の指か足の甲にかけることができる。トルコ風スリッパ、木靴。靴底が柔かいとき、皮のモカシンか革靴には、足に括りつけておく紐の結び方があるが、これに反して長靴は履くか脱ぐかである。

人体と結びついた物の調査リストは〈たんに一時的に身近にある物〉の調査リストによって続行されてゆく。

台。ひとが眠る場所、寝床は簡単な掛布団にござか床、でなければ固定式か可動式のいわゆるベットであってかまわない。頭支えは柔かいもの（枕、長枕）の代わりにアフリカとアジアでは、多くの場合堅くて、木、石、または焼き物でできている。

座席は上にしゃがむ絨毯とござ、でなければ多かれ少かれ高い腰掛けに帰着させることができ、椅子と肘掛椅子はヨーロッパにしか普及していない。吊り座席のなかでは、熱帯アメリカ文明に特徴的なハンモックと、ユーラシア的な遊びのぶらんこを想起しよう。

乗物には、一般に、可動座席はないが、しかし小舟にすべて固定座席（ベンチ）があることはむろんない。最後に台のなかで、その上に容器を置き、食事や食事をする、飾り棚や盆やテーブルと、それらがやはりユーラシア文明に限られていることにも触れておこう。

武器と道具。これらは人の周辺に置かれ、壁に掛けられ、梁か柱に吊され、収納箱のなかに列べられていて、使うときにそれを手に取る。それゆえつぎのように区分しよう。

戦争と狩猟と漁撈の武器。すなわち棒、節くれ棍棒、鉛入り棍棒、斧、剱、刀。最初の方の木でできたものが、とりわけオセアニアとアメリカに広がっていたのにたいして、古代世界では金属の知識が、もっとも小さいもの（短刀、短剱）から対称形の刃（両刃《もろは》）の長い剱にいたる、トゥアレグ族（サハラ砂漠）が保持している古代か、あるいは中世の剱のような、あるいは非対称形になって、多かれ少かれ湾曲した（凸形片刃の）アジアの刀のような、あらゆる一連の発展を可能にしたことを、想起しよう。

毒針、投げ槍、もっとも完成された形をもつ（手か推進具で投げる）サゲ（アフリカの投げ槍）、すなわち銛《もり》。

矢と弾丸、および投擲するために必要なもの（弓、弩、吹矢筒、あらゆる型の銃）。

待ち伏せ場所で、罠としてか、あるいは動きながら投縄として用いる、紐か輪差。茂みの中か水中で投げるか張るといった、あらゆる形とあらゆる使い方をもつ網。

最後に、擬餌、鳥笛、可動罠、釣針に注意しよう。

農具は表土を耕すか植生にはたらきかける用途に充てられる。

第一の部類のなかでは、掘棒とその後裔、すなわちシャベルと鋤[*39]、そして他方ではいろいろな型の除草鍬、

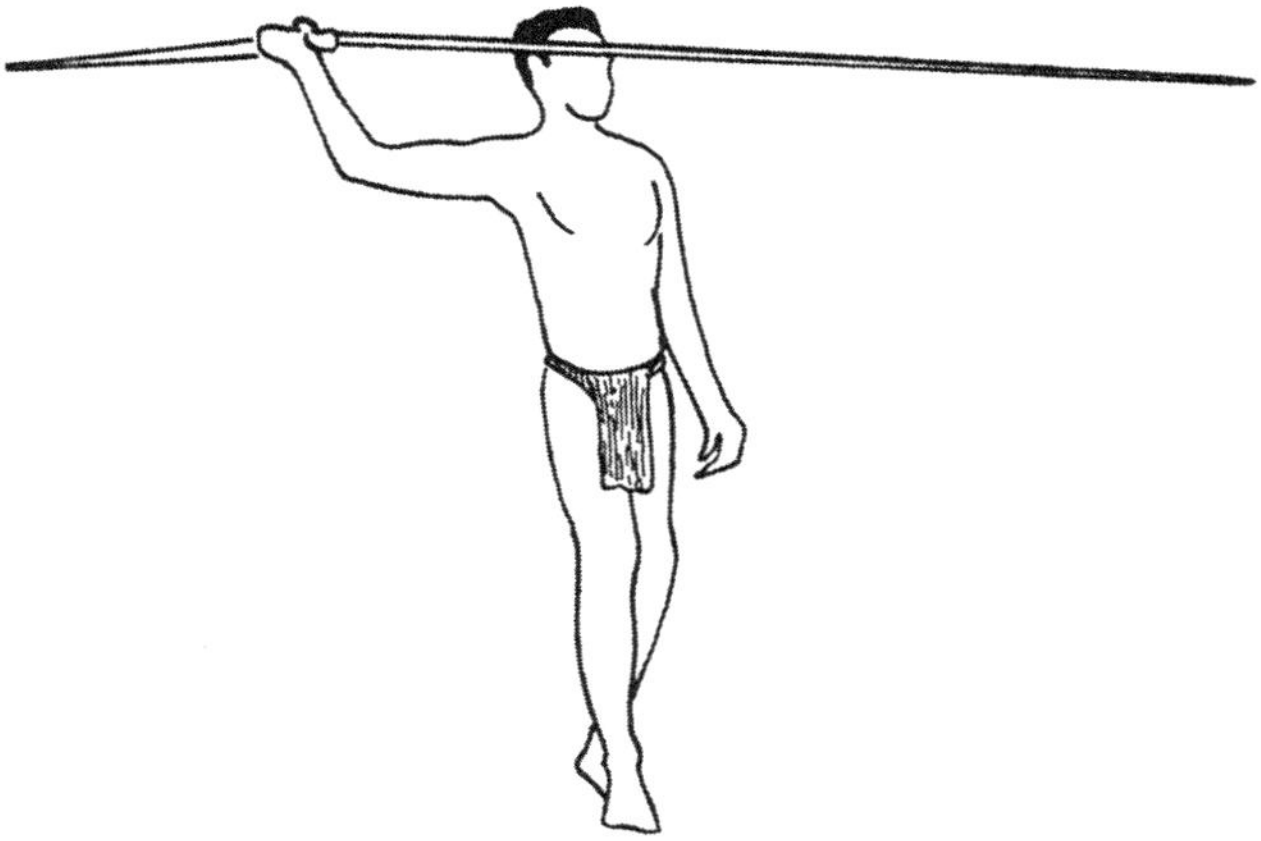

図4-24　投げ槍投擲用の推進具の使用（北オーストラリア）（Davidson, 1936b.）

すなわち木製か金属製の、紐で括りつけるか柄を取りつけた棒。動物に繋ぐ器具、すなわち犂《アレル》、犂《シャリュ》、馬鍬《まぐわ》*40、地ならし（ローラー）はユーラシアに特有である。

＊39　**鋤**　縦長で幅のある刃に真直ぐに柄をつけた櫂形の土を掘る農具。鋤《すき》は犂《すき》ではない。

＊40　**馬鍬**　枠に数本の金属の太い歯をつけた農具。動物に引かせ、犂ですいた土を砕いてならす。

第二の部類には、開墾の道具がある。すなわち伐採刀（除草鍬、鉈《なた》）、手斧《ちょうな》と鉈鎌。それに除草と収穫用の器具、すなわち小刀、熊手、半月鎌、大鎌、収穫櫛*41、鎌。

＊41　収穫櫛　櫛の縁に刃をつけて穂先を刈取る器具。

容れ物と倉庫。狩猟と漁撈と収穫の成果は即座には利用されない。多くの場合それは保存され貯蔵される。ここでは採取、加工、そして保存の器具を区分しよう。

収穫物の実の採取（脱穀）は、とりわけ穀物の場合には、加工の好例である。収穫物は棒か殻竿《からさお》で打っても、板か櫛にたたきつけても、足かローラーか橇で踏みつけてもかまわない。箕《み》であおるか篩《ふるい》にかけたのち、穀物は袋か、あるいは籠に、ある

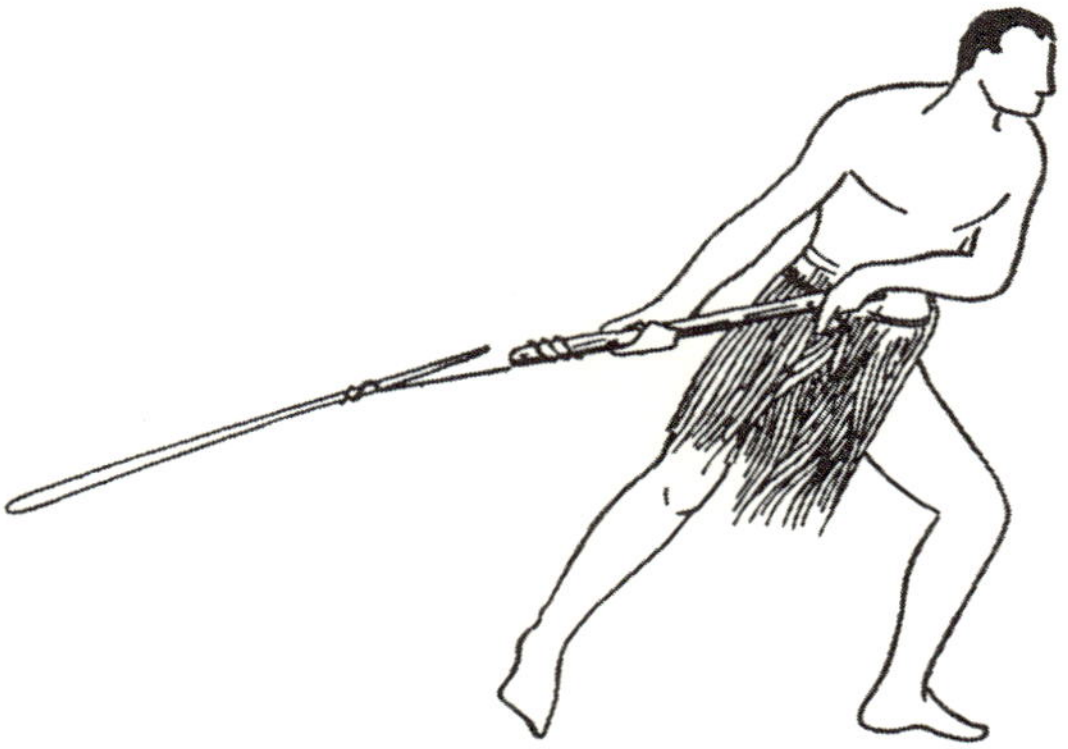

図 4-25　鞭による投げ槍の投擲（ニュージーランドのポリネシア人）
投げ槍に結びつけた，鞭の緒の先端は，槍を投げるとほどける。しなやかな推進具の組み合わせの興味深い例（ニューカレドニア，古代ローマ）。(Best, 1925.)

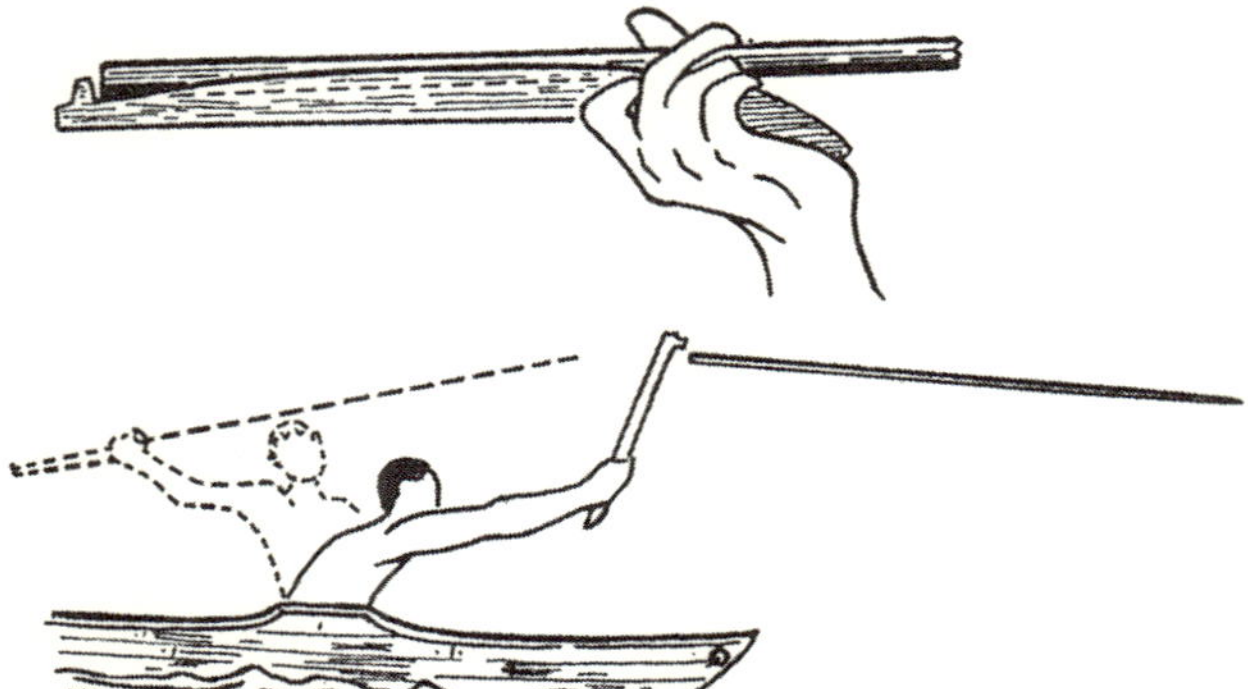

図 4-26　カヤックの中で，推進具を使って投げ槍を投擲する，エスキモー
（推進具の持ち方の細部）
推進具は，片端が柄，そしてもう片端が投げ槍を推進するための切り込みになっている棒である。

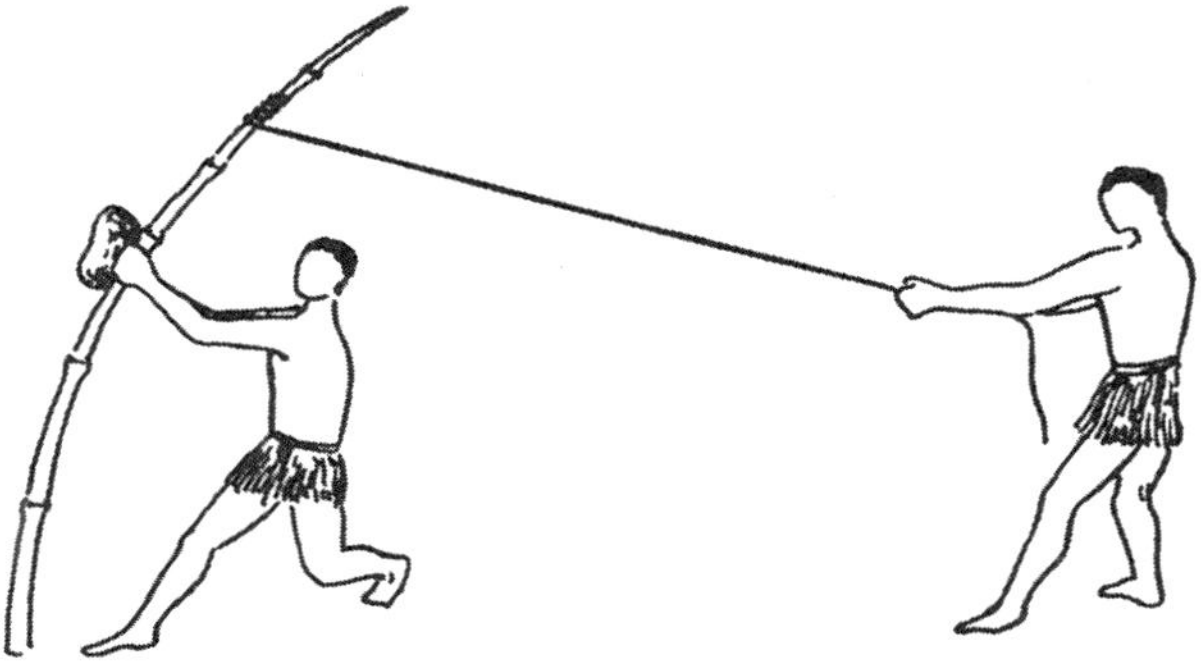

図4−27　マオリ族（ニュージーランド）における石を投擲する装置

竿の弾力性のおかげで石を投擲するための人力を蓄積。後ろに引っ張られて急に放たれた竿は，第2の射手がそれに接触させて持っていた石を発射する。(Best, 1925.)

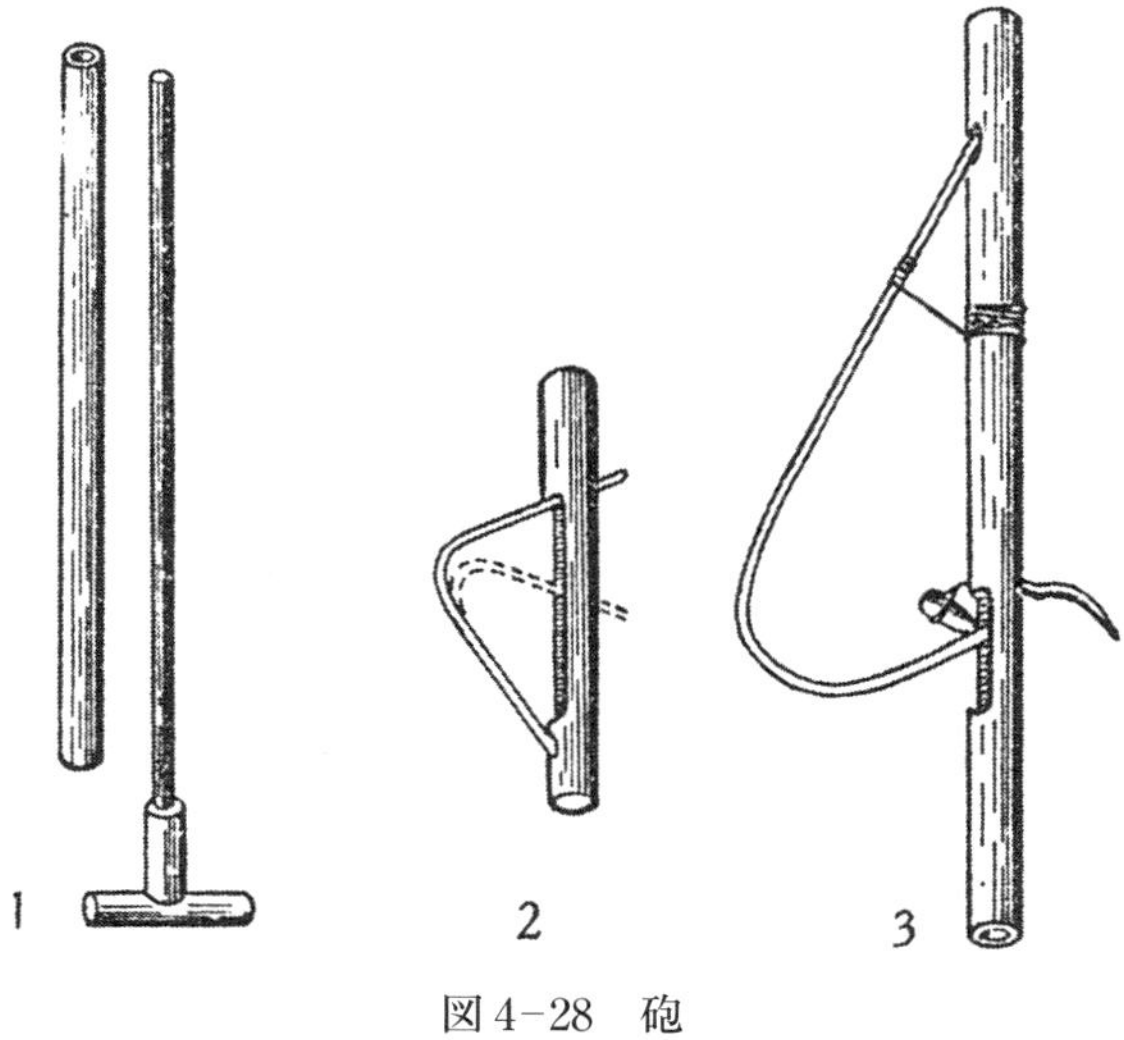

図4−28　砲

1. ピストン付きパイプ（スマトラ）。2. バネ付きパイプ（ティモール）。引き金の位置の下に，射撃準備完了の位置をしめす点線。3. 引き金を操作する止め金を備えたバネ付きパイプ（南米，チャコ）。(Kaudern, 1925-1944.)

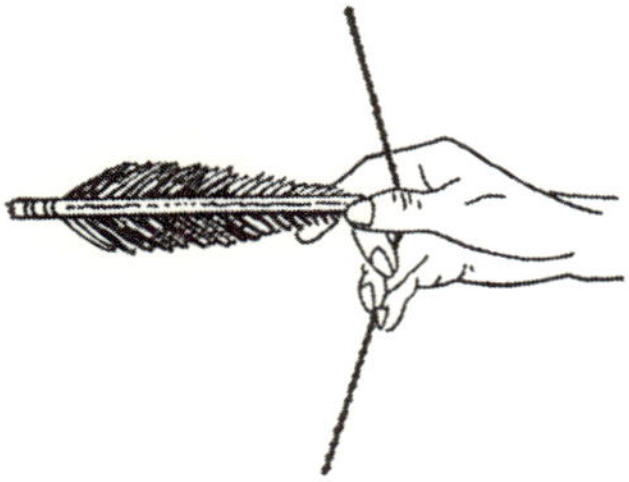

図 4-30　南米のボロロ族における矢の弾《はじ》き
（『南米インディアン便覧』）
弓の弦は矢の端と同じ指では止められておらず，したがって弦が矢《や》筈《はず》をたたくときにはすでにかなりの速度をえていた。

図 4-29　ボラの投擲（フエゴ島）
ボラは石を何個かくくりつけた紐でできている。勢よく投げると，紐は追跡している野生の鳥獣の足のまわりに巻きつくだろう。（『南米インディアン便覧』）

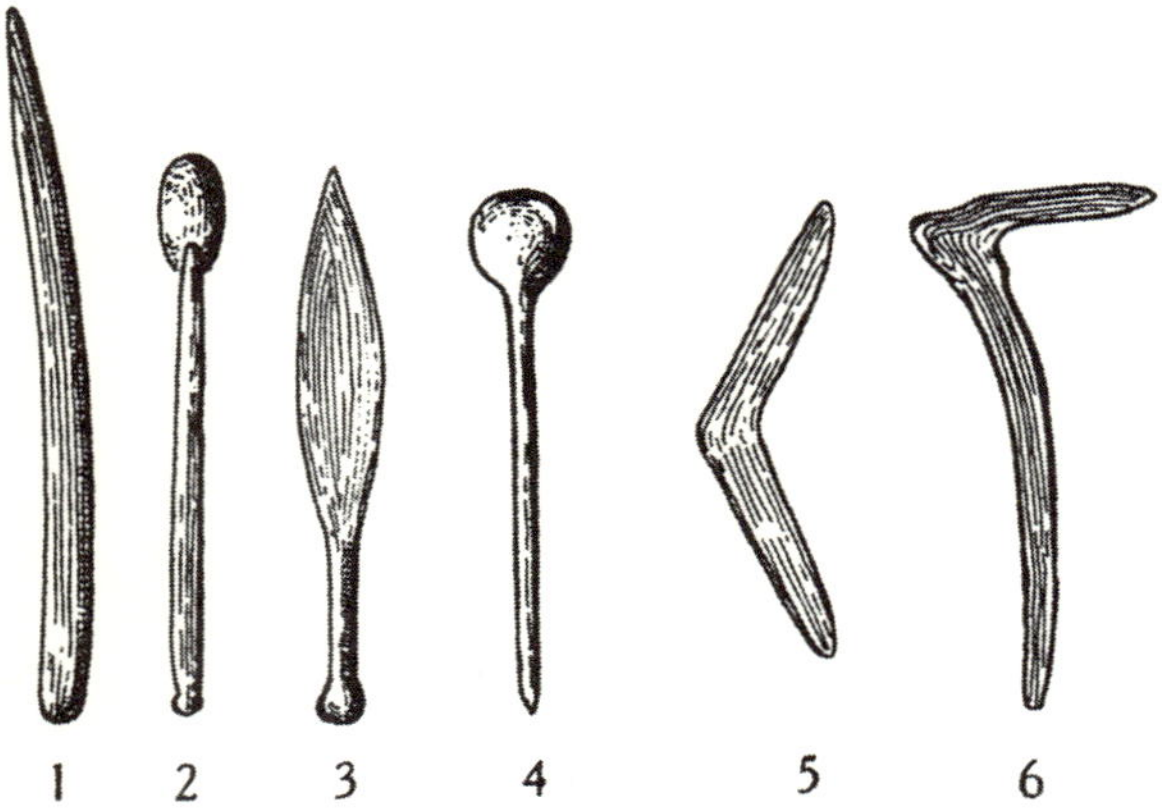

図 4-31　投擲用の棒とブーメラン
1. 西オーストラリアの投擲棒。2. 西オーストラリアの手斧の形をした（正面図）。柄をつけた石に留意。3. 平たい頭部の（南オーストラリア）。4. 円い頭部の（クイーンズランド）。5. キンバリー地域のブーメラン。6. 通称「逆戻り」ブーメラン。（Davidson, 1936a.）

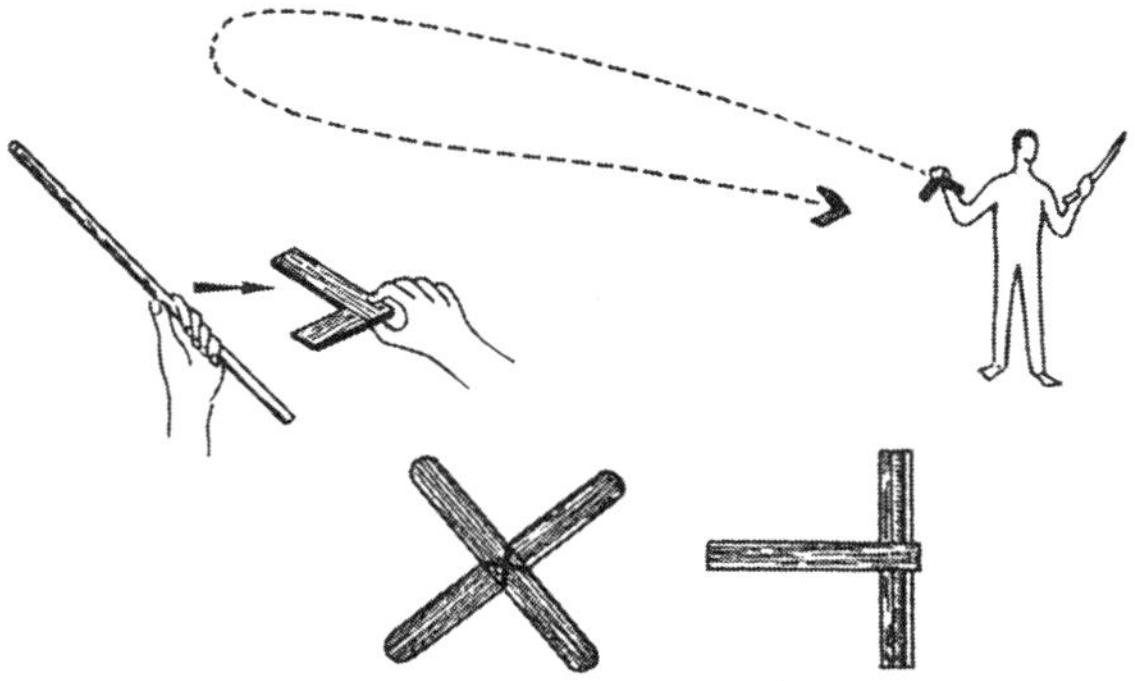

図 4−32　スラウェシの子供用ブーメランと北東オーストラリア人の別のブーメラン
（Kaudern, 1925-1944.）

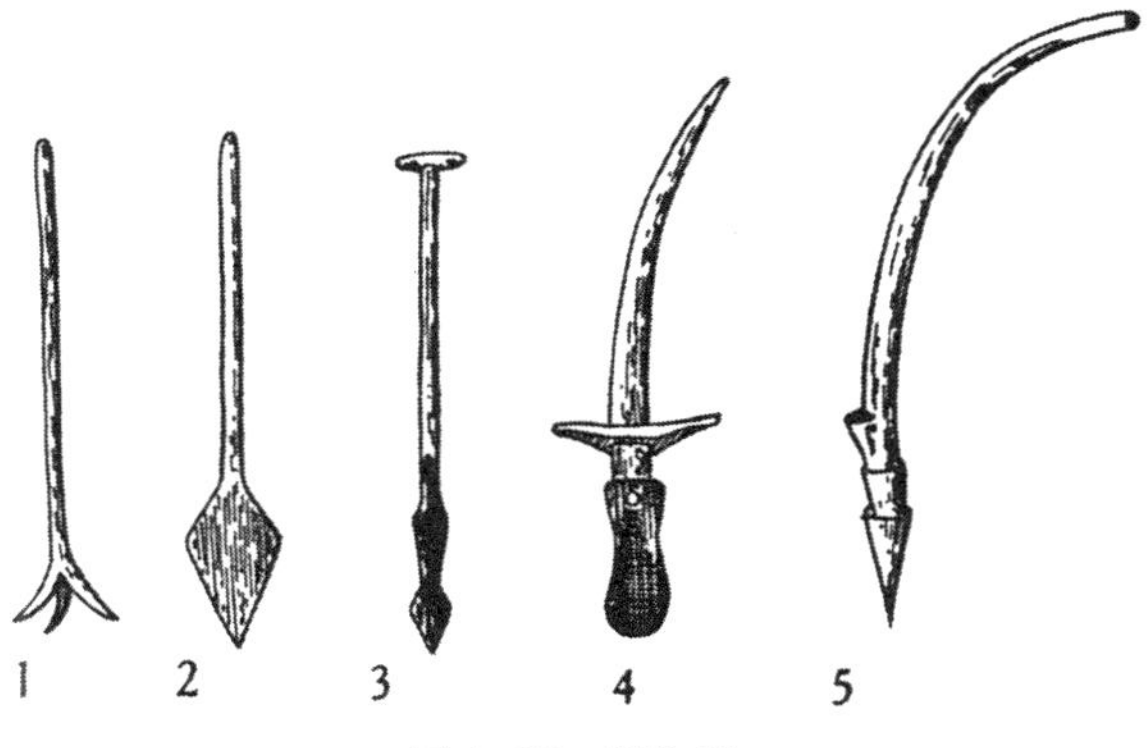

図 4−33　掘り棒

1. ハンガリー。三叉《みつまた》の先端に留意せよ。2. ベラルーシュ。鍬へそしてシャベルへと段階的に移行。3. エストニア。握りやすいように，柄の先端がＴ字形に。4. バチキリエ。ペダルになる横の部品（足場を確保するのに充てる縁）に留意せよ。5. アルタイ。短い柄と足用の切り込みに留意せよ。

いは吊るした大きな容れ物のなかに入れられるか、ピロティ（屋根裏部屋）に置かれ、でなければサイロ（作物保存用倉庫）に収められるか焼き物の大きな甕のなかで保存される。塊茎・塊根は穀物ほど手がかからないが、しかしヤマノイモは穀物と同じく屋根裏部屋に保存できる。場所によっては重要なもうひとつの抽出は油搾りであり、粉砕（楔《くさび》、ねじ圧搾機）したのち、圧力を加えて抽出する。油の輸送と保存は飲料水の輸送と保存と同じ問題、すべての材料の容器がかかえる問題（皮では、革袋。籠か布地では、防水加工。木では、竹筒、指物細工。焼き物では、壺、アンフォラ（古代ギリシアの両把手の壺）、甕）にぶつかる。

火と食物の道具一式。これまですでにいろいろな型の点火具に注意を促してきた。次のものは特定の場所で点火される。炉、これは固定式でも可動式でも、常設でも仮説でもかまわない。ポリネシアの竈《かまど》は、石を敷きつめた穴の底に置いた、仮設の炉であり、火を取り去ったのち、そこに熱を加える食料を置くのである。同様に可燃性の容器の水を、そこに熱した石を入れて熱することもできる。われわれが利用する直接加熱調理には陶磁器製か金属製の不燃性の容器が必要である。こうした容器は三脚のうえに載せたり自在鈎で吊るしたりすることもできる。

加熱調理のまえに下拵《したごしらえ》の仕事がある。すなわち大部分の穀物にかんしては砕くか挽くか搗き、ある種の塊根・塊茎にかんしては毒を抜く。いちばんよく知られている例は根肉を水に晒《さら》さなければならないキャッサバ[*42]であり、その脱水は南米のキャッサバ圧搾器、下端に錘《おもり》を掛けると圧縮される円筒形の籠の中で行われる。

＊42　キャッサバ　cassava（英語。ハイチ先住民語 kasabi に由来）。フランス語は manioc（ブラジル先住民語）。ブラジル原産の熱帯低木。サツマイモに似た根からタピオカ澱粉がとれる。

火はたんにすぐ消費する食料の下拵えのためだけでなく、また保存する食料の下拵え、火と煙で乾燥させる魚と肉のためにも使われる。鍋のほかにも、食物の下拵えと飲食に使用する物をいくつか挙げておこう。ひしゃく、小さな棒、スプーン、鉢、皿、カップ。

火はまた、温帯地方では、暖房にも役立つことを想起しよう。直火、炉（戸外用の三脚火鉢）、作りつけの炉（暖炉）、あるいは密閉した炉（ストーブ、古代ローマの共同浴場の床暖房）による暖房。

最後に、火はほかの用途にも用いられる。窯のなかでの焼き物と煉瓦の焼成、金属鉱石の直火による（近東と西洋での銅と鉄）、あるいは坩堝《るつぼ》による（極東での鋳鉄と亜鉛）の熔融。

囲いと住まい。人間が生活し労働して物を配置するいろんな場所は、囲いか杭によって地表に境界が定められている。ここでは青天井の場所（囲い地）と屋根に覆われた場所（建物）を区分しよう。囲い地は草食動物が近づかないようにしなければならないすべての耕作地と考えていい。それには柵と案山子《かかし》と罠、ときには見張り台さえも含まれている。ほかのもっと文明化された、野生の草食動物がめったにいない地方では、囲い地は家畜を保護するというきわめて重要な役割のためにある。

最後に囲い地は人の行き先でもありうる。すなわち要塞、囲われた村落、などである。

屋根によって雨と太陽から護る建物はときには多様であり専門化している――一つは共同寝室、もう一つは食堂、三つ目は調理室である。でなければ専門化は村落のプランに実現する。若者の家、よそ者の家、長老の家、など。

ほかの文明では十世帯が住んでいる大きな家を見かける（東南アジアの山地民）。ちょうどヨーロッパには似通った対照物が見つかる。たとえばコー地方（ノルマンディー）では、農民の住居、馬小屋、牛小屋、豚小屋、倉、物置、納屋が、牧場になっている囲い地の真ん中に、たがいに分離した同じ数の建物を構成しており、一方ニーダーザクセン地方（ドイツ北西部）では三階建ての、ほとんど立方形の、大きな家があり、その中に農民の家族とその家畜と道具一式と収穫物が同じ屋根の下に納まっている。

調査カードはいまでは民族生物学と呼ばれているもの、すなわちどう利用されているにせよ人間が知っている動物、植物、鉱物の枚挙で終るだろう。ここではたんにそれぞれの名称の科学的同一性を突きとめるだけでなく、一例を挙げると、植物学者の概念とめったに一致しない概念の外延を明確にしなければならないだろう。たとえば、ある種の魚（出世魚）はその年齢にしたがって違った名前を持っている、ほかの種には種のグループ全体にたいする名称しかないというのに。最後に、分類もやはり知っておかなければなるまい。たとえばメラネシアでは、マッコウクジラが魚であるのに、ウナギは魚ではない。生物群集[*43]と植物群系（一次林、二次林、サバンナ、など）は語彙のなかに見つかる確率がかなり高い概念である。同様に風景の地形的な要素、川、谷底、丘陵の斜面、岩壁など、でなければ砂浜、海底の沈泥、岩礁など。土質や岩石の類型にも同様に名称がある。

*43　**生物群集**　一定地域内に生育し生活するさまざまな生物の群れを、それらのあいだのさまざまな関係の全体をふくめて、群集と呼ぶ。

方向は地表で、川下－川上、高－低を定めることができる。しかしたいていは大気現象と天体に関連させて定められる。いろいろな風はその方位に対応する名称をもっている。星空での星のまとまり（星座）は、同じ星のまとまりのなか、あるいは月の斑点のなかにひとが識別できると信じている物と同じく[*44]、ある民族とほかの民族では異なっている。

＊44　**識別できると信じている物**　たとえば大熊座Ursa Majorは中国では北斗、北のひしゃく、北米ではBig Dipper大びしゃくだが、イギリスではPlough犂《すき》である。また日本でいう月中の兎と杵《きね》は西洋では『旧約聖書』にみえるカインと斧である。

空間の経験的観点のかたわらに、揺籠から墓場まで個人の活動を追跡して記述することから成る、時間の経験的観点がある。儀礼を記述するために民俗学者がしばしば用いるこの観点は、そっくり技術学で、先ず子供の遊びにより、次いで徒弟修業による、いろいろな技術の獲得をしめすために利用することができる。

時間的な調査のもうひとつの面は集団の活動の周期、大部分の狩猟者‐採取者集団における年周期と農業従事者集団における複数年周期（輪作）の研究である。この周期は天体と大気現象（モンスーン）によって同時に制御されて、風景のなかで大地に刻みつけられる。

この経験的調査においては、技術学とほかの民族学的諸科学との結びつきがとりわけ緊密であり、とくに語彙と口承文学（諺、コント、伝説）の収集でそうである。

Ⅱ　輸送と動力

5　繋駕具

ウシ科の動物とロバとラバ、二頭づつの繋駕具は、西アジアの農業発生地でその家畜化のあとに続いて現れた。それは一本の木の棒（〈頸木《くびき》〉*niru*）でできており、動物の頸の付け根（ガロ）にもたせて、その真ん中で二頭の動物の間にあるほかの木材、すなわち犂《アレル》か四輪車シャリオの梶棒に結えてある（前三五〇〇年）。

エジプトでは、逆に、ウシ科の動物にたいしてのみ利用した頸木を、動物の項《うなじ》にのせて角《つの》に縛った、つまり角頸木である。車はこの時代エジプトに知られていなかったので、犂《アレル》と橇《そり》にたいしてしか使用されなかった。

イランの北方、ユーラシア平原（ロシアと南シベリア）では、前二五〇〇年ごろ、インド－ヨーロッパ語諸民族が二頭用ガロ頸木をウマに適合させ、二輪車シャール、狩猟と戦争に利用する軽い車を繋駕するために、軽い頸帯を取り付けた。

軍隊の侵攻のおかげで、ウマは前二〇〇〇年ごろ肥沃な三日月地帯に、次いで前一七〇〇年ごろエジプトに導入されたが、そのことはまた車輪とシャールをもエジプト諸国にもたらした。最後に、それは同時期に中国に出現していた。

動物の背中で輸送するためには、一枚の毛布か絨毯を除けば、特別のどんな装置も用いていなかった。騎乗者は裸馬に乗った。荷物はどうかといえば、動物の背中に釣り合いをとって配置し、運搬人がそれを見張っていた。動物の背中に固定して荷物を載せるか吊るすかする木製の装置、〈荷鞍《にぐら》〉*bât* が現れたのは西暦すこし前にすぎない。荷鞍は、そのころアフリカに導入され、ラクダとヒトコブラクダの実用的な利用を可能にした。

中央アジアでは、鐙《あぶみ》を備えた荷鞍が鞍を誕生させ、それをフン族がヨーロッパに導入した（後三七五年）。番《つが》いによる繋駕か *brancards* ら個体の繋駕へと移行させたのは〈長柄〉*brancards* 付きの車が出現する（前五〇〇年頃）中国においてである。ウシ科の動物は一頭用のガロ頸木によって繋ぎ、ウマの方は胸前《むなさき》を通って長柄に結える幅広の帯、〈胸帯〉*bricole* で引っ張る。

ヨーロッパでは、長柄付きの車は後三〇〇年（イゲル〔Igel. ルクセンブルク公国の首都の東にある町〕の大建造物）からすでに出現していたが、胸帯は八〇〇年ごろにはじめて画かれる（アヘニ〔Ahenny. アイルランド東南部丘陵地帯の町〕の十字架、アイルランドで）。語彙の研究によれば、胸帯－長柄の一式はゴート族の時代（後二七五年）に東ヨーロッパに到来した。

ウマの繋駕具の堅い頸帯は同じく中国で、後五〇〇年ごろ、敦煌の壁画に見られるように、詰め物をした頸帯のうえに置く一頭用のガロ頸木から生まれる。それは八五一年に同じ場所に鮮明に表現されており、一〇〇〇年以降ヨーロッパに広まる。

6　近代繫駕法の起源について

車の地上牽引史においては、二つの地方が重要な役割を演じた——アジアの西南地方（イラン、インド）と東北地方（東シベリア、満州）。

西南アジアは農業の古代の中心である。そこではきわめて早くウシが家畜化される。発明された最初の車は犂《シャリュ》だった。その繫駕法は〈頸木〉*joug* と称す一本の木で頸を結ばれた〈二頭〉の動物（ウシかスイギュウかロバ）から成っていた。頸木の真ん中には、末端に土を浅く耕す刃先をつけた長い木、〈ビーム〉*age* の先端が括りつけてある。もっとのちには、水平軸に二輪を連結して、刃先の代わりに犂《シャリュ》（Charrue）を取り付けた。〈シャール〉*char* が発明されたのだ。シャールの梶棒はまぎれもなく犂《シャリュ》のビームである。

東北アジアは一年の大部分を氷と雪に覆われていて、移動に適した滑りやすい表面を提供している。運搬手段はここでは橇《そり》、〈二頭〉または〈何頭〉かの動物（イヌ、トナカイ）が、革の〈引き綱〉*traits* によって引っ張る木製の軽い枠組である。

ウマの家畜化と轡《くつわ》の発明は上述の二つの地方のあいだの中間地帯（おそらくは西シベリア）で生まれる。

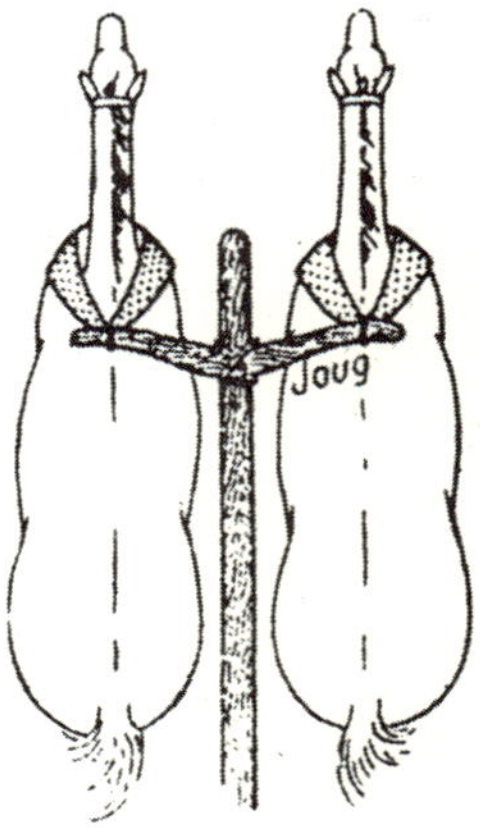

図 6-1　古代繋駕法

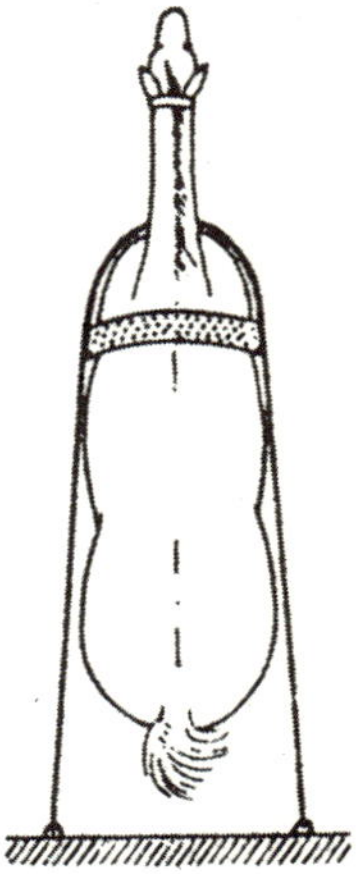

図 6-2　胸帯

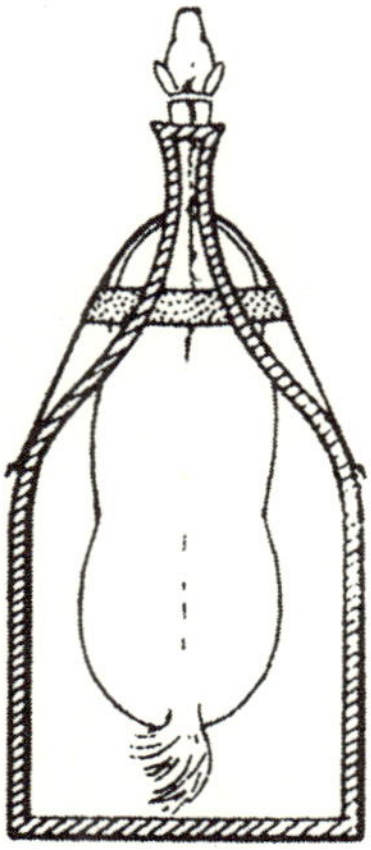

図 6-3　漢代の中国の繋駕法（二輪車）

ウマはその後牽引に使われており、西南の領域でもほかと同様だった。

ウマの解剖学的構造と気質はウシのようにきつく繋ぐことを許さず、頸木の負担を軽減して革の頸帯を頸に掛けなければならなかった。こうして獲得した繋駕法は少量の荷物の急速な輸送を可能にする。それはとりわけ軍事的な役割を担う。この馬用シャール（戦車）の発明は普通インド－ヨーロッパ語の一民族に帰せられており、この言語族の西南アジアとヨーロッパへの拡大もそういうふうに説明されている。ギリシア－ローマ文明はほかの事は知らなかった。

漢代の中国は前述のものとは似ていない運搬手段を持っていた。そこにはまったく独創的な二つの特徴が認められる。すなわち別の所では人による牽引（駕籠《かご》）に充てられているのに、〈たった一頭の〉ウマを両側から挟む、〈長柄〉*brancard*、そしてウマが長柄を引っ張るための、〈胸帯〉*bricole*。

この胸帯は、ベーリング海峡のアジア沿岸の民族、チ

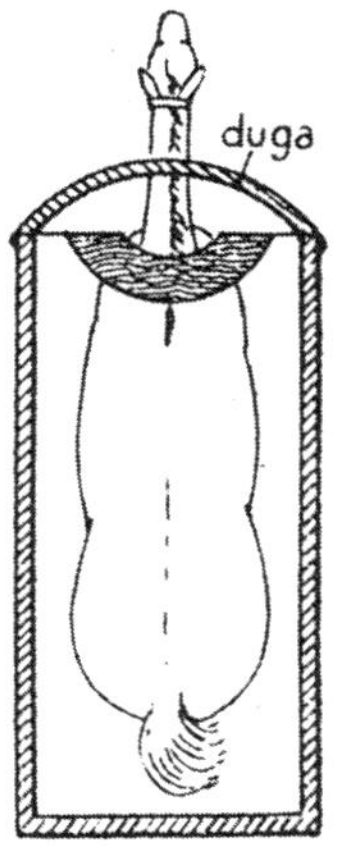

図6–4　今日のロシアの繋駕法（橇，四輪車）

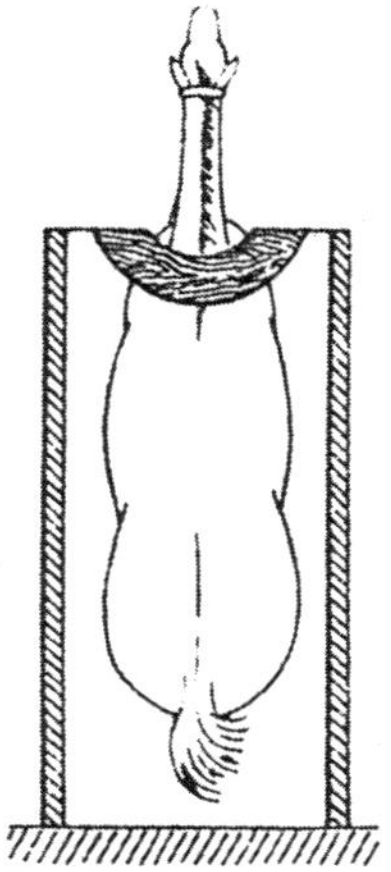

図6–5　今日のアジアの繋駕法（二輪車）

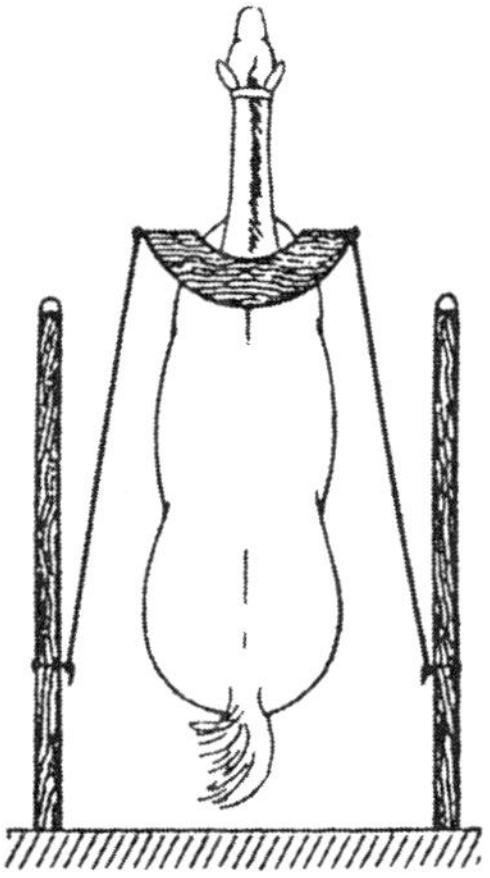

図6–6　今日のフランスの繋駕法（縦の二頭立ての可能性）

ユクチ族かルオラヴェトラン族の集団がイヌにたいして用いている胸帯に似ており、その民族は単一の言語族、すなわちツングース－満州語族によってしか、中国人と隔てられていない。だから東北アジアでは橇をイヌと同じやり方でウマに、すなわちウシのやり方でシャールを繋いでいた西洋よりもっと合理的なやり方で、繋いだ可能性が強い。

　チュルク－モンゴル族は〈フェルト〉で覆った〈木〉製の幌馬車の中で暮らしていると知れば、かれらが近代的な繋駕具の頸帯と鞍、すなわち〈フェルト〉を詰め物にした〈木製の〉物を発明したことは驚くにあたらない。これらの技術の発見が西南アジアとヨーロッパへのチュルク諸語の拡大に寄与したことも同様に本当らしく思われる。

　ルフェーヴル・デ・ノエッテ少佐にとっては、繋駕具の頸帯は西欧で十世紀に、胸帯は十二世紀に発明されたが、一方蹄鉄は西欧とビザンツで九世紀に同時に出現していた。つまりそこに、いきなり、急激な変化が生じていた、というのは初期の証言からすでに、頸木と堅い梶棒を引っ張る柔かい頸帯に代わって柔かい引き綱を引っ張る堅い頸帯に出会うからである。にもかかわらずR・ルフェーヴル・デ・ノエッテは近代繋駕法の「古い慣習の」型、たとえばロシア式繋駕法を提示する。すなわち「十六世紀には、ロシアの記録に〈ドゥガ〉が出現するのに気づく。弾力性のある一種のアーチであり、ガロの上を通って片方の長柄からもう片方の長柄へ渡し、引き綱の代用をする短くて細い帯を、一方では近代的な盾の頸帯に、他方では長柄に、結びつけてある。ロシア特有の、この馬具の部品はその有用性が疑わしいにもかかわらず、今日もまだ日常的に使われている」、と（Lefebvre des Noëttes, 1931, t. 1: 127）。最後の指摘は、正確な記述にもかかわらず、著者がこの繋駕法の本質的な特徴、すなわち〈長柄の両端による牽引〉を見落としていたことをしめしている。

しかしながらこの牽引法は中央アジア全体に、中国にまで広まっている（Ibid., t. 2, fig. 133）。そこでは長柄が車体と緊密に結びついた二輪車が問題である。長柄の先端と頸帯のあいだには帯をぴんと張る。この牽引法を長柄に連結されている橇か四輪車に適用するならば、帯を頸帯と長柄の先端のあいだにぴんと張ったとき、長柄が近づくのを妨げるために〈ドゥガ〉を使用しなければならない。

わが国では、逆に、はるかに長い引き綱が、〈長柄の付け根〉とか、あるいは〈パロニエ〉*palonnier*、すなわち中央を運搬手段に引っ掛けてある一本の可動木の両端に結びつけてある。

わが国の繋駕法には同じ車を牽引するのに頸帯を備えたウマを何頭も利用できる利点がある。たとえば、長柄の間にいるウマはその引き綱が長柄の付け根に結んであるので、こんどは、引き綱が長柄の先端に結んである第二の馬を、前に置くことができる。パロニエは頸帯を備えた任意の数のウマを、横並びと、縦並びに、繋ぐことを可能にするのである。

ロシア―アジア式繋駕法には張った引き綱の横の弾力性のおかげで馬の力を最もうまく利用するという利点がある。しかしこの方法では運搬手段に一頭のウマしか繋ぐことができない。たとえば、トロイカの繋駕では、長柄の間にいる、真ん中のウマだけが頸帯と張った引き綱をつけている。左右のウマは単に胸帯を備えているだけである。

だから二種の「近代繋駕法」がある。いちばん古いのはどちらか。

ここにまず明白な事実がある。すなわち近代的な頸帯を指すスラブ祖語の語がある。それはロシア語では *khomut*、ポーランド語では *Chomât*、チェコ語では *chomout*、ソルブ語では *chomōt*、スロバキア語では *chomot*、ブルガリア語では *khomut* である。この語は限定的である。それは頸木も他の頸帯も指さず、ほかの語から導かれたのでもない。それはリトアニア語では *kamantái*、そしてドイツ語では *chomat*（古代高地ドイツ語）、*kummet* 近代高地ドイツ語）と同じ意味で通用する。

英語には同じく限定的な語 *hames*（単数は頸帯を構成する二本の木のそれぞれを指し、べつに曲がり棒ともいう）がある。この語は低地ドイツ語から借用されている（オランダ語 *haam*、ウェストファーレン語 *ham*、ラインラント語 *hame*）。それは土着語であるとは思えない、というのはスロベニア語に、その限定された意味をもつ *ham* が見つかるからである。それは高地ドイツ語方言には動物の頸帯の意味で姿を見せる、*kamme, kuhkam*(1)。最後にときには牽引用馬具全体を指す類似の語に、チェコ語の *chámy*(2)、ウクライナ語の khamy、マジャール語の hám、ルーマニア語の ham（その最近の言い方には *cál de ham* ＝輓馬《ばんば》、*cal bun de ham* ＝引く力の強い馬）。ブルガリア語では、同じ意味で *khomut*。

これらの語がスラブ語から八世紀以後に借用されたことは議論の余地がないと思われる、ドイツ方言がすでに差異をしめしていたその時、スラブ語の*kh*は低地ドイツ語では*h*に、高地ドイツ語では*k*になるのだから。

蹄鉄の名称*padkova*もやはりスラブ祖語であり、語源は明白である、つまり「鍛冶屋の手伝い」。それを借用したのがマジャール語の*patkó*、ルーマニア語の*potcoavă*、リトアニア語の*patkava*、それにアルバニア語の*pofkua, poktua*。馬具のほかの部品にもやはり特徴的なものはない。それでも、たとえば、ルーマニア語はスラブ語から長柄の名称*hulkbă*（holobla、ウクライナ語）、梶棒の*oiște*（*ojište*、ブルガリア語）、それに引き綱の*šleaï*（szla、ポーランド語）を借りた。ただ、ルーマニア語では、パロニエの名称—*oršic, orcic*だけはドイツ語（*ortscheit*）であり、ほかの言語と同じくポーランド語では*orszyk*。このことはその西方起源を裏付けている。

スラブ人はその拡大以前に長柄のウマを頸帯で、ほかのウマを胸帯で繋ぎ、そのウマに蹄鉄を打っていたように見える。近隣の西方諸民族へのこの技術的優越はおそらく、紀元六世紀の間にハンブルクへ、トリエステへ、さらにはサロニカへとかれらを導いた、急速な拡大と無関係ではないだろう。

しかしすでに指摘したように、長柄による牽引はスラブ人に特有ではない。漢代以来中国人は、二本の長柄を取り付ける胸帯を備えた、それぞれ一頭のウマによって引っ張るシャールを有していたことを、ルフェーヴル・デ・ノエッテ少佐が明らかにしている。ところで、その当時、中国人の近隣民族には、三五七年に東欧に出現して、一世紀あまりのあいだスラブ人の傍か真ん中に居を定めるフン族が存在していた。

ところでひとつの問いが生まれる。堅い頸帯はスラブ人によって発明されたのか、それともチュルク－モンゴル諸族によってか。

モンゴル語での頸帯の名称は、*hom, khom* である。この語はまた「フタコブラクダの荷鞍の下に置く敷物」をも意味する（Kowalewski, 1849）。アルタイ語では、*kom* はやはり二つの意味を持っているが、一方カザフ語では、*kom* はラクダにしか適用されない。チベット語では、*hom* は〈ラクダの積荷の下に置かれた敷物〉を意味する。最後に、満州語では、*komo* はラクダの敷物であり、一方 *komo-lombi* は、「ラクダに敷物を置くこと。ウマが擦《こす》れて皮がむけるのを防ぐために、鞍に留めた紐で縛ったフェルトかほかの布切れを、鞍の両側に置くこと」を意味する（Amiot, 1789-1790）。

頸帯の名称はタタール語では *komyt*、チュヴァシュ語では *khomyt* である。これらの語は、スラブ語の *khomŏt, khomut* のように、モンゴル語の *khōm* の複数形にほかならず、その複数形は *khomud* である（対称的で可動な二つの部分から成る物の複数形。同様に、ciseaux はさみ、culottes 半ずぼん、いま扱っている物にかんしては、英語の hames 頸帯の棒）。

同様に頸帯の起源もある、中国式胸帯に適合させたラクダの装具の部品がそれである。そして英語とドイツ語のその今日の名称の語源が明らかになる、

khōm（モンゴル語）、*khām*（スラブ語）、*hām*（低地ドイツ語）、*hame*（英語）。*khomud*（モンゴル語）、

khomŏt（スラブ祖語）、*chomat*（古代高地ドイツ語）、*kummet, kumt*（ドイツ語）。

さらに、蹄鉄はタタール語とチュヴァシュ語とマリ語では *tahan*、モンゴル語では *takhan* といい、それはまた「氷に覆われた山に登るために短靴の下に着ける鉄のスパイクを備えた、スケート靴の一種」を意味

する。また満州語の語、*tahan* もあり、「男と女の短靴に釘で打ちつける木の靴底の一種。水を渡るのに役立つ木靴の一種で、ほとんど蹄鉄のように作られている」ものを意味する。たしかに、蹄鉄(fer à cheveaux 馬鉄)の起源に先立ち、まず最初に人鉄(fer à homme)を眼の当りにしているようだ。

最後に、たいてい牽引に使われた去勢ウマは、ロシア語では *merin* と呼ばれ、モンゴル語ではウマの習慣化した名称が morin、また満州語でも morin である。反対に、ロシアではウマの習慣的な名称(*loŝadi*)はチュヴァシュ語での去勢ウマの名称、*laša* に、さらにタタール語、カザフ語、マリ語、モルドビン語、アブハズ語での *alaša* にたいへん似ている。一方満州語では、*alašan* は「太い脚を持つ、ひどくのろまな悪いウマ」を意味する。

たび重なる「蛮族の侵入」ののち、カロリング朝ヨーロッパ(七五一―九八七)における繋駕用具の鐙と鞍と蹄鉄装着と頸帯のほとんど同時的な出現は単なる偶然の一致ではない。ルフェーヴル・デ・ノエッテ少佐は鐙のアジア起源を認め、鞍もそうと認めているようだが、しかしそれは図像学的証拠に依拠しているにすぎない。論理学と文献学は頸帯と蹄鉄装着にかんして同じ結果に導くことをここで明らかにしたと考える。

東アジアとヨーロッパのあいだに居住可能な平原が続いているおかげで、フン族はその繋駕具をカルパチア山脈(中欧)の麓まで持って行くことができた。南へ拡大するさいには同様ではなかった。というのはそこでは、砂漠を避けると、山岳に突き当たるためである。ヘフタリテス(不詳)によれば、フン族が四八五年にインドに到達したとき、かれらは鞍と鐙と蹄鉄しか携えていなかった。おそらくその時アラブ人は、のちにその拡大を助けたこの三種の物を借用したのである。

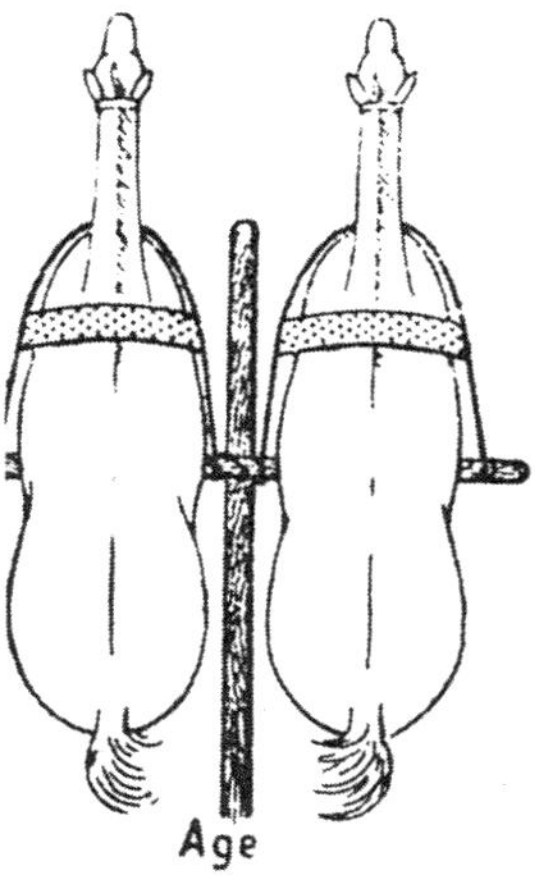

図6−7　今日のベルベル人の繋駕法（犂《シャリュ》）

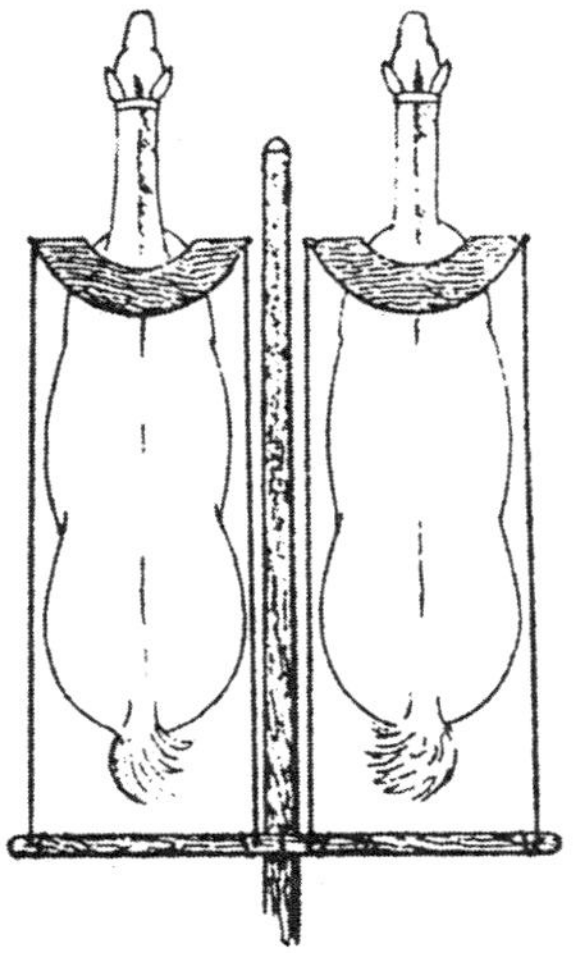

図6−8　初期のパロニエによる繋駕法（12世紀）

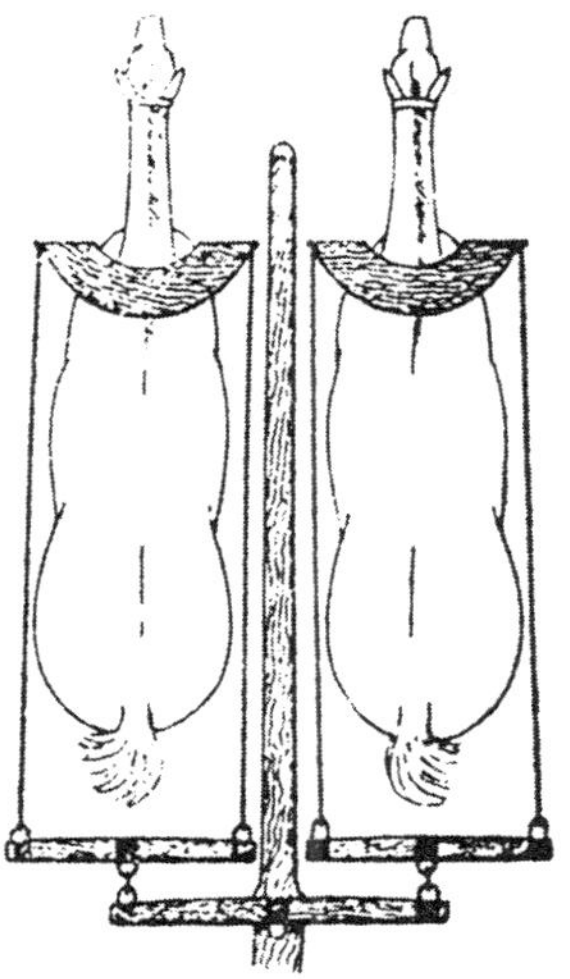

図6−9　パロニエによる今日の繋駕法

それにヨーロッパでもやはり、騎馬術は繋駕馬術よりもはるかに急速に広まった、というのは第二の技術が商業と農業にとってしか重要でないのに、第一の技術は軍事的役割を担うからである。ゲルマン人は六世紀からすでに鞍を借用していて、だからその語はアングロ－サクソン語に存在しており、すなわち *sadol*（英語 *saddle*、古代高地ドイツ語 *satul*、新しい近代高地ドイツ語 *sattel*）はスラブ語の *sēdlo*、椅子と鞍、から来ている。フランス語の語〈鐙《あぶみ》〉*étrier*（古代フランス語 *estrieu*）はゲルマン語の語（アングロ－サクソン語 *stige-ráp*、英語 *stirrup*）から来ており、「登るための綱」を意味する。

東欧はだから数世紀（五―九世紀）のあいだ近代繋駕法を独占していた。陸上貿易の発展は結果的にバルト海の海上貿易に、そしてそれによって、ノルマン人の拡大に有利にはたらかずにはいなかった。農業もまたそこから利益をえた。ロシア式犂《シャリュ》、*sokha*、は二本の長柄を備え、ドゥガによって一頭のウマが引っ張る。

その当時西洋が当面した問題は頸木を伴う古代運搬手段に近代繋駕法を適用することだった。この頸木はその当時までウマの背中にあった。ところが近代繋駕法は牽引部位が頸より低いという条件でしか機能しない。頸木を低くするやり方は三通りあった。まず〈動物の雨〉、頸の下、胸前《むなさき》の高さにそれを配置することができた。[3] 次に、〈動物の下〉、前脚と後脚の間に置くことができた。[4] 最後に、〈動物の後〉に配置することができた。

この最後の解決法が西北ヨーロッパにおいて採用された。すなわち頸木は後脚の飛節（膝関節）の高さにまで後退して〈パロニエ〉となった。そこにはだからまだウマが引く梶棒付きの車とビームを持つ犂《シャリュ》が維持されている。パロニエ付きの繋駕具を日常的に使っているのは長い間北海と英仏海峡沿いの平原にとどまっている。それはおそらくこの地方が、とりわけネーデルランドが、十二世紀以来たどっている経済的発展と無関係ではない。[5]

つまるところ、この領域にかんして、そして前方のアジアやインドと比べて、ヨーロッパが幸運だったのは、移動技術の改良の中心地たる、広大なアジア平原の天然の終着点に存在していたことである。

原注

（1）この地方ではウシ科の動物に頸帯を使用する。『フランス百科辞典』、第七巻『人類』、分冊7—24—8、を見よ。

（2）語末の音綴 *y* は複数の標識。

(3) たとえば、ランド地方の繋駕具(Lefebvre des Noëttes, 1931 を見よ)。

(4) たとえば、腹の下を通る帯に結んだ棒を用いるベルベル人の繋駕具(Laoust, 1920 を見よ)。

(5) Ch. Parain さんの示教によれば、イタリア半島では胸帯をずっと日常的に用いつづけている。それはだから〈以前に〉浸透していたのである。フン族が三七五年にゴート族を打ち負かしたとき、東ゴート族は四八〇年までフン族とともにとどまって、イタリアに来て居を定めた。イタリアはだから胸帯――「近代的な繋駕具」――を隣国よりも少くとも三世紀早く所有した。そのことは、近隣地方より同様に数世紀先んじていた、この国の経済的発展と無関係ではない。

7 〈ドゥガ〉の起源

〈ドゥガ〉の起源、ウマのロシア式繋駕法で二本の長柄を一つに結合する彎曲した木材の起源は、動物牽引史上の重要問題のひとつである。クスタ・ヴィルクーナ（Kustaa Vilkuna（1935））はこの主題の技術学的・言語学的研究を提出している。それによれば、バルト海沿岸とヴォルガ川流域のフィンランド語集団と大ロシア語集団に局地化しているが、この物は特有の名称を持たない。西方の名称（スウェーデン語 *loka*。フィンランド語 *luokka*、呼格 *lokka*。エストニア語 *look*、現用 *luka*、到格 lo'ks）は等しくあらゆる種類の物を意味し、フィンランド語の場合と同じく、ラウリ・ハクリネン[*1]が説明した意味進化によって、等級を意味するにいたり、しかも弓というスラブ語の名称に由来する、と。

＊1 ラウリ・ハクリネン Lauri Hakulinen（1899-1985）. フィンランドの言語学者。フィンランド語の語彙や意味変化を研究。

だからV・V・スターソフが一八七七年の時点で述べた仮設とすこしも違わない。それに従えばこのロシア式繋駕用具はスラブ起源ではなく、フィンランド起源なのである。もっと従うわけにゆかないのはK・ヴィルクーナが、〈ドゥガ〉と長柄の間のウマとによる牽引をフィンランド人の「発明」（*Erfindung*）と述べるときである。われわれの見解では、それは方法上の誤りを犯している。そもそも技術学的分析が不十分である。この繋駕法のなかで需要なのは〈ドゥガ〉と長柄だけではなく、胸帯も同様である（中世初期にヨーロッパに出現したこの謎の胸帯の起源についてフィン－ウゴル諸語の文献がどう指示しているかを知りたかった）。その後、ある考古学的研究（Lefebvre des Noëttes, 1931）が、近代的な胸帯を採用する以前は、ユーラシア平原でのウマの繋駕法は先端を一本の木で一つに結合した二本の長柄から成っていたことを明らかにしていた（イゲルのガロ－ロマン[*2]の浮き彫り、漢代の中国の浮き彫り）。最後に、ある民族誌的研究がこの繋駕法は極東の起源であると指摘していた。

＊2　ガロ－ロマン　紀元前一世紀から後五世紀までガリアの地に開花した文明。時代はカエサルのガリア征服からフランク王国の成立までにあたる。

確かに、ウシの繋駕法がウマの繋駕法に先行したことを肯定する点については、すべてのひとが一致している。ところで、古代以来、中国人は二本の長柄に固定した一頭用の頸木でウシを繋いでいる。〈ドゥガ〉の先祖はこの頸木である。

長柄とときには頸木が綱か帯に取って代わっている農具の牽引ですら、中国人と朝鮮人とトンキンの安南人は今日ももっぱら一頭のウシを使用している。インドとヨーロッパでのように、単一の梶棒を引っ張る二頭立てのウシ科の動物、ウマの「古代的な」繋駕の起源である繋駕法を見かけるのは、コーチシナ（現在の南ベトナム）、チベット、トルキスタンだけである。

8　近代繋駕法への照明

マルク・ブロックが、わたしに貴重な励ましであった好意をもって、わたしの最初の論文を(1)『年報《アナール》』誌の読者に紹介してくださって間もなく十年になる。わたしはそれを偲んでその最初の仕事にたいしていまでは認めている誤りをここに告白し、あわせて補足する情報をいくつか提供しなければならない。

近代繋駕法の起源はたしかに極東で探さなければならないが、それは牛の中国式繋駕法であって(2)、それを着想させた犬のチュクチ式繋駕法ではない。チュクチ人は漸進的な人びとであり、犬に近代繋駕法を採用した。その近い親族、カムチャダール人は、逆に、たいへん初歩的な犬の繋駕法に固執した。

アジア式近代繋駕法、すなわち頸帯を革帯の輪で長柄の先端に繋ぐ繋駕法は、フランスにも存在した。それは十九世紀に、ジュラ県で大渓谷の繋駕法の名の下に知られていた。頸帯の名称は〈体刑執行人〉*bourreau*（*bourrel*）、革帯の輪の名称は〈手錠〉*mancelle*(3) である。また南ロレーヌの俚言（方言の下位区分）とフランシュ－コンテ方言とフランコ－プロヴァンス語の中にも生きていて、これらの語はアジア式繋駕法がドナウ川とライン川の渓谷を通って到来したことを証言している。

この繋駕法は長柄付きの運搬手段に特殊化されたままである。この地方では、耕作にはずっと牛が使われた。〈体刑執行人〉は、動物を痛めつけたりしなければ、たいへんぴったり合った言いまわしに違いなく、だからフランス語ではこの語は隠喩的な意味に捉えられていることに注意しよう。なんと頸帯製造業者はいまだに〈体刑執行人〉*bourrelier*（革製馬具職人）なのである。

ピカルディー地方（フランス北部）とワロン地方（ベルギー東南部）では、長柄の付け根かパロニエに繋ぐ引き綱を備えた、正真正銘の近代繋駕具はたいへん遅く出現した。頸帯はここでは*goreau*[*1]（*goherel*）と呼ばれ、そして革製馬具職人は*gorelier*[4]である。この繋駕法は前のとは違って、犂《シャリュ》と梶棒付きの運搬手段を引っ張ることが、したがって農作業のなかでウマを使うことが可能になる。

＊1 ***goreau*** フランス語のgoreauはcollier（頸帯）の古い形である。なお英語のcollarの古い形はgorelであった。

他方、頸帯のドイツ語とスラブ語の名称はチュルク語の語*qom, qomyt*から来ており、わたしが想像していたような、モンゴル語からではない。語頭の*q*が、*k*とは異なり、モンゴル語とスラブ語での*kh*への移行を説明する[5]。だから*qomyt*は*qom*のモンゴル語の複数ではなく、チュルク語の派生語である。スラブ語の範囲外では、この語はフィンランド語に*hamut*[6]、レト－ロマン語[*2]に*comat*、ヴェネツィア語に*comachio*が見つかる（Jabeg et Jud, 1928-1940, t. 6, carte 1239）。わたしは高地ドイツ語方言の語*kamme*にかんして誤りを犯していた（Haudricourt, 1936: 518）。それは鐘を吊るす牝ウシの頸帯を指しており、繋駕法とはなんの関係もない。

＊2 **レト－ロマン語**（rhéto-roman）東スイス（古代のRhétie）とイタリアの北部で話されるロマンス語方

言の一グループを言う。

しかし頸帯はウマを繋ぐ唯一の近代的なやり方ではなく、同様に胸帯もある。中国で、胸帯は最初に出現するが、次の理由によりそれはヨーロッパでも同じだとわたしは考える。

第一に、技術学的観点から、近代繋駕用具の尻帯《とうたい》（すなわち尻廻し）は、逆向きに取り付けた胸帯として、胸前に渡して支える代わりに臀部に渡して支えていると見なさなければならない。次に、木の長柄を革の引き綱に置き換えて、アジア式繋駕法からヨーロッパ式繋駕法への移行を可能にする、革の胸帯の存在である。それだから、同じ技術用語が同時に胸帯と尻帯と引き綱を指示できるということが理解される。その技術用語が次の言語のなかに見つかる。すなわちロシア語 *sleia*、ポーランド語 *szla*、チェコ語 *sle*、ルーマニア語 *sleau*、リトアニア語 *slejai*、ラトヴィア語 *slejas*、これらの語からスラブ祖語 *sile* を復元することが可能である。この語は現代ドイツ語諸方言のなかに、古代高地ドイツ語 *silo* から来た、*Siele, Sill* の形で見つかる。フィンランド語では、牽引馬具全体が *silat*（*t* は複数記号）と呼ばれる。

フィンランド語とスラブ語とゲルマン語のその三つの語は、大侵入と同時代の、古い借用を証言している。胸帯が頸帯と同時に東欧に到来しているとすれば、それはきわめて速やかに普及している。この胸帯を意味する語 bricole はなにも教えてくれない、というのはそれは弾丸を投射する器械を指しているからである。繋駕の方法の意味にそれが置き換えられるのは、共通言語のなかで、よく似た語尾類音をもつロレーヌ方言の語 *warcole* によってである。ムーズ県（ヴィニョル、シャタンクール、ブリヨン、ドンブラ）、オーブ県（クレルヴォ）、ムルト－エ－モゼール県（アラン－オ－ブフ）のいくつかの村では、胸帯と尻帯と引き綱は

warcole と呼ばれており、メッスとアルゴンヌ地方の間では、革製馬具職人が *warcolier* であり（語の範囲はローマ式屋根瓦の範囲とほぼ一致する）、*w* はゲルマン語起源をしめす。(7)

だから次のように考えることができるだろう。近代繋駕法はメロヴィンガ時代に、*warcole* の形で、フランスに到来する。次いで、カロリンガ時代に頸帯が二つの道を通って到来する。すなわち南には、長柄を引っ張って、(8) それが *bourrel* である。北には、引き綱を引っ張って、それが *goherel* である。二つの道はパリの近くで合流し、その道のあいだに、*warcole* を平屋根とまったく同じように保存しているか遅れた地域、ロレーヌ平原とそのシャンパーニュ境界地域が残されている。

原注

（1）「近代繋駕法の起源について」1936, p. 516, fig. 3（本書第6章、図6―3）は不正確であり、長柄は平行である。Lefebvre des Noëttes, t. I: 108, t. II, fig. 1221-125、および Larousse du XXe siecle, Voitures, pl. I, fig. 17, 18 を見よ。

（2）わたしは「〈ドゥガ〉の起源」（1940d）（本書第7章）のなかで指示しておいた。

（3）Odin（1910）: borei; Duraffour（1923）: mansèla; Boillot（1910）: prognant; Varlet（1896）: mancelle; O. Bloch（1914）, carte 198.

（4）Haust（1933）: goré; Cochet（1933）: goreo; Gillieron et Edmont（1902-1910, t. 2, fasc. 7）: carte 309; Bruneau（1914）: collier（p. 197）, bourrelier（p. 110）; Haigneré（1901, Vocabulaire, p. 304）: gourlier。オランダでは: *Carrel*. Godefruy はその *Dictionnaire*（1881-1902）のなかで、項目「goherel」に、不正確な意味、革紐、軛、をあたえているが、それでも隠喩的な意味の興味深い例。

（5）わたしはこの厳密さをジャン・デニさんに負っている。

（6） 頸帯のフィンランド語の別の名称 *länki* は、胸帯のラトヴィア語の名称 *lenčes* から借用している。

（7） この語はピカルディー地方にあり、頸のようなものを指す（Godefroy（1881-1902））：valcole。ロレーヌ方言の意味にかんしては、Varlet（1896）：ouarcole、Baudouin（1887）：varcole、Adam（1881）：warcol。逆に、zéliqzon（1922-1924）のほうは wercol ウマの頸帯。ローマ式瓦の範囲は、Violet（1936）に。

（8） 本来の用語は、担架を意味する *brancard* でなくて、ゲルマン語から来たにちがいない *limon* であり、アイスランド語 *limar*（枝）、英語 limmer, limber（長柄）、最後の *on* は *timon*（梶棒）に負っている。梶棒のイタリア語の名称 *stanga* はたしかにゲルマン語である（ドイツ語 *Stange*）。

9　車の地理学と民族学への寄与

技術学、民族学、考古学、言語学が人文地理学と樹立しなければならない関係を理解するために、ひとつの実例、車をとりあげよう。

物の技術学的な検討からはじめるが、それには物を記述し再現してそれがどんなやり方で作られるかをしめさなければならない。しかし技術学の研究の最終目的は寸法入り見取り図ではない、というのは技術学は機械の科学でも物理学でもなく、人文科学だからである。物は人間の労働の所産であり、人間の労働は一連の運動である、だからひとつの技術は伝統的な筋肉運動（すなわち自然でも本能的でもない運動）のひとつの方式である。そして技術の観点から物を検討すること、それはまずいくつかあるその方式のなかにその占める場所を見出すことであり、次に製作された物はどのようにして、しかもどんな装置を通してその機能を果たすかを説明することである。

というのも、一つの物はすくなくとも二つの技術、つまり製作の技術と利用の技術につねに結びついているからである。

車が問題なのだから、その技術学的研究のこの二つの側面を順番に取り上げることにする。

製作

農民のシャレト〔長柄付き二輪車〕か肥料運搬車を、世代から世代へと伝えられるいくつかの身振りにしたがって製作するのは車大工、村の職人である。この職人たちは、木を加工して数千年の間過ごしている、皮を剝いだ小枝と四角に切り出して組み立てる木をそれで緊縛する技術をもつ、車大工の大家族のなかに順番に身を置いているに違いない。木で製作されるあらゆる物が――車、橇、犂《シャリュ》、舟、それに家の骨組と屋根組でさえ――この技術の進化にあずかっている。したがって車の歴史的進化は、それもやはり、これらの物の歴史的進化のなかに置き直さなければならない。

利用

万人が車を利用するすべを心得ているとはいえ、その利用を、すなわち車はどのようにして荷物の〈保持〉と〈移動〉から成る輸送という役割を果たすかを、技術学的に研究しようとする著者は少ない。

人間が荷物を自分自身で運ぶとき、重荷の保持と移動は民族によって異なる伝統的な運動〔頭の上、肩の上などでの荷運び〕によって確保される。次いで荷物を保持するために運搬手段が人間の代りをし、人間に代わって動物が移動を確保した。

車がその二重の機能を果たすことを可能にする装置の全体を――そこに繫駕装置をも含めて――順番に検討してゆこう。

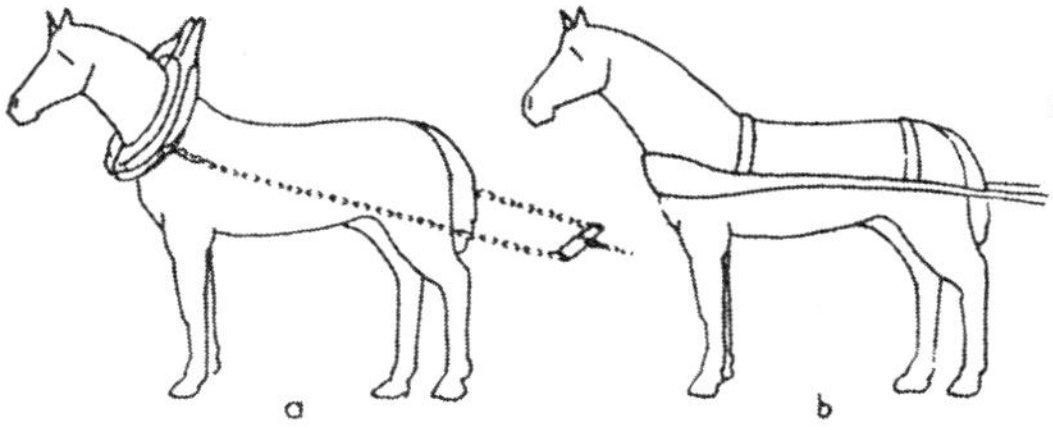

図 9-1　牽引（a, b）と保持（c）の器具

a）ヨーロッパの肩の頸帯と引き綱とパロニエ。b）胸帯。c）長柄を保持する背帯。

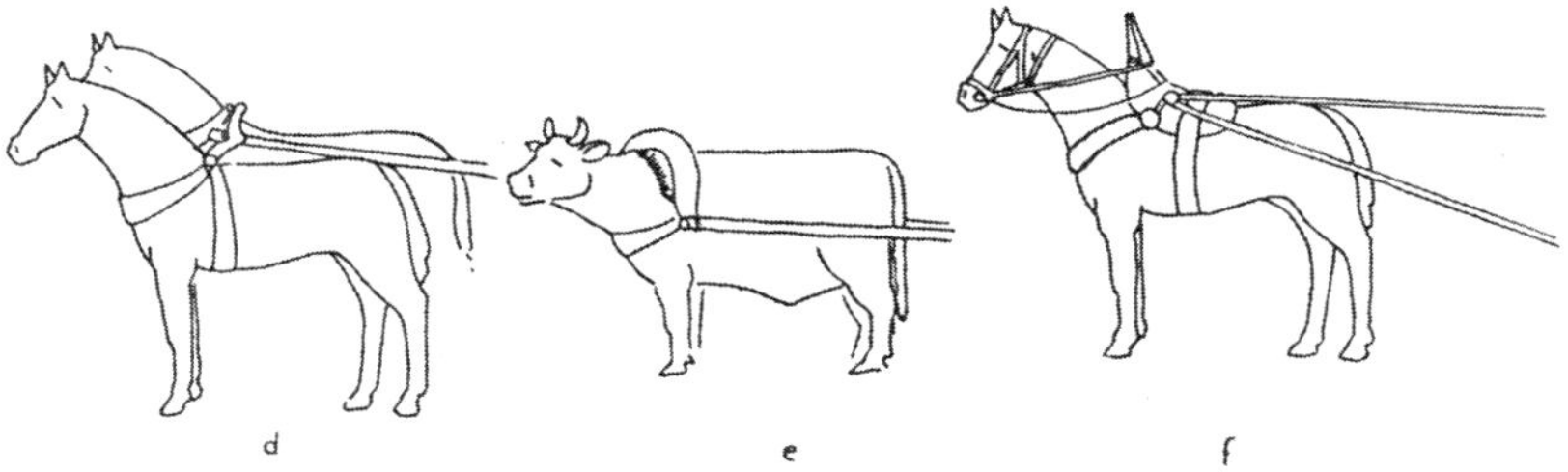

図 9-2　牽引と保持と後退の複合器具（d, e, f）

d）軛と梶棒（馬の古代繋駕法）。e）1頭用軛と長柄（牛の極東の繋駕法）。f）馬のインド人の繋駕法（長柄掛けによる牽引）。（Grierson, 1926. による。）

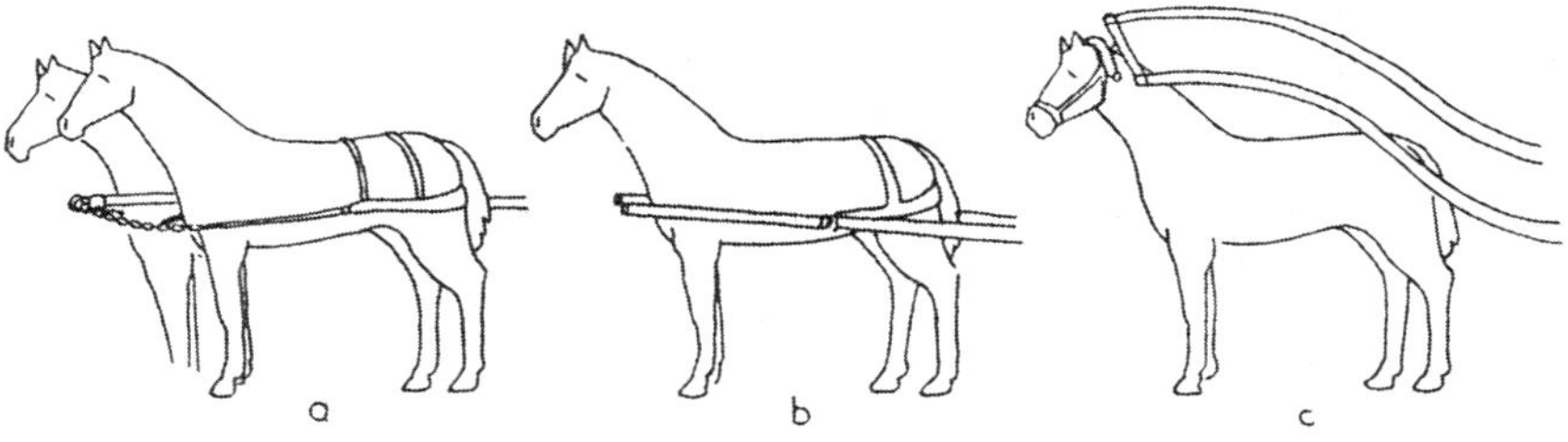

図 9-3　後退の器具

a）尻帯と梶棒（ヨーロッパ）。b）尻帯と長柄。c）1頭用軛と長柄（古代中国の繋駕法）。

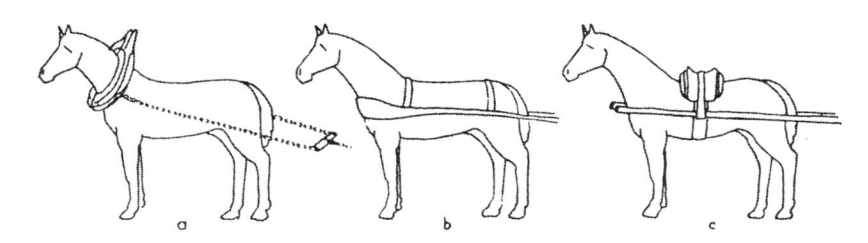

保持装置

重荷の保持装置（重荷は台の上か箱の中に置かれる）、それは主として車の車輪である。三輪か四輪あれば車は安定する。二輪しか、あるいは一輪しかなければ、車は不安定であり、そのときは二種類の安定化器具を必要とする。一種類は停止用。すなわち手押し一輪車の脚、あるいはシャレトの車支え。もう一種類は移動用。すなわち一輪手押し車の柄、あるいは二頭用頸木で支える梶棒（図9—2・d）あるいはまたウマの小鞍の上に渡した長柄掛けによってか（図9—1・c）、それともウシのガロの上に渡した二頭用頸木の両端によって（図9—2・e）保持する長柄。無輪の運搬手段のなかで、橇は安定しているが、しかし運搬者席は、運転中、全体がその両長柄によって支えられている。

移動装置

移動は三種類に区別することができる、すなわち前へ、後へ、旋回して左または右へ。

前へ移動するための牽引器具には次のものが含まれる。

——輓く動物が一頭しかいないときは、一頭用の頸木（図9—2・e）か肩の頸帯（図9—1・a）、あるいは二本の引き綱か二本の長柄を引っ張る胸前《むなさき》の胸帯（図9—1・b）。

——動物が二頭いるときは横に並んで引っ張るか、でなければ第三のパロニエ、可動木に連結した二本のパロニエを使って前方の装置を利用するか、でなければ二頭用頸木が梶棒を引っ張る（図9—2・d）。

後へ移動するための後退の器具は、二頭用頸木（図9—2・d）か一頭用頸木（図9—2・eと図9—3・

c）、もしくは長柄か（図9―3・b）梶棒（図9―3・a）を引っ張る尻帯から成っている。

これが車の「機能」研究の粗描である。生理学者が生物のさまざまな器官を研究するように、ここでさまざまな機能に対応させながら器具を考察した。車の基本的な機能を研究したあとは、商業と農業のなかで車が果たす役割を（博物学者が生物の生態学を研究するように）調査し、輸送する物次第でかくもいろいろに変化する車体の装置を説明し、それによって物をその利用環境のなかに置き直さなければならない。

シャリオとシャールとシャレト

車は車輪によって他の運搬手段と区別される。だから車がまず車輪の数（二輪車、四輪車）にしたがい車輪の性質（スポーク車輪、平板車輪）にしたがって分類されたのは驚くにあたらない。

しかし、車には、ほかにも考慮すべき重要な構成要素があることをいま見たばかりである。そこで保持装置だけにこだわるとしても、車を三つの型に分類することができ、それを特徴づけるのを助けてくれるのは今日の用語である――

――〈シャリオ〉*chariot*、すなわち四輪車（もともとは一本の梶棒付き、のちに二本の長柄付き）。

――〈シャール〉*char*、すなわち二輪車で一本の梶棒付き。

――〈シャレト〉*charrette*、すなわち二輪車で二本の長柄付き。

車のこの三つの型の歴史と地理的分布を、もっと多くの専門分野（民族学、考古学、言語）に順次助け求めながら、考察してゆこう。

シャリオの二重起源

P・デフォンテーヌ（Deffontaines, 1932）とR・カポ－レー（Capot-Rey, 1946）は、四輪車と二輪車の今日の分布を説明しようとするにはまず歴史的に問題を立てて、もっとも古い型の運搬はどれであったかを決定する必要がある、と正確に理解した。P・デフォンテーヌは考古学を調べて、それは西暦紀元前九世紀以降のシュメールの資料によって証明されている四輪車である、と答える。

この結論が有効であるためには、すべてのシャリオ、すなわちすべての四輪車が、ひとつの共通の起源をもち、すべて一方が他方から出ていること、すなわち古生物学でいうような単一の「門」とみなされることが必要である。ところが技術学的観点から見てそれは正確でないようにわたしには思われる。

最古のシャリオは、たんにシュメールとエジプトの資料[1]によってのみならず、近東と地中海地方で発見された焼き物と青銅器（**図9―4**）によっても知られている。この後者は実際には三輪か四輪を備えた橇である。つまりその当時ここでどんなふうに、ある場合に、シャリオが橇から生まれることができたかが分かる。

この硬い構造の（すなわち今日の子供の車の場合でそうであるように、二つの前輪を二つの後輪に関連させて構成していない）四輪車の実際の使用は、未解決のある問題を提起する、すなわちこれらの車はどのようにそれを旋回させることができたか。カデシュの戦い[*1]ではそれを貨物シャリオとして用いているのが見てとれるが（エジプトの浮き彫り）、しかしほとんどの場合、それは行列のためにしか引き出されない、儀礼用のシャリオである（Forrer, 1932）。

＊1　カデシュ　古代シリアの都市。その城下でラメセス二世がヒッタイト軍と激しい戦闘を交えて（紀元前一

図 9-4　メリダ（スペイン）で発見された青銅製品
ラ・テーヌ時代（長さ 280mm）原物はサン・ジェルマン・アン・レイ博物館。

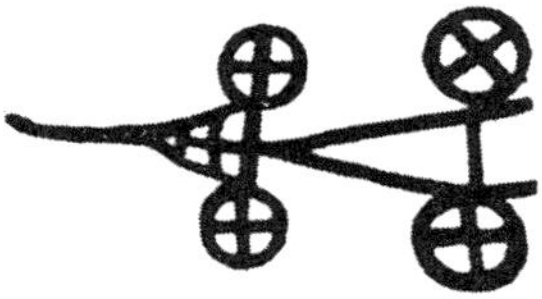

図 9-5　ランゴン（スウェーデン）の岩壁に彫られた，梶棒付きシャリオ
（Berg, 1935, pl. 26, fig. 2 による。）青銅器時代（？）。

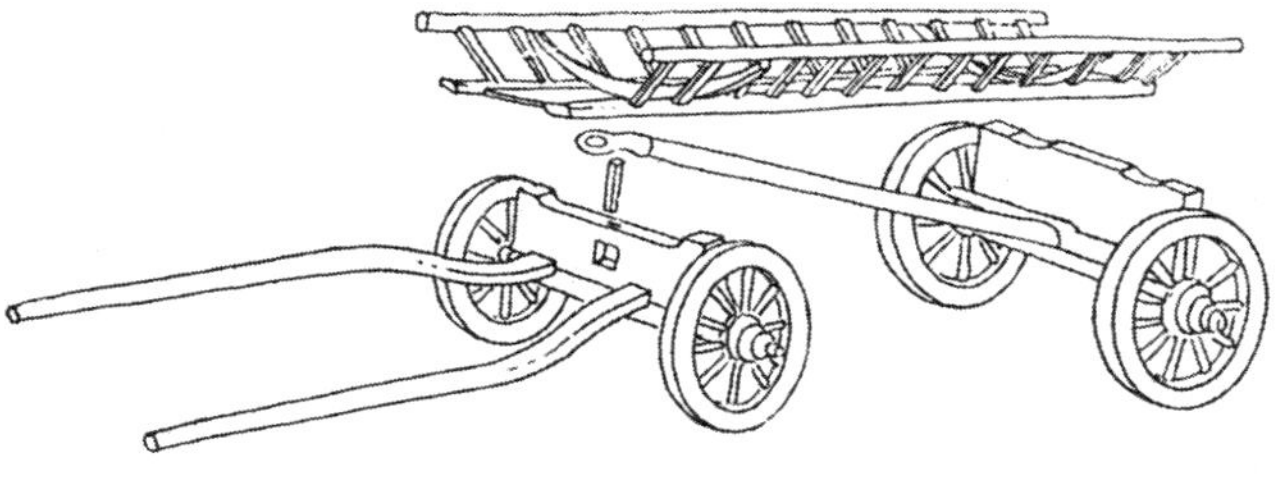

図 9-6　サンドリオ地方（イタリア）の，長柄のついた，農業用シャリオ
（Jaberg et Jud, 1928-1940, carte 1224, fig. 2 による。）

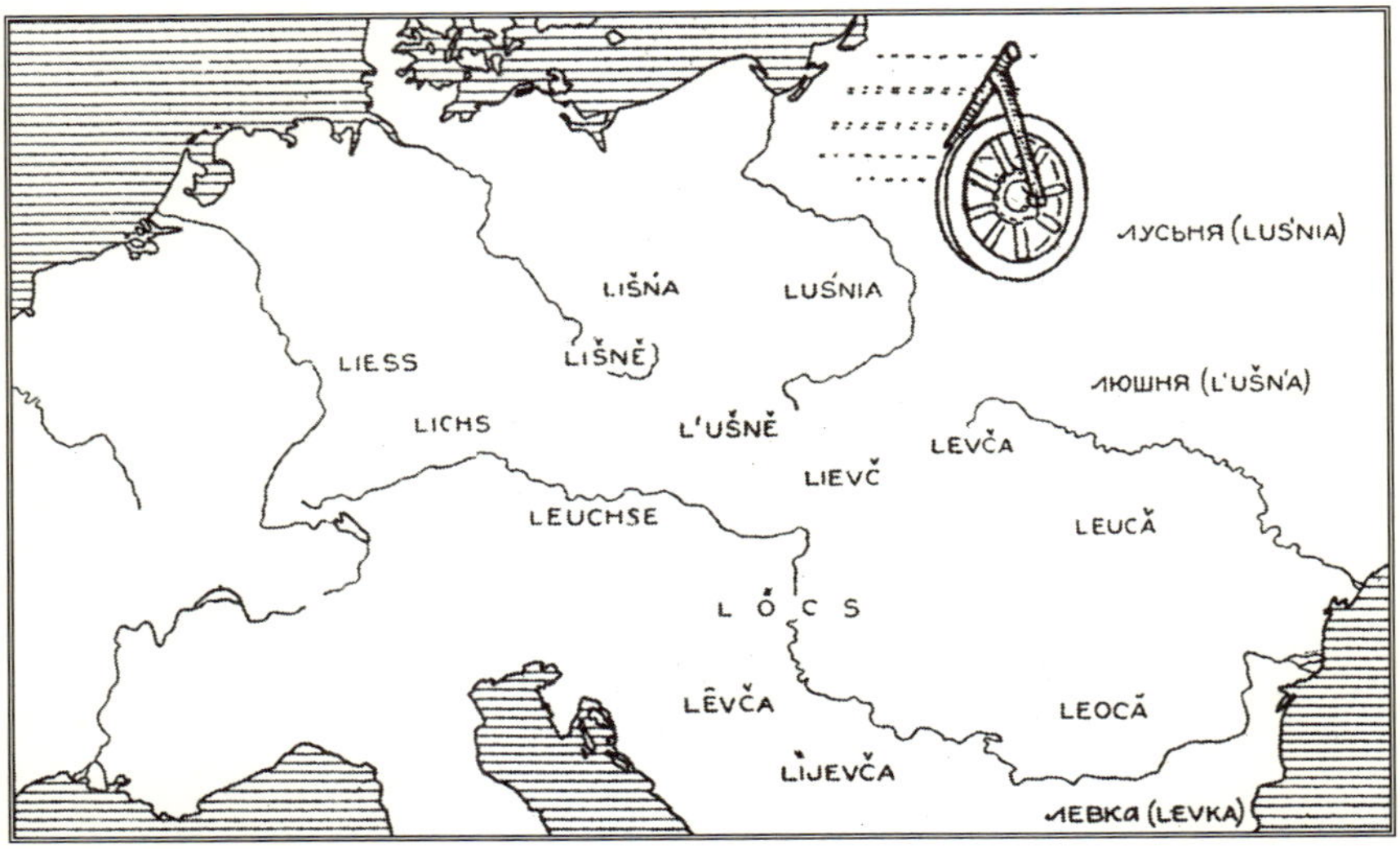

図 9-7　ひとつの言葉の旅

中欧と東欧に特徴的なシャリオで荷枠を車軸の端に接合する外側の支えの名称の広がり。

Liess	ヘッセン	*L'ušn'a*	ウクライナ
Lichs		*Levča*	スロバキア
Leuchse	シュワーベン	*Lievě*	
	バイエルン	*Lŭca*	ハンガリー
Lišně	ボヘミア	*Lěvča*	セルビア，クロアチア
Lišna	高地ソルブ	*Lijevča*	
L'ušně	モラビア	*Levka*	ブルガリア
Lušnia	ポーランド	*Leocă*	ルーマニア
Lušnia	ロシア	*Leucă*	

二九九年ごろ）、その戦況をカルナク神殿の壁に記録した。

これらの車[*2]は今日たいへん稀であり、それについては機能的な記述しかない。その役割りと広がりがそもそもたいへん減少しているので、地理学者よりも技術学者が興味を抱いているほどである。

＊2　**これらの車**　京都の祇園祭の巡行に使われる山鉾《やまぼこ》は前進と後退しかできない「硬い構造」の四輪車であるが、旋回できないという欠点を逆手にとって、巡行の途中の見世場を作っている。その構造、割り竹を並べて滑らせる旋回法、そのほか綱で木材を緊縛して骨組を組み立てる技術など、山鉾には古代技術がきわめて洗練されたかたちで伝えられている。まさに技術学の生きた資料である。

今日のヨーロッパのシャリオは別の起源をもっている。**図9―5、6**から理解できるように、それらは二輪車を二台組み合わせた結果であるらしい。後車は木釘、つまり腕利きの職人の木釘を使って、梶棒を前車に取り付けたシャールに他ならない。鉄器時代（ハルシュタット時代）にヨーロッパに出現した、この連結されたシャリオは急速に普及した。ところでそれは二輪のシャールがさらに古くから存在していたと仮定している。

ある名称の旅

シャリオの歴史をもっと正確に研究したかったら、農業民族誌の調査が明らかにする細部に依拠するだけでなく、さらに物のいろいろな部分の語彙、方言学の調査のなかに見出すことができる語彙も研究しなければならない（**図9―6**はJaberg et Jud, 1928-1940の『イタリア・南スイス言語地図』の抜粋である）。

その研究は、おそらく、正真正銘の文明圏を明らかにしているだろう。たとえばシャリオの荷枠を車軸の端に結合する外補強材の名称を一枚の地図（図9―7）に書き出した。きわめて顕著に確認されるのは、ヘッセン（ドイツ）からブルガリアまで、ある種のシャリオに独得のこの部品を指すのが同じ名称だということである。

方法について

二輪車の研究に移るまえに、方法上のいくつかの点についてさらに強調しておく必要があるように思われる。

技術史は芸術史や科学史によって現に使われている方法とよく似た方法を用いて着手しなければならない。つまりそれぞれの技術革新を時代の技術的環境のなかに置き直しながら、それぞれの発明を天才の頭脳か幸運な偶然から出た「無から」の創造としてでなく、既存の諸要素の組み合わせとして考えながら、ある種の改良に注意を促すことができた時代の要求と懸案はなんであったかを明らかにしながら、である。

このようにヨーロッパの四輪車の発明は二輪で梶棒つきの車が以前から存在していたと仮定している、そのシャリオは腕利きの職人の木釘で後の一台を別の一台に連結した二台のシャールでできているからである。またそれはシャールの繋駕法がもっと重いシャリオを引っ張ることができたし、それゆえに車を利用する最適条件にあった、と仮定している。

発明があらわれそうな場所は好都合な地理的条件によって、すなわち平原のなか（使用の最適条件）と大森林地方のすぐそば（木で大きな物を製作する最適条件）とによって説明がつく。とすればシャリオの発明の場所として比較的容易に納得がいくのは、青銅器時代以来シャールが浸透していた、ダニューブ川流域内

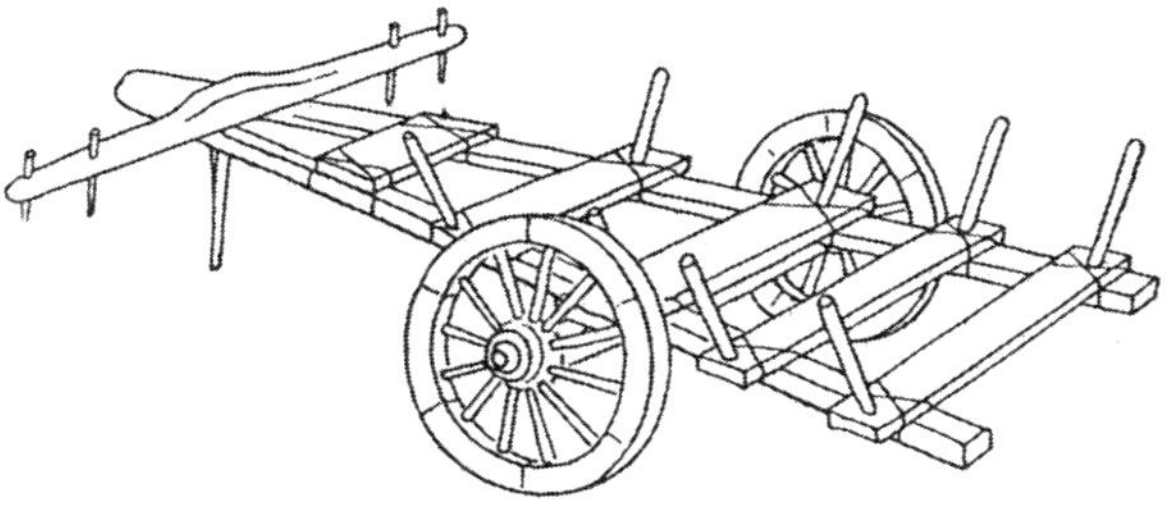

図9-8　インドにて――三角形枠の，ジャブア村のシャール
（Intern. Archiv für Ethnographie, 13, pl. 4, fig. 7による。）

図9-9　ビハールのシャール（インド）
このシャールはその構造がとくに興味深い。三角形枠は，綱を使って，弓形に張ってある。車輪は対になったスポークを備えており，車軸にはキイ（車輪を車軸に固定する一種の針）によってでなく，シャールの枠に縛りつけた曲がり横梁によって支えられている。（Grierson, 1926.による。）

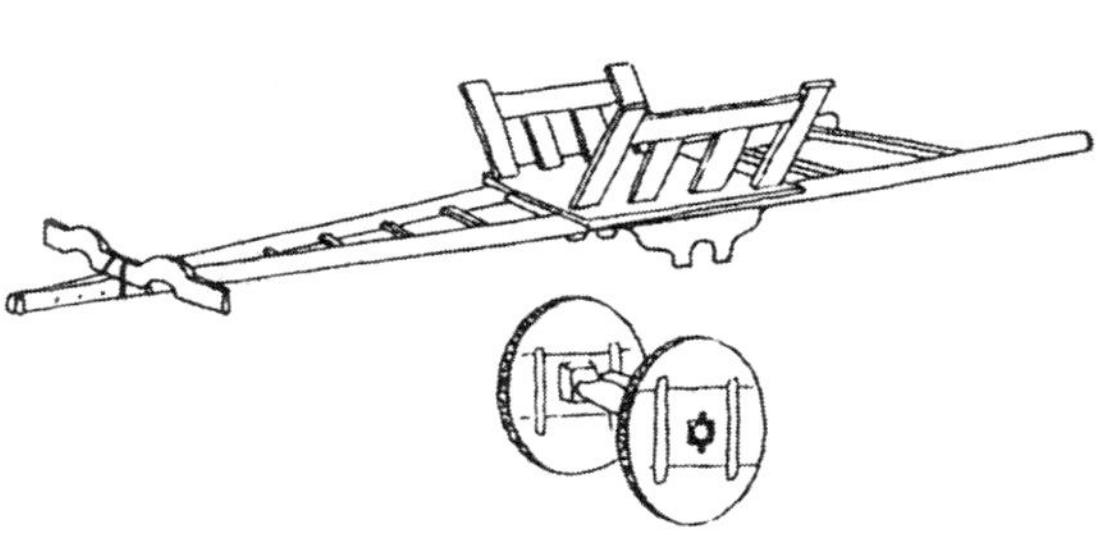

図9-10　サルデーニャ島にて――やはり三角形枠のシャール
車軸に固定された平板車軸に注意せよ。

かウクライナである。

考古学と民族学の資料をたがいに関係づけて正確にするためには言語学に助けを求める、すなわち技術用語を研究し、語彙の借用に注目しなければならない。その借用は文明の特定の流れを指し示して、おおまかにその年代を推定することを可能にする。シャール（梶棒付き二輪車）の歴史とシャレト（長柄付き二輪車）の歴史をもっとよく理解するために、繋駕法の歴史にかんして次にやろうとするのが、それである。

繋駕法の問題とシャールの起源

もっとも古いシャリオがたぶん橇から生まれたのにたいして、〈シャール〉すなわち二輪車の起源になったと思われるのは棒橇（図9―14［一八二頁］）である。棒橇は荷物をのせたまま引っ張ってゆく二本の棒以外の何物でもない。棒橇の形は繋駕の方式と関係がある。一対の動物にそれを引かせるならば、近東における場合がそうだったように、動物の間に配置された棒橇は三角の形になり、その頂点は動物の項《うなじ》か頸のうえに置いた頸木の真ん中につながれる。最古のシャールの起源となるのはおそらくこの型の三角形棒橇である。インドではまだ三角形枠をもつ（図9―8）、たいていは綱で縛った（図9―9）、シャールが知られている。この同じ三角形枠は、車軸に固定した平板車輪を持つ、ずっしりした木組のシャールにも見られ、その類のものはサルジニア島や北スペインで見かける。

後になると、車の前部は、先端が尖るように配置した二本の木で終わる代わりに、もはや一本の長い木の棒、頸木を車軸に連結する梶棒しか備えていなかった――古代の戦車ですでに観察できるとおりである。ローマ帝国の末期までに、ヨーロッパでは別の型の繋駕法を知っていたとしか思えない。それは頸木の下、

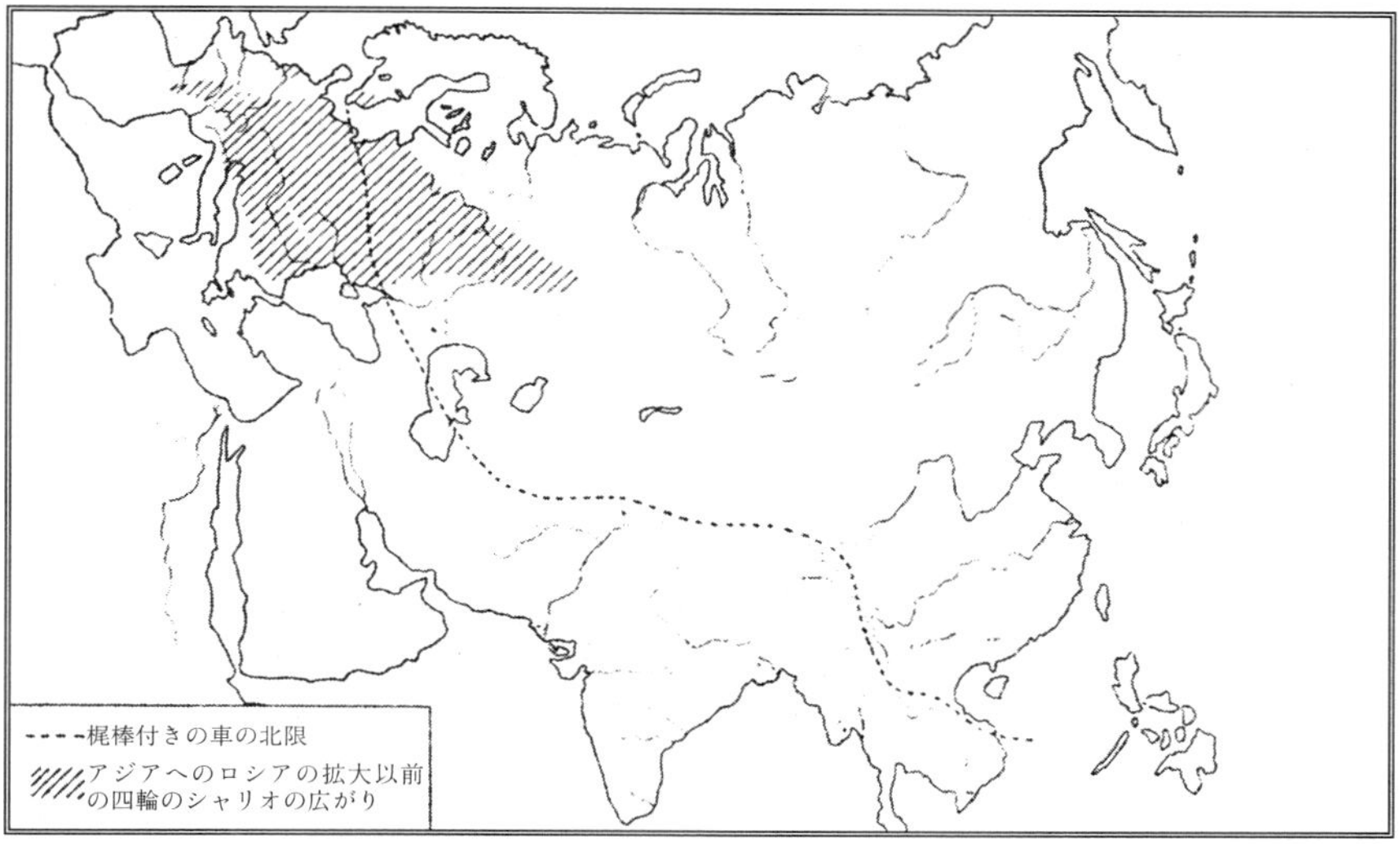

図9-11　ユーラシアにおける農車の型の分布
梶棒付きの車の北限と，アジアへのロシアの拡大以前の四輪のシャリオの広がり。

梶棒のそれぞれの側に、二頭の動物の対を使用し、その結果シャールとは別の型の二輪車を必要とした。

繋駕法の問題とシャレトの起源

二輪の長柄付きの初期の車、〈シャレト〉、はヨーロッパでローマ帝国の末期にイゲル（トリーア近郊）の記念建造物に姿を現していた。この新しい型の車はどこから来たか。

ユーラシアにおける車の今日の分布を考えるならば、安南からバルト海にいたる線の北側には、梶棒つきの二輪車は見あたらないことに気づく（図9―11）。にもかかわらず（Flavigny, 1940）秦代（西暦紀元前三世紀）の中国の青銅器に、二頭で引く梶棒付きシャールが指摘されたし、儒教の古典も二頭か四頭の動物の繋駕法を伝えているように見える。

しかし次の王朝、漢王朝以降は、もはや一頭のみで引く長柄付きの車しか古墳の浮き彫りに見られない。

技術学的観点からは、この車「シャレト」は梶棒付きシャールとはまったく別の起源をもっていて、同一の動物に固定した二本の棒から成る棒橇の型に、どうやら由来するように思われる。この橇は北米のインディアンが犬を使ってそのテントの支柱を運搬するために周知していた。だからまさにヨーロッパ人が馬を導入する以前のことである。

図9—12(デッサン)に描いたように、この型の橇は一方ではウシの一頭用頸木の起源、他方ではラクダの荷鞍、ウマの頸帯と鞍の起源であった。中国をシベリアの森林から分かつステップがその改良の中心であったように見える。ウシの個体繋駕法については、一頭用頸木のシャム語の名称が中国起源(軛《ヤク》)である以上、北方から南方へと広がっているように思われる(**図9—12地図**)。

ラクダの荷鞍とウマの肩の頸帯とのあいだにいま確立したばかりの関係を言語学が確認してくれる、というのはこの二つの物はモンゴル語とチュルク語では同じ名称であって、この語は中欧に、さらにはイギリスにまで広がっているからである(**図9—12**)。

ヨーロッパでは荷鞍がローマ帝国の間にしか出現せず、鞍が大侵入と同時にしか知られず、アフリカでは運搬用家畜としてのヒトコブラクダの使用がやはりローマ帝国までしか遡らないことは周知である。

木製の、フェルトの詰め物をした(2)、動物に括りつけることになっている、これらすべての物の研究は、西暦紀元のはじめ数世紀間にユーラシア平原のスキタイ民族かチュルク民族の集団のあいだで、橇から車が発展したことを示唆している。荷鞍か一頭用の頸木が手に入れば、すぐさま橇を構成する二本の棒を動物のそれぞれの側に、一本を別の一本に対して平行に固定することができる。そうすれば、シャレト(長柄付き二

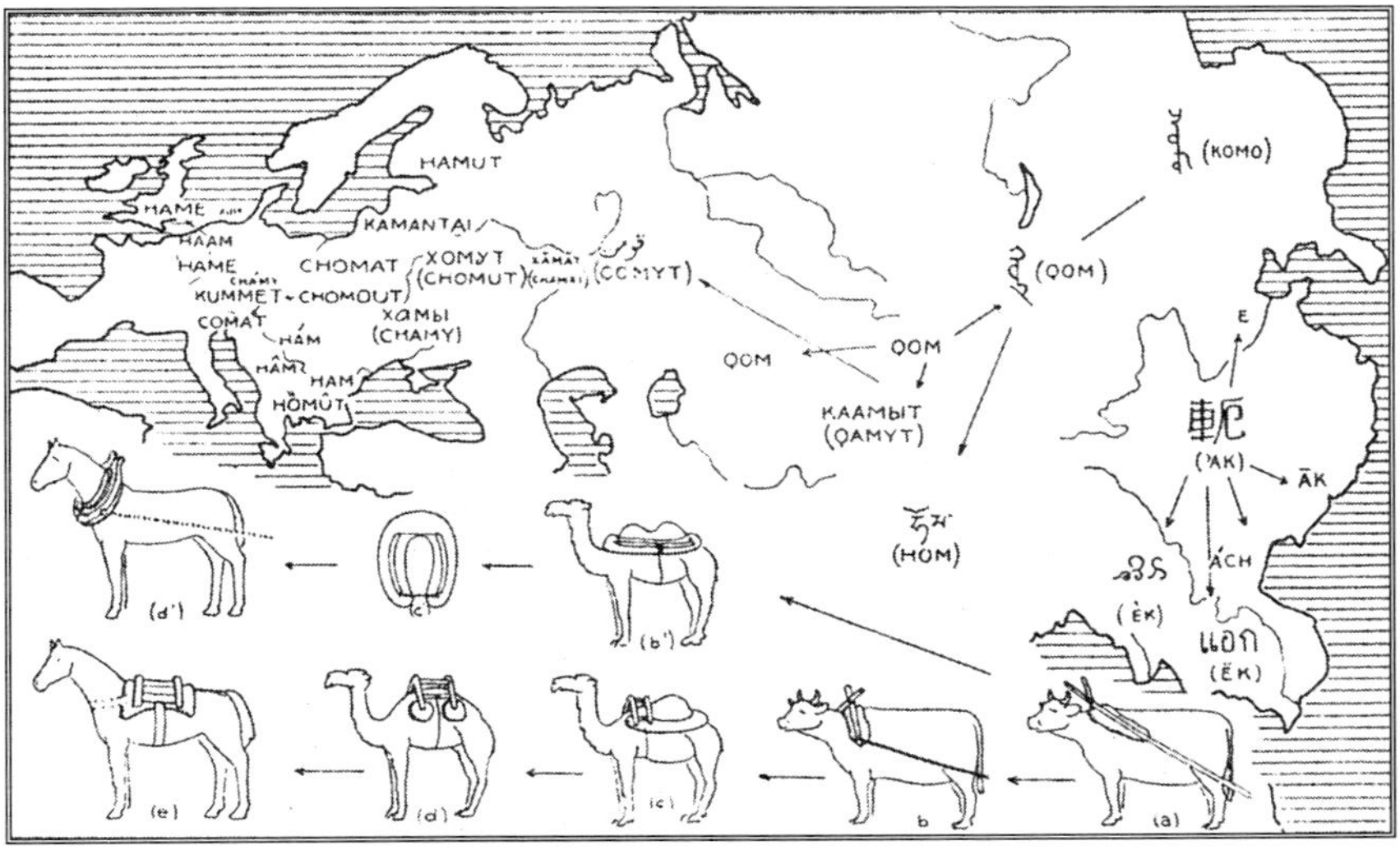

図 9-12　ウシの一頭用の頸木とウマの近代繫駕法の起源，およびそれをしめす語の旅

a）初期の軽便橇。b）ウシの一頭用の頸木。c）北アフリカのヒトコブラクダの荷鞍。d）スーダンのヒトコブラクダの荷鞍（R. Capot-Rey, 1946, p. 63 による）。e）ウマの荷鞍。

b'）ラクダの荷鞍（モンゴル）。e'）正面から見た荷鞍すなわち頸帯。d'）ウマの近代繫駕法の頸帯。

Komo	満州語	ラクダの荷鞍	*Chamy*	ウクライナ語	馬具
Qom	モンゴル語	ラクダの荷鞍，ウマの頸帯	*Hamut*	フィンランド語	頸帯
Qom	アルタイ語	ラクダの荷鞍，ウマの頸帯	*Kamantai*	リトアニア語	頸帯
Qom	カザーフ語	ラクダの荷鞍	*Chomat*	ポーランド語	頸帯
Hom	チベット語	ラクダの荷鞍	*Homût*	セルビア－クロアチア語	頸帯
Ham	ルーマニア語	馬具	*Chomout*	チェコ語	頸帯
Hàm	ハンガリー語	馬具	*Kummet*	ドイツ語	頸帯
Hâm	クロアチア語	胸帯	*Comat*	ロマンス語	頸帯
Hame	ラインラント語	頸帯	*Comaco*	ヴェネト語	頸帯
Haam	オランダ語	馬具			
Hame	英語	頸帯の曲がり棒	*E*	北京官話	軛（ウシ一頭用）
			'Ak	古代シナ語	軛（同）
Qamyt	キルギス語	馬の頸帯	*Ak*	広東語	軛（同）
Qomyt	タタール語	頸帯	*Ach*	安南語	軛（同）
Chamat	チュヴァシュ語	頸帯	*Ek*	シャム語	軛（同）
Chomut	ロシア語	頸帯	*Èk*	ビルマ語	軛（同）

輪車）を手に入れるには、シャール（梶棒付き二輪車）から借用した二輪の車軸に、長柄を配置するだけで十分である。

シャレトの拡大。ヨーロッパへのその導入

古代繫駕法では動物を一頭だけ繫ぐことが、したがって長柄付きの車に繫ぐことが可能でない以上、ヨーロッパへのシャレトの導入はウマの近代繫駕法の導入と同時[3]である。

近代繫駕法の最古の型は胸帯を備えているもの、西暦紀元二世紀の漢の浮き彫りに見られるものである。ヨーロッパへのその導入は言語学のおかげで、おおよそ年代を推定することができる。胸帯のドイツ語の名称、*siele*（古代高地ドイツ語 *silo*）は、尻帯と引き綱を指すスラブ諸語のなかと馬具を指すフィンランド語に見出される（図9―13）。これらの語はスラブ祖語。*sile* を復元することを可能にする。その語がのちになってスラブ語で被った変化 *s* から *š* への移行、*i* の消失）は、ドイツ語からのその借用がスラブ諸民族の分散以前、すなわち西暦紀元六世紀以前に生じていたに違いないことをしめしている。

ここで言語学が役に立っていることに注意しよう。ルフェーヴル・デ・ノエッテは形に表された資料のみに依拠したので、ウマの近代的な繫駕具（胸帯）のヨーロッパでの出現を、イギリス起源の資料に本づいて十二世紀としかしめすことができていなかった。

言語学の提供する証言がもう一つある。イタリア半島（教会領を除く）では胸帯がいまだにウマの近代繫駕法の唯一の様式である。ところでシャレトの長柄のイタリアの名称 *stanga* は、ドイツ語の語であり、おそらくロンバルディア地方を経て導入された。

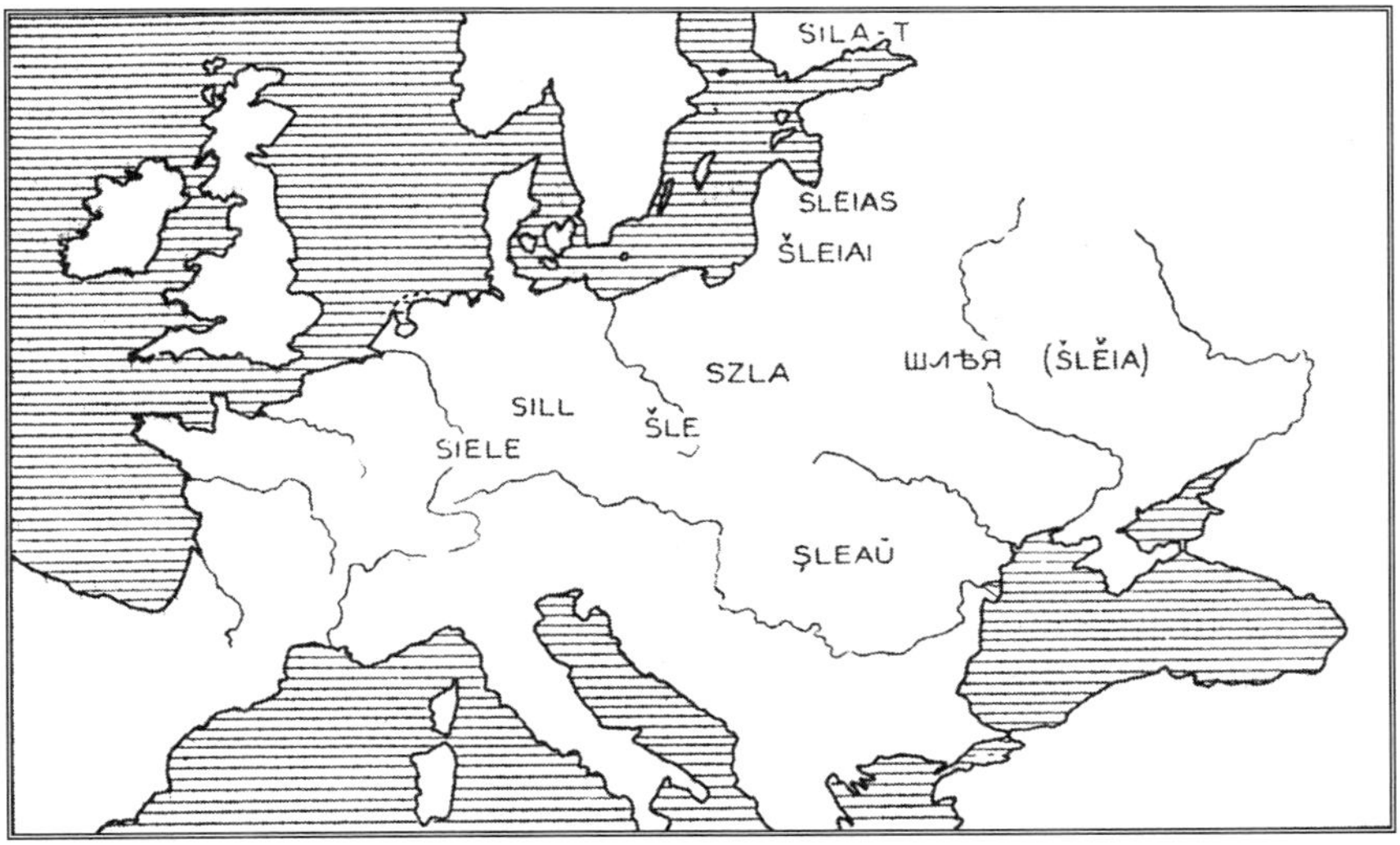

図 9-13　ヨーロッパにおける「胸帯」の古代の名称の分布をしめす地図

Siele, Sill	ドイツ語	胸帯，尻帯
Šle	チェコ語	胸帯
Szla	ポーランド語	引き綱
Sleaù	ルーマニア語	引き綱
Šlĕia	ロシア語	尻帯
Šleiai	リトアニア語	胸帯
Sleias	ラトヴィア語	胸帯
Sila-t, Silat	フィンランド語	馬具

肩の頸帯の名称は、反対に、スラブ人の分散後に、すなわち西暦紀元八世紀か九世紀ごろに、スラブ語からドイツ語を経て借用された――ルフェーヴル・デ・ノエッテが最初に頸帯を観察する資料は年代を十世紀初頭と推定されるのだが。

また次のこともはっきりさせておこう。形に表された資料によれば、ヨーロッパでは、頸帯は胸帯以前に出現していた。それにたいして言語学は、逆に、胸帯が頸帯に先行したと証明しているように見えるし、そのほうがやはり当然であると思われる。

シベリアからフランスまで、長柄は保持と牽引という、初期の棒橇の二本の棒が果たしていた二つの機能を保存してきた。しかしながらいまや多くのシャレトは引き綱とパロニエによって安全に牽引を行っている（図9―1・a〔一六五頁〕）。
長柄はシャリオに取り付けられていて、もはや制御と後退にしか役に立たない。

近代繋駕法とシャリオ、オランダの例。

近代繋駕法の長所を備えている、〈シャレト〉（二輪と二本の長柄の車）がどうして古代の〈シャリオ〉（四輪と梶棒の車）を押しやりながらヨーロッパの北部へ浸透していったかを、いまや理解することができる。

シャリオは時には古い慣習の地方に、ウシの繋駕法といっしょに保存されており（オーベルニュ、ピレネー山脈地方）、ときには、さきに指摘したように、長柄を取り付けて、ウマ（ロシア）かラクダに縦に列んで引かせ、最後にときには、第三の解決法で、長柄をパロニエを引く引き綱に置き換えた。二頭の動物を並べて繋ぐには、二個のパロニエをつけて、それを第三のパロニエ、可動木によってひとつに結び付ければ十分である。可動木は梶棒の付け根に連結する。こうして強力な繋駕法がえられる。これにはまた梶棒の先端を引っ張る二頭のウマを加えることさえできる。

こんどは、とりわけイギリスに広まっている、オランダ型の〈梶棒付きシャリオ〉である〈シャリオの英語の名称〈ワゴン〉*waggon* はネーデルランド語からの借用である、ポーランド語とロシア語の梶棒の名称 *dyšlo* もやはりそれからの借用であるように）。

さて今日のネーデルランドとフラマンドの農業用シャリオのある調査はさらに興味ある特色を明らかにしている。たいへん短い梶棒はもはや後退の役に立ちえないというのである。だからその運搬手段はもはや坂道で車を止めておくことを可能にする後退装置を備えていない。だからまったく平坦な地方でしか使用できない。いろいろな型の車の機能分析によってしか明らかにすることができなかった、地理的特殊化の一例がここにある。

車の「自然」分類

地理学者は、車の分類の基礎として、いちばん目立ち、初歩的な調査で在るのがわかる、もっとも典型的な要素、車輪を取り上げる方に向かっていた。しかしこの要素はもっとも遡った時代から今日までの車の地理的分布を説明するのには最適でない。

探究するのが好ましいのは、博物学者がその語に与えている意味での「自然」分類、すなわち諸時代を通じて物の進化を目に浮かぶように描くことを、そして特定の構成要素ははっきり異なっていても、実際には最新の区別による諸形態を一つにまとめることを目指す分類である。

たとえば、〈梶棒付きの運搬手段〉と〈長柄付きの運搬手段〉のあいだの区別は、車輪の数による区別よりもいっそう古いのだから、いっそう重要であるようにわたしには思われる。だから車はここで（図9—14）、一方では梶棒付きの車に、他方では長柄付きの車にまとめてあり、〈一方であれ他方であれ、二つであれ四つであれ車輪を持っている〉。最後に前後に連結されていない四輪車が、ほかの諸車とは別の「クラス（綱）」に描いてあるのに気づかれるだろう、というのはそれは、わたしの意見では、はっきり異なる起源をもっているからである。

物の歴史に本づく自然分類は、その系統を確立し、古くからある分布範囲を確定し、進化の原因、その原

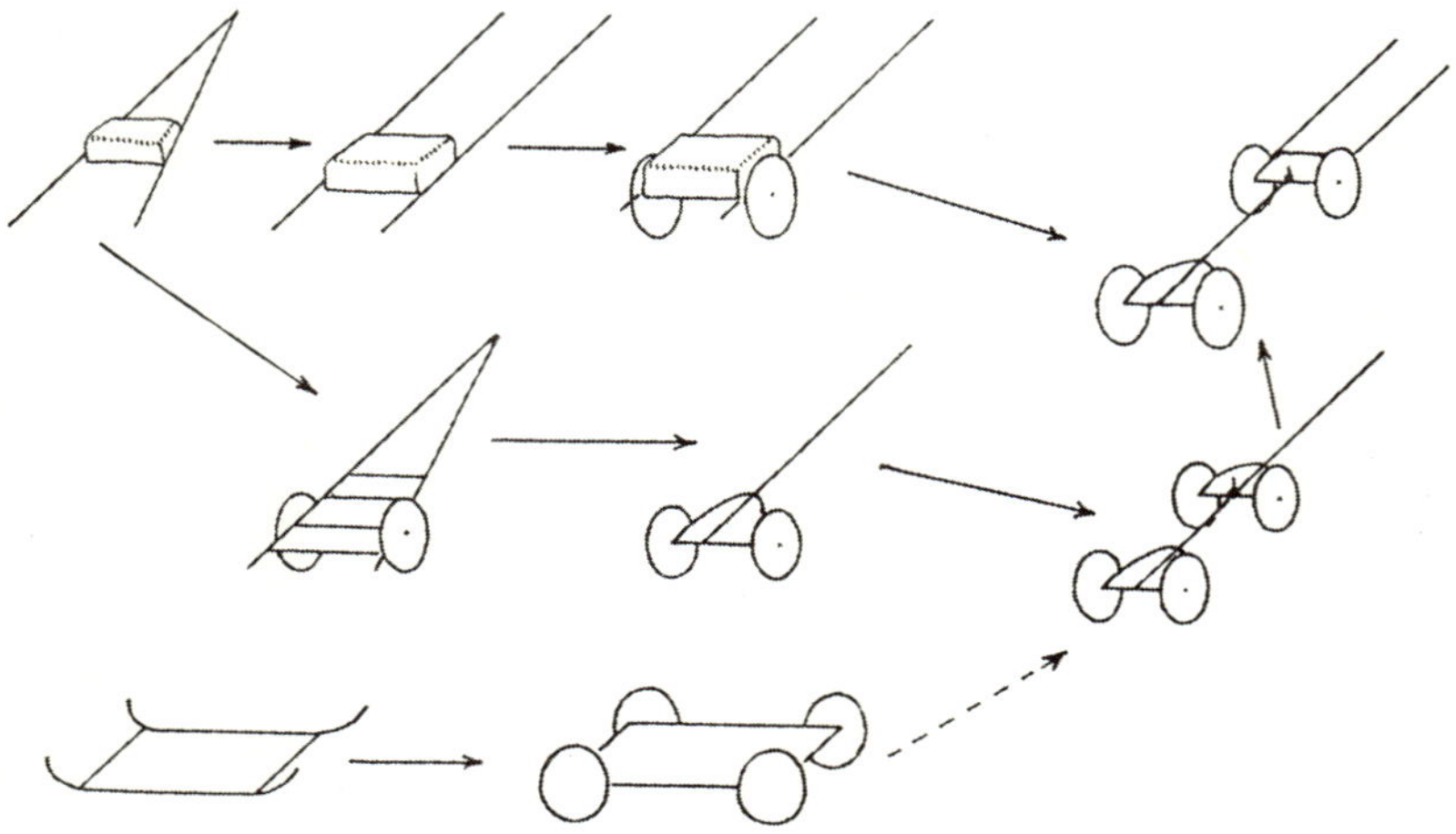

図9-14　車の推測上の起源と進化の図式

因のなかでもとりわけ地理的である原因を研究するために、それを系統樹として組み立てなければならない。それが結局はその物の今日の分布――環境への適応であるのに劣らず過去の遺産でもある――をいっそうよく理解する助けとなる。

ところでこの分類はさきに「機能的」研究と呼んだ、物の詳細な分析の出発点として存在する。

この研究はまさに調査のさいに行わなければならない、というのはこの配慮なしに資料を集めるときは、本質的な諸要素を見落とすからである。

地理学者と民族学者に百科全書的な専門知識を要求することはできないので、専門家である技術学の調査員を養成することがますます必要であるように思われる。これらの徹底的な調査の資料は、民族学者によってと同じく地理学者によっても、以後、有益に利用されるにちがいない。

（地図とデッサンはR・アンベールによって制作された。）

原注

（1）これらのいわゆる四輪車を表現している、諸デッサンの解釈は、それ自体議論を呼びうる。ルフェーヴル・デ・ノエッテはこう評価していた、だれか芸術家の稚拙さが問題であって、一方が他方の前にある二つの車輪をデッサンしながら、実際にはシャール、すなわち二輪車を表現しようとしていた……と。

（2）木の技術と結びついたこの詰め物の技術には、とりわけ強く注意を促しておきたい、それは確実に繫駕法の改良を可能にした。

（3）馬の古代繫駕法は二つのもっとも重要な原理に本づいていたことを想起しよう。すなわち喉元による牽引と動物を横に並べる装置、そして特徴的な装具として備えていたもの、すなわち動物の喉元をネクタイ締めにする頸帯（動物の呼吸を妨げながら）と頸帯に結び付けてウマのガロのうえにもたせていた頸木。それは非力《ひりき》な繫駕法だった。ウマの近代繫駕法はきわめて重要な技術革新を意味する。——古代繫駕法とまったく違い、胸帯（図9—1・bを見よ）のおかげで、それどころか肩の頸帯（図9—1・a）のおかげで、肩による牽引に依存している。その非力さと装置の悪さのゆえに役立てることができなかった、ウマ一頭による牽引は、近代繫駕法のなかではもっとも日常的に用いるものの一つになっている（Lefebvre des Noëttes, 1931）。

10　農業における畜力　時代を超えたその使用史の素描

アフリカあるいはアジアの現地住民集団の農業技術改良の問題は、経済的観点では、多くの場合悪循環としてあらわれている。その生産の価値を高めるためにはかれらに資本を必要とするが、それは農業生産の増大のうえに実現する利益によってしか供給できない。

技術学の観点でも状況は似たり寄ったりである。収穫物の生産量は人間労働、家畜の労働、使用する堆肥によって決まる。ところで労働量は（堆肥の量と同じく）食料供給に、食料の質と量は収穫物に依存している。

栄養不足の全住民集団で労働の改善をかちとるのは難しい。

改善の第一のやり方は同じ労働で、もっと豊富なもっと栄養に富む食料供給をかちとることにあるだろう。そのことは新種と新品種の導入、それと食料の調理の改善によって可能である。

旧世界の熱帯地方の全住民は新品種が得になることをよく知っている。だからかれらは新世界のトウモロコシとキャッサバとサツマイモをすぐさま採り入れた。しかし部族から部族への植物の普及は、歴史的変遷に左右されていて、最良の品種と可能な限り最良の種とをそれぞれの地方に導入するどころではない。

食物の調理の改善を研究するまえに、詳しく調査して、ヨーロッパ人の先入観に反する産物を排除しないようにする必要があるだろう。この領域ではたぶん研究するよりもむしろ学ばなければならない。一般に、考察している地方においてその食料が古くからあればあるほど調理は余計ややこしくなる。

改良の第二のやり方は、畜力をもっとうまく利用することによって、もっと少い生理的消耗で同じ労働の成果をうることにある。たぶん広範な家畜の使用と改良されたその繋駕法。とはいえ主要な動物動力は人間である。物質文明は物を全体として考えられる傾向がたいへん強く、「自然な」行為としての人間の身振りは生理学の分野にしか属していない。

特定の人間集団の〈物質文明〉、それは〈技術的有効性をもつ伝統的な筋肉運動の総体〉である。伝統的な筋肉運動は多くの場合「本能的身振り」と呼ばれるが、それは間違っている。物を持つのに本能的なやり方はない、伝統的なやり方があるにすぎない。

伝統的な身振りは習慣によって自動的になっているが、しかし教育によって変更可能である。何人かのアフリカ人に手押し一輪車を与えたところ、はじめかれらはそれを頭の上に乗せたが、にもかかわらずその使い道をかれらに手っ取り早く教えることができた。

道具は身振りに適合させられる、その逆ではない。インドシナとアフリカでは、草取り鍬の刃は多くの場合ヨーロッパ起源だが、しかしこちらでは長い柄、あちらでは短い柄をつけるのは、筋肉の習性が違っているからである。

ヨーロッパでは、テーラーシステムの導入によって工場労働者の身振りを合理化しようとした。金儲け第一主義の目的ではとりわけ労働の速度を上げることが問題だった。人間的観点では真の労働の合理化は、一定の労働にたいする筋肉と神経の消耗を最小にすることを求めて、時間でなく疲労を節減することにある。

伝統的な筋肉運動のなかで今日最良の研究は言語活動の発声に役立つ喉頭と舌と両唇の研究である。言語学者はこれらの運動がそれぞれの人間集団のなかで、法則にしたがって首尾一貫した体系を形作っていることを明らかにした。生理的な最小努力の法則があり、またあまり知られていない法則もある。もっとも習慣的な、もっとも自動的になった運動を助長する精神的な最小努力の法則である。

この二つの法則のあいだには多くの場合矛盾がある。ヨーロッパ人には物の持ち方がたくさんあって、自由に使いこなす。重さと嵩《かさ》次第で、手にして、腕に下げて、肩か背中に乗せて運ぶだろう。生理的な最小努力の法則にしたがっていちばん疲れないやり方を択ぶだろう。

ある一部のアフリカ人にはひとつの持ち方しかない。物の重さ、嵩あるいは形がどうであれ、かれらはそれを頭に乗せるか帯で頭に掛ける背負い籠のなかに入れる。それはかれらにたんに運搬法を択ぶ手間だけでなく、またある種の疲労をも省いてくれる。この独得でしょっちゅう繰り返される持ち方は、次第に自動的になり、注意力と精神的努力をだんだん必要としなくなる。

かれらはだから精神的な最小努力の原理を実行しているのである。

言《げん》は音節から構成されている、それは筋骨運動がリズムによって容易になるということである。反復運動を必要とする労働は何人かの人たちによって合作され、リズムに乗って実行される。たとえばフランスの田舎での殻竿《からさお》打ち、アフリカでのキビ類の粉挽き、あるいは草取り鍬による掘り起こし。

農業の進化

農業は穀物か塊茎塊根を意図的に植えるその時に誕生する。人間は自分自身以外の動力を知らない。熱帯林のいくつかの部族が用いる、もっとも単純な段階は自然の植生を刈り取り、それを乾燥させ、そこに火をかけて、先の尖った棒で穀物を植えることから成る。雑草は刈り取るか引き抜く。収穫は採集の方法にしたがって行う。

技術的にもっとも単純なこの方法は、最も古い方法ではありえない。というのはこのやり方で栽培される一年生イネ科（キビ、イネ、トウモロコシ）は最初期の栽培植物ではなかったし、はじめは塊茎塊根（ヤマノイモ、タロイモ）畑の雑草として現れたからである。野生のヤマノイモの採集は掘り棒で行い、それを土の中に突っ込む。棒をてこにして土塊《つちくれ》を起こすためである。掘り棒は農業（南アメリカ、オセアニア）では塊茎塊根がその成長の間に妨げを受けないようなやり方で土を掘り返すのに役立つ。

発見は、科学にも同様に技術でも、偶然には生まれず、科学者がその仮説と理論に導かれるのと同じように、未開人はその呪術と論理に導かれる。塊茎塊根のために用いる、土を掘り返して柔かくする作業は、穀粒を採集するだけの植物にたいしては明らかに不必要である。

次の段階では新たに開墾して焼いて畑の場所を変える代わりに、人間は供給によって表土の肥沃さを長持ちさせる。地方と民族に応じて、灰、腐植土、土の供給。盛り土状、畝《うね》状、小高い平地《ひらち》状の畑。農作業に整地と運搬の道具が導入される。これが古代と新世界の暑い地方での土着農業の段階である。

次いで、呪術的、思弁的な心性から経験的、さらには実験的な心性への移行にともない、人間は肥沃さを条件づけているのが柔かく耕された表土と肥料の供与であることに気づく。
これが温暖な地方の農業である。極東で支配的な下肥《しもごえ》と人力、近東と西洋での厩肥《きゅうひ》と畜力。

乾燥地方では人間はすぐに水が土と同様に有用であることに気づく。雨乞いの呪術的な儀礼のかたわら、適当な土木作業により、次いで分水路により、最後に堰によって、川の増水を利用する。水源を探し、それを引き、井戸を掘る。揚水するために人力、ついで畜力を利用する。最後に非畜力は灌漑に負っていることを忘れてはならない。ポンプが蒸気機関の起源であるように、筒車は水車の起源である。

西洋古代における人力

現存する初期の証言はエジプトに関係しているが、二つの注記が必要である。まず第一に初期王朝の時代（前三〇〇〇年）には農業の始まりどころではない。ファイユーム（カイロの西南）から新石器時代の、すなわち数千年以前の、大麦と澱粉工場が発見された。この時期の間にそこにアジアの影響があったのかも知れない。

第二に自然条件がたいへん特殊である。水と土地を肥沃にする物質の供給はナイル川の増水によって自然に行われる。

土仕事は二本の枝の一方を他方に綱で固定したV字形の木製の草取り鍬で行われる。それは同時代の土方の道具である（周知のようにオベリスクとピラミッドは土方仕事によって建設されたのであり、すべての巨大建築はこの構築法を前提している）。同じ起源の別の道具に木製のスコップがあり、それは穀物をかき混ぜるのに使われていたし、いまもまだ使われている。土塊砕きの木槌と熊手が知られている。

収穫は、穀物にたいしては、半月鎌で行われる。アマは引き抜いて茎を打つ（すなわち束を堅い物に何度も繰り返したたきつける）。

ブドウ潰《つぶ》しはただ足でするだけの労働である。搾りかすは袋をねじりながら絞り出す。穀粒は手動の杵で砕いて石で粉にする。

頭のうえに載せた籠で運ぶのは女に特有で、男はそれを肩に担ぐ。棒で運ぶやり方が二つ知られている。重い荷物が真ん中にあって二人で担ぐ棒、それと同じ重さの荷物が両端にある棒（秤の起源）。

ヌビア地方では、額帯つきの背負い籠が知られている。

人間が牽引する運搬手段は綱で引く橇である。

西アジアと地中海沿岸地域にかんしては記録がもっと少いが、人力の使用法は似たり寄ったりである。

金属の使用は草取り鍬の改変を可能にする。柄が長くなり、作用する部分が短くなる。刃の付いた草取り鍬と歯の付いた草取り鍬がある。スコップは鉄の刃が付け加わって鋤《すき》を生む。ローマ時代に、西洋世界の手動の土仕事の道具一式が作り出されて、今日まで存続するだろう。

半月鎌の使用は一般的である。ときには櫛で引きちぎる。刈り入れのために柄の短い草刈鎌と長い柄の鎌を使うのはごく近年（十九世紀）である。茎（藁）打ちは散在的に存続しており、棒打ち、次いで殻竿《からさお》打ちに取って代わられている。禾穀類を物に打ちつける代わりに、その逆をやる。禾穀類がそのとき固い穂をつけていたら、穂から実を落とすのはなかなか容易ではないということである。

西アジアで知られている（ワイン、油用の）圧搾機は簡単なてこである。ローマ時代にはウインチで、次いでねじでてこの端を引っ張って圧力を増やす。楔圧搾機が知られている。乗用動物と運搬手段の牽引は畜力の利用に影響を受けている（すぐ先を見よ）。

ブドウ栽培に使われる、肩に掛ける、紐付き背負い籠は中世にはじめて出現する。これはアジアの恩恵である。同様にペダルに載せた足を交互に踏むことによって生ずる力は西洋古代には知られていない。

畜力利用の歴史

農業における家畜の初期の利用は足踏みである。ブタ、ウシ、ロバ、スイギュウ、ヒツジが土壌を柔かくするために畑に連れてゆかれる。この方法はほとんど自然灌漑か人工灌漑の地方にのみ存続している。脱穀法としての足踏みは逆に地中海地方から極東にまで存続している。最後に足踏みは種子に土をかぶせるのに役立つ。

種播きのときに動物、とくにウシが畑のなかにいるのは、はじめは技術的でなく呪術的な性格のものだった。ウシはエジプトからインドまで神聖な動物である。犂《シャリュ》が発明されるのはこの地方においてである。犂《シャリュ》は表土の上を引っ張る物、犂《シャリュ》は、土壌に突っ込む物、草取り鍬や鋤とは、起源になんの関係もない。犂《シャリュ》は表土に平行に畝《うね》をつけて整然と種を播いたり植えたりできるようにするのに役立つ。インドでは、犂《シャリュ》はまた種播きにも役立っている。柄に筒を固定して労働者はそこで穀物が落ちるにまかせる。人間は表土を柔かくするためのこの器具の実用的な価値にすぐさま気づき、そしてその使用が広まる。

エジプトではウシは角頸木で繋がれていた。イランでは、逆に、ロバ、牡ラバ、スイギュウも繋ぐことが可能な、ガロ頸木を使用する。ローマ時代には、ガロ頸木が地中海沿岸全域に広まって、角頸木はガリア地方にしか存続していない。

書名

読者カード

●本書のご感想およびご今後の出版へのご意見・ご希望など、お書きください。
（小社PR誌『機』に「読者の声」として掲載させて戴く場合もございます。）

■本書をお求めの動機。広告・書評には新聞・雑誌名もお書き添えください。
□店頭でみて　□広告　□書評・紹介記事　□その他
□小社の案内で　（　）（　）（　）

■ご購読の新聞・雑誌名

■小社の出版案内を送って欲しい友人・知人のお名前・ご住所

お名前　ご住所　〒

□購入申込書（小社刊行物のご注文にご利用ください。その際書店名を必ずご記入ください。）

書名　冊	書名　冊
書名　冊	書名　冊

ご指定書店名　住所

都道府県　市区郡町

郵便はがき

料金受取人払

牛込局承認

6015

差出有効期間
平成32年4月
24日まで

162-8790

東京都新宿区
早稲田鶴巻町五二三番地

（受取人）

株式会社
藤原書店
行

ご購入ありがとうございました。このカードは小社の今後の刊行計画および新刊等のご案内の資料といたします。ご記入のうえ、ご投函ください。

お名前	年齢
ご住所　〒 TEL　E-mail	
ご職業（または学校・学年、できるだけくわしくお書き下さい）	
所属グループ・団体名　連絡先	
本書をお買い求めの書店 市区郡町　書店	■新刊案内のご希望　□ある　□ない ■図書目録のご希望　□ある　□ない ■小社主催の催し物案内のご希望　□ある　□ない

犂《シャリュ》は変容する。最初は、一対の部品（柄）と単一の部品（主縦材、刃を支える木枠）どうしで縛って作られる(1)。次いで金属製の道具のおかげで部品どうしで組み立てることが可能になり、器具は複数の異なった方向に単純化される。イランとインドでは、単一の部品、すなわち柄、刃を支える木枠、主縦材だけが残る。この道具は狭い畝をつける。地中海地域では湿り気を逃さないように表土の表面を柔かくすることが問題である、つまり刃を支える木枠が平で幅が広くなる。一対の装置、水平面内の両側に位置する側板が幅広い帯状の土を柔かくする。温暖多雨のヨーロッパでは、逆に耕す表土を乾かすことが問題である。側板の上に犂べらを取り付けて、両側の土を外に投げ出しながら畝の幅を広げる。一本の滑り木、または両輪の車軸が主縦材を支える。中世に、犂《シャリュ》は非対称形になる、つまり単一の撥土板(2)が二枚の犂べらに取って代わる。車軸は前車になる。この器具は土を帯状に切り取って反転させる。

エジプトで知られている犂《シャリュ》の人間による牽引は、動物による牽引よりも古いようには見えない。アジアのオアシスで見かける綱で引っ張るスコップは、その形からみても、その用法からみても、初期の犂《シャリュ》とはなんの関係もない。

ひとたび知られた動物による牽引は人間が牽引する運搬手段、すなわち橇に利用することができた。

滑り木付きの橇は収穫物の輸送に用いられる。特殊な橇の一種は歯付きの橇である。地中海沿岸地方では、それはとりわけ脱穀のために役立ち、歯は燧石《フリント》である。多雨のヨーロッパと中国では、木製、次いで鉄製の歯付きの橇が表土の表層を柔かくするのに役立っている、それが馬鍬である。

滑らかか縦溝のある、石製、木製、または鉄の輪をはめたローラーは、地中海沿岸地方では脱穀に用いられる。もっと北方では、滑らかか縦溝のあるローラーは凍結によって持ち上がった表土を固めるのに役立っている。歯付きのローラーも同様に使用される。それがバリネズミ、すなわちノルウェー式馬鍬である。イランに知られたこの器具はそこから中央アジアを通って極東に到達した。

インドでは、とりわけ梁材を見かけるが、歯はあったりなかったりする。

これらの運搬手段はすべて、インドからヨーロッパまで、頸木が梶棒を引っ張る犂《シャリュ》と同じやり方で繋がれる。それは収穫物を運び入れるために使う荷車についても同様である。繋駕法に目覚しい変化がみられるのはローマ帝国の末期にすぎない。

輸送はこの運搬手段なしに動物の背中でも行うことができる。古代エジプトでは、収穫物は大きな袋に入れて、二つずつ繋いでロバの背中に載せてあった。重い荷物は、重心をきわめて低く設定しながら、一個だけ繋ぎ留めておく。ウシもまたスーダンと東南アジアではこのやり方で用いられる。この最後に言及した地方では、詰め物のうえに載せた頑丈な重い荷物は胸懸《むながい》と尻懸《しりがい》[*1]によってしかるべき場所に保つことができる。

ヒトコブラクダは、特殊な形態を付与されているので、詰め物を重い荷物とは無関係に固定しておく必要があった。たんに尻懸だけにでなくてとりわけ〈腹帯〉*sangle*[*1]によって結ばれた一箇または数箇の木の部品が瘤を保護する座布団を維持する。この荷鞍の発明はローマ時代とされており、ヒトコブラクダが北アフリカでまで利用できたのは、この時代からである。荷鞍は次いでロバと牝ラバとウマに用いられた。そのころ、長柄を荷鞍で支える駕籠《かご》、二頭の動物が一頭は前、一頭は後で運ぶ運搬手段が現れる。次いで小さな荷鞍の小型腰掛けが、中世初期にヨーロッパに出現したこの運搬手段の長柄を支えるのに役立った。

*1　**胸懸、尻懸、腹帯**　胸懸 poitrinière、尻懸 croupière、腹帯 sangle は鞍や荷鞍を固定するための装具であり、これにたいして頸帯 collier、胸帯 bricole、尻帯 avaloire は牽引するため（繋駕法）の装具である。

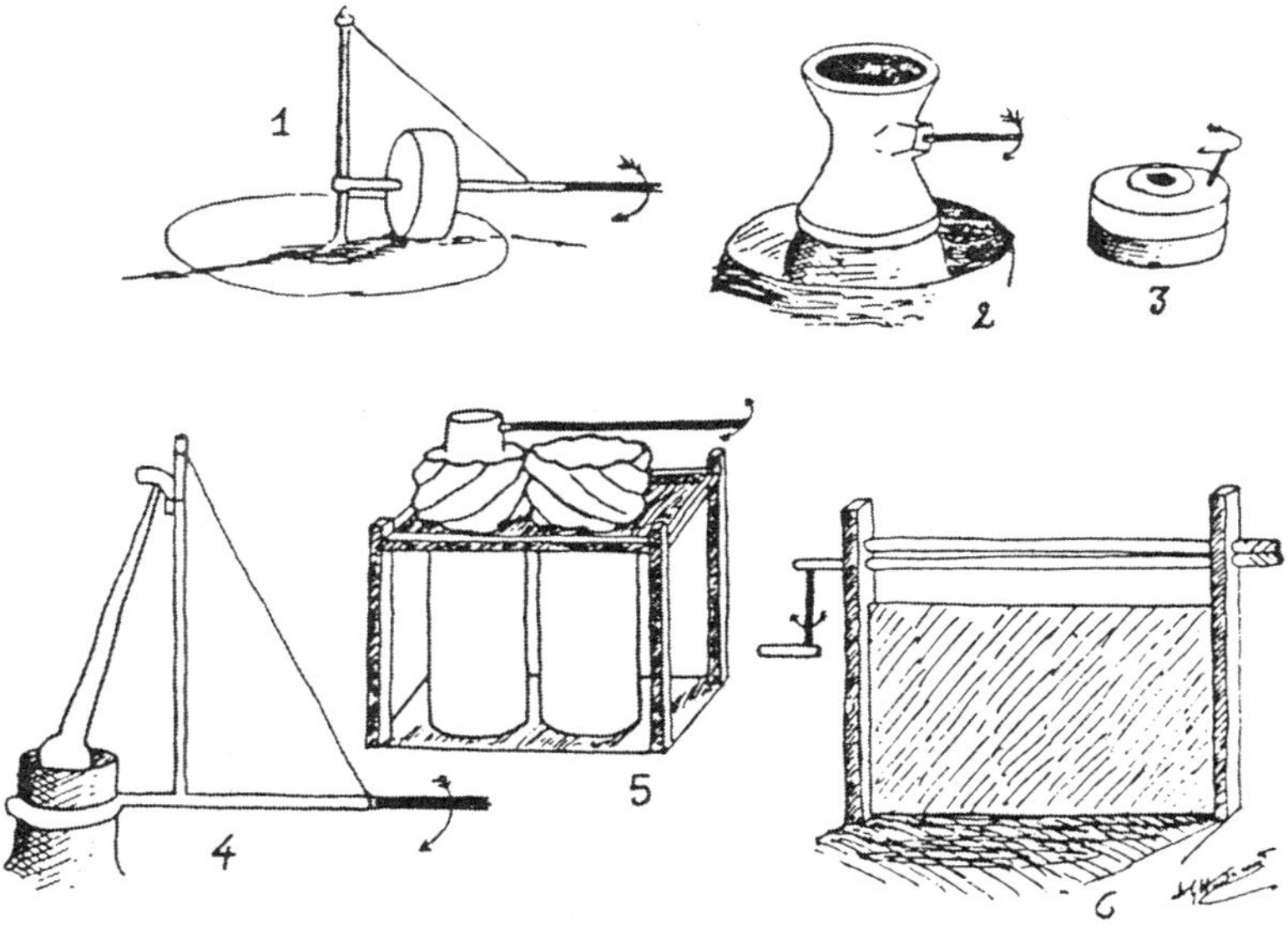

図10−1　碾（挽）き臼の型

てこの腕は黒く，可動部品は白く，固定部品には陰影がつけてある。

ここまで見てきたのは人間にはありふれた運動、連続直線運動を生み出す畜力であった。これからは〈連続円〉運動を生み出す動物を畜力回転装置のなかに見てゆくことにしよう。たしかに（錐、穿孔機、初期の旋盤の調査によれば）人間は〈往復〉直線または円運動によってしかそのエネルギーを堅い道具に伝達できなかったように見える。

穀を取り除くために砕くのはたたいて行うが、周知のように一端が球状の杵を押しつけて回転させながら砕くこともできる。それがインドの油とサトウキビ用の碾き臼[*2]の起源である（**図10―1・4**）。鉛直線に対して軽く傾いている杵は動物が引く水平の腕に連結されている。磨り臼には油か搾り汁が流れ出るための孔があけてある。

＊2　**碾き臼**（挽き臼）　原語はムラン moulin、手回しのものには挽字を用いた。

もうひとつのサトウキビ碾き臼は直立した木のローラーでできており、水平の腕がそれ自体を回転させる。このローラーの一端に彫った歯車装置が、第二のローラーを反対向きに回転させる（図10―1・5）。キビは二つのローラーの間でぺしゃんこに押しつぶされる。この畜力回転装置は手動の装置、綿花打ち機（図10―1・6）を生み出した。ローラーの軸は水平であり、同じ鉛直面内に位置している。それらはクランクで動かす。

ユーラシアでいちばん広まった碾き臼、しかも起源がいちばんはっきりしている碾き臼は次のものである。平らな面の上で、石のローラーが両端の一方は固定され、他方は動物に引かれている。ローラーはその通り道で出会うものを押しつぶしながら固定的のまわりを回転する（図10―1・1）。地中海沿岸地方のオリーブ碾き臼はこの型に属する。

ローマ時代に地中海沿岸式穀物碾き臼が出現する。二つ重なった中空の円錐が回転軸をなす円錐のうえで、水平な腕によって動かされる。上の方から第一の円錐の中へ入って来た穀物は第二の円錐とその円錐のあいだを通過しながら押しつぶされる（図10―1・2）。この碾き臼は、初めは握りが二つで往復円運動をする、次いで握りが一つで連続円運動をする、手動の挽き臼を生み出した（図10―1・3）。回転速度の増加は穀物に作動面のあいだを循環させる遠心力を増大させ、円錐の傾斜を減らすことを可能にし、最後には作動面が平になって、挽き臼は周知の円筒形をとる。

石臼の運動が同じ向きに継続しているその最中に、手は往復直線運動をしていることもありうる。たとえば極東では、粘土と竹でできた、米の脱穀に役立つ石臼は、水平に吊るした連接棒で作動させるが、その一端は労働者が押したり引いたりする把手になっており、他端は石臼の縁《へり》の柄に連結されている。

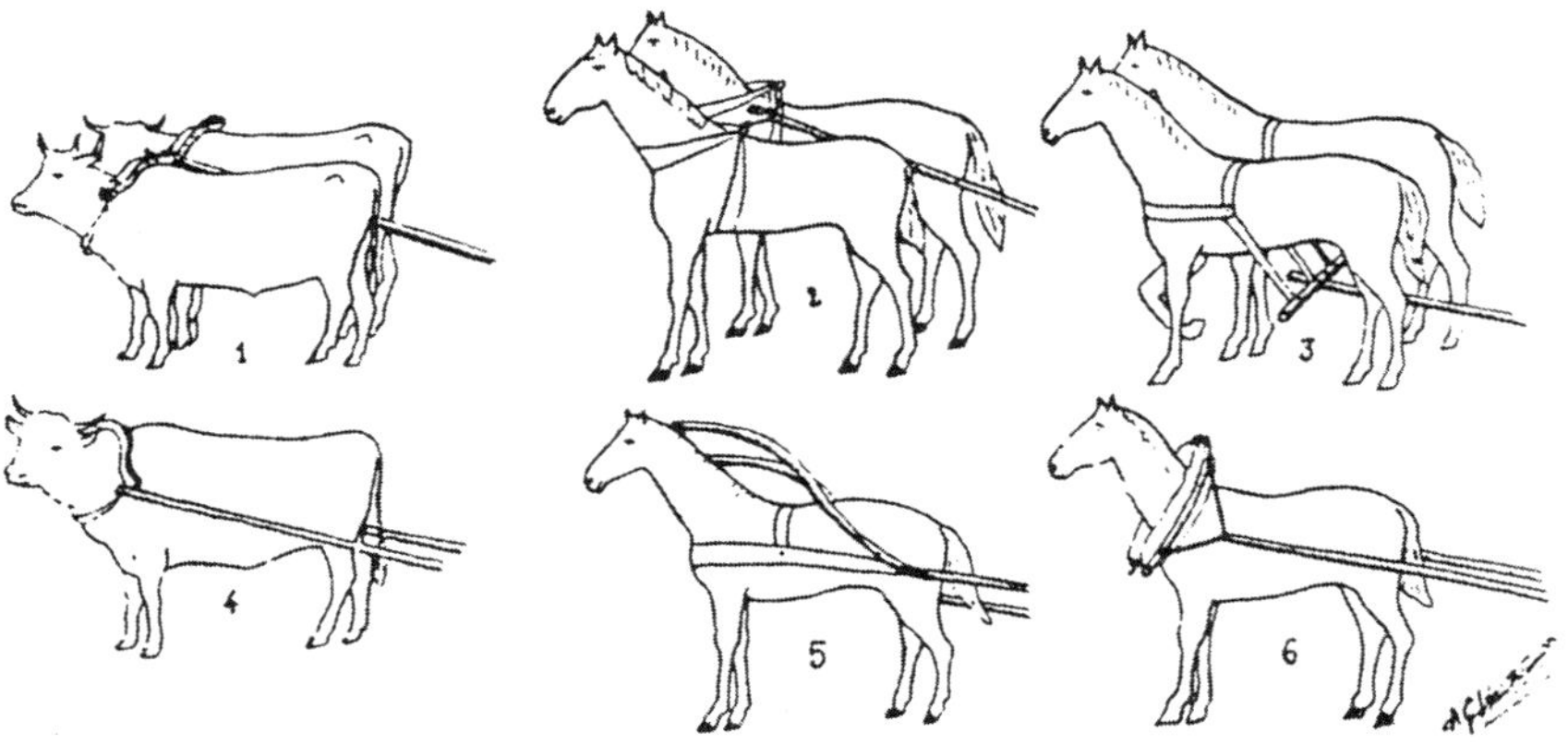

図10−2　牽引法

1.　手のイラン式繋駕法。2.　前者から派生した馬の古代（印欧式）繋駕法。3.　犂《シャリュ》の近代ベルベル式繋駕法。4.　牛の中国式繋駕法。5.　前者から派生した馬の中国式繋駕法。6.　馬の近代中国式繋駕法。

極東における畜力

中国と中国文明に依存している諸国では、人力がたいへん利用され、しかもきわめて巧みに利用されている。用いられる身振りの体系的な記述はなされていない。おおざっぱに言えば、土仕事の農具は西洋のと同等である。すなわち鋤、草取り鍬、熊手……。柄がなくて指のあいだに挟む、マレー人集団での稲藁を切るためのナイフに注意しなくてはならない。トンキンではこのナイフは鉤形の木の内側についている。米は藁打ちか人間の足踏みによって脱穀する。日本と北中国では、穂をもぎ取るために禾穀類を櫛状の器具（千歯こき）にたたきつけて、そのあと穂を殻竿で打つ。穀粒はふつうの杵か、それとも手動の両頭の杵−槌か、それとも足踏みの両頭の杵−槌で脱穀する。この最後の杵−槌は中欧にまで広がって、「撥《は》ね槌」*3のある鍛冶《かじ》場のペダルとドロップハンマーの起源になったと思われる。脱穀のために極東でも同様に使われている手動の挽き臼は、逆に西洋から来たように見える。

＊3 撥ね槌 原語はmartinet。鉄を打つシーソー式の槌。足踏みか水車の軸のカムで動かす。

てこ式圧搾機(3)と楔《くさび》の圧力は知られており、この後者は楔を打ち込む吊り木槌といっしょに巧みに利用されている。

運搬の方法は主に平地では天秤棒、山地では肩にかける紐付きの背負い籠である。

畜力回転装置の使用は一般に畜力の利用と同じく限られている。にもかかわらず動物の繋駕法は独創的である（図10―2）。

ウシは一頭だけ長柄の間に繋がれ、ガロ頸木が長柄の端を引っ張る。それは多くの場合長柄を柔かい引き綱に取り代えて、たとえば犂《シャリュ》、ローラー、馬鍬‐熊手をも引っ張る。ウマは似たようなやり方で戦車に繋がれる。考古学的証言のしめすところでは、中国古代の間ずっと、長柄付きの運搬手段を胸帯で引っ張っていた。人間は長柄付きの運搬手段を利用するだろう、すなわちそれが手押し一輪車である。

中央アジアの遊牧民によって運ばれた長柄と胸帯は大侵入の時代にヨーロッパに到来する。ヨーロッパで長柄付き手押し一輪車が中世になってしか利用されなかった理由はそれである。

ウマと牡ラバ用の胸帯は、南イタリアでは、詰め物をした堅い頸帯以外に、まだ使われている。堅い頸帯はむしろ最近である。それははじめチュルク‐モンゴル諸族によって利用され、中国とヨーロッパへ広まった。中国、チュルク、今日のロシアの繋駕法では、頸帯は長柄の端を短い引き綱で引っ張る。ヨーロッパでは頸帯は、もっと長い引き綱で、長柄の付け根かパロニエを引っ張る。梶棒付きの運搬手段と犂《シャリュ》の牽引には一本の可動木で結び付けた複数のパロニエを利用する。北アフリカでは、犂《シャリュ》は腹の下を通る帯に結んだ棒を介して繋がれる。

中国の播種具は手押し一輪車と馬鍬－熊手の合の子である。馬鍬の歯があるのと同じ数だけ円筒がある（インドの播種具は一本の円筒にすぎない）。

灌漑における生物動力

灌漑における生物動力の歴史を図式的にまさに生き生きと描き出すのは難しい、というのはこの歴史のもっとも肝心な点がインドやインドシナでは消え去っているからである。

エジプトでは、まず第一に給水、水の輸送が知られていない。新帝国（前一五八〇―前一〇八五）には古代中国において知られている撥《は》ね釣瓶《つるべ》（*chadouf*）が到来する。同じ時代のころにメソポタミアでは滑車が知られ、深い井戸を利用することが可能になる。ウインチはギリシアからすでに知られている。ポンプはピストン式送風機から発明される。

ローマ時代に水力が知られ、それはほかの動力の使用に影響をあたえる。生物動力による灌漑手段の配置は中世以来ずっと変わらなかったにちがいない。

極東では、人力は三つの方法にしたがって利用されている。人間は勾配のある水路で、数珠繋ぎの水受け板を連動させる車輪を足で回して、水を揚げる。この方法が西洋のバケット付き鎖ポンプを生んだにちがいない。往復運動によって動かす、撥ね釣瓶が第二の方法である。第三は二人で操作する綱の付いた手桶である。手桶の底に取り付けた紐のおかげで簡単に傾く。この方法はエジプトにまで伝わっている。

西洋では、さらに畜力の二つの方法を利用する。動物が牽引する綱付き手桶（綱は滑車を通る）、動物は行ったり来たりする。鎖ポンプ、動物はぐるぐる回って、運動を歯車に伝える。

ここまで見てきたのは、垂直軸のまわりを回るてこの腕を動力が引くか押すかして作用する動物動力回転装置である。それにたいして水力は水平軸を回転させる。そこから重さによって動力が作用する動物動力回転装置の着想が生まれる。リス籠、人間または動物が動き回る内部のある円筒は、ローマ人が知っていた。動力は外部にあってもかまわない。それが極東の傾斜した鎖ポンプ（龍骨車）[*4]の場合であり、人間がペダルを踏む。同じやり方で動物を利用することは斜面でしかできない。ベルトコンベヤー――それは近代にはじめて実現された。

＊4　**龍骨車**　中国では翻車と呼ばれ、明代の技術書『天工開物』に記述されている。凵型の木製の水路の中に数珠繋ぎに並んだ水受け板がいわゆる龍骨である。水路の両端にある歯車がこのエンドレスチェーンを回転させる。歯車軸に取り付けたペダルを踏む人力の踏車と、歯車装置を通して畜力で動かす牛転翻車がある。翻車はヨーロッパに導入された。十八世紀前半の工学者、フランスのベリドール（B. F. de Bélidor）とドイツのロイポルト（J. Leupold）の記述によれば、上端の歯車をクランクで回転させる人力の小型と、歯車装置を用いて畜力（ウマ）で回転させる大型があり、ベルリンでは揚水スクリューの代わりによく用いられているという。

結　論

農業に利用された生物動力史のこの駆足の報告から二つのきわめて重要な事実を取り出すことができる。進歩はヨーロッパ人の独占ではなくて、今日後進的な全住民は、新しい観念と技術的発明が循環する大きな経路の周辺にあるという、地理的位置のおかげで進歩の周辺に取り残されているのである。

ネシア諸族によって利用されたが、陸上の道ほど重要ではなかった。それは島々にたいしてその孤立を弱める作用をするが、かれらが依存している大陸の技術水準に島々を導きはしない。十八世紀には日本は中国に、マダガスカルとマレーシアはインドとインドシナに遅れをとっていた。航海の進歩のおかげで、その島々が海路の十字路になって、文明の中心となるのは現代にすぎない。

陸上交通の発展もやはり生物動力のいっそう効果的な利用と結びついている。とはいえ必要なのは物の大量の具体的な輸送でなくて、技術の普及と改良である。この観点に立てば、畜力が生存できない熱帯アフリカ地方では、アジア的な人力の技術を広めることがきわめて有用であろう。

原注

(1) 縛りつけた部品付きの犂《シャリュ》はエチオピアにあり、東欧にもまだたまにある。

(2) 撥土板は中欧ではプリニウスの時代に知られており、それは犂刃の位置に取り付けたシャベルだった。この型は今日まで東欧に残存した。

(3) てこ式圧搾機は南米のインディアンにサトウキビの汁を抽出するために知られている。民族誌家は不適切にもそれを「挽き臼（moulin）」と呼んでいる。

11　人力研究への寄与

技術の進歩は往々にして機械の発明の連続のように想像されている。機械仕掛けは、しかしながら、動力が供給するエネルギーを変換するに過ぎない。重要なのは動力である。

歴史家たちは、いまから数年以前は、蒸気からしか動力の話をはじめなかった。その後、ルフェーヴル・デ・ノエッテが歴史における畜力の重要性を指摘し、マルク・ブロックが水力への注意を促した。ところがもう一つの動力があり、それは歴史をもっているとはだれも考えない。にもかかわらずそれには歴史があり、特異なおもしろさがある。それが人力である。われわれは初手から、例外なく、日常用いているとは思っていない、にもかかわらず太古からの単純さでわれわれに現れる身振り。身振りは時代を経る間に変化した——しかし交代で、身振りは、それが作動させていた機械仕掛けに影響を与え、それからお返しに機械仕掛けの影響を受けた。

人や物を描いた記念建造物を信ずるならば、西洋古代においては足にはきわめて限られた動力の用法しか知られていなかった。しかもごく簡単である。すなわち葡萄の圧搾や布地の縮絨では、足はいかなる器具も介せずに動作する。エジプトでは、新王国に[*1]、アジア起源の容器付き鞴[*2]が現れるが（今日もインドとスーダンには残っている）、そこでは足は空気を追い出すために薄い皮を踏む。しかしその足が往復運動をあたえる木のてこの「ペダル」についてはどんな描写もない。

＊1　**新王国**　第十八王朝から第二十王朝まで（前一五五〇—前一〇六九）。

＊2　**容器付き鞴**　第十八王朝の墓の壁画に描かれた鞴。革袋の上下に深皿状の容器がかぶせてあり、その中間に柔かく弾力性のある革の帯状の層が露出している。労働者が容器の上に足を載せ、踵を上げ容器に取り付けた紐を引っ張ると後の開口部があいて空気が入り、踵で押さえると前のパイプへ空気が押し出される。二台の鞴を並べ両手両足で交互にその動作を繰り返す。

ペダルは西洋では中世にはじめて姿を現わす。それはおそらく極東から到来する。この機械仕掛けのいちばん簡単なものは足踏み杵、柄の端を足で押さえつけてその頭を持ち上げる太い槌である。それは米や製紙用パルプなどを搗《つ》くのに役立つ。東欧と中欧には広まりながら、この足踏み杵は、車輪がカム付きの心棒を回転させる水力（撥ね槌のある鍛冶場）を備えたフランスでは、浸透しなかったように見える。偶数と奇数の経糸を交互に持ち上げるのに使う二つのペダル（すなわち「踏み板」）は、同じく中世の間に東洋から到来する。

ペダルは同じく中国の機械工の旋盤も動かすが、伝わるのは往復円運動である。連続円運動の創出は、実際、技術史に興味深い問題を提出する。

手の円運動によって、紐の先端の物を回転させることが知られたのはたいへん早い。それが紡錘での糸紡ぎの原理である。回転軸のうえに置いた物をそれ自体で回転させるには、二つの方法しか自由に使えなかった。たとえば独楽、古代の陶工の轆轤《ろくろ》のように、連続運動で回転する物に手で一連の推進力（不連続往復運動）をあたえるか、でなければ物に紐を巻きつけて、その両端をそれぞれ交互に引っ張るかである。その物の円運動は往復であって、紐が行程の端にくるとき向きを変える。孔をあけるためと火を付けるための錐、それに中世の機械工の旋盤もそういうふうに作動していた。

いとも単純に見えるハンドドリル（クランク型の錐）はたぶん古代には知られていない。[1] 火付け用の錐は世界中に広まっているのに、火付け用のハンドドリルはパンパ（南米草原）のヨーロッパ起源のガウチョ[*3]（牧童）集団にしか知られていない（Montandon, 1934: 251-409, Frémont, 1913）。握り（クランク）を持つ手による連続円運動の創出は、動物の動力回転装置から着想された比較的最近の出来事だからである。

鉢のなかで打ち砕く杵から、押しつぶしながら回す西洋の薬剤師の乳棒への移行にたいしてさえ、インドの油搾り碾き臼、すなわち磨り鉢のなかで杵を回転させる動力回転装置を、その媒介物として認める気にわたしはかなりなっている。先端が球状のこの杵は薬品と一緒にインドから到来したのだろう。挽き石は直接には手動の挽き臼を生み出すことができなかった。後者は古代の穀物碾き臼、すなわち動物が上の凹んだ石を下の固定した円錐形の石臼のうえで回転させる動物動力回転装置の小型化に過ぎない。手動の挽き臼は握りによる連続円運動に人びと慣れさせながら地中海沿岸地方から広まる。

＊3　**ヨーロッパ起源**　ガウチョはふつう先住民とヨーロッパ人の混血である。

連続運動による灌漑の方法もまたこの進化（と水力の進化）のなかで一役を担っていた。バケット付き車輪を回転させるために、車輪の周囲に多数の握りがあり、そのそれぞれを人間が次つぎに押す（それが「リス籠」動力の起源であり、また歯車による動力伝動装置の起源でもあって、古代からよく知られた二つの事柄だった）。車輪に握りがもはや一つしかないときは、手の運動は連続的である。

クランクとハンドドリルは見かけは有史以前の単純さをもつ機械仕掛けである。実際には、それらは進んだ文明を特徴づけている、というのは車輪と畜力と、おそらくは、水力の存在を前提しているからである。

原注

（1） Espérandieu（1907, n°.1454）はそれにもかかわらず Daremberg-Saglio, Blümner および Feldhaus によって無視されている証言を提出している。

12　習慣的身振りと衣服の形と荷物の運び方の関係

衣服の特定の形と荷物の特定の運び方はたがいに密接に関係づけて研究しなければならない。この両者は似たような身体の姿勢をともない、必然的に、使用されて習慣となり、同じような身振りを獲得する結果をもたらす。その歴史と地理的分布はたがいに照応している。

身振りと衣服と荷物の運び方のあいだの関係という事実は、現在まで、あまり注意を引かなかった。ところがそれはわたしには、たんにこれこれの衣服の形とこれこれの荷物運びの型の広がりを説明するためだけでなく、今日でもなお、これこれの慣習、技術、あるいはやり方でさえ、その「成功」と「不成功」を説明するためには、やはりたいへん重要であるように見える。

しかしながらこの研究をはじめるにはもっと一般的な性格のいくつかの観察が必要であるように思われる。わたしが期待するのは、それらの観察が、わたしが確立しようと試みたよりももっと明白な説得力に富む関係を、一方では、裁断されていない衣服（チュニック、ポンチョ型）といろいろなやり方の（額帯、肩帯などを使った）荷物運びとのあいだに、そして他方では、裁断された衣服（ジャケット、カフタン型）と二本の背負い帯を使った荷物運び（背負い籠、背負い袋）とのあいだに、導入してくれることである。

いくつかの予備的な観察

習慣的身振りと身体の姿勢の「環境」への影響

ふだんに行う習慣を獲得した身振りはある種の姿勢を身体に刻みつけ、こんどは、それが人間の生活環境全体——道具、家具、住居、衣服——に逆に作用する。

椅子をまだ日常的に実用していない、東洋の諸民族は長時間なんの疲れもみせずにしゃがんだままでいて、その姿勢で、すなわち「あぐらをかいて」やすやすと仕事をするのに、西洋人にとっては、椅子の利用に慣れ親しんでいるので、踵のうえにしゃがんでいるのはつらく、長く続く痛みでさえある。

この姿勢の結果はほかの姿勢あるいは身体の利用のうちに、道具の形とその持ち方および使い方のうちに、人間のすべての生活環境のうちに見て取れる。土のうえに習慣的に腰を下ろせば土そのものにたいしていくつかの仕事を行い、足にいろいろな役目をたやすく分担させることが可能になる（ナイル川の漁師はその網を修理するときに、またアイロンがけを利用するカイロの仕立て屋はその足でかけるときにそうする）……。土のうえにじかに座るのが習慣になっているこの同じ姿勢が、ある種の家具（高いテーブル）がなくて絨毯がたくさんある理由である。それは天井のかなり低い住居にぴったり適しており、東洋の市場の商店と職人の小さな仕事場の床は、店員と陳列棚が客の高さになるように、通りの高さに比べて高くする必要がある。

ある特定のやり方で物を運ぶ習慣があるということは、その物の形への、結びつける、据えつけるなどのその装置への、反響である。

しかし逆に、ある家具、ある道具、ある形式の住居、ある衣服などを採用することが、人間の筋肉の振る舞い、その姿勢、その習慣を変える。

筋肉の習性、技術の「借用」ないし「借用拒否」

前工業化社会であれ工業化社会であれ研究するさいに、慣習の、技術の「借用」ないし「借用拒否」、筋肉の習性であるこの人間的要因の役割は現在まで十分に活用されなかった。

新しい身体の姿勢を必要としないがゆえに〈借用〉が容易だった例。P・クレマン（1948）が提供したのは、職人の慣れた身体姿勢に適する「大西洋船来品」に坐った、ベルギー領コンゴの黒い鍛冶屋の例がある。土着の椅子は、作りは異なるとはいえ、似通った姿勢に対応しており、それがヨーロッパ型の椅子の成功を説明する。

反対に実行すべき身振りの「借用拒否」の例。コートジボアールの師範学校の校長が最近説明していたのは（Mounier, 1948）、モシ族の若者たちは手仕事に興味をもつことがどんなに難しいかである。手仕事は「粗暴な激しい軽蔑すべき動きを必要とする」、「モシ族のある長老はほとんど身じろぎもせず、ゆっくり言ってきかせるだろう、気品、権威はゆったりした身ごなしで表現するものだ、と」。

習慣、道具などの変化が起こることにたいして社会的権威が十分な圧力を加えるとき、その変化はそれ自体身振りの体系の全体に、身振りのリズムにさえ影響を及ぼし（Haudricourt, 1940a および 1940c）、そして逆に——新たな「借用」にもまた有利にはたらく。この研究がしめそうとするのは、とりわけ着物と荷物の運び方にかんして、ある形の衣服を採用することが重い荷物のそういう運び方を採用するのをどう助けることになったかに、注意をうながすことである。

次第に多くの身振りの分解へ

人間はある種の運動ができないままだとしても、それでも全体としては、その身体とその筋肉の利用技術に進歩が認められる。その生物学的社会的進化の間に、人間は身振についていっそう多くの自由と技量をいわば獲得する。想像できるのは、以前は人間がいくつものことを同時にやっていたので、人間の運動はもっとぎくしゃくしていたが——「大摑みに」言ってよければ——、後になると、その身振りを分解して、それを次つぎに行うにいたったということである。

言語活動がそれについていくつかの際立った実例を提供している。相対的に孤立している民族が話すあるいくつかの言語は、多数の筋肉の収縮によって生ずる子音を保存してきた〈子音は肺臓から出る空気の柱の中断または狭窄によって生ずることを想起しよう〉。アメリカ、アフリカ、ヨーロッパ〈コーカサスの山岳地方〉の多くの言語もまた〈喉頭化〉*glottalisées* 子音を有している、つまりそれを生成するために喉頭は舌および唇と同時に収縮する。ホッテントット族とブッシュマンは〈吸着音〉*clics* を有していて、その音のあとにある母音を発する。ところで今日、もっとも広がっている近代語のなかには、もはや喉頭化子音や母音がついてくる吸着音は観察されない、なぜならこれらの言語は筋肉運動のいっそうすぐれた調整——と継起——に辿り着いたからである。

たとえば、フランス語では、喉頭が振動する子音〈有声子音〉*sonores*〉は「軟音」である、つまり頬筋によって比較的弱く発音される。中国語では、喉頭の運動が「声調」(四声)を生ずるのは母音を発声する間である。一言でいえば、筋肉の行う最大の努力が、〈同時に〉生ずるのでなく、口へ〈あるいは〉喉頭へと次つぎに向けられるのである。

身振り——〈人間によってますます容易に分離される身振り〉——の獲得がこんどは習慣の、やり方の採用と拡大を容易にして——多くの場合それら自体が自然にあったものよりももっと複雑になる。たとえばジャケットと二本の背負い帯による荷物運びは、どちらも次つぎに手を通す運動を必要としており、チュニックのような、頭を通すだけでいい衣服の型よりも明らかに後のものである。

荷物を運ぶ能動的様式と受動的様式

物は筋肉を恒常的に収縮させることによって、たとえば手に持ち、抱いて持ち、腕に下げて持って、運ぶことができる。ここで〈運ぶ能動的様式〉と呼ぶのがそれである。運ぶ物は、頭か肩のうえに、釣り合いをとって載せることができるし、帯に掛け、肩から斜めに帯で吊るすことができるし、衣服の折り返しのなか、ポケットのなかに入れることができる。それは立ったままの姿勢とすでに移動するのに役立っている筋肉以外の筋肉を活用する必要がない。ここで〈運ぶ受動的様式〉と呼ぶのがそれである。

荷物を〈能動的〉にと〈受動的〉に運ぶ様式のあいだの区別はわれわれには「系統的な」意味があり、だからそれにこだわることが重要であるように思われた。

「受動的」様式は歳を重ねる間に能動的様式を犠牲にして発達する。上達の形式のひとつは筋肉の消費を節約することにある。とはいえ二つのやり方の間には当然あらゆる中間形が見出される。わたしはカバンを手で持ちながら、脇に抱えて運ぶ、すなわち能動的様式。わたしが手をポケットに入れると、カバンは手首と腰骨のあいだに挟まれて安定する、すなわち受動的様式。

赤ん坊は、運ばれる物のなかでは、運び方がもっとも古い慣習に属する物である。それは西洋人の集団では能動的な型である。ヴェトナム（Colani, 1938）と海南島（Stübel, 1937）では、赤ん坊は腰に馬乗りに載せられ腕で支えられるが、それはすでにひとつの改良である。トンキンのタイ族集団（Diguet, 1895）とマライ族集団（Colani, 1938）では肩から斜めに結んだ布地の帯で子供を支える。最後に山地民のミャオ族またはカー族はその子を袋か背負い籠で背中に担うが、それは仕事をするために両手を空けておく受動的運び方である。A・ルロワ－グーランは子供運びのさまざまな型に著作の一節を割いている（1943. また Mauss, 1935 を見よ）。

世界各地のそのさまざまな観察から、もっとも古い慣習の技術を保存しているので、時代遅れの民族のように見えるのはヨーロッパ人だということが分かる。女たちは、多くの場合労働も強いられているにもかかわらず、理性に反するやり方でその子供たちを運んで筋肉エネルギーを浪費している。インドシナの山地民のあいだでは、そういう「贅沢《ぜいたく》」はもはや考えられない。食料供給に織布、種播きに取り入れ、産業《なりわい》は、大部分、婦人労働にかかっている。ヨーロッパの古い慣習にはある感情的な理由がある。すなわち両親はその子にたいしてへとへとになりながら（無益に）愛情をしめそうと考える。子供が夜泣きするとき睡らせるために両親が腕に抱くのがどれほど悪習であるか……同様にまたフランスでは依然として肩を通る実用帯方式の採用にどんなに固執しているか、それは「受動的」に子供を横向きか仰向けにして運ぶことを可能にする

――製造業がその広告で告げる、「近代的」方式！

今日、わが国で、「能動的」な――かつ古い慣習の――運び方が維持されているのはおそらく技術進歩のせいでもある。つまり乳母車の出現と普及（その反面地球の多くの部分では知られていない）、そして理性にかなったほかの解決法への努力をしないですませていること。

ほかのある文明にたいして、あらゆる点で、技術的にすぐれている文明というものはない。ある点にかんする進歩はほかの点にかんする古い慣習の保存をもたらす。これはたいてい見過ごされているが、しかし構造的変化の法則であり、社会制度とおなじく生物進化にも適用される（幼形成熟[*1]）。

＊1　**幼形成熟**　動物における幼生の形質と再生された素質との共存。

衣服と身振りと荷物運び

裁断しない衣服とその衣服を通す身振り

古典古代に利用された衣服はゆるやかなひだのある衣服――一枚の帯状の織物でできていて身体のまわりに巻きつける――か、でなければチュニック（かポンチョ）型の衣服――袋の形にこしらえた一枚の織物から成っていて、頭と両腕を通すための三つの孔が開いている――であった。これらの型の衣服は、裁断することもぴったり合わせることもなく用いることになっている長方形の布地の機織《はたお》りと結びついていて、全ユーラシアで同じ手段の使用者に出会す。

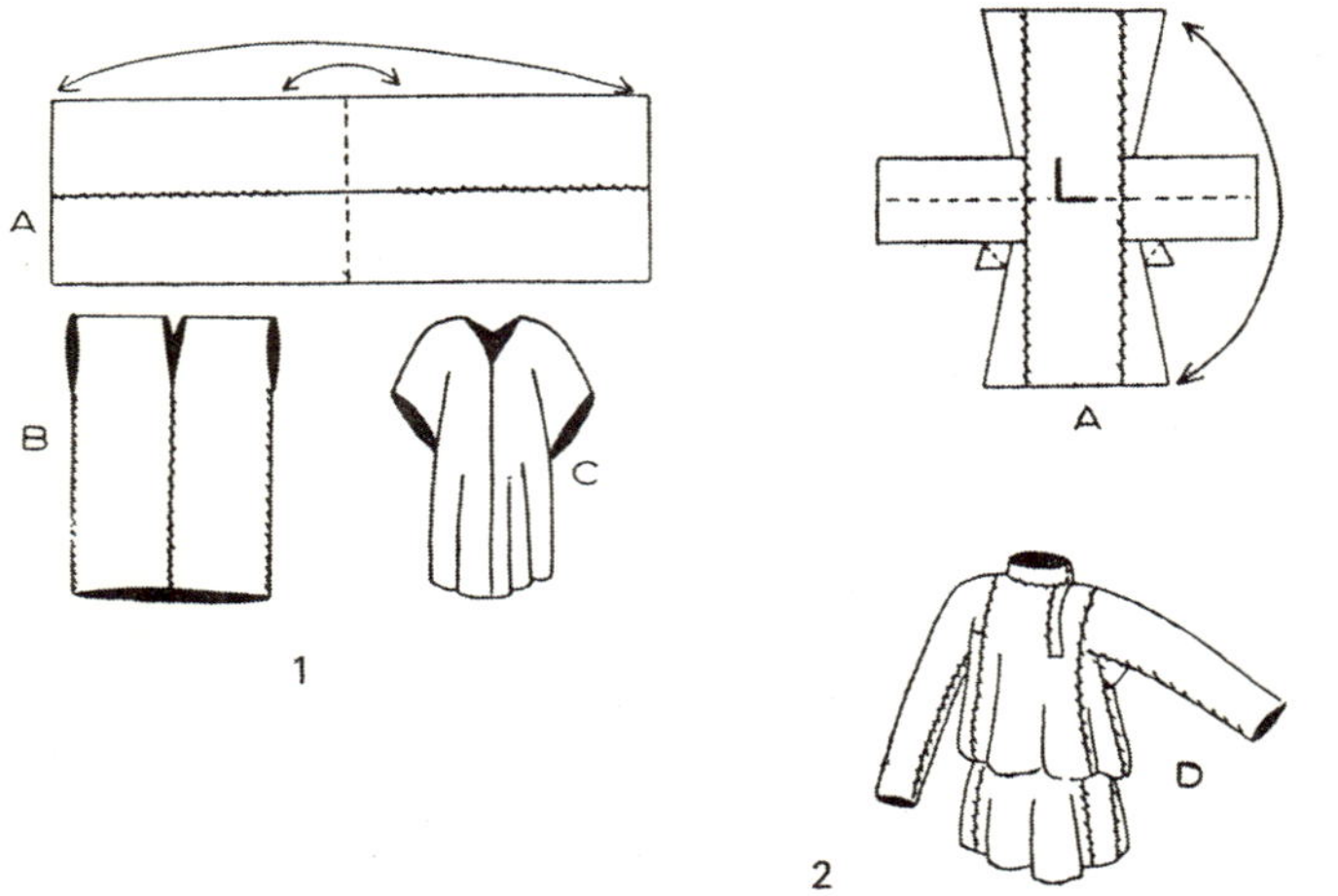

図12−1と2　裁断も合わせもせず，頭を入れる衣服

1. チュニックまたはポンチョ。A．広げた布地。B．縫い合わせた衣服。C．人が着た衣服。
2. 閉じたチュニック（ロシア）。

（A. Leroi-Gourhan, 1945, fig. 991, 1001より引用したデッサン。）

裁断も合わせもしない衣服をどうやって着るか。身体のまわりに巻きつけて（トーガ[*2]、腰布）、または中に「入り込んで」（チュニック、ポンチョ）、つまりはじめに頭、ついで両腕を入れて（片腕を、ついで頭を、ついで別の腕を通す。もっと複雑な一連の身振りはすでに図示してある）（図12―1と2）。

＊2　**トーガ**　古代ローマ人の正装、ゆるやかなひだのある長い衣裳、市民の象徴。後世では、司法官、弁護士、教授などが着用する。

裁断しない衣服と荷運びおよび牽引

衣服は普通受動的に運ぶ物である。さて裁断しない衣服には「受動的に」、身体のある部分のまわりを通る帯によって、たとえば額帯付きの籠によってか（ヌビア人によって表現されたエジプトの浮き彫りに最初の表現）、あるいは腰にもたせかける重い荷物を負うための胸帯によってか、あるいはまた胸に斜めにかける胸帯によって、物を運ぶ様式に対応している。

極地の牽引動物がそれぞれの仕方で繋がれているのに注目するのは興味深い。トナカイは肩から斜めに帯で繋がれ、イヌは腰のうえの帯で（サモエード族）か、あるいは二本の肩帯で（エスキモー）繋がれている。

裁断した前開きの衣服は、ヨーロッパでは、裁断されない衣服の後にやって来る

古い文明地方での、「裁断された」しかも「前開きの」衣服、ジャケットの出現は、チュルク－モンゴル族の遊牧民の拡大の結果として起きた、遅い時期の出来事であるように見える。「ジャケット」型の衣服の図による最初の証言は、ヨーロッパでは、ある写本の細密画である。この資料はブルガリアの戦士を表現しているとみなされており、ボタンと「飾り紐」を備えたジャケットを着ている（図12―3）。ボタンは最初は上着の前を留めるために、それを閉めた状態に保つ紐といっしょに使用されていた。この紐はのちには「飾り紐」になり、最後には、たいていの場合、もはや装飾的な役割しかもたなくなる（図12―4）。

このようにヨーロッパでは、中世初期から十八世紀にいたるまでに、ひとつの型の衣服の推移が目睹《もくと》される――ボタンで留める長いゆったりした外套、それは、もっと温暖な気候に合わせて、短くなり、しかも、地中海沿岸諸国を通ることによって、その袖を失いさえする。

〈上着（ジャケット）〉*veste* という語はラテン語の *s* を保存したとしても――〈着る〉*vêtir*、〈着物（衣服）〉*vêtement* という語にはもはや存在せず、この *s* は中世以来フランス語の語から失われていた、正書法には十八世紀まで保存されていたにもかかわらず――それは *veste* という語が十七世紀のイタリア語[*3]からの借用であるということだ。つまりイタリア語ではその語はまだガウンを意味していて、ジャケットは *giacca*

図 12-3　〈バシリウス典礼暦〉のブルガリア人

裁断して，合わせた，前開きの，ボタンと閉めるための「飾り紐」を備えた，衣服を着ている。衣服は次つぎに袖に手に入れて身に着ける。

L. Niederle（1926, vol. 2: 73）から抜粋したこのデッサンは，東ローマ皇帝バシリウス二世（10 世紀末，11 世紀初頭）を讃えて作成された典礼暦，〈バジリウス典礼暦〉に入っている挿画の，約 400 枚の豪華な細密画の 1 枚に本づいて制作された。

図 12-4　今日のカフタンにみる飾り紐の名残りの証言（エストニア）

飾り紐はここではもはや有用な役割をもたない。それは装飾的な要素になった。しかし裁断した前開きの衣服の歴史における系統の記言として興味深い。（A. Leroi-Gourhan, 1945, fig. 1006. のデッサン。）

であった。下着のガウンを意味する*jupe*[＊4]という語（モリエールにとっては*jupon*[＊4]は男の衣服だった。『タルチュフ』、V4）は、アラビア語の*djoubba*（ウールの長い衣服）となり、その指小辞*jupel*は十三世紀にはジャケットを意味し（アダン・ド・ラ・アール[＊5]）、カスティーリャ語（スペイン）では、*chupa*はジャケットである。*casaque*（男性用マント）はチュルク語の語（オスマン・トルコ語*kazak*、カザン・タタール語*kazaki*）であり、フランスでは十六世紀以来そう呼ばれている。*gilet*（チョッキ）は、十八世紀まではフランスには稀であり、マグレブ（北アフリカ地方）のアラビア語*djalika*、チュルク－オスマン語*yelek*を介してスペイン語*gileco, jaleco*として到来した。*cravate*（ネクタイ）という語はクロアチア民族の名称から来ている。クロアチアの騎乗者がフランスで一般的に使われているネクタイを着用していた（Dauzat, 1938）のである。

＊3　**イタリア語**　イタリア語のvesteは衣服を意味し、veste da cameraといえばガウンを指す。
＊4　***jupe, jupon***　今日ではjupeはスカート、juponはランジェリーを指す。
＊5　**アダン・ド・ラ・アール**　Adam de la Halle（v. 1240-v. 1287）. フランス、ピカルディー地方のアラス生まれの詩人、劇作家。

これらの例は影響の伝播の、東南から西北へという、方向をしめそうとねらっているに過ぎない。適切な方法としては、それを指す名称を獲得するまえの物を入念に研究する必要があるだろう。裁断した、ぴったり合わせてボタンをかける衣服は、いまでは全世界にヨーロッパ人とその影響力を特徴づけているが、それゆえヨーロッパ起源ではない。

仕立屋のラテン語の名称つまり*sartor*は、スペイン語*sastre*に保存されており、もともとの名称*Sartre*では、縫う人（*sarcire*、繕う）を意味する。フランス語の今の名称*tailleur*、英語の*tailor*（もともとの名称*Taylor*）、独語の*schneider*、「裁断する人」は、衣服の製作のなかで、布地の裁断が担った重要性の徴である。

なるほど、エーゲ海文明以来、ぴったり合わせた衣服は見られるが、それはひだを寄せて紐で締めることによってである。なるほどローマ時代にはゆったりしたズボン*bracae*、ガリア人のパンタロン、を裁断した〈ブラカリ部族〉*bracarri*[*6]がそこにいたが、チュニック（*tunica*、ギリシア語*khiton*は、フェニキア語の語であり、*camisia*「シュミーズ」（シャツ）は、ゴール語の語である）はぴったり合わさっても前が開いてもいない。締める方法は紐、ピン（留め金）である。

＊6　**ブラカリ部族**　スペイン東北部のタラゴーナ地方に住んでいたガリア人の一部族。

衣服の型の継起順は次の通り――チュニック、ガウン、ジャケット――だったが、「古い慣習の」形式はもっと新しく魅力的な形式のかたわらにもちろん生き残った。同一の社会のなかと同一の個人についてこの事実を観察することができる。

ヨーロッパでは、女性はまだ「チュニック」型のスカートとブラウスを着けており、聖職者と裁判官はまだ「ガウン」を着けている。女性のあいだでと同じく男性のあいだでも、下着はまだもっと古い型、〈チュニック〉型であり、男性用の、上から下へ前が開いていて、だからジャケットのように手早く着られる、「アメリカ風」のシャツが現れたのは最近にすぎない。

裁断した衣服の採用が身振りと荷物運びのやり方にもたらした重大な結果

身振りへの影響という観点から注意したいのは、ジャケットは袖に、〈次つぎに〉、手を通すことを必ず想定していることである。ジャケットの普及はだから相次ぐ身振りによって手を通して衣服を着る習慣を伴っていた。

ところで、これまた、相次いで手を通す運動を必要とする、荷物運びの様式がひとつある、それが背負い籠や背負い袋の場合のような背負い帯での荷物運びである。

ジャケットと二本の背負い帯（いたるところでこの二つの物が必ず共存しているとは主張しない）とのあいだに、そしてその普及のそれぞれの歴史とのあいだに、繋がりがあると想定するのは行き過ぎた一般化を行うことになるのだろうか。

いずれにせよひとつの事実がある。背負い帯つき背負い籠か背負い袋がジャケットよりもっと古いといういかなる表現もヨーロッパにはないということである。（背負い袋、ドイツ語 *Rücksack*（リュックサック）、また背嚢、ドイツ語 *Habersack*、燕麦袋は最近で、軍隊起源である。）

おそらく同様に、わがブドウ栽培業者の背負い籠は、もしローマ時代まで遡るとすれば、かつては背負い帯でなく、頭帯か胸帯で運ばれていた、と主張できるのではあるまいか。（*Bretelle*〈背負い帯〉はフランスではやっと十三世紀に、古代高地ドイツ語の *brettil*、頭部の馬具（とくに轡と手綱）から来て、肩の上を通る革帯の意味で現れた。）

アジアでの裁断しない衣服と裁断した衣服（カフタン）

アジアでは、似たような事実を観察することが可能である。

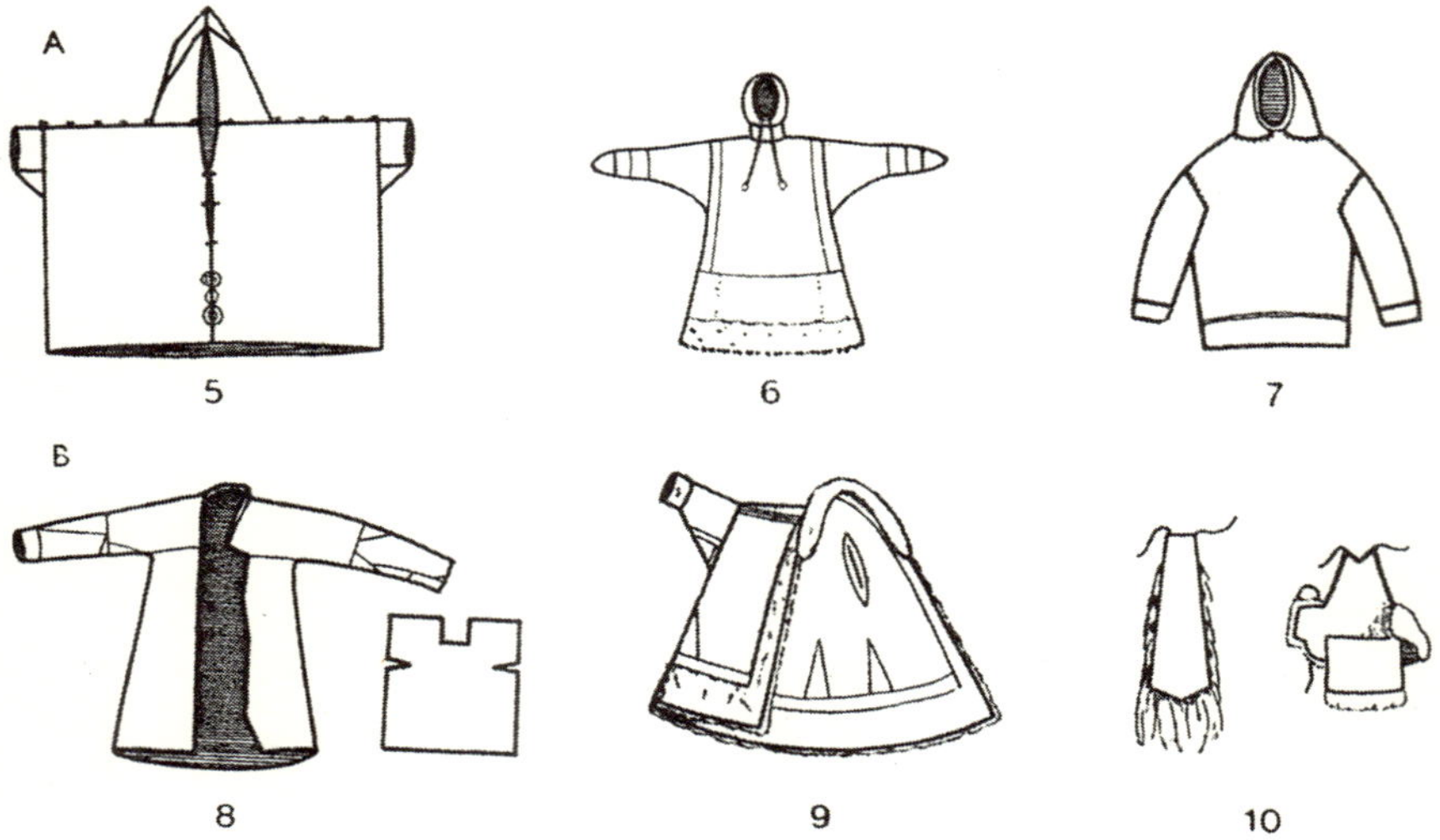

図12–5〜10　アジア諸民族の衣服，毛皮服

A型，比較的古い（本文をみよ），〈ポンチョ〉型。5. ウゴル語族の「ポンチョ」。6. オスチャーク族（フードつき），チュクチ族（フードなし）の衣服。7. エスキモー（キング・ウィリャムズ・ランド）の衣服。

B型，比較的新しい，〈カフタン〉型。8. ラムート族のカタタン。9. オスチャーク族の婦人用カフタン。10. ツングース族のバスト隠しは，前開きの衣服にはなくてはならぬ補完用品，ほかにふさぐ解決法がないのだから。　(G. Hatt, 1914, pl. I, III, IV, X.)

（1）チュニックとそれが必要としている「全体を」通す身振りから、次つぎに手を通すことを前提としている、前開きのカフタン型の衣服への漸次的な交代。〈カフタン〉*caftan* という語はトルコ語起源（東トルコ語 *qaptan*、キルギス語 *qaptal*）のロシア語の語である（Radlov, 1893-1911）。

（2）衣服のいろいろな形式と荷物の運び方とのあいだの結びつき。

衣服について集められた観察は今日の人間諸集団にあってはたがいにたいへんまちまちであったが、しかしそれは類縁関係を打ち立てることを可能にする、いくつかの類似した衣服の伝統をしめしている。G・ハット（Gudmund Hatt, 1914）はアジア諸民族の毛皮服にかんするその博士論文のなかで、裁断して縫製

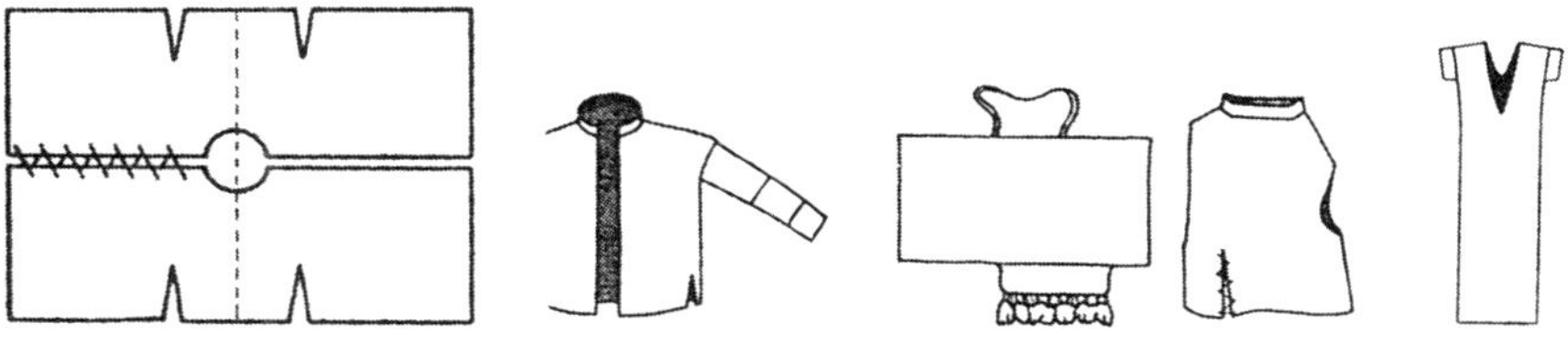

11　12　13　14

図12-11～14　プリ－アカ族（北ラオス）の衣服，織物の衣服

古い慣習の諸民族（東シベリア）の衣服の裁断を思い出させる，〈カフタン〉型の衣服。11. ジャケットの胴部を裁断した，プリ－アカ族のカフタンの型。12. 女のカフタン。13. バスト隠し。14. もっと古いポンチョの型の遺物か。この「儀式用」の衣服は，頭を通し，喪のときか，婚礼の日にもっぱら夫だけが着用する（13と14は写真によるデッサン）。プリ－アカ族は現在では，中国－ラオス国境の，ラム族の北に隣接して住んでいる。(Izikowitz, 1942, p. 143, fig. 6と7, p. 149, fig. 10による。)

した衣服に二つの型を区別している――（a）ボグール人とチュクチ族とエスキモーが着用している「ポンチョ」（チュニック）型、（b）ツングース族とモンゴル族が着用している「カフタン」（ジャケット）型。ツングース族のジャケットは前が重ならず、襟に留める長い胸当てがついている。ハットは、難なく、a型がb型より古いと立証している（図12―5～10）。

「チュルク－モンゴル族」の衣裳の極東への拡大はヨーロッパへの拡大と同じ原因であった。すなわちチュルク族、モンゴル族、そして最後に満州族が、部分的にか全体的に、中華帝国を征服し、〈カフタン〉型を広めた。ついで中国文明の影響がこんどは中国人がその征服者から借用した衣裳を普及させた。日本人の〈着物〉*kimono*、前を合わせず、ボタンで留めず、重ね合わせるローブは、前を合わせてボタンで留める大きなローブを広めたモンゴル諸族と満州所属の侵入以前の、古代中国の衣裳を想起させる。

中国南部の、マン族、ミャオ族の集団では、「カフタン」が短縮してジャケットになっている。イジコヴィッツ（K. G. Izikowitz, 1942）は、北ラオスの、ロロ族、プリ－アカ族のような近縁民族の集団のなかで、両性用の衣裳として、前を重ね合わ

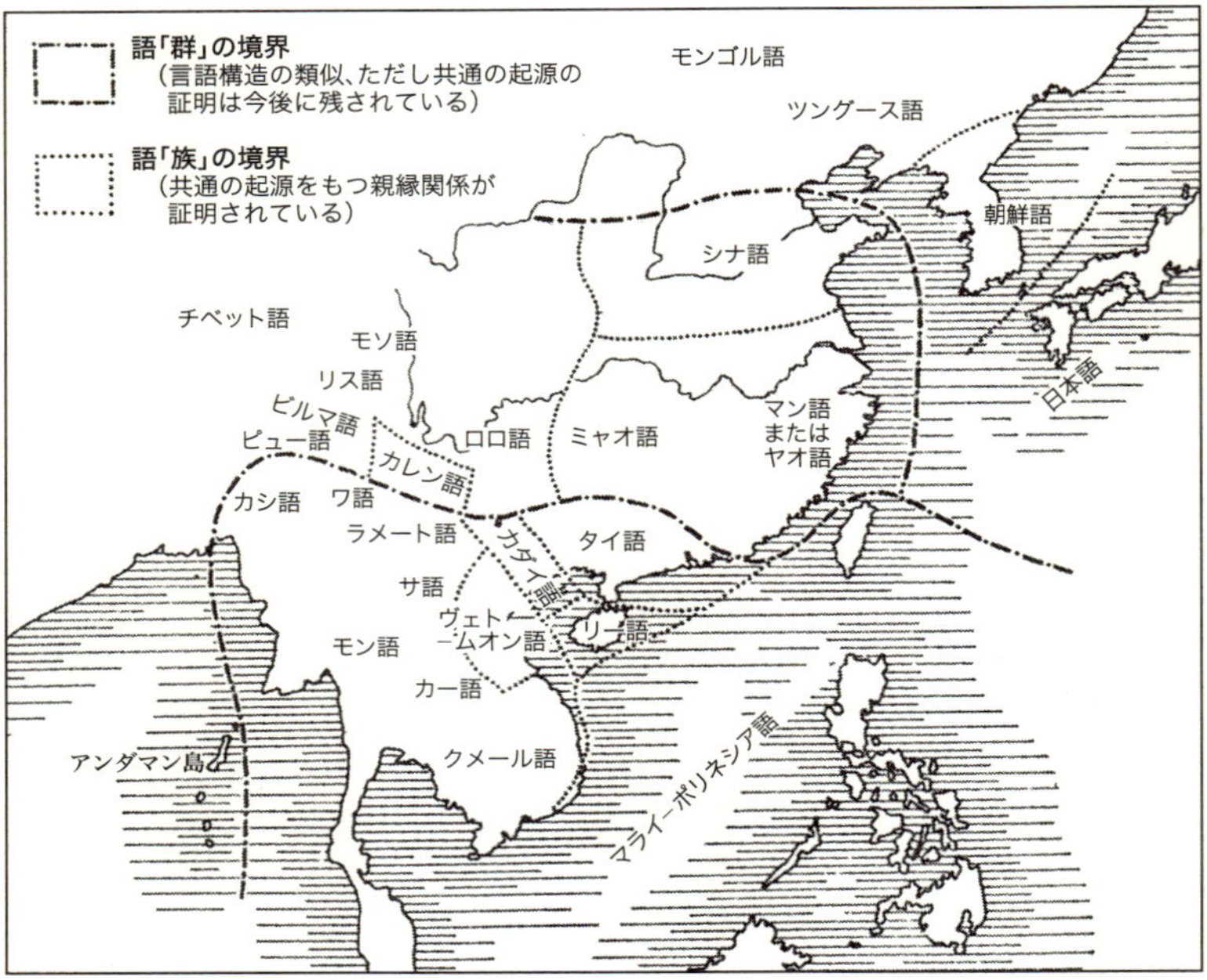

図 12-15　西暦紀元前 3 世紀ごろの東南アジアにおける民族と言語の所在

実在した分布，しかもいくつかの事実の現在の分布を説明できる接触をしめす，民族と言語の古代の所在——中国人とシャオ－ヤオ族によって採用された〈カフタンと背負い帯つき背負い籠〉は，その後拡大する中国人が到来したとき南方へ拡がって，ベトナム人を中国化し，こんどはベトナム人がコーチシナ（南ベトナム）まで南下する。——〈ポンチョと前頭帯つきの背負い籠〉はいたるところで，ロロ族（ラオスまで南下した），カレン族（南シャムにまで達した）の集団で，マライ半島で，台湾で，そして北日本のアイヌの集団で保持されている。

せないジャケットを観察することができた。前をふさぐために男は上に胸当てを、女は下に胸隠しを着ける。喪と婚礼のときに着る儀礼用の衣裳は「ポンチョ」型であり、おそらくは過去の遺物を表現しているか。（図12—11〜14）

同じ業者の観察によれば、近隣の民族、モン-クメール族群のカー-ラメート族は、五十年前まで、しなやかなひだの組み合わせが可能であるにすぎない、ただいて作った本皮の布地しか着たことがなかった。これらの民族はそもそも機織りを知らなかった。クメール語とタイ語の織機を指す語*ki*（機）と、職人*jang*（匠）は、シナ語からの借用である。

インドシナの北部はだからきわめて鮮明な文化的境界をなしていて、北では涼しさ南では暑さが増大する地表の起伏全体の違いと、南の隣国の住民を押しやった中国の人口圧とに、同時に起因する対立を呈していて、その結果現在見られるのは、数世紀以前から、何千キロメートルの距離に及んでいた、諸民族の接触である（図12—15）。

この「境界」地方全体にさまざまな型の衣服が、しかも荷物運びの異なったやり方もまた——衣服のその型に対応して——並存している。

アジアでの背負い籠を運ぶ様式——額帯、胸帯、または二本の背負い帯

トンキンで、肩の背負い帯で背負い籠を運ぶのはマン族とミャオ族だけである（しかしながら、そこでもまた、赤ん坊を運ぶのに多くの場合斜めにかける二本の肩帯を使う）。近年中国から到来したこれらの民族はトンキン西南の山岳地帯に入り込んで、ほかの山岳民族であるロロ族、つまりサ族またはカー族（モン-

図 12-16 ～ 20　一般に，背負い帯つきの背負い籠を利用しなかった人間集団のなかで，アジアでのいろいろな荷物の運び方

額帯による荷物運び――16. コリャーク族（シベリア，カムチャッカ半島の北部で）。17. アイヌ（サハリンすなわちカラフト島）。18. マライ半島で。――胸帯による荷物運び――19. 日本で。20. アンダマン島で。（A. Leroi-Gourhan, 1943, fig. 171, 172, 173, 174, 175 から抜粋したデッサン。）

クメール族）と偶然に接触する。ところがこちらは額帯で背負い籠を運ぶ（Diguest, 1895）。

そこでは、ヨーロッパでと同じく、肩の背負い帯はジャケットよりもやはり新しいように見える。額帯付きの背負い籠はシベリアのコリャーク族、アイヌ（カラフト）の集団に（Leroi-Gourhan, 1943, 1945）、柔かいひだの衣裳のマライ‐ポリネシア族（台湾）の集団に（Alvarez, 1930, vol. 1, fig. 77-78. また Savina, 1924を見よ）みられる。西方では、雲南のロロ族は、その近代的衣裳にもかかわらず、額帯付きの背負い籠を持ち、おまけに木の竿を肩にもたせて完璧を期する（Liétard, 1913, fig. 4と5：82）。背負い帯付きの背負い籠は両性が運ぶのにたいして、こうした額帯付きの背負い籠は女性専用のように見えることに注意したい。マライ半島における額帯つきの背負い籠も、同様である（Leroi-Gourhan, 1943, 1945）（図12―16～20）。

ジャケットと背負い帯は確かに起源が同じであるように思われる……

結論として、ジャケットと背負い帯は、技術学的観点からであれ地理学的観点（中心地は東北アジア）からであれ、確かに同一の起源であるように思われる。身に着ける似通った身振りを両者は必要としており、おそらくはそれが帯同したその拡大の理由である。まずはじめに発明者「タルタール族」によって広められ、確かだとは言わないが、それらは中国文明によって、次いでヨーロッパ文明によって担われて、全世界に広まるのである。

13　自然エネルギー利用の初期の段階

繋駕法

家畜に求められるもっとも単純な労働は足踏みであり、それはまた水田で一種の耕作としても利用される。ウシかブタがそれをやってくれるだろう。地中海沿岸地方においては、足踏みは脱穀、すなわち収穫してきた穀類の実と藁の分離にのみ利用される。この場合にはとりわけ、一列に繋がれて円形の麦打ち場をぐるぐる回る、ウマとロバを利用する。

角頸木《つのくびき》

最古の繋駕法はその起源を、まさに二頭の動物が横に列んで進むように一緒に繋ぐやり方に負っているように思われる。ウシ科の動物は、その角のおかげで、比較的簡単に繋いでおくのに適している。頸木が二頭の動物の角に結びつけた細い木の棒の形をとって出現したと覚しいのは、エジプトにおいてである（図13―1）。それはこの単純な形からゆっくりと進化する。動物の額か頸にあてがうために一本の木を削り、一方では繋駕具を固定し他方では運搬手段の梶棒を固定するのに役立つ革紐を通すために、切り込みと孔をあける。西洋で、古代のいろいろな時期の泥炭層のなかに発見されるこの物が普及するのは、ヨーロッパの方へであり、それは十九世紀にはバルト海沿岸に、東アルプス地方に、中部フランスに、そしてイベリア半島に残っていた。

ガロ頸木

頸木の進化のべつの形は二本に増やした木の棒が、ちょうど首枷《くびかせ》の場合と同様、二頭の動物の頸を捉えるように列んでいて、それがこの繋駕法を、ロバのような、角のない動物、あるいは水牛のような、ほとんど水平に傾いた角の動物への適用を可能にする。これが「ガロ頸木」であり、頸の付け根、背椎のふくらみのうえにもたせてあるので、そう呼ばれる。二本の棒の枠の形をしたガロ頸木は、バルカン諸国ではいまでもウシ科の動物用に知られており、以前はランド地方（フランス西南部）で牝ラバ用に知られていた。しかしそれはたいてい簡単になっている。下の方の棒がなくなって、側面垂直材を結ぶ紐に置き換えられているのである（図13―2）。

ウマの古代繋駕法

水平の角をもつかでなければ動きが鈍重な、何種類かの動物には前述の繋駕法を適用できるが、頭をもた

図 13-1　浮き彫りに本づく古代エジプトの角頸木
犂《アレル》は手で握らなければならない。

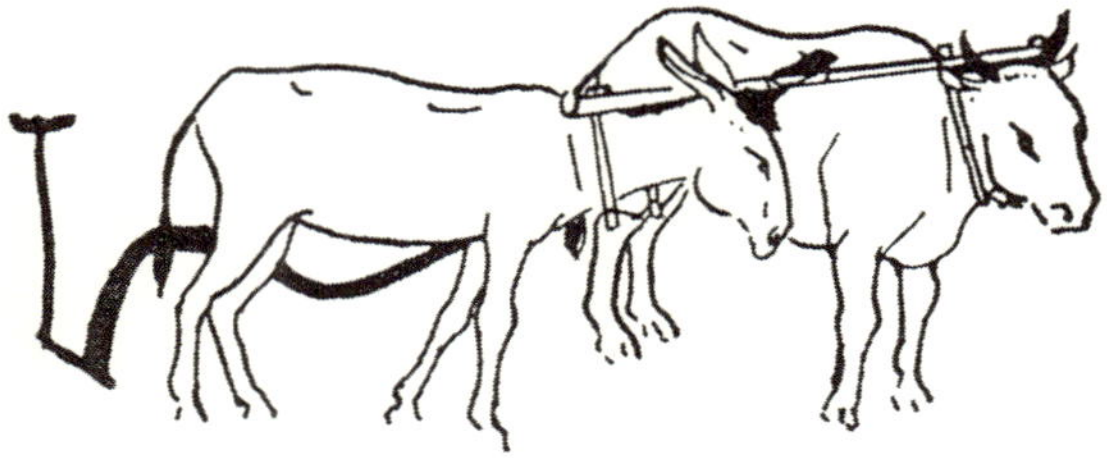

図 13-2　ロバと牛科の動物に同時に使えるガロ頸木による繋駕法
（北アフリカでの耕作の光景に本づいて。）

げていて物におびえる動作をするウマは、側面垂直材で傷つくだろう。だからけがしないようにかなり広い革帯にそれを置き換える。とはいえ頸木は元どおりガロのうえに置いてあり、動物は頸の付け根を頸帯できつく圧迫されながら、その呼吸を妨げるものを引っ張る（ウシとロバは頸木と側面垂直材が形づくる角度でそれをガロと肩にもたせかけるのに）。これがルフェーヴル・デ・ノエッテ以来、「古代繋駕法」と呼ばれている、繋駕装置である。

梶棒付き運搬手段

これらの繋駕法は運搬手段の独得の形と結びついている。その形とは必ず梶棒で終っていることである。その運搬手段はなにであるかを想像してみよう。エジプトでは、畑を耕して種を播くさいに穀粒に土をかぶせるために用いる犂《アレル》があり、さらにまた長方形の橇があるが、多くの場合それを引っ張るための梶棒に代えて帯が結びつけてある。近東とメソポタミアとインドでは、移動しやすくするために車輪を利用しはじめている。しかし車輪の上に乗せた橇が今日の車の始まりとは思われず、後者はむしろ棒橇の発展として出現する。

棒橇とその進化

棒橇は一本か二本の木の棒でできた簡単な運搬手段であり、それを引っ張る人間か動物が棒の一端を宙に支えている一方で、他端で地面を引きずってゆく（図13―4）。ここで取り上げている事例では、竿を支えるのはまさに頸木である。運搬手段はしたがって三角形であり、二本の縦材は頸木に結びつけられている場所で合体している。その末端を地面で引きずる代わりに、二輪を備えた車軸のうえに載せるときは、十分車を手に入れたことになる。この型の車はいまなおインドと地中海沿岸地方で知られている。それは多くの場合（車を前方で閉じている二本の縦材の形を想起させるので）「フォーク形梶棒車」と呼ばれる。

もし車を半円形か長方形に従って建造するならば、そしてもし梶棒を縦軸上に位置する単一の部品にするならば、古典古代の梶棒付き二輪車のシャールに移行する。インド－ヨーロッパ諸民族の、ヒッタイト民族とアッシリア人の、有名な戦車とはこの型の、車輪のうえに低く位置する車である（図13―3）。二頭のウマで引くには充分すぎるほど軽く、ウマの古代繋駕法の欠陥にもかかわらず、この運搬手段は、その速度によって、ある時代それを使用する民族に軍事的優越をもたらすことができた。ウマとこのシャールは異民族といっしょに中王国末期のエジプト[*1]に到来したにちがいなく、新王国[*1]の図像のなかに描いてあるのを見かける。アフリカ諸国に車輪が導入されたのはこのようにしてである。

図 13-3　ガロ頸木の下の柔かな頸帯による繋駕法
（アッシリアの浮き彫りに本づいて。）

図 13-4　まず最初に北米で，馬の導入以前に，犬に取り付けられた棒橇は，その後馬に用いられ，二本の竿はあとでテントの支柱に使うために取り外される

＊1　**中王国、新王国**　エジプトの第十一、十二王朝の中王国は紀元前二一三三―前一七八六年。その後約二〇〇年間、馬とシャール（戦車）を駆使する異民族ヒクソスに支配されるが、それを駆逐した第十八王朝とともに新王国（本書二〇二頁第11章訳注＊1）がはじまる。

中国には、同じ時期に、似通ったシャールがあったことを発掘が明らかにしたが、しかしウマに使われた頸木は西洋では放棄された側面垂直材を保持していたように見える（しかし所蔵されているのは失くなった木製品の上を飾る金属にすぎず、その実際の用法について意見を述べるのは難しい）。べつの型の長柄付き運搬手段に車輪を適用させたのは同じく中国においてであり、それがウマの近代繋駕法を誕生させることになる。それについてはもっと先で述べる。

現代に比較的近い時代まで、ウシ科の動物の利用をともなう農業の導入を、気候が許さなかったユーラシアの地方では、シベリアの南部まで、トナカイが家畜化され牽引動物として利用された。シベリアの移動技術と牽引法の研究は、トナカイの繋駕法には古代繋駕法の直接の影響がなかったことをしめしている。

イヌとトナカイ

一年の大部分を雪に覆われた広大な面積のアジアとアメリカの北部には、イヌとトナカイの利用法を改良した地帯があった。運搬手段はもっぱら、帯を使って、人間によってさえ引っ張ることが可能な軽い橇である。

十六、七、八世紀に、ヨーロッパ人は古い慣習をもつ全住民と接触するにいたったとき、人間による牽引法を直接に受け継いでいると覚しい、イヌあるいはトナカイの繋駕法にいくつか出会った。すなわちウエス

図 13-5　橇を引っ張るイヌのウエスト繋駕法，
西シベリアのオスチャーク族の集団で
（Finsch, Reise nach West-Siberien に本づいて，Montandon, 1934, pl. 1: 136 に引用された。）

図 13-6　サモエード人の集団での，橇を引っ張るトナカイの
肩帯ふうの繋駕法（西シベリア）

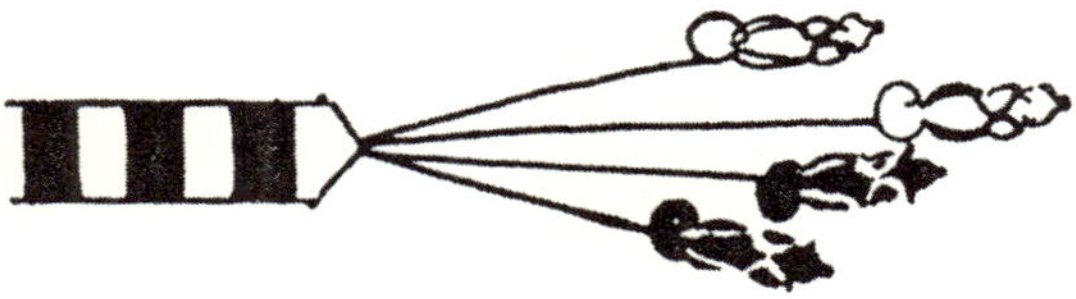

図 13-7　ベーリング海峡のエスキモーの集団での，
橇を引っ張るイヌの背負い紐による繋駕法
（Bogoras と Jochelson に本づいて，Montandon, 1934 によって引用された。）

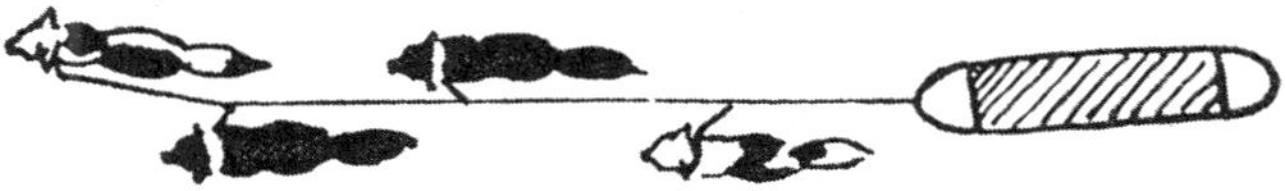

図 13-8　サハリンの北部のギリャーク族集団での，
橇を引っ張るイヌの頸帯による繋駕法
（von Schrenck, *Reisen und Forschungen in Amur-Lande* に本づいて，Montandon, 1934, pl. 3: 136 に引用された。）

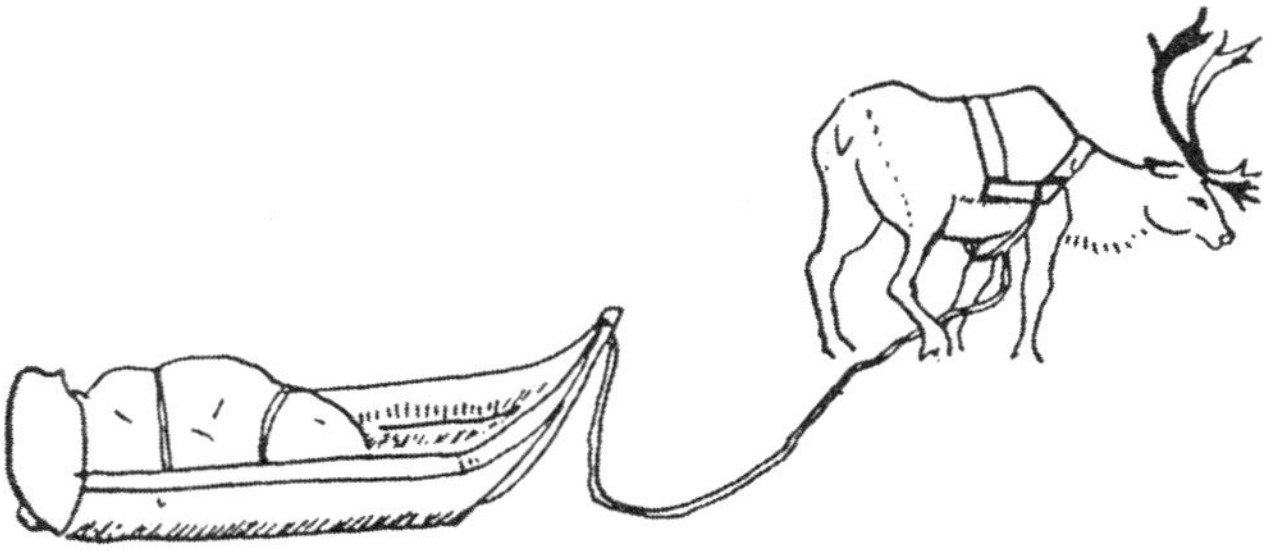

図 13-9　ラップランドで橇を引っ張るトナカイのガロ繋駕法

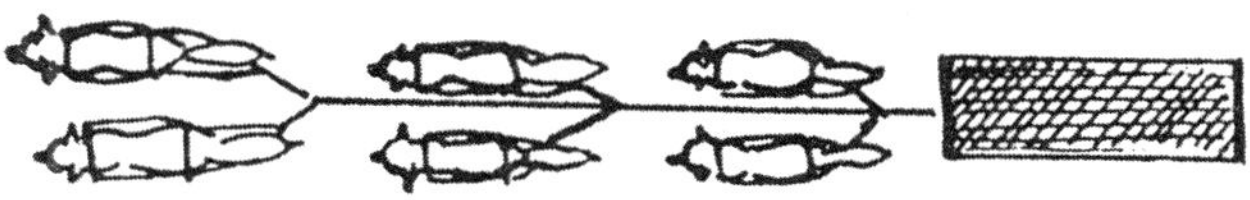

図 13-10　カムチャッカ半島北部のコリャーク族の集団で
橇を引っ張るイヌの背負い帯による繋駕法
（Jochelson, *The Koriak* に本づき，Montandon, 1934, pl. 2, 1: 134 に引用された。）

トに結びつけた帯（図13―5）、肩から斜めに結びつけた帯（図13―6）、チュニックの形をした装着具（図13―7）、あるいは簡単な頸帯（図13―8）。これらの装着具は今日では、温暖地方の家畜の装着具を想起させるほかの型の繋駕具に取って代わられている（図13―9、10）。

これらの地方における繋駕法の進化を検討するならば、進歩はここでは牽引装置の機能、すなわち牽引と後退と保持による分化を伴っていることが確認される。古代繋駕法においては、この三つの機能は頸木と梶棒によって同時に充足されていた。橇についていては、すでに見たように、柔かい引き綱は牽引だけを確実に行ない、保持は無用であり、後退は御者が手で操作する。

長柄

棒橇が長柄付きの橇へと進化し、それが長柄付きの二輪車に変化したのは、極東においてである。その運搬手段は西暦紀元前数世紀（戦国、漢）に出現していた。この時代の中国のシャールには二本の弯曲した長柄があり、先端で合体して、小さな一頭用の頸木に繋いである（図13―11）。だから牽引は胸の帯によって、そして保持は頸木と長柄によって、確実に行われる。

荷鞍

保持の機能は動物の背中の運搬領域において生まれた進歩の恩恵に浴した。

古代エジプト以来、人間は直接に動物（ふつうロバ）を利用して、その背中に載せた荷物を運搬する。アンデス・アメリカの唯一の家畜――ラマを使用するのもやはりそのやり方である。しかしひとつの荷物を釣

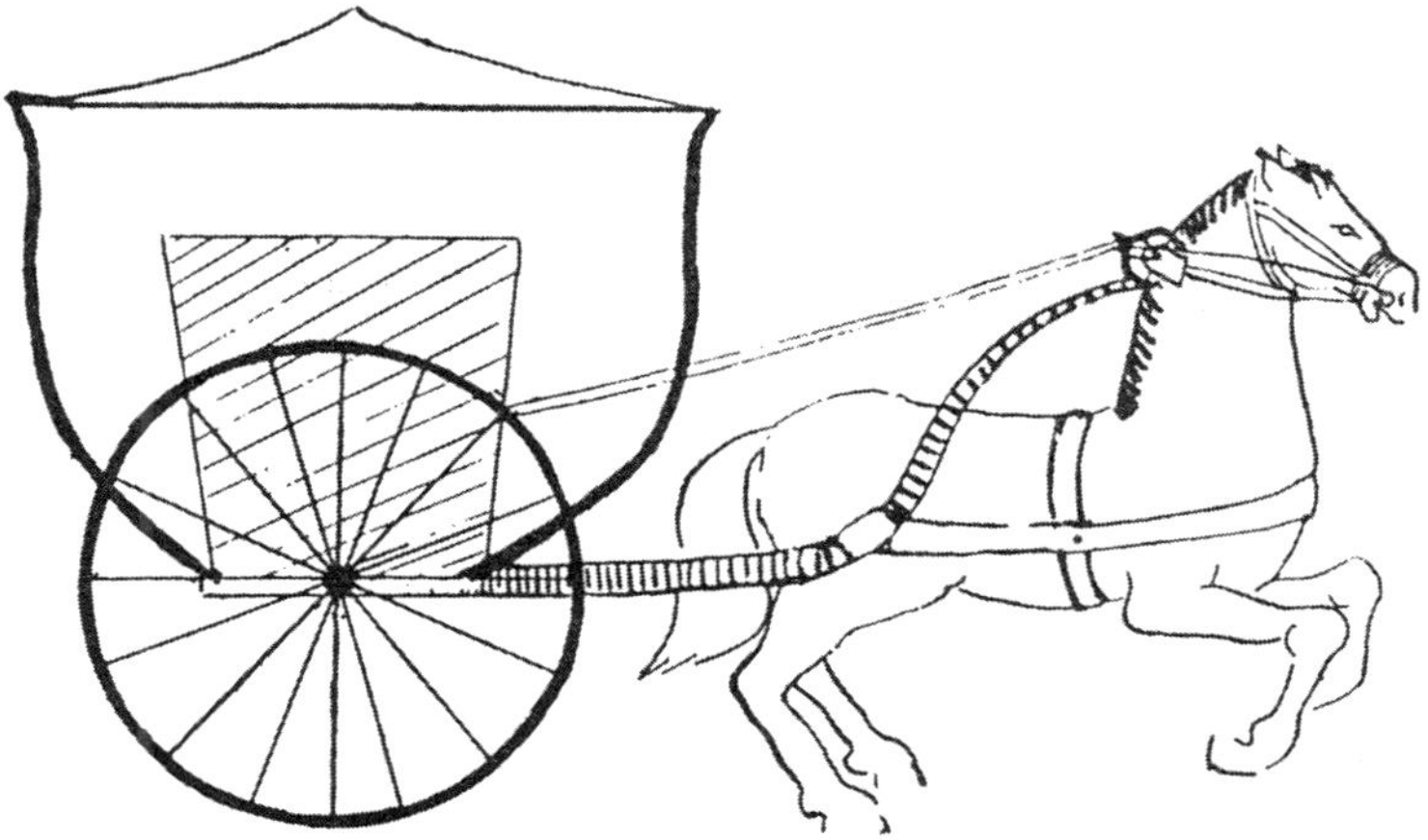

図 13-11　漢代の浮き彫りに本づく中国の繋駕法
二本の長柄は一頭用頸木に繋縛される部品によって一つに接合される。

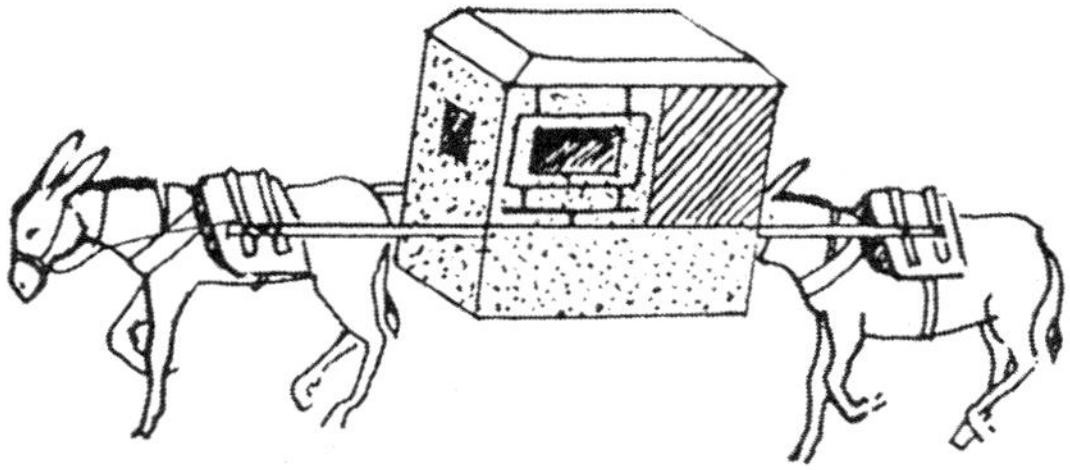

図 13-12　中国の駕籠
長柄は荷鞍に直接に留める。

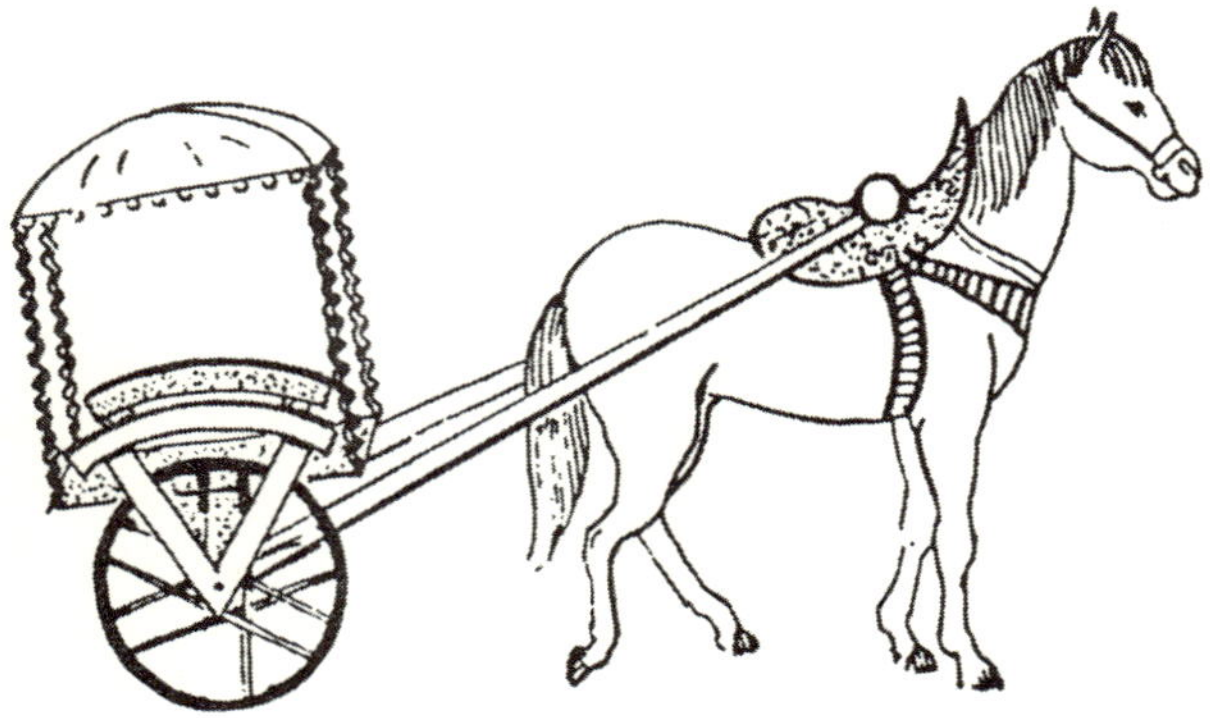

図13-13　15世紀の彫刻に本づくインドの繫駕法

り合いをとって載せるのは第一歩に過ぎず、家畜に固定し緊縛するには、それに装具を着けるのと同様に難しい問題が生じた。動物を傷つけるのは避けなければならなかった。最終的に採用された解決、つまり木の枠組で一つにまとめた詰め物を置き、帯を使って全体を固定することは、西暦紀元前には実現されなかったように見える。ローマ帝国の下でようやく、たぶん、ロバ用とウマ用の荷鞍が使われた。それ以来、荷物のラクダ運送業者が登場することになるが、それは、紀元二世紀であった。サハラ砂漠でも、エジプトでも、以前にはラクダは利用されていなかった。

荷鞍の実在と普及は無輪の運搬手段による運送に二頭の動物を利用することも同様に可能にする。人間が運ぶ駕籠《かご》、輿《こし》などは、動物の荷鞍に掛けることができたし、この運搬手段はローマ帝国の終焉以前にヨーロッパに導入された（図13―12）。

荷鞍の進化

荷鞍は長柄を支える長柄掛けを誕生させていた。柔かい頸帯の牽引点を背中の中央まで後退させて、頸帯を長柄掛けに繋ぎ、その長柄掛けに頸木を固定したのである。この頸木を支える長柄掛けによる牽引法はまたシチリアのいくつかの地区においてはシャレトを、そしてインドにおいては郵便車を（図13―13）牽引するのに利用されている。ルフェーヴル・デ・ノエッテはこの牽引法を、ビザンティン由来の記録にその図形表現があるという理由で、「ビザンティン式繋駕法」と呼んだ。

鞍

その間、荷鞍は、中央アジアで、騎乗者用の鞍に変貌していた。ヨーロッパ古代においては、ウマには裸でかそれとも柔かい絨毯を一枚敷いて乗っていた。荷鞍の木の枠組は人間がその乗用動物を御するのに邪魔になるという理由で、騎乗者の安全性を確保するためにそれを坐席に変えると、鐙《あぶみ》と拍車が発明された。この乗り方はフン族[*2]とともに、そしてとりわけアヴァール族[*3]とともに、ヨーロッパに到来したように見える。重要な事実は、ヨーロッパでは鞍と鐙がメロヴィング朝[*4]の末期（八世紀中葉）にはじめて日常的に使われるようになったのに、アラブ民族はイスラムの拡大直前（七世紀初頭）にそれを借用したことである。

＊2　フン族　四、五世紀にヨーロッパに侵入したテュルク＝モンゴル族の遊牧民。ゲルマン人のいわゆる民族大移動を引き起こした。

＊3　アヴァール族　中央アジア起源の遊牧民。七世紀にハンガリー平原を占拠。八世紀末にカール大帝に征服され、フランク王国に統合された。

＊4　メロヴィング朝　フランク王国の最初の王朝（五世紀―七五一）。この時代にヨーロッパの中世がはじまる。

荷鞍から頸帯へ

ラクダの形態は、動物のこぶ――季節と食物の豊富さによって大きさが変わるこぶ――を傷つけないように、真ん中に空いたスペースを備えた形式の荷鞍を誕生させた。この円形の荷鞍のそれぞれの側には、棒橇か車の長柄を繋ぐことができた。ラクダからウマへのこの繋駕具の移行が行われたのは、そして荷鞍がウマの頸木を囲む堅い頸帯になるのは、当時モンゴルに住んでいた、チュルク族の集団であるように思われる（図13―14）。

歴史と拡大

これらの出来事の年代順を明確にするのは難しい。長柄付きの車と胸帯による牽引はヨーロッパには民族大移動の末期に知られたように見える。この繋駕法はいまだに南イタリアで用いられており、それが民族誌でいう「ナポリ式繋駕法」であって、そこではかなり接近させた長柄が動物の上を通ってじかに鞍にもたれかかり、ウマは車に直接に繋いだ胸帯で引っ張る（図13―15）。

長柄の名称はイタリアでは、ゲルマン語起源の名称*stanga*（ドイツ語stange）である。それはロンバルディア方言とともにかあるいは東ゴート人とともに到来したのだろうか。他方でラインラント地方においては、ロレーヌで、シャンパーニュで、胸帯が農作業のさいに使われており、そのフランス語の方言の名称*warcolle*は一部分ゲルマン語である。ゲルマン語の名称*ham*と*siele*はスラブ語に見出されるが、一方中央アジアのチュルク語においては*qaam*が、ラクダの荷鞍と同じく、ウマの近代馬具をも指す。

長柄付き運搬手段への適用

北アフリカでは牡ラバとウマは胸帯で繋がれるが、長柄をもたない犂《アレル》を引くには動物を一対で利用し、動

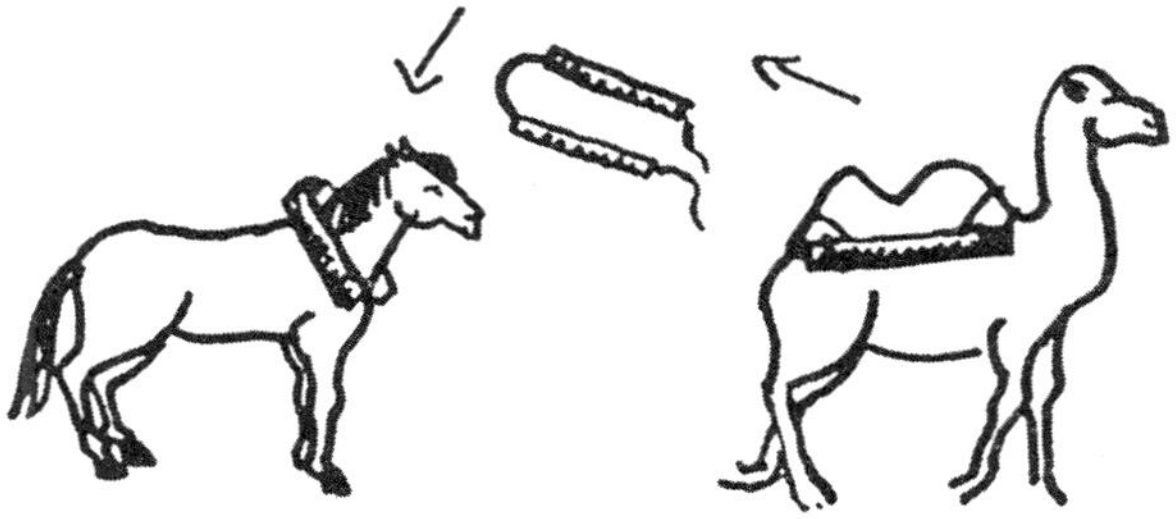

図 13-14　チュルク－モンゴル族の集団のフタコブラクダの荷鞍とウマの頸帯
二つの物は同じ形を有し，同じ名称がついている。モンゴル語―― *qom*，チュルク語―― *qam, quamyt.*

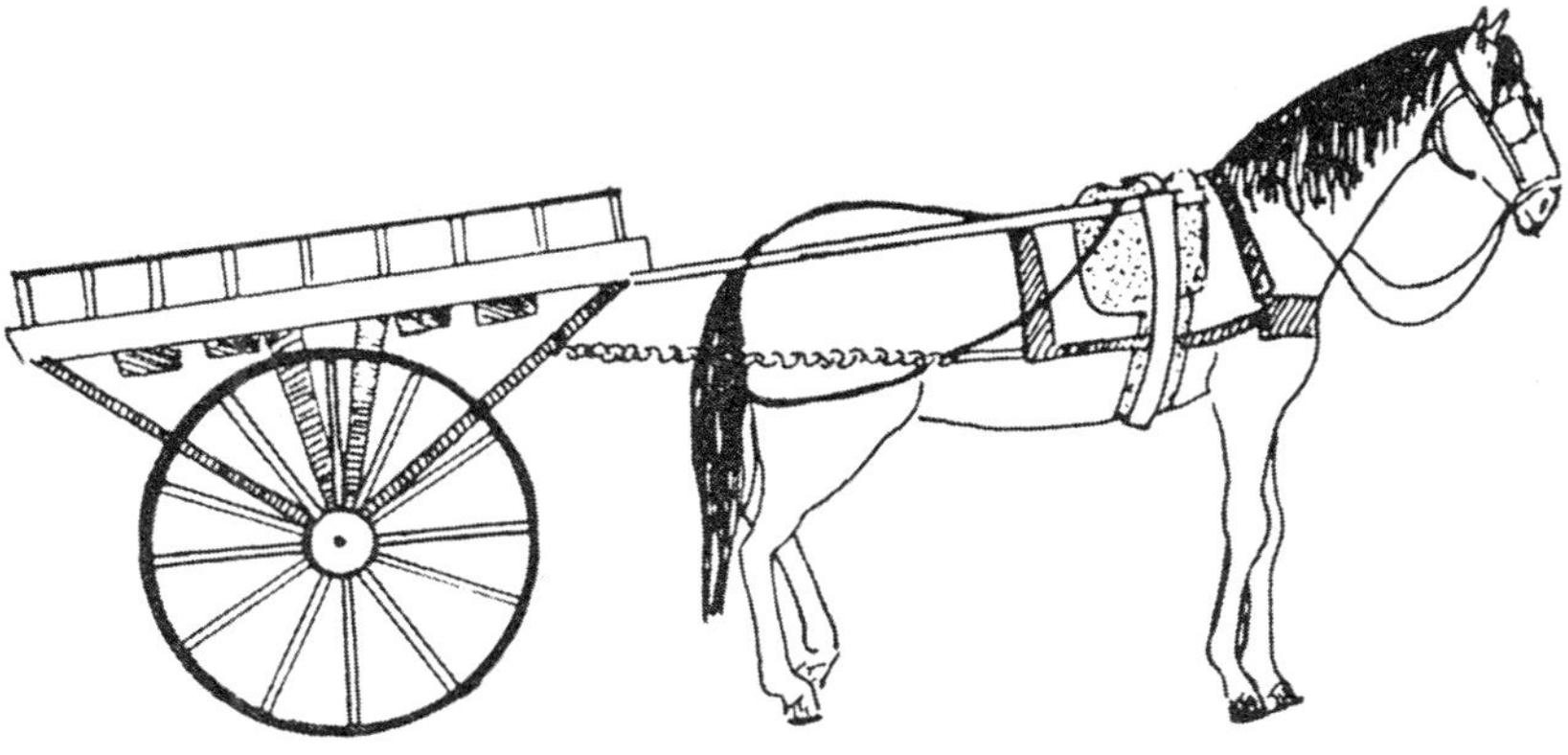

図 13-15　写真に本づくナポリ式繋駕法

図 13-16　腹の下を通る帯に結んだ棒に繋がれたロバとラクダ，北アフリカで

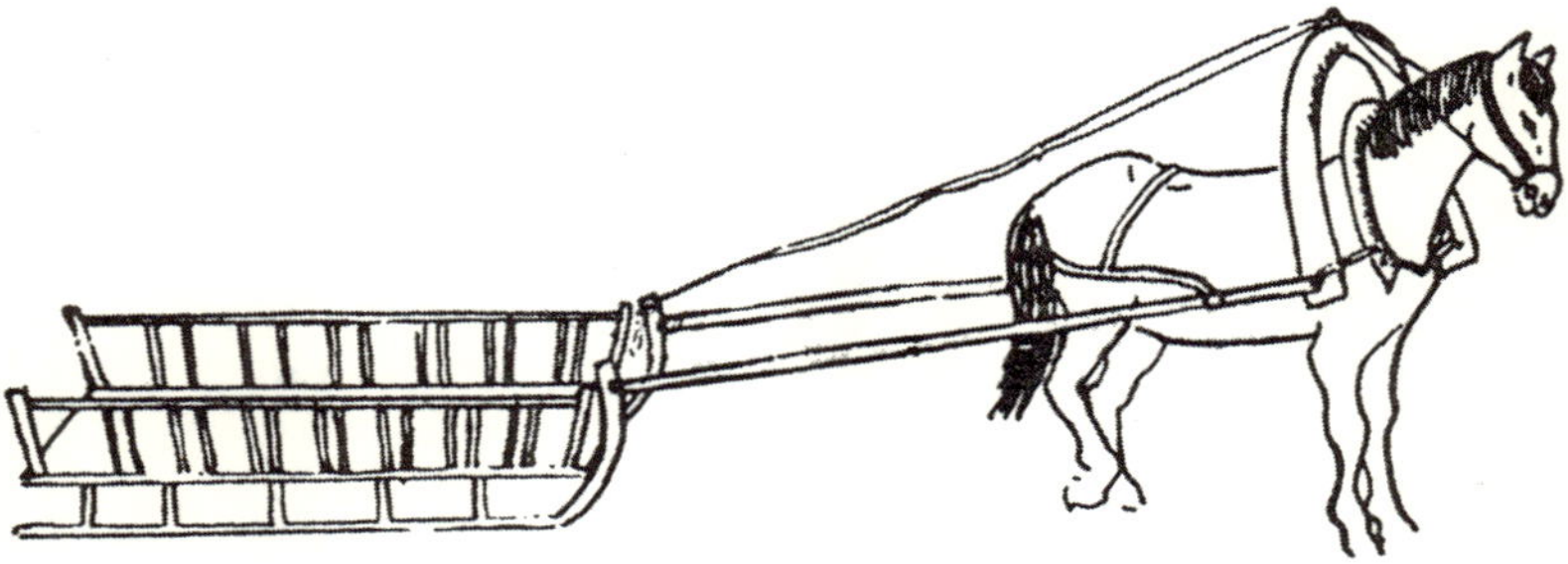

図 13-17　東ヨーロッパの〈ドゥガ〉の繋駕法

〈ドゥガ〉は長柄を離して維持する木製のアーチであり，頸帯と長柄の先端とを結びつける綱の張力のおかげで接近した状態を保つように張ってある。

物の脚の間、腹の下に位置して頸木の代わりをする腹下棒を引っ張る（図13―16）。

東欧では、〈トロイカ〉*troika* と称する橇の繋駕法で、動物が両脇なら胸帯で繋ぎ、ウマが真ん中に一頭だけなら頸帯と〈ドゥガ〉*douga* を着けている。ラクダの荷鞍とウマの頸帯は棒橇か二輪車、長柄がたがいに強固なやり方で組み合わされている運搬手段の長柄に繋いである。橇では、逆に、長柄は可動的である。つまり頸帯に長柄を繋ぐとき、それが近づきすぎると動物を擦って傷つける怖れがある。この不都合を防ぐために木製のアーチ、二本の長柄の隔たりを維持する〈ドゥガ〉を用い、それを頸帯に結びつけておいて、引き綱を張る。それは牽引するさいに最大の柔軟さをしめすことになる。〈ドゥガ〉付きのこの繋駕法はその後、一頭のウマしか繋がない四輪車に使われるにいたった（図13―17）。

後退と頸帯による牽引

頸帯といっしょに、たぶんヨーロッパに浸透した運搬手段は長柄付きで二輪の車、すなわちシャレトであり、頸帯に固定した長柄によって直接に牽引していた。頸帯付きの繋駕具が胸帯付きの繋駕具より後れる証拠の一つは、後退（recul）にたいする胸帯の用法に見出される。事実臀帯ないし尻帯（reculement）と呼ばれるものは、ウマの臀部の後ろを通す革帯であり、長柄に繋がれる。それは動物がその運搬手段を止めるか後退させることを可能にする。これらの用語の研究が明らかにしたのは、胸帯と尻帯という語は古代ゲルマン語に見出され（silo ＝〈胸帯〉*siele*）、そこからスラブ語に伝わり（ポーランド語 *szal*、ロシア語 *šleia*）、一方で堅い頸帯（collier）という語はスラブ語起源のドイツ語（*kummet*）であって、スラブ語（chomat）それ自体は確かに出所がトルコ語（qamyt）であるように思われる。頸帯の導入の年代は十七世紀か十八世

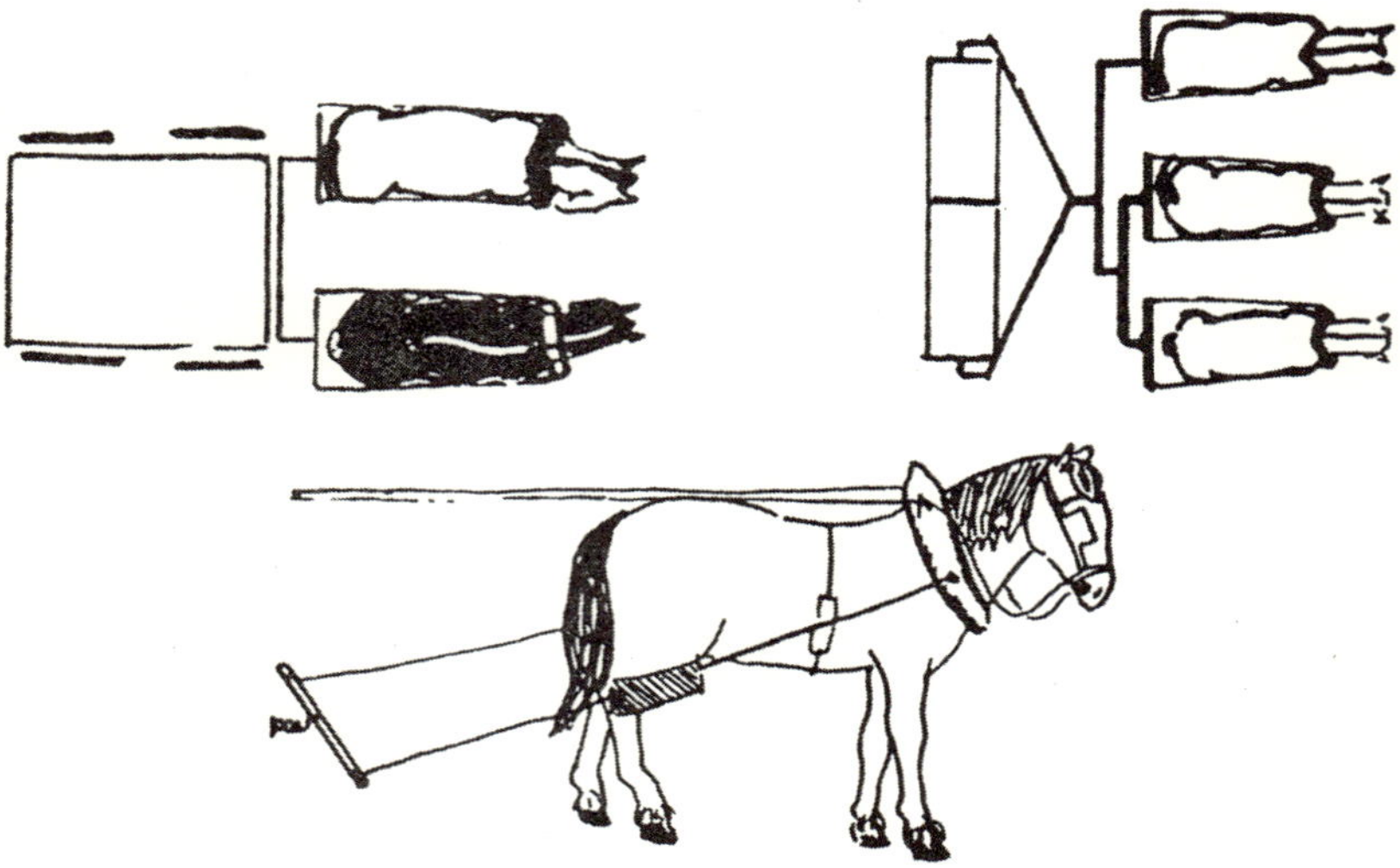

図13−18　柔かい引き綱でパロニエを引っ張る，ウマの近代繋駕法

紀ごろと推定されている。

パロニエ

運搬手段を一頭の動物に引かせるために、ある種の地中海式犂《アレル》と同じく、二輪車と四輪車では梶棒が長柄に置き換えられた。数頭の動物を同時に使おうとしたとき、長柄は柔かい引き綱に置き換えて、それを腹下棒に繋がなければならなかった（中欧とスカンジナビアでいくつか証言がある）。しかし、たいていの場合は、パロニエが用いられた。端をそれぞれ引き綱に、真ん中を車か可動木に繋いだ、動物の後に位置する一本の木である（図13―18）。

犂《シャリュ》その他の農具を引くために、頸木がウシの繋駕用にあるのと同じく、パロニエはウマの繋駕に特化されるにいたっている。

ウマの漸次的拡大

ユーラシアでの繋駕法の型の分布は十二世紀以降安

定していたように見えるし、生じた唯一の変化——畜力を蒸気機関と内燃機関に置き換える以前の——は、ヨーロッパの北部全体においてウシに取って代わったウマの、次いで南部におけるロバと牡ラバの、漸次的拡大であった。後者はかなりの数の例外と後退を伴っており、都市輸送と商業輸送にたいする農村輸送の遅れを伴っていた。

畜力回転装置と碾き臼

畜力の歴史のもうひとつの局面は動力回転装置[*5]の歴史である。それは碾《ひ》き臼[*6]と多くの機械の起源にかかわっている。

＊5　**動力回転装置**　原語はmanege。ふつう調教（場）、メリーゴーランド（回転木馬）などと訳される。
＊6　**碾き臼**　原語はmoulin。ふつう水車または風車（小屋）、製粉機（所）などと訳されるが、製粉機能のほかに圧砕（粗碾き）や圧搾の機能を持つ同種の機械もmoulinと呼ばれるので、碾き臼と訳しておく。

食料の準備

脱穀のための動物利用にすでに注意を促しておいた。作業を簡単にするために動物をいろんな器具に繋いだ。すなわち〈脱穀機〉*tribulum*（燧石《ひうちいし》を張った板）、あるいは〈荷車〉*plaustrum*（ローラー）。しかし殻をとり除いた穀物は煮炊きして食べるまえに下拵えしなければならない。ある種の塊茎塊根とまったく同様に、すりつぶし作業は不可欠だった。塊茎塊根にたいしてはすりつぶしは下し金か手動のすり鉢によって行う。もっと堅い穀物にはもっと大きい努力が必要であり、だからとりわけ挽き石を用いる。ひとつの石でべつの石のうえを摩擦する〈メキシコの〈すり石〉*mano*と〈置き石〉*metate*〉ものもある。しかし下の石のうえで上の石を回転させることもできる。だから最初のものは、古代エジプトか東アフリカで見ることができるような、手で動かすローラーである。

動力回転装置付き碾《ひ》き臼

中心の柱に一端を固定させた石のローラーは円形の区域を回る動物に引かせることができる（図13—19）。この型の碾き臼はその用法の観点からと同様にその形の観点からもかなり変化に富んでいる。古代地中海地方においては、オリーブを搾るまえにそれを押しつぶすのに役立っており、車輪は動力回転装置に比べてかなり大きかった。北中国ではこの型の碾き臼は粉を作るために穀類の種子を粉砕するが、車輪はもっと薄くて、円形の凹んだ溝のなかを回る。これはフランスの西部で、リンゴ酒を作るために搾るまえに果実を押しつぶしていた、リンゴ用碾き臼に見られるのと同じ原理である。中国の中部ではこの型の碾き臼は米を押しつぶすために用いられている。

この種類の碾き臼の起源は、円形区域でひとがローラーを引っ張る、中国のある種の脱穀のなかに見出すことができる。この方法は十七世紀にはじめて西欧に導入されるにいたった。

碾き臼の繋駕法

繋いだ動物の利用法について有用な区分をすることはできない。どんな場合であれ、碾き臼の垂直軸のま

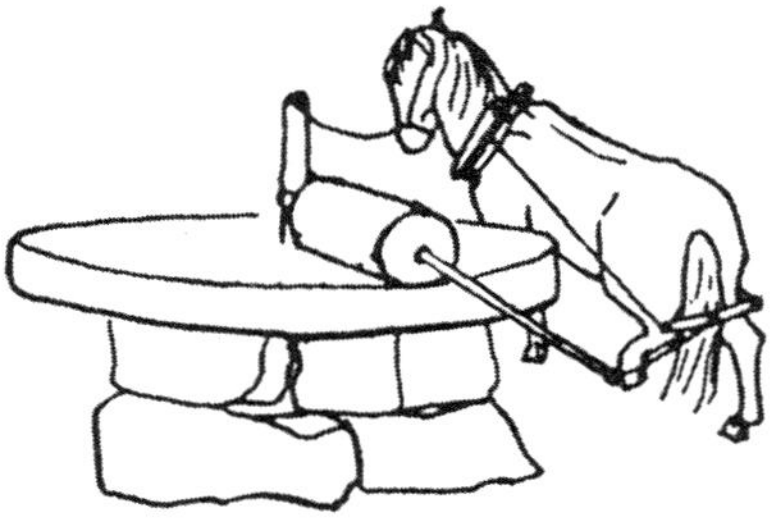

図13-19　動力回転装置の単純型――動物が一端を引っ張る石のローラー

わりを回転する棒を水平面内で動かさなければならない。今日では動物はこの棒を引き綱によって、すなわち近代繋駕法によって引っ張る。それが古代に行われていたことは理解しにくいが、近代繋駕法が運搬手段の牽引用に使用される以前に、長い間動力回転装置用として知られていたということはありえないように思われる。ローマ時代のいくつかの浮き彫りにその胸で棒を押すウマか牡ラバが見られると信じているひともある。

圧搾－碾き臼

二つの型の動力回転装置は液体を絞り出すのに使われる。それは圧搾機とみなされていたかも知れない。

第一の型はその着想からみてたいへん古い慣習だと思われ、インドと南アラビアに封じ込められたまま残っている。それは中央の大きなすり鉢とその中で回る先端が球状のすり粉木でできており、動物が回転させる三角形の枠組に支えられている。この圧搾－碾き臼はあるときは油絞りに、あるときはサトウキビの汁を搾るためにその茎を押しつぶすのに役立つ（図13―20）。

第二の型はもっと新しいが、それがインドか近東のどの地方で発明されたかは分かっていない。大きなシリンダーが三基垂直に置かれており、突出部を形成するねじの歯、言い換えると、ピッチ（隣合うねじ山の中心から中心ま

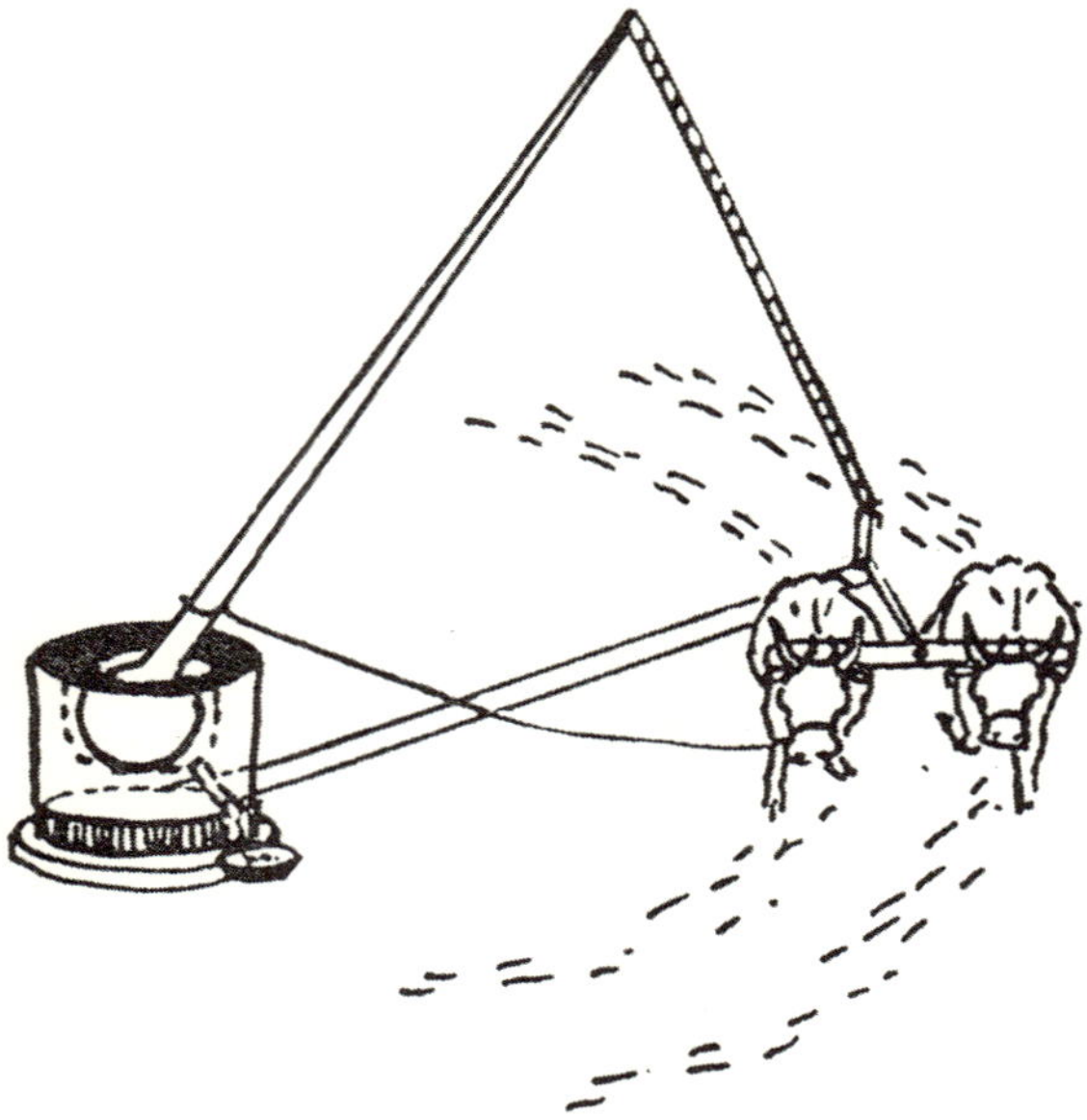

図 13-20　インドのサトウキビの圧搾＝製粉機（Hadi, 1902 による。）
同じ型が，同じ地域で，採油植物から油を抽出するのに用いられる。

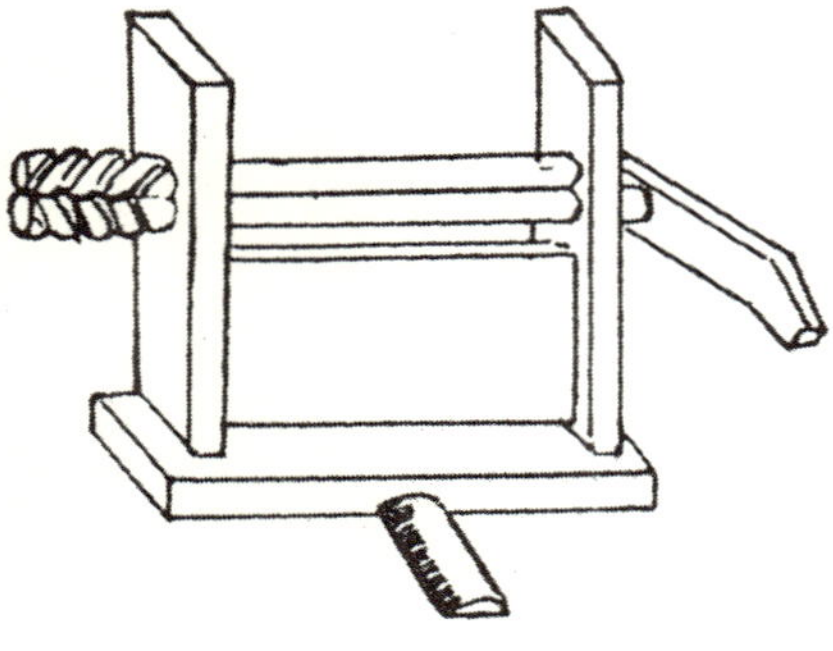

図 13-22　木綿の種取り機
（Robert, 1941, pl. 22 による。）

図 13-21　中国南部のサトウキビ圧搾機

での距離）を備えていて、それらはたがいに嚙み合っている。中央のシリンダーが回転するとき、ほかのシリンダーは反対向きに連動する。それにサトウキビの茎を持って行くと、シリンダーの運動によって茎を巻き込み、押さえつけ、押しつぶすのに十分である。このサトウキビ用の特殊な装置は一方では東南アジアに、他方では地中海沿岸地方に、そしてアンティル諸島（キューバ西南方洋上）にまで広まっている。それは工場の圧延機の最古の原型であり祖先である。それはおそらく、手で動かす木綿用歯車装置として利用される、水平な二本のシリンダーでできた小さな装置を生み出した。シリンダーが繊維を巻き込んで種子を取り除くのである。それはインドと東南アジアにおいて見かける。

ねじの存在（図13―21、22）はこれらの装置の発明を近東に（ギリシア人はねじを知っていたから）、そしてそこにサトウキビの耕作が普及したときに、特定することを可能にする（七―十世紀）。

古典的碾き臼

碾き臼の最後の型、もっとも古典的な型は、近東地中海沿岸地方で生まれていた碾き臼である。動物が動かす上の石臼は、砂時計の形をしていて穴がうがたれている。その上部は碾く穀物を入れる投入口の役割を果たす。それは円錐形をした下の石臼に覆いかぶさっている。この型の碾き臼は手動の挽き臼の起源であったに違いない。手動のはすりつぶす面が円錐を成す代わりにたいへん平べったく、ほとんど平面である、というのは手がそれをたいへん速く回転させることができるし、遠心力が重力に取って代わって穀物と粉を中心から周縁へと回転させるからである（図13―23、24）。

図 13-23　ハンドル付き手動製粉機

図 13-24　動物が引くか奴隷が押す古典的製粉機

人間の筋力

動物が動力として利用される場合にはほとんどすべて、人間によって代替することができた。おそらくまさに人間の活動が始まったころには、のちに家畜に押しつけた労働を大部分、人間の活動そのものが実行していただろう。押す、引く、持つといった、もっとも単純な労働に過ぎなかったとしても。

その目的で人間が発明し人間自身に適用した手段をここでは記述しない。たとえば牽引力としての人間の使用はもっと先のエジプトにあてられた章[*7]のなかに言及されている。この巻のなかでほかにも多くの事例に出合うだろう。それに動物の使用、次いでもっとも多様なエネルギー源の拡大は、人間の筋力エネルギーの利用を決して廃除しなかった。たんなる実例として、最古の時代に人間がその固有の筋力の効果を増大させるために発明した、いくつかの手段にここで注意を促しておく。それはすべてこの原理に本づいている。

＊7　エジプトにあてられた章　この論文が収められている M. Daumas (éd.), *Histoire générale des techniques*, Paris, Presses universitaires de France, 1962, Vol. I の第二部、Chap. II.

L'Antiquité égyptienne (par Georges Goyon) を指す。

リス籠(ケージ)

ローマ時代以来、人間が円形の籠の内部に場所を占めて車輪を動かす手段が知られていた。籠は水平回転軸に支えられており、その中でかれらは前に踏み出し、その重さで籠を回転させていたのである。もっとも、似通った機械装置は外から動かすこともできる。揚水に使われるアルキメデスのスクリューを回転させるのはそういうふうにしてである。

一八六四年ごろ、ポルトガルのサン・ドミンゴで、フェニキア時代[*8]からすでに開発されていた古代銅鉱山のなかに埋もれている八台のバケット付き水車が発見された。これらの水車は三世紀末ごろにローマ人が設置していたに違いなかった。車輪は直径が六六六センチメートルと測定された。輪と腕木はマツ、軸と支柱はセイヨウヒイラギガシであった。それら木材が輪のうえに、幅一六・五、長さ五〇、高さ一三センチメートルある木のバケットを二五箇支えていた。車輪は輪に固定された木釘に人間が足をもたせかけて動かしていた。水が揚がる高さは三七〇センチメートルだった。計算によれば鉱道の水を規則的に汲み尽くすためには直線速度が秒速三一センチメートルあることが必要だった。

＊8 **フェニキア時代** フェニキア人は前十二世紀ごろからレバノン南部の地中海沿岸に定住し都市国家群を築いたセム系のカナン人。海上に進出し、地中海沿岸に多くの植民地を建設。その最大の植民都市がローマに滅ぼされた(前一四六年)カルタゴである。海上の覇権を争ったギリシア人はかれらをフェニキア人と呼んだ。フェニキア文字はすべてのアルファベットの起源となったことで知られる。

図13−25　ペダル

1. 織機のペダル。2. 足踏み杵のペダル。3. 水受け板つき揚水機のペダル。

ペダル

ペダル、すなわち足で動かすこの使用は極東に由来するように見える。ペダルはいろいろな形をとることができる（図13—25）。足踏み杵にあっては、それは第一種のてこであり、揚水装置、水受け板付き揚水機にあっては、第二種のてこである。織機のペダルは第三種のペダルである（図13—25）。この最後の形式のペダルは、クランクが連接棒と結びついたとき、多くの応用を見出したが、そのことは紀元十四世紀末[*9]にはじめて実現したように思われる。

*9　**十四世紀末**　元の王禎の『農書』（一三一三年）には、クランク−連接棒を備えた水力送風機が記述・図示されている。

参考までに古い慣習をとどめた古代を通じてゆっくりと念入りに作り上げられた単純機械は、まさに偉大なギリシア時代というときにその成果を見出し、ローマ人が決定的に普及させたことに、ここで注意を促すにとどめよう。

水と風のエネルギー

この主題については歴史的理由によって比較的手短にすませることができる。水車と風車の起源はまだあまり分かっていないにもかかわらず、そのう

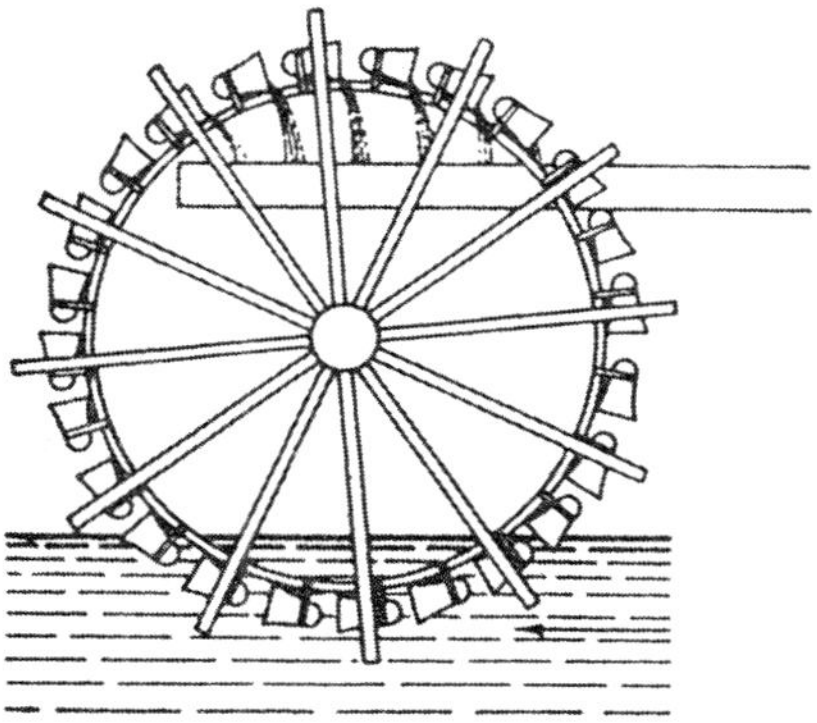

図13–26　揚水用の水受け板付き車輪
その構造はつねに放射状の部品でできているとは限らなかった。樋は最初は木で次いで焼物になったにちがいない。

ちのそれぞれの出現にたいしては、相対的に限定された時代を指定することができる。その時代は比較的遅い。

揚水車

いかなる事実もふまえずに主張することが許されるならば、水力は最初、流水を揚げるのに役立つ水受け板付き車輪を動かすためにこそ、まさにその流れ中に沈めて用いた、ということがありそうに思われる。事実、いかなる機械的伝達装置も必要としていない以上、水受け板付き車輪の利用がもっとも簡単な方法なのである。

そのもっとも基本的な形を受けて、古代の揚水車（筒車）[*10]は大直径の車輪で構成されており、その周辺に向けて放射状に水受け板を備えている。それは河川の岸辺に配置され、流れがそれを作動させるように下部は水の中につかっている。輪の周囲には樋が取り付けてあり、その行程の最低点で水を汲むのである（**図13—26**）。それはたとえばエジプトにはおそらくローマ支配の時代より以前に、近東にはすくなくともヘレニズム時代の期間、西暦紀元前五世紀と前三世紀のあいだに出現する（**図13—26**）。

*10　**揚水車**（筒車）　原語はnoria、中国ではそれを筒車と呼んだ。

樋は最初は車輪のうえに固定された木の容器類だった。その上昇行程のある部分にあるあいだは水の荷はそのままだった。それから最高点に近づいて樋が傾くと空になりはじめた。水は木か焼物の溝に集められたが、かなりの部分は失われてしまっていた。この方式の唯一の難点は灌漑用ないし飲料用水路のなかの流量の乏しさだった。それゆえに数世紀後、西暦の初めごろには、すでに把手で吊るした焼物の容器が樋として使われていた。その行程の頂点に止めがあって、容器が空になるようにひっくり返したのである。

揚水車のいろいろな形

説明するためには好都合である筋力と水力のあいだの区別は、事実の歴史的継起とは対応していないことに注意する必要がある。筒車は実際には、人間が駆動させるリス籠によってであれ動物が引っ張る動力回転装置によってであれ、作動しはじめたのはたいへん早い。機械的伝導装置をふくむこの後者の方式のほうがたぶん遅い。しかしどんな発明の連鎖があったかをはっきり述べることはできないだろう。これらはすべて、おそらく西暦紀元前の最後の数世紀ごろには、たんに近東地中海沿岸地方だけでなく、水理学的条件と気候条件が源泉と河川から水を引くことを許さなかったアジアとアフリカのほかの地域でも、おそらく知られていた。

井戸の中か流れの淀んだ水域から水を汲み上げることが問題だったときには、揚水車は動物か人間が動かさなければならなかった。この場合には駆動車輪は水の上でなく、近くの地面の上に設置しなければならなかった。その軸は、いわゆる荷上げ車輪かあるいは数珠繋ぎに容器を配した継ぎ目なしロープを支える、水平軸へと延びていた（*saqyah*）。

水平動力車輪

揚水車が水力碾き臼の発見を導いたと考えるのは理にかなっていると思われていた。事実、その一歩を越えるためには、水平軸の先端に機械を、この場合は石臼を、駆動させることを可能にする装置を置けば十分である。にもかかわらずやはり事は簡単には運ばなかったように見える。最初の水力碾き臼は事実違ったふうに考案された可能性が高い。動力車輪は垂直でなく、水平だったのである。車輪は導水路の中に設置され、穀物碾き臼はその上に建造されていた。動力車輪の軸は垂直に上の方へ延びていた。それは横臥石臼を貫通して上に置かれた可動石臼の駆動軸に使われていた。

この種の挽き臼の初期の代表的な例が西暦紀元前二世紀か前一世紀に近東の山岳地方で構築され、その後ギリシア、次いでイタリアに知られたというのは確からしい。しかしその発明は同時に、しかも別べつのやり方で、世界のいろんな地方で行われていたのかも知れない。西暦紀元の初めにはデンマークで使われていた。そこから、あるいはヨーロッパの南部から、三世紀か四世紀ごろ出現したアイルランドまで、徐々に知られていったのである。中国では、発明がアジアを通って伝わったことを証明するものはなにもなしに、西暦紀元三世紀以降それが証明されている。

これらの碾き臼は寸法が大きくはなかった。その作り方のゆえに水平車輪は家族が使うのに十分な石臼しか動かすことができなかった。にもかかわらず最初から製作者たちは動力車輪の羽根をその軸にたいしてもっと効果的に傾斜させようと考えたように見える。おそらく分水路か滝の噴流を傾斜した羽根に導いて、近代のペルトン衝撃水車の遠い祖先をすでに実現しようと試みたのであろう。そのスケッチが数多く技術史の

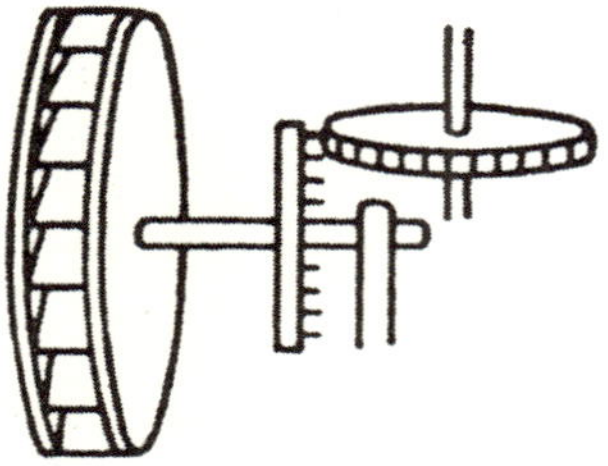

図13-28　方向転換歯車装置をなすピン歯車付き垂直型碾き臼の車輪の略図

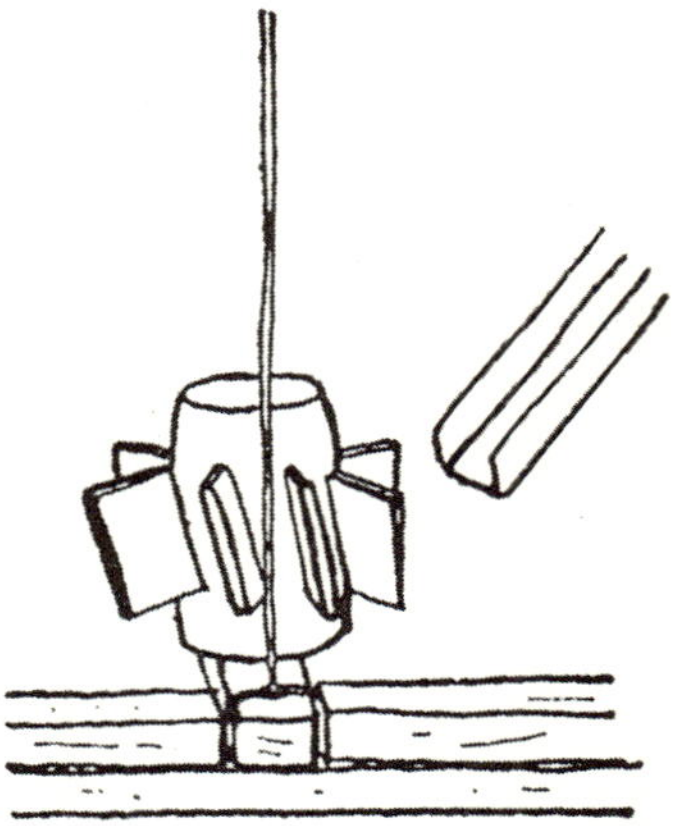

図13-27　傾斜羽根付き水平型碾き臼の略図

ほとんどそれぞれの時代にみられる（図13―27）。

垂直動力車輪

いずれにせよ垂直車輪の「水車」はやっと前述の車輪の少し後か、でなければ同時に知られた。しかしそれはむしろイタリア起源か、あるいはすくなくともヘレニズム時代の起源であるように見える。いくつかのデッサンがフィロン[*11]の著作のなかに見えており、それは垂直に配置された、ただ放射状の水受け板だけでなく、本物の樋も備えた車輪の利用を示唆している。おそらくこれらの装置は寸法が小さくて副次的な用途[*12]のためにそのとき製作されたのであろう。

＊11　**フィロン**　Philon はたぶん前三世紀後半のビザンティウムの技術著作家。『空気学』のほかに軍事技術にかんする著作がある。

＊12　**副次的な用途**　『空気学』のなかに笛音を出す上射式水車の記述がある。それは空気学の模型であり、プトレマイオス朝のある王のために陳列用として設計された。

古代に知られた垂直車輪の碾き臼の唯一の型はもちろんウ

ィトルウィウスが記述を残した型である。たぶんこの二人の著者を隔てる三世紀（西暦紀元前二世紀から後一世紀まで）のあいだに、この装置は本物の工業生産による利用を実現できたのである。この時代間隔の間に新しい発明が介在する。垂直動力車輪によって水平石臼を駆動させるには、動力軸は水平で受動軸が垂直なので、運動を直角に転換する装置の利用が実際に必要である。西暦紀元前二世紀の製造業者たちが実現できなかったものを一世紀の機械工学者たちがどうやら習得したらしい。かれらは歯車伝導装置の最初の型式《かたしき》を発明したのである（図13—28）。

ピン歯車伝導装置

こちらは木の円板でできており、その上の面には垂直に木釘（ピン）が打ち込まれ、環状に配置されている。この種類の二箇の歯車は、一緒に嚙み合って、最初の直角歯車伝導装置が実現するのを可能にした。この一対の抵抗力を増やすために、歯車のひとつに木の皿をもう一枚かぶせて、それにピンの空いている先端をはめ込む。この種の歯車伝導装置はローマ時代以来ランタン歯車伝導装置の名で知られた。それは幾世紀を通じて利用された唯一の型であった。それはまた鉄でも作られた。本物の金属の歯車は十一世紀か十二世紀以前には出現しなかった。考古学的研究が発見を可能にしているのは、もっと古いが、おそらく、錘《おもり》時計が生まれる仕組みを実現するためにのみ役立った歯車である。*13 工業は十六世紀以前に金属製の歯車伝導装置を利用したようには見えない。またこの時代にも、いや十八世紀末ごろまでは依然として木製のランタン歯車伝導装置が日常的に利用されている。その起源は正確には分からなくても、近代初期に出現したこの発明の重要性をそのことから推し測ることができる。それはたんに運動の方向転換だけでなくて効果の拡大を

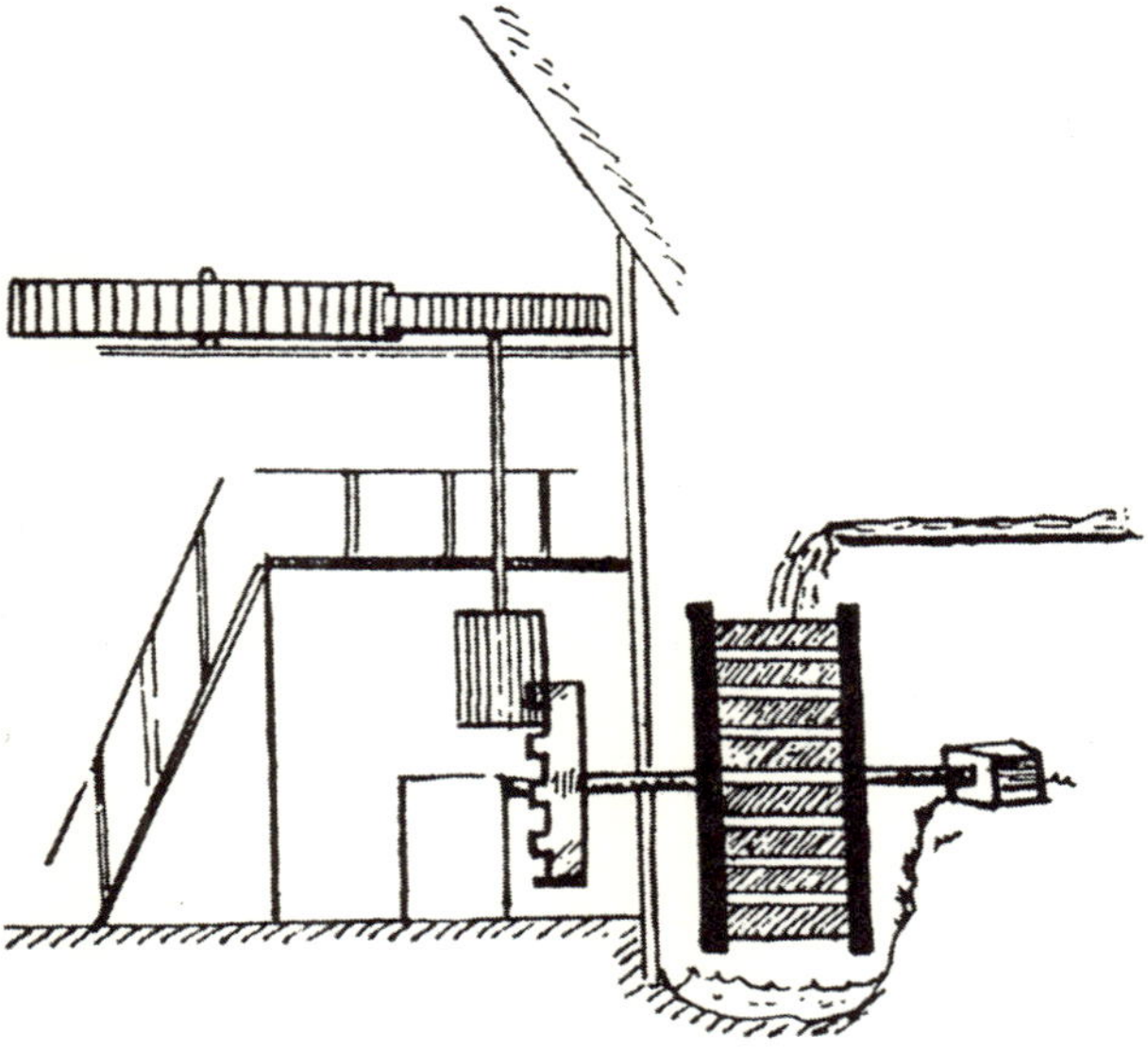

図13-29　上射式車輪の水車の略図

これは車輪の下を通る川の流れによってか，それとも車輪の上に水を導く配管によって作動できる。この後者の方式はまさに揚水装置の逆である。これが原動機の最初の例である。

も可能にしていた。自然エネルギー源の工業利用の問題はすべてそれに依存している。

*13　**歯車**（金属製）　中国では銅製の歯車と陶製の鋳型がいくつか発掘されている。漢代の記述によれば、それは歯車を用いた回転装置である、皇帝の行列用の記里鼓車（進行距離測定機）や指南車（進行方向指示機）などに使われていた。

下射式車輪、上射式車輪

水受け板付き車輪はその下に注ぐ水の流れによって駆動することができる。フィロンの実現の見込みのないいくつかの未来の予測[*14]にもかかわらず、古典古代が独占的に知っていたのはこの駆動の方法である。ようやく五世紀末[*15]に、ローマの工学者たちは羽根をたたく流れの力の外に、その下降の走行の間に羽根に重みをかける水の重量を利用することを考えついた。それには分水路か導水路を通じて車輪の上に水を導いてくれば十分だった（図13—29）。ビザンツ帝国の大規模な設備[*16]が誕生をみたのはその時である（バルベガル）。

＊14　**未来の予測**　『空気学』には、三条の鉄製の継ぎ目なしチェーンを備え、中央のチェーンに数珠状に銅か木のバケットを取り付け、放射状に組み立てたスプーン形の水受け車輪で動かす、巨大な揚水装置の記述とスケッチが見える。「この装置はわれわれが述べたとおりに建造される」と書かれているが、おそらく実現は不可能であった。またべつに二つのシリンダーとピストンを備えて交互に作動させる押上げポンプの説明とスケッチが見えるが、記載に大きな欠陥や不備がある（アラビア語への翻訳のさいに生じた改変であろうとされている）。

＊15　**五世紀末**　四世紀初めの誤記であろう。次注を見よ。

＊16　**大規模な設備**　紀元三一〇年ごろ、アルレス水路に建造された十六基の水車の設備がバルベガルで発掘された。車輪の直径は約九フィート、幅は三フィート足らず。木製の歯車装置で石臼を動かした。一時間あたりの全製粉能力は穀物約三トン、人口八万の需要を満たすに十分であったと推定されている。

水力を取り入れるこの形式の装置にムーラン（碾き臼）という名がついたのは、紀元後の初め数世紀のあいだ穀物か採油植物の種子を碾くためにのみ使われていたことに起因する。ほかの機械を駆動するための水車の利用に言及されるのは、実は、西暦紀元四世紀に過ぎない。最初は大理石を切断するための鋸とそれを研ぐための回転砥石。もっと遅れてようやく、融解によって得られた鉄をカム付きの心棒で持ち上げて鍛錬するのに用いる、杵と跳ね槌が到来した。

風　車

相対的に遅い時代に位置づけられる風車の出現と利用についてはここでごく簡単に触れておこう。最初期の風車はイスラム時代の初め、七世紀の後半になってようやく伝聞される。しかし実際に証明されるのは十世紀に過ぎない。

水力装置にかんしてと同じく、そして同じ理由で、回転方式ははじめは水平だった。したがって垂直軸は石臼を直接にいかなる機械的動力伝達装置もなしに駆動していた。この種類の風車は定常的な風が吹きつづけるイラン高原で建造された。それは支配的な風に応じて向きを決める大きな出入口をあけた、円壁の方式で構築されていた。垂直軸の回転機構は、固い壁の中の空間のある場所をほとんどすっかり埋めていたに違いない、いろいろな材料で作った羽根を備えていた。しかしその形と構造について今日精しく知られている知識はきわめて断片的である。その普及はよく分かっていない。

中国では、この型の風車は十世紀以降、塩田の開発のために使用された。ヨーロッパでは、あちこち方々で見かける。おそらくアラブ時代に導入されたのであろうスペインとポルトガルのいくつかの地方を除けば、おおむね近年の普及であるように見える。アンティル諸島のラバ神父[*17]によって記述された黍《きび》用の風車はそれに由来していた。

＊17　ラバ神父　Jean-Baptiste Labat (1663-1738). フランス人。カリブ海アンティル諸島のドミニコ会宣教師。その諸島を詳述した。

水平軸の風車はヨーロッパでしか見かけない。地中海沿岸のいくつかの地方には、帆布によく似た三角布の羽根を備えた、固定軸（風向きに応じて向きを変えられない）型が存在している。

Ⅲ　道具と農業技術

14 農業

野生植物の果実、種子、根、塊茎塊根を食料用に採集する代わりに、人間が意図的に種子か若芽を植えて、収穫するまえに数か月待機するとき、農業は誕生する。

農業の発明はいろいろな場所で幾度も行われる。それは旧世界と新世界とでは別べつのやり方で現れる。旧世界においては、その起源の発生地を次のように区分することができる。

（1）東アジアの湿潤熱帯の発生地、そこではアジア型ヤマノイモ（とりわけ *Dioscorea alata* L.）とタロイモ（*Colocasia antiquorum* Schott）の作物化が始まった。それはインドネシア群島に広まり、西暦紀元前に、ニューギニアに、次いで、西暦紀元の初めに、メラネシアに、最後に、中世の間に、全オセアニア諸島に到達する。この農業は多くの場合養豚をともなっている。

（2）西アジアの発生地、〈肥沃な三日月地帯〉（パレスチナ‐シリア‐イラン）、農業が西暦紀元前七〇〇〇年ごろに始まった野生コムギの地方。（いまなお、パレスチナのエリコにすでに西暦紀元前六八四〇年に耕作が存在したか、それとも確かにイラクのヤルモに前六七五〇年に存在したかを知ろうと、議論されている）。それは穀類植物の耕作である。コムギ（*Triticum dicoccum L.*）、オオムギ（*Hordeum distichum L.*）はウシ科の動物とブタとヒツジの家畜化を伴っている。

この農業は前五五〇〇年以降西へ、エジプトと北アフリカと地中海沿岸地方（キプロスには前五六五〇年に遡る）に広まる。この農業の、もっと大陸地方に適した、べつの外観をもつ植生単位が中欧に浸透し、前四五〇〇年ごろ、ドナウ川を遡りながら、前四二〇〇年ごろオランダに到達する。ついで、もっと寒冷な気候条件に徐々に適応しながら、前三〇〇〇年ごろバルト海沿岸に到達する。

（3）黄河と青河（長江）の渓谷における、中国の発生源。その独自性はキビとコメの重要性によって特徴づけられる。前述の発生地からコムギとウシ科の動物を受容したあと、この農業はスイギュウを家畜化し、灌漑コメ作によって、発生源（1）の領域に広く浸透する。

（4）インダス河とガンジス河の渓谷での、インドの発生源は、やはり固有種のキビとコメの作物化によって、またコブウシ（瘤のあるウシ）によって特徴づけられる。この農業は同じく東へ広まり、発生源（1）の古い領域で、前者と出会し、現在、ニューギニアとオセアニアに縮少している。

（5）スーダンの発生源は、モロコシとアワ類の耕作のうえに築かれ、前三五〇〇年ごろに西アフリカに現れる。発生源（2）（西アジア）から家畜を受容し、次いでアフリカ型コメを栽培する西アフリカへ広まる。二次的な発生源がギニアにあり、次いでコンゴ森林地帯へ広まる。最後に、東アフリカではコブウシとアジア型キビの導入が、キリスト紀元の初期の鉄の利用とともに、この農業を中世の間に南方へ、後六〇〇年ごろザンベシ川を越え、後一〇〇〇年ごろリンポポ川を越えて、広がることを可能にする。

新世界では、メキシコに位置する主要な発生地と二次的な発生地がある。

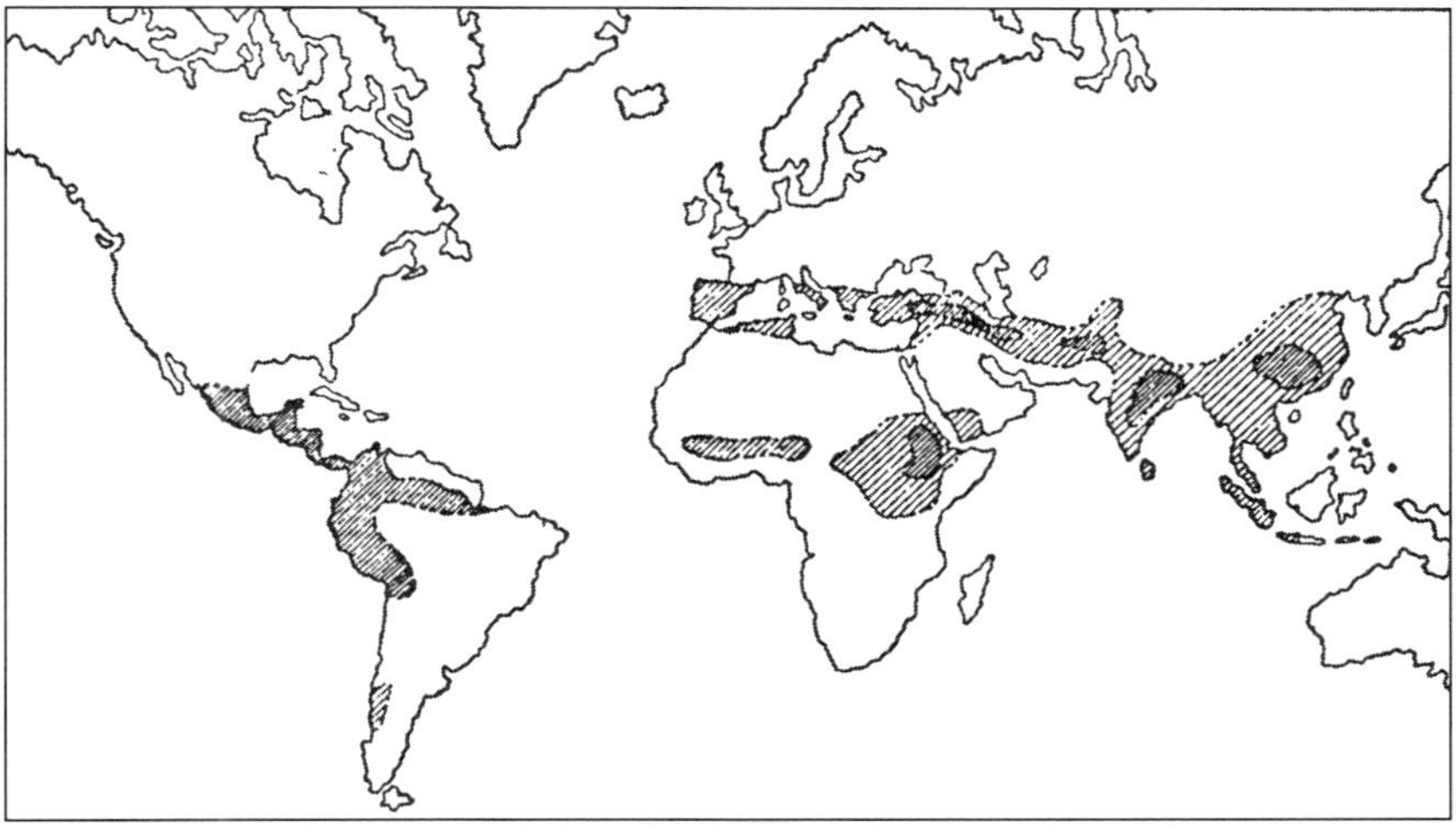

図 14-1　土着の栽培植物の密度

（N. Vavilov（1936）に本づいて作図，アフリカにかんしては修正した。）

しかしながら、おそらく、旧世界においてと同じく、南米の北部に位置する、塊茎塊根（キャッサバとサツマイモ）農業の別箇の発生地を想定しなければならないが、考古学的証言は前九〇〇〇年以降にしかない。これらの植物はアメリカの全温暖多湿地方で、さらにアメリカ発見以来、地球上のほかの全温暖多湿地方で栽培された。

大多数の野生植物に混ざっていた、残りの栽培可能な植物（カボチャ、インゲンマメ、次いでトウモロコシ）は、前七〇〇〇年と前三〇〇〇年の間に発見され、それから栽培植物の割合が増加して、前一五〇〇年ごろには、多数派になる。この農業は、その当時、グアテマラからニューメキシコへと拡大する。

南方には、カボチャとインゲンマメの栽培が前二五〇〇年ごろ、次いでトウモロコシが前一四〇〇年ごろ、現れる。この農業はアンデス山脈に沿い太平洋に沿って進み、チリに到達する。アンデス山脈の高地地方には、塊茎塊根（主としてジャガイモ）農業とラマの家畜化の発生源が前一〇〇〇年と西暦紀元の初期との間にはじめて現れる。

一方、北西部ではニューメキシコの農業が前一〇〇〇年以来トウモロコシの改良変種のおかげで発展するが、さらに高地へは上らず、北東部では、メキシコ湾の沿岸地方とミシシッピ川の渓谷を通り、カボチャを伴って、農業は前五〇〇年ごろにオハイオまで、キクイモの作物化といっしょに遡る。トウモロコシとインゲンマメは紀元後にしか到来しない。五大湖とセント・ローレンス川流域には、ジャック・カルティエ[*1]がそこを十六世紀に「発見する」とき、到来することになったのだった。

＊1　ジャック・カルティエ　Jacques Cartier（1491?-1557）. フランスの航海者。一五三四年、セント・ローレンス湾に面するガスペで、フランソワ一世の名においてカナダを占拠。第二回の航海でセント・ローレンス川（オンタリオ湖に発し、モントリオール、ケベックを経て、大西洋に注ぐ）を遡る（一五三五年）。

15 いくつかの穀類の起源について

アメリカの中国学者故ベルトルト・ラウファーは死後出版論文（1934）のなかでライムギ栽培のトルコ起源にかんするシュルツ（1913）の仮説を取り上げた。それは一方ではヴァヴィロフの業績に、他方では二つのモンゴル語、一つはライムギ粉を指す *talkha*、もう一つは野生植物の食用穀粒を指す *urko, urgan* を根拠にしている。この最後の語は中欧と北欧の言語のなかでライムギを指す *ruy* の起源であった。

この仮説の価値を判断するために、まず最初にこの穀物についてヴァヴィロフが教えてくれていることを検討しよう（Parain, 1935, bibliographie: 625 et Vavilov, 1936）。自生する植物、山岳地方の野生のライムギ（*Secale montanum* Guss.）は、東小アジアで、ほかの一年生種のあいだに、栽培畑にはびこって成熟すると穂がばらばらになる、雑草のライ麦（*Secale montanum* Guss.）を生み出した。その結果その植物もまたそれ自身で種を播き散らす。この植物が、こんどは落ちない穂をもつ種（*Secale cereale* L.）を生み出した。これは擬態する雑草である（同時期の植物群落にあって、似通った穀粒をもつ、栽培穀類を擬態するものと解釈せよ）。栽培穀類はここでは柔かいコムギであり、ライムギはコムギといっしょに収穫され、脱穀され、保存され、ふたたび種を播かれる。一言でいえば、知らず知らずのうちに栽培した、生物学的にはもっと後に個別的な栽培の対象となるであろう穀類と同一のものを手に入れる。柔かいコムギよりもっと寒さに強いライムギは、ひとが高地に、あるいは高緯度に上るにつれて、コムギに取って代わるべく運命づけられていたのである。

その起源の中心地から、ライムギはイランとロシア領トルキスタンとモンゴルのコムギ畑の中を東の方へ広まる。とはいえ、ヨーロッパから小アジアに到来したことにするのに、モンゴルを通過させる必要があるだろうか。ラウファーによって引用されたモンゴル語がライムギに当たるかきわめて疑わしい。というのはその用語は穀粒を収穫する野生植物を指しているからである。ライムギは、逆に、なによりもまず栽培畑にしか存在していなかったし、それが混ざっていたコムギかオオムギと別べつに収穫することはできなかったからである。最後に、ライムギのチュヴァシュ語とタタール語の名称 *urzha, urush* がスラブ語 *ruzhi* よりもむしろモンゴル語の *urko* とどうして結びついていたか考えないのだろうか。オオムギの名称 *arpa* とコムギの名称 *buza*（bugday より）はチュルク–モンゴル諸語から借用して、ライムギの名称 *rozs* はロシア語からとったであろうマジャール語が典型的である。

もっとも真実らしく思われる仮説は西暦紀元の初めごろバルカン諸国を通って小アジアからヨーロッパに到るライムギの通路である。雑草が栽培穀類になるのはバルカン高地においてである。イリリア（バルカン半島北部）では、アルバニア語によって表現された名称 *thekër* とラテン語 *secale* がそれに与えられた。トラキア（ヨーロッパ東南地方）では、ライムギの名称は *wridza*（*wrgia）だった。その名称と物はそこからスラブ、ゲルマニア（ドイツ語 *Roggen*）、バルト海沿岸（リトアニア語 *rugys*）、フィン人（フィンラン

ド語 *ruis*、ウドムルト語形 *zeg* はスキタイの仲介であろう）の諸地方へ広まった。

ライムギはヨーロッパの古代の穀類にたいする、とくに「ファール（スペルトコムギの品種）」すなわちアミドニエ（澱粉に富むコムギ）（*Triticum dicoccum* Schrank）[1]にたいする、重大な競争相手だった。プリニウス（『博物誌』第十八巻、一四一）は、人びとは苦味を和らげるためにファールにライムギを混ぜていた、と指摘しているが、ライムギの味にも程なく慣れたらしかった。今日ヨーロッパで、アミドニエ畑に出会うことができるのはヴォルガ川中流地方においてにすぎない（チュヴァシ共和国では、一九三一年に二万八〇〇〇ヘクタール）。この植物はここではチュルク諸語（チュヴァシュ語 *puri*、タタール語 *borai*）でと同様にフィンランド諸語（モルドビン諸語 *vish*、マリ語 *viste*、ウドムルト語 *vaz*）でも特有の名称をもつ。反対に、もっと東では、それは知られていない。モンゴルでも、トルキスタンでも、東イランでも、それは見かけない。考古学だけが常にそうであったかどうかを告げることができるだろう[2]。

この問題は古代のコムギの歴史に関係があるだけでなく、カラスムギの歴史にとっても重要である。ありふれた雑草（*Avena fatua* L.）としてたいへん広まっていたので、それは擬態する雑草（*Avena sativa* L.）として、とりわけアミドニエ畑のなかに現れる。その歴史はライムギの歴史と似通っているが、もっと早くもっと北で起こる。プリニウスはそれらすべてをたいへんよく知っている（第八巻、一四九）。そのころカラスムギを穀類として栽培していたのは、ヨーロッパの北部だけでなく、ケルト人、ゲルマン人、スラブ人、それにスキタイ人の地域である[3]。ところでほかにもう一つエンバクの古代耕作地方がある、それがモンゴルと東北中国である。中国人は種子の皮と肉が癒着している穀粒の変種を選択した。それがそこらまで到達するのはどの道を通ってか。それはライムギとして、トルキスタンを通って、野生状態で来ることもできたが、ウラルとシベリアを通ってすでに栽培されて来ることも同様に可能であろう。というのはこの植物はマジャール語の名称 *zab* を持っていて、それはチュルク諸語でもスラブ諸語でもないからである。ウマの比較的すぐれた利用を広めたチュルク諸族は、ウマが食べる穀類の栽培を発展させることができた。スラブ諸族についてと同じく、ライムギのラテン名 *sacara* を保存したルーマニア人が、カラスムギの名称 *ovaz* をスラブ諸族から借用したのは典型的である。

チュルク－モンゴル諸族が実際にヨーロッパに導入した唯一の穀類はソバである。東アジア山岳地方に由来する、この植物には十分に湿潤な夏が必要である。だから中央アジアでは、局地的で非連続的な場所でしか栽培することができない。この穀物がはじめてヨーロッパに到達するのは、中国とロシアを同時に包含していた、十二世紀のモンゴル大帝国の時代にである。[4]

おそらく極東に起源がある、少くともまだ二つの穀類がある。もっとも乾燥に適した穀類、キビ（*Panicum milliaceum* L.）と、もっと湿潤であること（トウモロコシの風土）を必要とする、アワ（*Panicum italicum* L.）である。[5] しかしその伝播は先史時代に行われており、考古学的発掘だけがこの主題について教えてくれるだろう。

原注

（1） シュルツの業績以来、*far* を *amidonnier*（ドイツ語、*Emmer*）であると見なすことにみなが同意している。フランス人が *épeautre*（ドイツ語は *Spelz, Dinkel, Dünkel*）と呼んでいるものは西欧に特有の柔かいコムギの一種であり、ドイツ人の植民とともに中欧に広まった。マジャール語の名称は *tönköly* である。

（2）　B・ラウファーは、モンゴルライムギを好意的な立論のなかで、SchmidtとKowalewskiにしたがってライムギの粉を指す語*talka*を利用している。しかしこの二人の著者は植物学についてはあまり正確でない。このモンゴル語の同じ表現はSchmidtによればエンバクを指し、Kowalewskiによればオオムギかコムギを指す！　にもかかわらずこの語は興味深い。というのはとにかくスラブ諸語でもそれが見つかるように思われるからである（ロシア語の*tolokno*、ポーランド語の*tlokno*……南オーストリア・カリンティエのドイツ語の*Talken*）。それは次のようなやり方で下拵えするカラスムギ粉の正確な意味を伴っている。穀粒は熱湯に浸し、脱穀し、乾かすか窯で蒸し焼きにして、それから挽く。できた粉はそのまま食べられる。この方法そのものに独特なところはなにもない。事実、プリニウスはオオムギの薄がゆ（第十八巻、七二）あるいはコムギの挽き割り（同上、一一六）を作るところでその方法を記述している。とはいえ、それは中欧へのカラスムギの伝播を証言することができるかも知れない。しかしスラブ語で*tolokno*がある単語族の一部（ロシア語、*tolkac*杵、*toloc*槌、*tolceia*槌付き挽き臼、*tolcok*衝撃、*tolkat'*激突する）であるのに、*talkha*はモンゴル語で孤立している。想像できるのは、ロシア人との交易がもたらしていた粉を指すためにモンゴル人がロシア語からこの語を借用したということである。かれらがライムギを指す語を持つ以前にライムギ粉を指す語を持っていたこともそれによって説明される。

（3）　穀粒を自然に播き散らさない模倣する雑草、カラスムギ（エンバクはカラスムギの改良種）はプリニウス〈種を落とさない…カラスムギ〉に混合飼料〈飼い葉〉*ocynum*の一部として知られていた（第八巻、一四三）、この模倣する雑草の出現は、農業技術の進化のある特定の段階でしか起こりえなかったから、遅かった。それは根こそぎ引き抜くか、一握りあるいは一抱えを鋸で切るかしなければならず、その成熟につれて穂を一本ずつ切ってはならなかった。

（4）　ソバの名称、これはその外国起源をしめしている、ポーランド語*tatarka*のロシア語の*grecikha*（ギリシア）。ドイツ語の名称*Buckweizen*, *Buckweizen*はおそらくトルコ語の*bugday*コムギ（*karabugday*はソバ）の通俗化した適用である。

（5）　キビはアジア遊牧民の典型的な穀類である。オセート語は*yau*（すなわち*yau*穀類）、チュヴァシュ語は

vir（モンゴル語の üre 穀粒）、トルコ語は *dari*（モンゴル語の *tari* 穀類）。多くの場合キビはアワと混同される。ここにそれを区別しているいくつかの言語がある。ラテン語 *milium/panicum*、マジャール語 *köles/mohar*、ルーマニア語 *meiu/mohor*、アブハズ語 *ash/abysta*、ジョージア語 *petvi/ghom*、ペルシア語 *arzan/kunok*、中国語 *shu/suh*。日本語 *kibi/awa*。

16 穀物、野菜、果樹

穀物

コムギ——野生種フタツブコムギ（*Triticum dicoccoides*）は肥沃な三日月地帯（パレスティナ、タウルス、アルメニア、クルディスタン）のいろいろな地点にいまも存在する。

栽培種フタツブコムギ（*Triticum dicoccum* Sc.）は農業の起源以来、エジプトとメソポタミアで見つかる。穀粒が裸皮で硬いコムギ（*Triticum durum* Desf. マカロニコムギ）または太いコムギ（*Triticum turgidum* L.）はそこでたいへん早く生まれている。

パンコムギは自然交雑起源で、農業が一方では東イランと中央アジアへ、それにヨーロッパへと拡大するとき形成された。

オオムギ——二条（小穂）オオムギは今日エジプトから中央アジアまで雑草として見つかる。その栽培化は澱粉質フタツブコムギとたぶん同時代であろう。その耐寒性のおかげでこの型の農業の気候的境界に到達し、今日に到っている。

野生種六条オオムギは東チベットの渓谷にまだ存在する。極東には無芒の品種が知られており、ほかのオオムギよりずっと澱粉が多い。

キビ類——いわゆるキビ（*Panicum miliaceum L.*）は中央アジアか中国の起源である。

アワ（*Setaria italica L.*）は澱粉は少ないが多雨気候には比較的適している。それは以前には中国からヨーロッパまで知られた。

チカラシバ（*Pennisetum*）はアフリカ起源の植物であり、全アフリカで、だが同時にインドでも栽培されている。

モロコシ（*Sorghum* すなわち *Andropogon*）もまたアフリカ起源である。それはエジプトで注目されたらしい。アジアに広がり、西暦紀元の始めには中国に到達し、北部にまですら栽培されている。西暦紀元一世紀にはイタリアに知られる。

イネ——イネ（*Oryza sativa L.*）は二つの地理的亜種の分かれる。すなわち一種（*ssp. indica*）はインドとインドシナの熱帯地方に、もう一種は中国中部と日本のもっと温暖な地方に。それは二つの生態学的形態をしめす。すなわち灌漑栽培イネ（もっとも古い形態、というのは野生植は水生だから）と、最近では森林の焼き畑での「原始的」農業と特徴づけられている、乾燥栽培イネ（陸稲《おかぼ》）。

アフリカの野生イネは古代にニジェール渓谷で栽培され、チャドにまで広まっていた。

トウモロコシ——トウモロコシはアメリカ起源の唯一の重要な穀物である。ヨーロッパ人が到来したとき、それはカナダからチリまで栽培されていて、野生の原型は消滅していた。

現在までに、いちばん古いトウモロコシはタマウリパス州（メキシコ北西部）の洞窟のなかで見つかって、炭素14によって、西暦紀元前二五〇〇年から前二〇〇〇年と年代決定された。にもかかわらずトウモロコシ農業はメキシコ渓谷が起源だったと見なす傾向がある。

二次的穀物

これらは一次的穀物の雑草から生まれる。

ヒトツブコムギ。小アジアでの野生種（*Triticum aegilopoides*）。それはヨーロッパで、とりわけ西暦紀元前に栽培された（*Triticum monococcum*）。

カラスムギ——二種の雑草カラスムギが栽培植物を誕生させた。すなわち *Avena strigosa* schr. は、砂地のカラスムギ（ヨーロッパ大西洋沿岸の *Avena brevis* Roth.）を生む。*Avena tatua* L. は、中央ヨーロッパと中央アジアにおける、今日の栽培カラスムギ（*Avena sativa* L.）の起源である。

今日のカラスムギはやはりフタツブ系である。それらは澱粉に富むコムギ、フタツブコムギの畑の雑草であった。

ライムギ——はじめは小アジア山岳地帯のなかで野生の多年生、次いで一年生でパンコムギ畑のなかの雑草であり、鉄器時代に中央ヨーロッパではじめて栽培穀物となる。

野菜

ニンニク——ニンニク（*Allium sativum* L.）は、イラン南部起源で、エジプト、ギリシアおよびローマで栽培されていた。

テンサイ－ビート——野生のテンサイはいまもヨーロッパの沿岸地帯に存在する。葉柄のためにギリシアとローマ地方で栽培化。赤い太った根をもつ品種がイタリアから到来するのは十六世紀にすぎない。

ニンジン——ニンジン（*Daucus Carota* L.）は、野生状態で、荒地にきわめて広がっている。ローマ人はそれをたいへんよく知っていた。

キクヂシャ——ギリシア人とローマ人によって栽培された。

キャベツ――野生キャベツ（*Brassica oleracea* L.）はまだ大西洋沿岸と地中海沿岸のヨーロッパ側のいくつかの地点に存在する。それはすでにブロッコリーとたぶんキャベツを栽培していたギリシア人とローマ人に知られていた。

西洋カボチャ‐ズッキーニ――カボチャはアメリカ起源のカボチャ属 *Cucurbita* の植物群であり、インディアンによってチリからカナダまで栽培されていた。おそらく野生植物の最古の遺物は、タマウリパス（メキシコ北西部）の洞窟のなかで発見され、年代は西暦紀元前七〇〇〇年から前五〇〇〇年と推定された。ペルーの北側（グアカ・プリエタ）で発見されたいくつかの種は年代が西暦紀元前三〇〇〇年と確定された。古代（エジプト、ギリシアおよびローマ）は台所、涼しい場所、乾燥した場所でよく利用するヒョウタンすなわちフクベ（*Lagenaria vulgaris* Ser.）しか知らなかった。

キュウリ‐ピクルス――キュウリ（*Cucumis sativus* L.）はインドでは野生であり、イランとエジプトで、次いでギリシアとローマでつとに栽培される。ピクルスは未熟な果実である。

クレソン――温暖なヨーロッパの原産で、ギリシアとローマで栽培化された。

インゲンマメ――ギリシア人とローマ人に知られたインゲンマメ（ササゲ）はアフリカ起源の植物で、中国にまで栽培された（ササゲ属 *Vigna*）。

今日のインゲンマメ（*Phaseolus vulgaris* L.）はアメリカ起源で、チリからカナダまで栽培されていた。タマウリパスの洞窟（より高い村）の住民はすでに野生状態で収穫したインゲンマメを食べていた。インゲンマメはメキシコでおそらくトウモロコシと同時期、西暦紀元前三〇〇〇年ごろから栽培されたと考えられている。

レタス——レタスはエジプトとイランで、次いでギリシア時代とローマ時代に栽培されていた。

カブラ——野生カブラ（*Brassica campestris* L.）は耕作地に雑草として出現したのかも知れない。いずれにしろ、ギリシア人とローマ人によって改良根菜として栽培されていた。

タマネギ——タマネギ（*Allium cepa* L.）は、イラン南部の起源であり、エジプト、ギリシアおよびローマで栽培されていた。

トウガラシ-ピーマン——トウガラシとピーマンはペルー起源の同一種（*capsicum*）の二つの品種であり、アメリカで征服時代に広く栽培されていた。

クリストファ・コロンブスはそれをアンティル諸島へ返還しに来るはめになった、というのはすでに一五〇六年にヨーロッパに知られているのだから。

ポロネギ――ポロネギ（*Allium porrum* L.）は肥沃な三日月地帯の起源であり、ギリシアとローマに知られていた。

エンドウとレンズマメ――これらはイラン起源であり、古代にエジプト、ギリシアおよびローマで栽培されていた。古代のエンドウは灰色エンドウすなわち畑エンドウ（*Pisum arvense* L.）である。

ジャガイモ――ナス属 *Solanum* の植物群で、アンデス山脈（コロンビアからチリまで）のインディアンによって栽培化される。今日のジャガイモ（*Solanum tuberosum* L.）はこの地帯の南の地方（チリ－ペルー）から到来している。

十六世紀の後半にはヨーロッパに導入される（一五八六年、ロンドン、モンス〔ベルギー南西部の町〕）。

トマト――トマト（*Lycopersicum*）はペルー起源であり、アメリカ発見のときには、メキシコにまで栽培されていた。

これはヨーロッパには十六世紀に導入された。

キクイモ（*Topinambour*）――カナダの南部と合衆国の北部の植物。インディアンが収穫し次いで栽培した。

シャムプレン[*1]の航海のおかげで、それは一六一〇年にヨーロッパに導入された。名称は一六一三年にフランスに来た、ブラジルのインディアンたちの名称、*Toupinambous* から来ている。

＊1　シャムプレン　Samuel de Champlain（v. 1567-1635）. フランスの植民地開拓者。カナダ東部にケベックを建設（一六〇八年）。

果樹の樹木栽培

樹木栽培、果樹の栽培化は、すべての農業中心地で生じたのではない。たとえば、中央アフリカではそれは無視された。

西アジアの発生源は、南から北上しながら、以下の果樹を作物化した。すなわちナツメヤシ、イナゴマメノキ、イチヂクノキ、オリーヴノキ、ブドウノキ、クルミノキ、リンゴノキ、セイヨウスモモ（プラム）ノキ、サクラノキ、アンズノキ、アーモンドノキ、ヨウナシノキ。

中国の発生源は北から南下しながら、ナシ、アンズ、モモ、オレンジ、レイシ、キンカンを作物化した、熱帯の領分を侵蝕しながら。

インドの発生源もやはり熱帯アジアの領分を侵蝕しながら果樹を作物化した、たとえば、マンゴーノキ、レモンノキ。

熱帯多雨の古代の発生源は低木というよりもむしろ野菜であるバナナノキを作物化していた。この生命力の強い草本植物は全オセアニアにおいてヤマノイモ、タロイモおよびサトウキビを伴っている。この草本はインドから東アフリカへ導入された。

アメリカでは、作物化された果樹はもっぱら熱帯多雨地方に属している。パパイアノキ、アボカドノキ、ギュウシンリ（牛心李）などがそれである。

17　犂《アレル》と犂《シャリュ》の生物地理学(1)

道具の民族誌的研究は生物種の研究とおなじ手法で行うことができる。例として耕すのに役立つ器具をとりあげるなら、それを生物地理学の観点で研究することができる。

博物館に展示されているような物は生物の骨格としか比較できない。その物を理解するためには、それを生産し、それを機能させる人間の身振り全体を、その物のまわりに布置しなければならない。その全体が動物の軟部の役割を果たし、それを知ることが地理的分布を研究する存在物の形態と生理を理解するのに不可欠である。

わたしがこの物（犂《すき》）を研究しはじめたとき、ドイツの著者パウル・レザがモノグラフを出版していて（P. Leser, 1931）、そのなかでこの器具にかんして二つの違った門[*1]、三角形枠の道具から成る一門（図17—1、2、3）と四角形枠の器具としてもう一門（図17—4、5）があると見なしていた。

＊1　門　生物分類のいちばん上の階級。門の下位区分が類。門はいくつかの類の集合。

実際にはこの器具の適用の研究はまずそれを犂《アレル》と犂《シャリュ》に分けることを可能にする。犂《アレル》は左右対称的な形態を

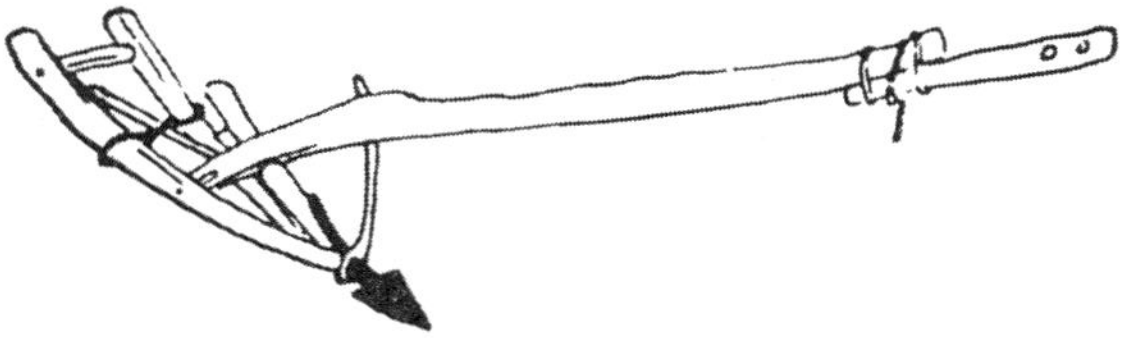

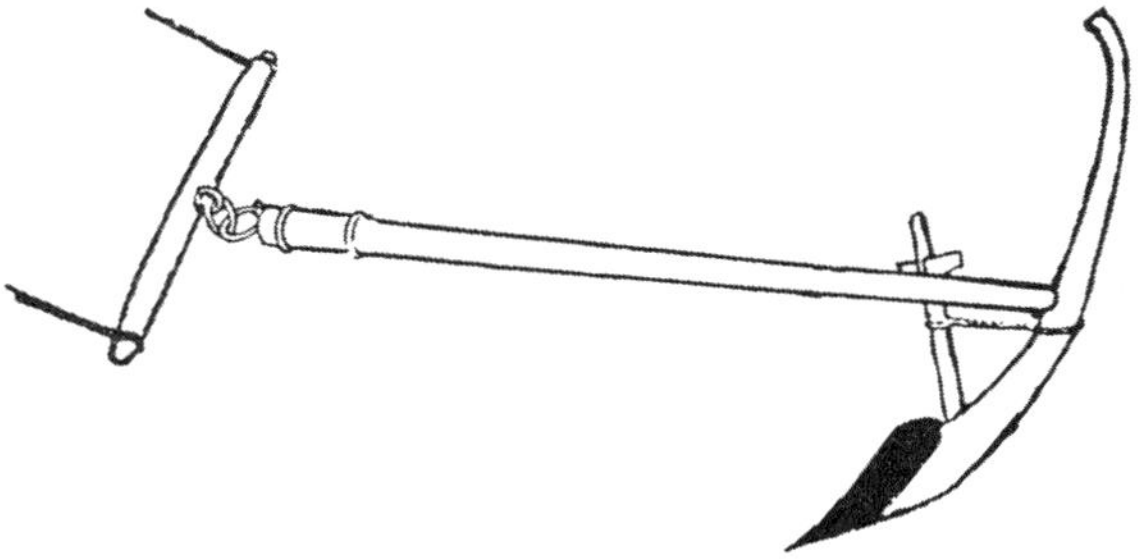

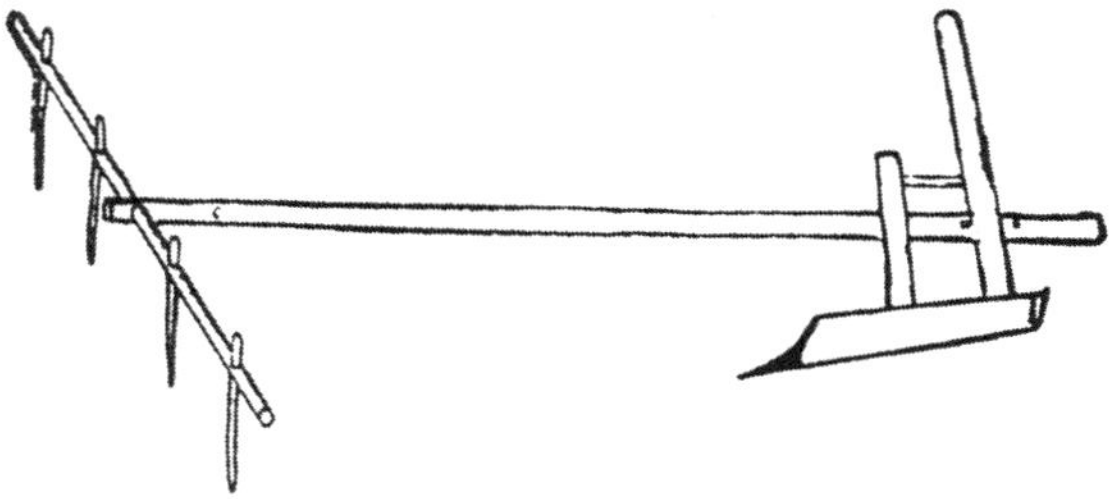

図 17−1　生きている化石：ルリスタンの犂《アレル》（Leser, pl. 1, 3: 126.）
図 17−2　ひとつの突然変異：北ベトナムの犂《アレル》（Leser, pl. XII: 321.）
図 17−3　もうひとつの突然変異：チュニジアの一つの犂《アレル》
（ジェルバ島，M. Pariente の未刊のデッサン。）
図 17−4　四角形型：ビルマの一つの犂《アレル》（Leser, pl. XIII: 322.）

備え、その農耕の役割は表土の表面を柔かくして、種子にかぶせることにある。犂《シャリュ》は左右非対称的な形態を備え、畝を切り分けて土を裏返す。適用の観点は系統上の親縁関係について指示をあたえることはできない、とレザは考えていた。しかしこの器具を改めて木製の物全体のなかに置くならば、木を紐でくる技術のなかで頑丈さを手にするには三角形枠が必要であること、頑丈な四角形枠を手にすることができるのはその次の木を組み立てる技術の段階においてであることに気づく。レザは、農業技術を適用の埒外に置きたかったのだが、はからずも大工の技術から適用を取り上げてしまっていたのである。

実際には、生物にかんしてと同じく、古生物学に頼らなければならない。最初の化石は西暦紀元前三千年紀に遡る、それがエジプトとメソポタミアの犂《アレル》である。それらは二本の平行な柄でできていて、その先端は耕す部品に接合しており、頚木に繋がれた二頭の動物が梶棒によって引っ張るのである。

道具は、生物と同じく、多かれ少かれすみやかに進化する。現在の自然のなかにはきわめてわずかしか進化していない、過ぎ去った時代の化石とほとんど同一である生物が見つかる。犂《アレル》についていえば、エジプト内陸部の犂《アレル》の場合がそれであり、四千年このかたほとんど変化していない。バビロニアの犂《アレル》はルリスタン（イラン北西部）の山岳地帯に今日遺存種の生息地域が見つかる（**図17―1**）。同じ型の犂《アレル》はほかにも近年中欧で、たとえばトレンティーノ（イタリア北東部）のアルプス渓谷において見つかっていた。器具が進化しない原因を地理学的理由に求めてはならない、というのはエジプト内陸部の平野ではだれもがいちばん近代的な装置を使うよう勧めるだろうからである。進化の不在を生じさせる生態学的理由は人間の側の状況、固化した社会構造のなかでの農民の経済的貧困によるのであり、それがかれらから技術の改良の可能性をすべて奪い去るのである。

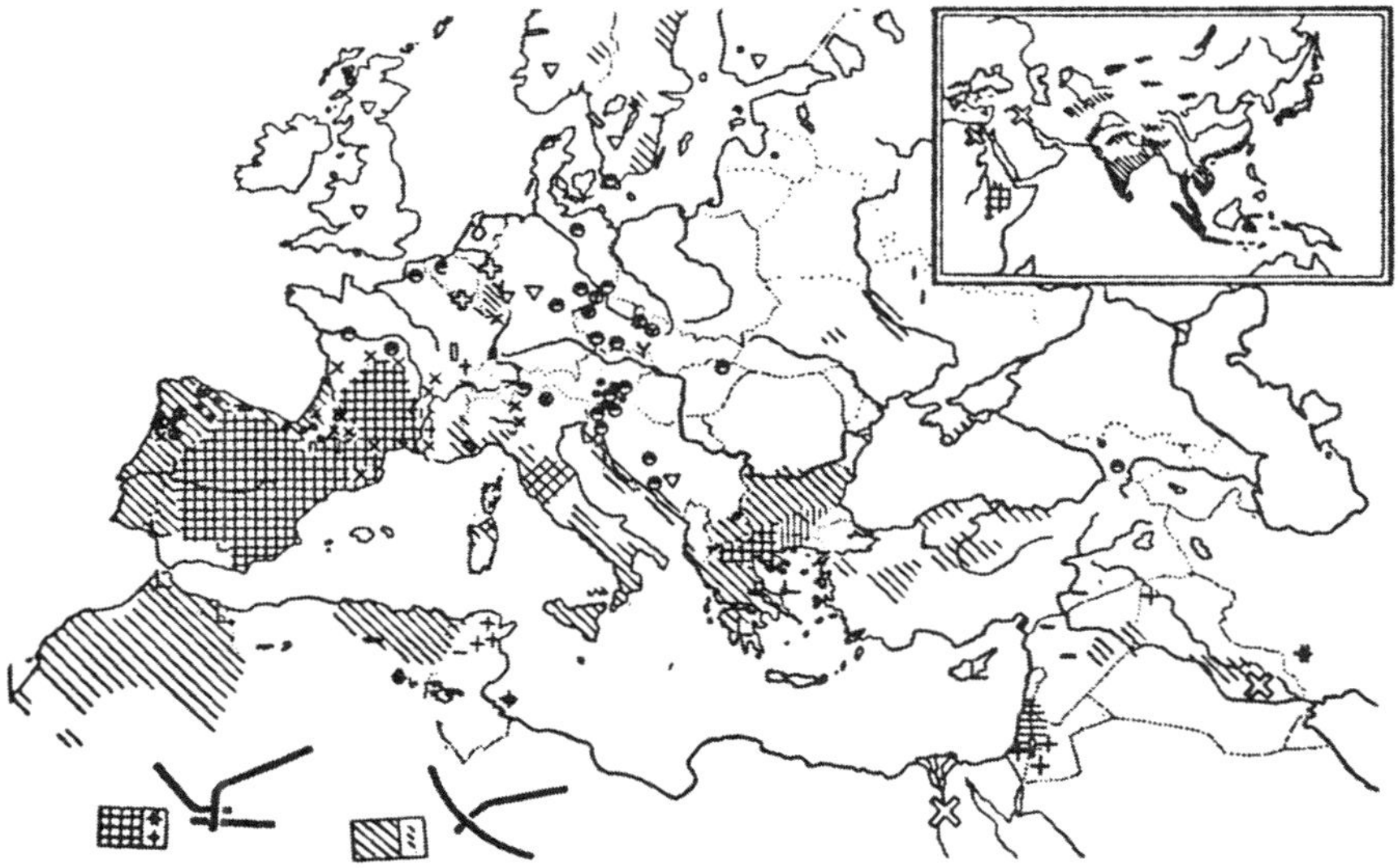

地図17-1　三角形型犂《アレル》の二つの型の分布

図17-2の犂《アレル》は斜線で，図17-3の犂《アレル》は十字型の線で。（詳細についてはLeser, p. 232および248.）

急速な進化、突然変異は、だから農業技術の変化、農耕社会構造の変化といった、きわめて限定された条件のなかでしか可能ではない。この器具のひとつの重要な進化は、近東から両端のヨーロッパとアジアへ広まるとき、まさにその伝播のさいに起こるだろう。重要な変化の一つは、はっきり区別される二つの型、梶棒が柄を貫通する第一の型（図17―2）と柄が梶棒を貫通する第二の型（図17―3）を誕生させた、二本から一本への柄の減少であろう。犂《アレル》のこの二つの型の分布は古くかつ安定しているように見える。地中海沿岸地方を調査すると、最初の型から一方もしくは他方の型への突然変異は気候現象に見合っているように思われる。というのは耕す部品の幅を比較的広くすることができる第一の型は、半島の西部、ポルトガル、カンパニア州（イタリア）、エピルス地方（ギリシア・アルバニア国境地帯）に分布しているが、柄が梶

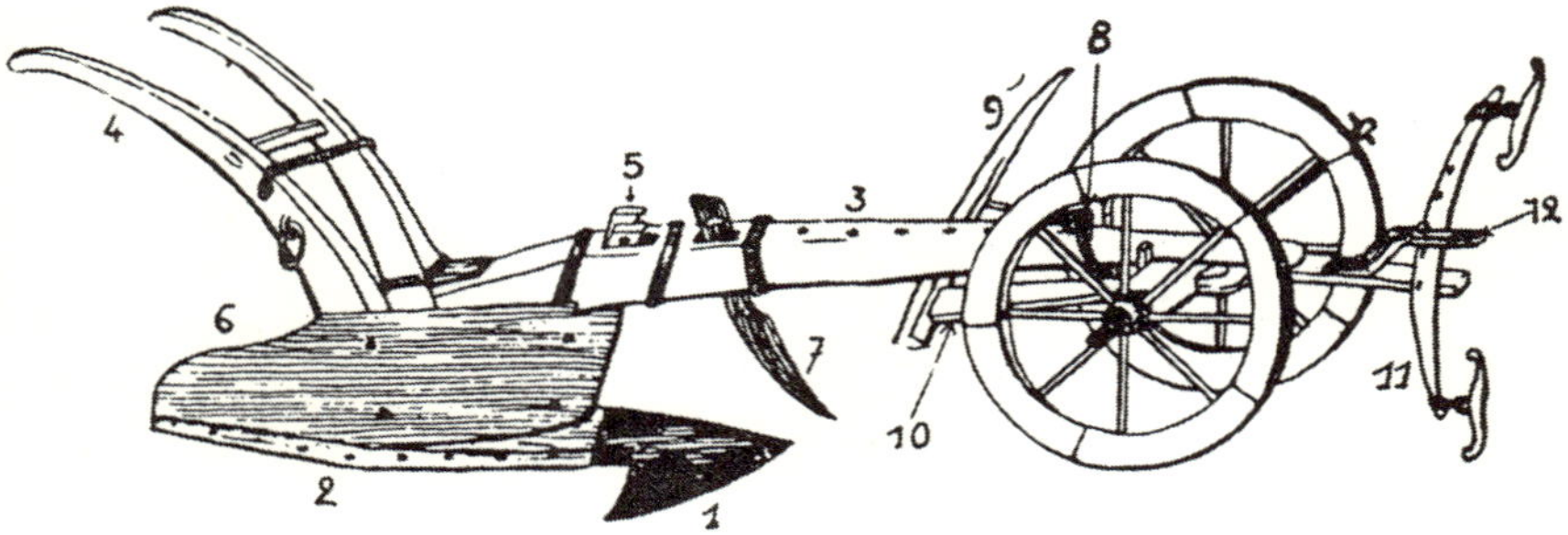

図17–5 典型的な犂《シャリュ》
ボヘミア，18世紀末（Leser）。

棒を貫通している以上、耕す部品が必然的に比較的細くなっていて、刃は多くの場合たんなる棒、プロヴァンス方言でいうレーユ *reille* にまで単純化している第二の型は、半島の東部、もっと乾燥したカスティーリャ、カタルーニャ、マケドニアに見出されるからである（**地図17—1**）。

気候へのもうひとつの重要な適応は犂《アレル》から犂《シャリュ》への変形である。それは中欧のダニューブ川渓谷においてローマ支配の末期に起こった。犂《アレル》は元もとは種子に土をかぶせる器具であり、土壌を耕す仕事は草取り鍬と鋤を使って手で行っていたのである。地中海性気候においては、犂《アレル》はなんといっても表土の表面を柔かくするのに役立っていた。それにたいして、もっと涼しくもっと湿潤な地方では、表土を耕す仕事は余分な水の排出と蒸発を助けることが重要だった。プリニウスの時代以降、犂刃《すきば》の使用がもっと深く耕すことを可能にしたが、土を分断するだけでは不十分であり、非対称的な方法で取り付けた撥土板を使って土を反転させなければならなかった。その方法は手直しした台枠を用いて器具に二本の柄を取り入れ、左側の柄に梶棒を嵌め込み、一方右側の柄が撥土板を支えるのである。犂《シャリュ》のこの古い型（**図17—5**）は中世初期に、ウクライナからフランスの中央部にまで広まる。

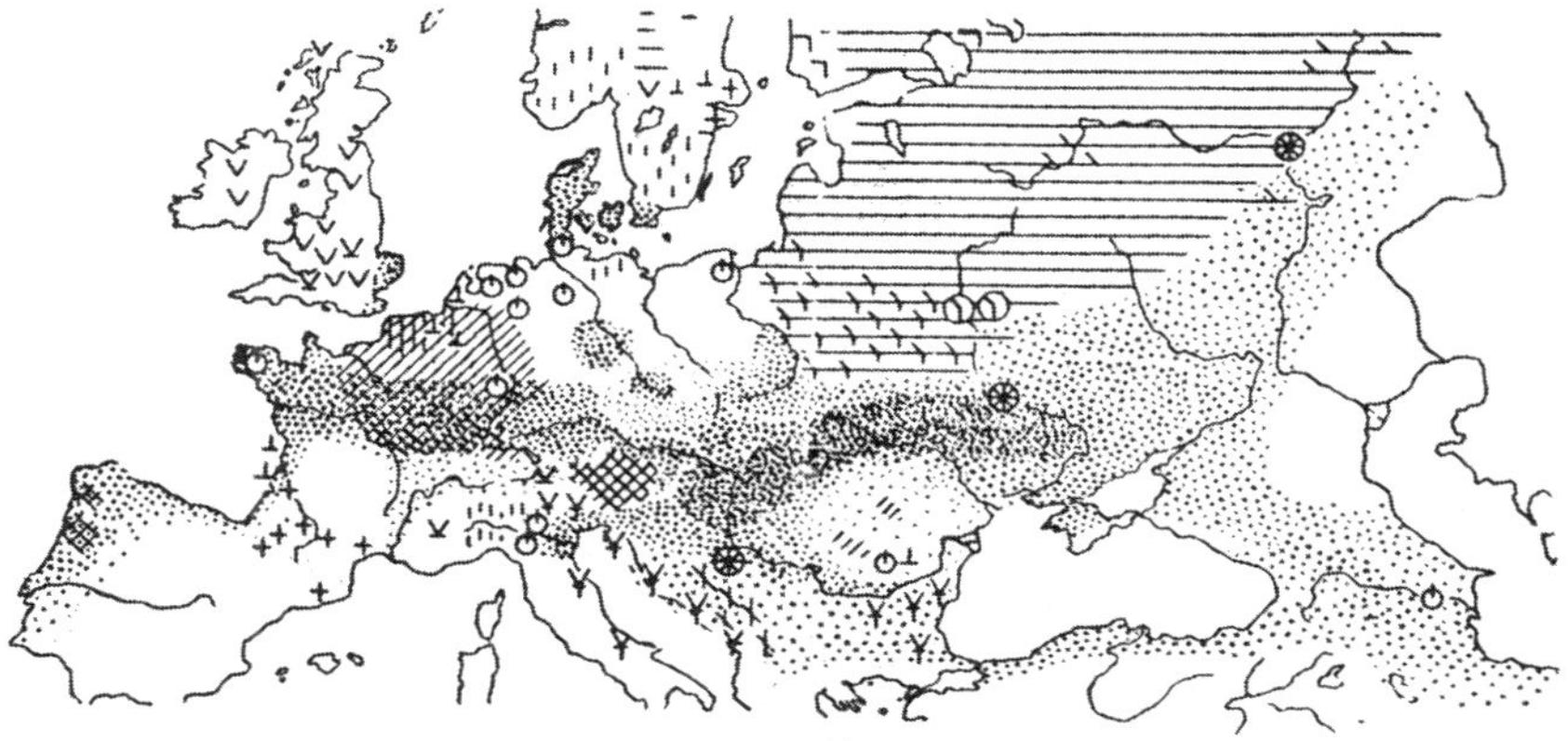

地図 17-2　犂《シャリュ》の分布

固定揆土板付きの犂《シャリュ》は点描であり，それは平作りで耕す。平地の耕作具は斜線であらわした回転犂べら犂《シャリュ》と水平線でしめした〈ソハ〉*Sokha* である。

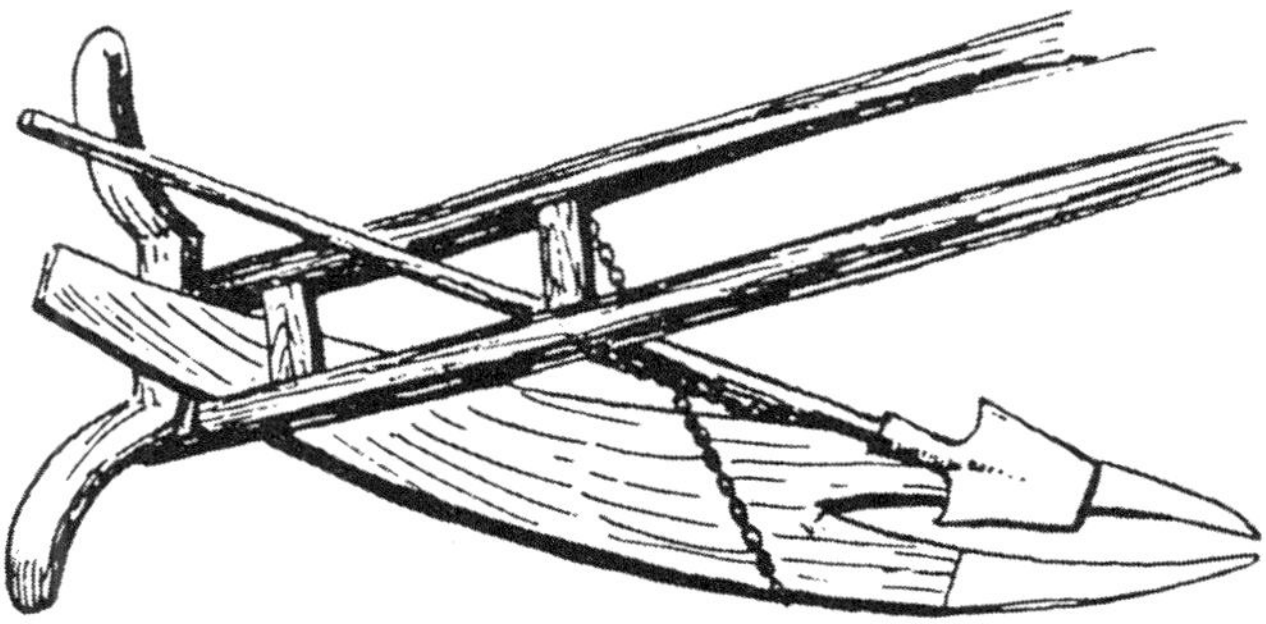

図 17-6　リトアニアのソハ

博物館教授 A. Thouin（1827，地図）による。

図 17-7　繋がれて作業中のモスクワのソハ

（Leser: 186）

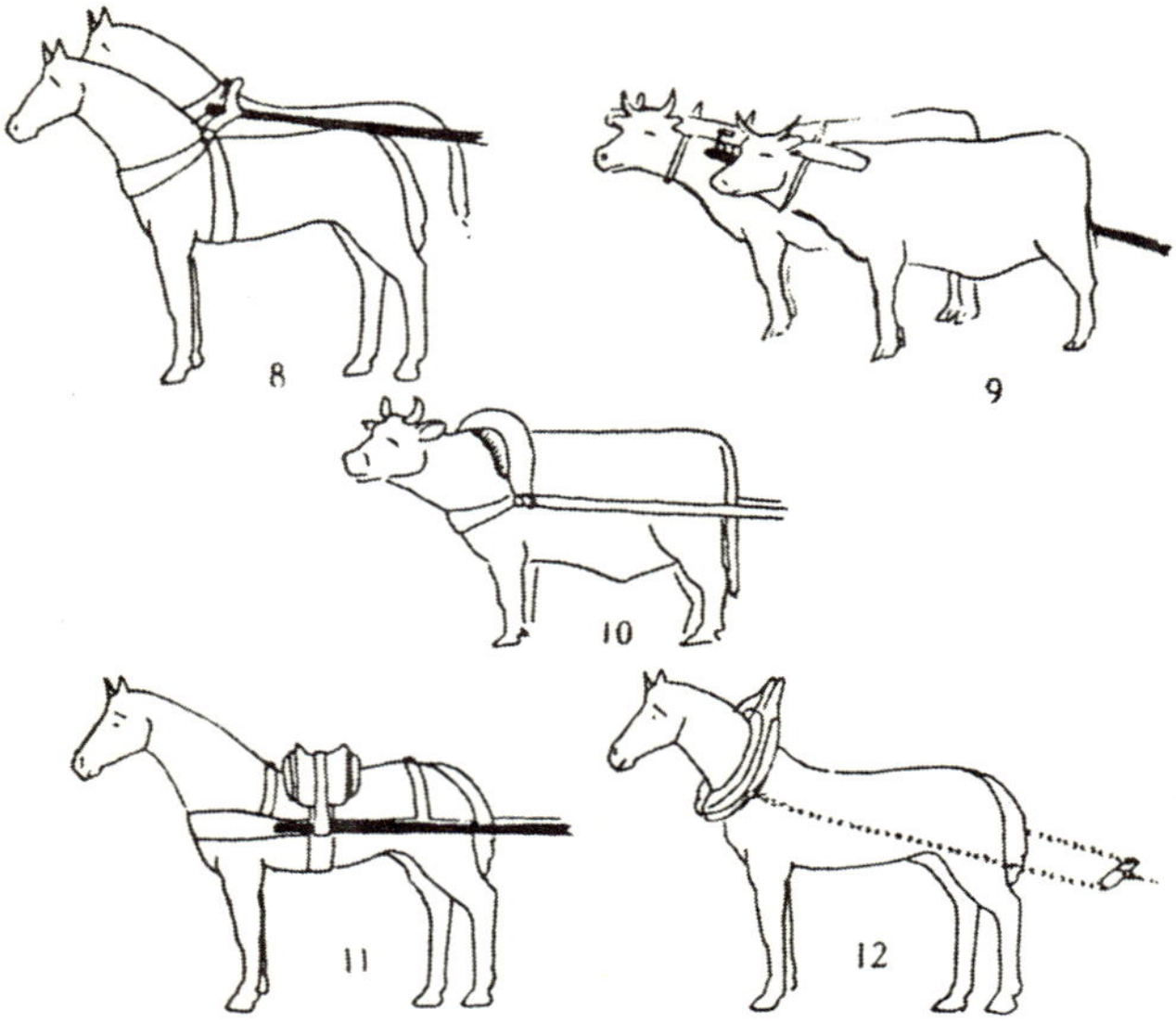

図 17-8　ウマの古代繋駕法（Leser, 169）
図 17-9　ウシの古代繋駕法
図 17-10　中国でのウシの繋駕法（Leser, 172）
図 17-11　ウマの近代繋駕法：胸帯と長柄
図 17-12　ウマの近代繋駕法：頸帯とパロニエ

この非対称的な器具は繋駕して畑を往復するたびにいつも同じ側に土を反転させるわけにはゆかなかった。もっと北の地方でそれを利用しようとしたときに、対称的な器具に可動撥土板を取り付けたが、それは土が同じ側へ横倒しになるように、繋駕の向きを変えるたびに一方の側へまた他方の側へと傾けることができた。この技術革新は農作業に馬を適応させたとき、いや実は、一方オランダとピカルディー地方（フランス北部）では回転犂《すき》べら犂《シャリュ》を使い、他方バルト海諸国と大ロシア公国では〈ソハ〉*Sokha*（図17―6）を使って（**地図17―2**）行われる。この場合は収斂[*2]による適応である。

*2　**収斂**　同じような環境のなかで生活する、たいへん異なった種類に属する生物が、似通った形体、構造あるいは機能へと進化してゆく傾向。

収斂のほかの事例にも注目しなければならない。たとえば極東では、中国とインドネシアでは犂《アレル》は台枠を手直しすることなしに、犂刃も車輪も付加することなしに、非対称になっている。灌漑にしろ、中国の土地と気候のある種の性質にしろ、非対称形がヨーロッパで生じたよりももっと難しい仕事を行わないようにすることは可能であった。

ほかの進化のなかでは、繋駕法の進化に注意を促さなければならない。すでに述べたように、古代繋駕法は頸木によって引っ張る梶棒の両側に配置された二頭の動物から成っていた（図17―8、9）。中国では、西暦紀元の初めに、一頭の動物がその両側に配置された二本の長柄を使って引っ張る繋駕法が出現していた（図17―10、11）。長柄によるこの繋駕法は重くて遅い牽引にウマを利用することを可能にした。ここでもまた中国とヨーロッパのあいだに収斂が見出されるだろう。ユーラシアの中間地方で牽引が長柄によって行われていたとき、中国と西欧では同時にパロニエによる牽引が見出される。長柄は動物の後に位置する木材の両端に繋ぎ留める綱が革の引き綱に置き換えられたが（図17—12）、その木材が犂《アレル》か犂《シャリュ》の梶棒の多少とも短くなった先端をその中央で鉤で引っ掛けるのがパロニエである。ここに同じ物が独立に出現したひとつの優れた見本がある。結論として、人間に属する物の歴史と地理的分布の研究は、化石、門、貴重生物種、突然変異、適応、収斂、適応収斂など、どんな動物や植物とも同じ特性を提示していることが分かる。

原注

（1）一九五五年六月十六日の会合。ここで提起した問題は著者が Mariel Jean-Brunles Delamarre 夫人と共同で出版することになる著作、*L'homme et la charrne à travers le monde*（1955）のなかに長々と論じてある。この論文の地図と図はそこからの借用である。

Ⅳ　中国と極東における技術と科学

18　中国における鋳造

鉄の鋳造の知識はどのようにして古代中国から中世ヨーロッパへ到来することができたか

製鉄の歴史のもっとも重要な資料は専門家以外にはほとんど知られていないし、この報告の主題をなす問題を述べるまえに、ヨーロッパと西アジアにおける鉄の歴史の主要な特徴について一言念を押しておくのが有益だと思われる。

これらの地方においては、古代を通してずっと、鉄の抽出は鉱石と木炭を層状に積み重ねて置いた小さな炉のなかで、手動か足踏みの鞴《ふいご》（革製のほかに、さらに、西暦紀元五世紀ごろ、板製の鞴）によって、あるいは山岳地方では風によって、燃焼の勢いを強めながら行われていた。溶解していたもの、それは鉱滓であり、無用のかすだった。鉄は不純物によって膨らんだ塊の形で残っていた。そこから不純物を分離させるには、熱くて可鍛性もあるこの鉄を槌で鍛えなければならなかった。技術的および言語学的な古代のすべての証言が一致するところでは、人びとは鉄を溶融せず、可鍛鉄にして、槌で鍛えていた。

この技術段階には、鉄鉱石と木はたいへん広く分布していたので、鉄はそれぞれの村落で抽出することができていた。鉄の抽出はどこの地方にもどんな社会階級にも独占されていなかった。グンドムント・ハットは近年鉄と銅のあいだのこの相違を強調した（Hatt G., 1914）。

中世には（十二世紀以降に）冶金術への水力の適用が産業の集中をもたらす。撥ね槌（タイ地方の米搗き杵と同様に水車で動かすカム軸によって作動する大きなハンマー）を備えた鍛冶場はいまや可鍛鉄の塊を機械的に鍛えることを可能にする。

この時代には二つの抽出法がある。〈カタルーニャ〉*Catalan* 法は、送風機が水圧ポンプであり、それによって豊富な鉱石と木炭を原料にして十九世紀までずっと直接に可鍛鉄を手に入れていたし、（オーストリアでの）〈塊炉〉*Stückofen* の方法は、送風機が水車によって作動する鞴《ふいご》から成っている。可鍛鉄の塊（*Stück*）を取り出すには炉の壁面を壊していた。しかし十四世紀に、炉の大きさが増し、燃焼熱が上がったので、鉄よりも溶けやすい鉄と炭素の合金（炭素が四パーセント）ができるようになっていた。鋳鉄 fonte（その合金のフランス語の名称）を生成する炉、〈溶塊炉〉*Flussofen* を手に入れたのである。鋳鉄を可鍛鉄に変換するのを可能にする製錬法が確立されたのは、ライン川流域地方においてであろうと思われる。鋳鉄の塊（ゲルマン語起源の語で〈銑鉄塊〉*gueuses* と呼ばれる）は〈精錬炉〉*Hotte*（ゲルマン語起源の語、ドイツ語では *Hütte*）の下の、〈タク〉*taque* と呼ばれる鋳鉄板を備え付けた。広い火床のなかに集まる（タクは、この意味でフランスの中央部からスカンジナビアまで広まった、暖炉の火床をも指す語）。

この時代以降、鉄の抽出は二段階に分けて行われる。高炉のなかで鉱石を鋳鉄に変換し、次いで加熱炉のなかで鋳鉄を可鍛鉄に変換するのである。イギリスでは、十七世紀に、木炭を石炭に代えることができた。もっとも最初にそれを蒸溜し、コークスに変えて、硫黄を取り除かなければならないが、そうすると木炭により抵抗力がふえ、そのことが荷重、すなわち炉の高さを増やすことを可能にしていた。この方法が大陸に広まったのは次の世紀に過ぎない。

　だから中国では鉄の鋳造が古代以来知られており、鉄の抽出に石炭が使われている、という中国学者の主張を前にした技術学者のためらいが分かる、そのとき中国には高炉がなかったのである。そしてだれしも『古ユエ会報』[*1]（一九三六、二〇七）から抜き出したつぎの一節のばかばかしさを噛みしめるだろう、「わが鍛冶屋の親方たちは低炉の方法（ヨーロッパでカタルーニャ法と呼ばれる）を用いていた。この炉は前世紀にはまだ繁昌していて、嘉隆・明命時代[*2]（十九世紀初頭）に遡る鋳鉄製の大砲を送り出したのはそれであり、アンティンの古い軍事拠点に放置されているのをいまも目にする」。

＊1　**『古ユエ会報』**　*Bulletin du Vieux Hué*. ユエはフエ（順化）のフランス語読み、グエン朝（一八〇二―一九四五）の都であった。おそらくフエの学会誌であろう。

＊2　**嘉隆・明命**　越南グエン朝の年号。嘉隆（一八〇二―一八一九）、明定（一八二〇―一八四〇）。

　にもかかわらず、アメリカの専門家トマス・T・リードは一連の論文（T. T. Read, 1934, 1936, 1937）のなかで、ある重要な問題が存在していたことを明らかにしようと試みた。中国人が遥か以前から鉄を溶融するすべを心得ていることを否定するわけにはゆくまい。それについては考古学的証明と文献学的証明がある。最古の考古学的証言[*3]は、（ペンシルベニア州ドイレスタウン技術博物館の）ルドルフ・P・ホンメル（R. P. Hommel, 1937）によれば、咸陽《かんよう》（陝西省）の三世紀の墓で発見された料理用のこん炉であって、B・ラウファー（B. Laufer, 1917, pl. 2）が手に入れた。T・T・リードは西暦五〇二年の日付けのある鋳鉄を所有している。鉄貨（ところで、中国では、硬貨は鋳造される）は西暦二五年の時点で報告されている。

＊3　**最古の考古学的証言**　近年の中国考古学の発展により、戦国時代（前四〇三―前二二一）の鋳鉄の製品や

鋳型などが数多く出土しているが、古いものは春秋末期（前五世紀末）に遡る。

文献学的証明はさらにもっと古く遡ることを可能にする。〈鍛造する〉*forger* を意味する語の〈鍛〉*tuan* と〈溶融する〉*fondre* を意味する語の〈鋳〉*tchou*[*4] のあいだに混同はありえない。ところで、この動詞は『左伝』（昭公二十九年）[*5] のなかで鉄にかんして使われている。晉国のある人物が一定量の鉄を使って〈鼎〉*ting* を鋳造させたが、そのうえには刑書が表示されていた。この出来事は西暦紀元前五世紀ごろに起こっていた。

＊4　*tchou*　原文は *ting*（鼎）に作るが、続く本文中で「鼎 *ting*」と正しく表記しているのだから、勘違いによる誤記であろう。意を以って *tchou* に改めた。なお、次注参照。

＊5　『左伝』（昭公二十九年）　『左伝』は魯国の年代紀で、中国最古の歴史書、『春秋左伝』。『春秋左氏伝』ともいう。昭公二十九年は前五一三年。その記事に、「晉の趙鞅・荀寅は……遂に晉国に一鼓鉄を賦して、以って刑鼎を鋳し、范宣子為《つく》る所の刑書を焉《ここ》に著す」とみえる（晉国の人民から一鼓鉄を取り立てて、刑書を記した器の鼎を鋳造した）。一鼓は重量の単位（四八〇斤）とされているが、鼓を鞴とみる説もある。

今日では、鋳鉄の使用にかんする証言には事欠かない。多くの日用品が、鋳鉄製で、犂《シャリュ》の犂先から鍋まである。しかし中国人が鉱石からそれを手に入れるやり方についてはあまりよく知られていない、というのはたいてい新しい物は古い物と鋳鉄の屑を溶融して得られるからである。

ここに、リサン神父がその著作『黄河流域での十年』のなかに伝えた、鉄の抽出の記述がある（E. Licent, Tien-tsin, 1924, I: 92)。ここでその記述を載せる、というのはこの著作がパリの公共図書館にはめったにないからである。舞台は山西省、首都太原の西である。

「炉は三メートルからおよそ二メートル余り、耐火煉瓦積みの長方形の坑《あな》でできている。そこに細かい石炭の層を敷きつめる。この層の上に、複数の坩堝《るつぼ》を立てる。断面の直径が一五センチメートルで高さが七〇〜八〇センチメートル、鉱石を充塡した円筒形の管である。管（そこに二〇〇箇ほど置く）のあいだは、その空間に石炭を充塡する。管に陶器のかけらをかぶせ、次に管を石炭ですっかり覆う。最後に、真ん中に広げた陶器のかけらの層が円蓋の代わりをする。炉の四隅には長さが一・五メートルから二メートルほどの大きな中国式鞴のパイプが通じていて、それぞれ二、三人で作動させている。鞴係はこの原始的な送風機を作動させるために大股で二歩往ったり来たりする。溶融するあいだ時折鉱石をつぎ足す。経営者の話では、この装置を使っていくつかの炉は石炭を一回分で一万リーヴル[*6]燃焼し、一五〇担[*7]の鉱石について不純鉄六千リーヴルを生産しており、担は約八〇リーヴルにあたる、という。坩堝の鉄を取り出すには、冷却したのちに坩堝を壊す。こうして見かけは鉱滓状の円筒形の塊が得られる。よそでは、鉄を砂のうえに流し込んでいる。年に二〇炉分から三〇炉分しか作らない。坩堝から取り出した粗鉄は、精錬するために小さな丸天井の炉に入れて、木炭で加熱する。木炭と銑鉄は交互に層状に配置する。煙が明るい青色になったとき、作業は終わる。一日にその十二炉分を作ることができる。こうして第一回の精錬でまだ多かれ少なかれ不純な鉄三千リーヴルを得ることができ、しかも精錬は二回目、三回目、さらには南の方の、孝義[*8]でのように、四回目、五回目と繰り返すこともできる。その鉄をそれぞれ焼成後にハンマーで鍛える。この鉄は長さ一ピエ（フィート）余り（八ないし一〇リーヴル）の、平べったい、角柱形の塊の形で鍛造工に引き渡される。」

＊6　リーヴル　livre は昔の重量単位。パリでは四八九・五グラムだったが、地方によって三八〇グラムから

五五二グラムまでの差があったという。公式に使われなくなっても半キログラムを表す語として残る。

＊7　**一担**　現在では一担は一〇〇斤、一斤は五〇グラムである。八〇リーヴルに当たるというのはやや少いように思われる。

＊8　**孝義**　原語はSao-yi。太原の西南にはSao-yiという地名は見当らないが、Siao-i孝義がある。とりあえず誤植とみて、孝義を当てておく。

これは可鍛鉄の製造である。しかし、山西省の東南部でリサン神父は似通った方法による鋳鉄の製造を観察した。

「ここでは二つの型の坩堝を使用する。いちばん大きいのは高さ一メートル、鉱石の溶融に使われる。もうひとつは、高さ六〇センチメートルでもっと幅が広く、鋳鉄の鋳込み（鋳型の流し込み）の溶銑炉として役立つ。〔炉は三列に配置した一五〇箇の鋳型から成り、送風機は六時から動いている〕。送風機が動きを止めた。その途端に、長い鉄の歯のついた木製の熊手を装備した男たちが炉の前部を壊すが、その内壁は鉱滓としくじったか破損した坩堝でできていて、粗塗りの泥漿で封じてある。坩堝が現れる。木の長い柄のついた鉄製の頑丈な火掻き棒を使い、それをてこにして坩堝を持ち上げ、表面に付着した石炭の鉱滓の不純物を剝脱させる。次いで、坩堝を抱きかかえるのに十分なほど大きい、弓形の顎をもった巨大なやっとこを使い、坩堝を摑んで、つぎつぎに引きずりながら、湯（溶融した鋳鉄）の置場に持っていく。このやっとこの木製の柄は長さが二メートルある。労働者がまだ赤々と燃え盛っている猛火に近づかなければならないのがこの距離である。この坩堝はすべて高さが六〇センチメートルで幅が

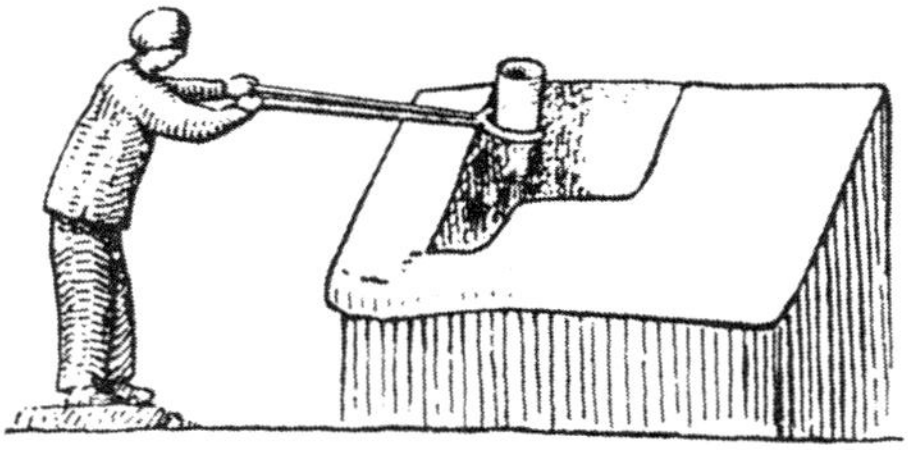

図 18-1　炉の坩堝を溶融後に取り出す労働者
（中国，山西省）。T. T. Read の写真による。

たっぷりある。熱で柔かくなった坩堝の内壁には上縁に、鋳込み易くしてくれるであろう粗製の一種の注ぎ口をこしらえることが可能になる。まず手始めに鉱滓を垂らし、次いでひとりの労働者が、いつも自分のやっとこを使って、「取り鍋」（湯を運ぶ容器）として役立つであろう坩堝の胴体を摑み、それから鋳込みがはじまる。柳の木の緑色の棒を二本装備した親方の鋳造工が、鉱滓を垂らし、結晶核が剝離して浮遊しないように動きを調整する。かれはまた鋳込みのあいだそれぞれの鋳型から盛んに吹き出すガスと黒煙の排気口をあける。坩堝はそれぞれ（犂《シャリュ》の）犂先五個か六個を供給する。坩堝が空になると、助手たちがそれに溶融した鋳鉄を満たす。こうしてもう一つ別の取り鍋をこしらえなければならなくなるのを避ける、というのも速く行かねばならないからだ。それはまさにガレー船の徒刑囚労働である。同じ労働者が四五〇個の犂先を鋳込むだろう。鋳込みに使われる鋳鉄は二回しか溶融されなかった。一回目は鉱石からとれ、二回目はそうして得られた鋳鉄塊からとれる。」
（Licent, 1924, t. 2: 624）

だから、坩堝からの鉄のこの抽出法によれば、石炭の原石を使用することができ、しかも鉄より鋳鉄のほうが容易に手に入る、というのは犂先を鋳造するための鋳鉄を得るには二度の処理で十分なのに、鉄を得るには少くとも三度の処理を必要とするからである。実際には、坩堝を打ち壊してそこから冷却した鋳塊を取り出すさいに坩堝のなかの鉄と鋳鉄が同時に得られ、炭素を含む部分も同じく打撃を受けて壊れ、かくて鉄と鋳鉄は機械的に分離される。T・T・リード（Read, 1934: 544）が明言するところでは、坩堝を壊すときに、一方には可鍛鉄の卵形の塊、そしておびただしい金属の破片が得られる。坩堝のなかで溶融し直されて鋳造するための鋳鉄をもたらすのはその破片である。ところでリサン神父は鉄に変換するための鋳鉄の精錬を観察したようだ。ここにあるのはかれが山西省の南東部でいつも見かけていたことである。

「精錬炉での鉄の製造。鉱石は晶洞（岩石のなかにある不規則な形状の空洞）を含む褐鉄鉱である。まずはじめに石炭の粉塵を山積みして火をつけ鉱石を真赤にする。次いでそれを砕いて鉱石を引き出し坩堝のなかに入れる。鋳鉄は薄片の板か粗大な塊の状態で出てくる。その鋳鉄を打ち壊し溶融し易くしておいて、木の丸太で加熱し中国式鞴で送風する炉にそれを戻す。木は風の向きに縦に並べる。鉄を試験するために、非熟練工が鉄のひしゃくを使って球を採取し、そのうえに息を吹きかける。それが破裂すれば、精錬と判断する。塊鉄は鍛冶工に引き渡され、かれはそれをおよそ長さ四〇センチメートル、幅七センチメートル、厚さ三センチメートルの棒に変える。それが商用の形である。棒はそれぞれ約六リーヴル（三キログラム）の重さがある。一精錬炉分はこの塊を一八個もたらす。二台の炉が交互に作動し、したがって鍛冶工は決して休まない。この作業場は棒状の鉄を一日に七〇〇リーヴル産出する。」

（Licent, 1924, t. 2: 638.）

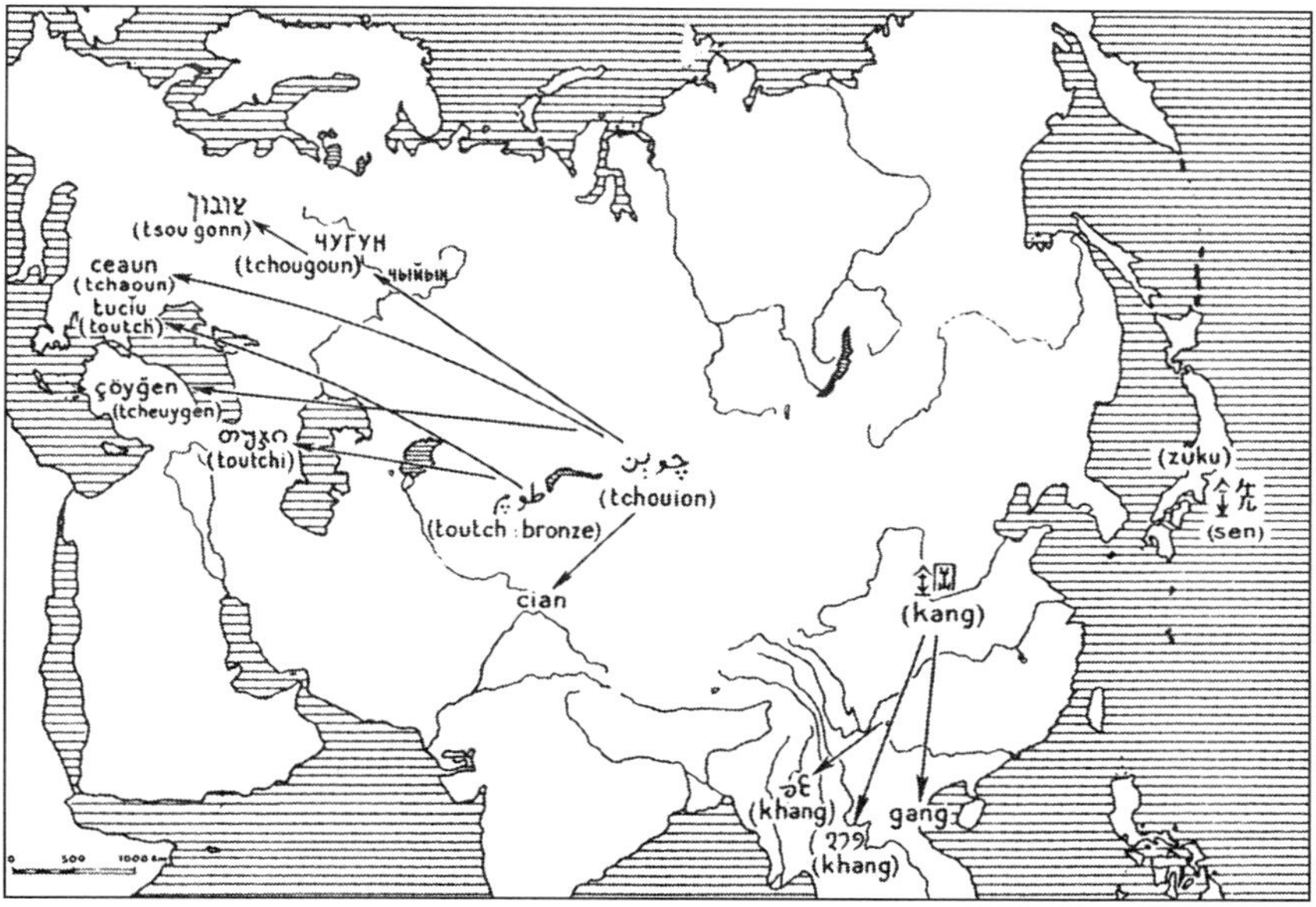

図 18-2　鋳鉄を指す語の旅

ユーラシアにおける鋳鉄の名称：

Tchouioun：東チュルク語。
Tcheyan（*cian*）：ブルシャスキー語。
Tcheyen：マリ語。
Tchougoun：ロシア語。
Tsougoun：カライム・チュルク語。
Tchaoun：ルーマニア語。
Tcheuygen：オスマン・トルコ語。
Toutch：東チュルク語。
Toutchi：ジョージア語。
Toutch（*tuciu*）：ルーマニア語。
Kang：中国語。
Gang：ベトナム語。
Khang：ラオス語とシャン語。

最後に中国人は、炉が冷却するのを待って坩堝を壊わす必要がなく、ヨーロッパの高炉におけると同じく、鋳鉄が外に流出するべつの方法を知っているように思われる。甘粛省でリサン神父がそのことを記述している。

「土の堆積のなかに深く埋め込まれた頑丈な支柱の配列に支えられた巨大な陶製の坩堝。装入口は粗《そ》朶束《だたば》の垣によって風から護られている。人は斜面を通ってそこに上る。装置の側面では、実に炉の総量を処理する下の口を藁屋根が保護していて、そこにも支柱列が見える。使用するのは木炭である。鋳込み表土に掘り、粘土と粉末にした鉱滓の混合物を塗った、寸法は側面が五〇×七〇センチメートルの、長方形の凹みの中で行われる。こうして鋳造された気泡だらけの板はおよそ厚さが一ないし一・五センチメートルである。ひとりの男が背中で二枚運ぶことができる。……また鍛冶屋の鉄球も作る。」

(Licent, 1924, t. 2: 1079.)

これはR・P・ホンメル（Hommel, 1937: 28）が浙江省で描写した方法でもある。鉱石は先ず木炭で焙焼し、次いで焙焼した鉱石と木炭と鋳鉄のくずと砕いた石灰石を、直径一メートル、高さ二メートルの熔鉱炉のなかに水平の層状に置く。前述のような鞴で送風し、熱が十分になったとき熔鉱炉の底の孔の栓を抜くと、鋳鉄が半球形の鋳型へ流出する。得られた鋳塊は粉ごなに砕いて、木炭や鋳鉄のかけらといっしょにふたたび熔鉱炉に入れる。この二回目の操作によって得られた金属は鋳物用に使用される。

T・T・リードの指摘によれば、今は溶融しやすくするために熔鉱炉にあらゆる種類の物質を入れている。たとえば、六パーセントの燐で熔融温度は九八〇度に下がる。同時に二〇〇個の坩堝を溶解するこの方法――必要な熱を得るには一斉に操作しなければならない――は、どうして古代中国においては鉄の抽出が古代ヨーロッパにおけるように万人の手の届くところになかったか、なぜ漢の政府は製塩場にたいしてまったく同じやり方で専売[*9]を確保しようと考えたかを説明してくれる。

＊9　**専売**　前漢の武帝（前一四一―前八七）は塩・鉄・酒などの製造を官営にして専売制を施行した。次の昭帝（前八七―前七四）の下で行われたその是非をめぐる議論が桓寛の『塩鉄論』にまとめられ伝わっている。

鋳物の南方と西方への普及は、考古学と言語学を通して、追跡することができる。

フィノ美術館（ハノイ）は数多くの鋳物を所蔵しているが、そのなかにしかるべき場所で鋳造されたにちがいない明代の鐘がある。

この金属のアンナン語の名称の *gang*、タイ語の *khang*、マン語の *kung* は、「剛《かた》い」を意味する同音異義の形容詞から派生した中国語の語〈鋼〉*kang*[*10] に由来する。鋳鉄は実際に日用の金属のなかでいちばん剛い。アンナン語の有声化とタイ語の有気化はそれが古代の借用であることをしめしている。

＊10　**〈鋼〉**　鋼は打って堅くなった金属、すなわちはがね（刃金）を意味する。一方、鋳は真赤に溶融した金属（を注ぐ）を意味する。だから図18―2にみられるように、南方の諸語が中国語の鋼 kang に由来する語を鋳鉄（銑鉄）の意味に用いているのは誤った借用とみるべきだろう。ちなみに銑とは金属を注ぐことであり、図18―2では日本語として記入されている。それにたいして西方の諸語は中国語の鋳 tchou に由来する語を用いているように思われる。

中央アジアでは、サー・オーレル・スタインの発掘によって多くの鋳物が日の目を見た（Andrews,

1935）が、とりわけ、ニヤ（新疆省）の、鋳物の鍋の破片は西暦紀元三世紀に遡るものであった。すべてのチュルク諸語の方言には、鋳鉄、ときには鋳物の鍋を指す特定の語が見つかる。シベリアでは、テルー方言の *čoj*（鋳鉄）、*čojyon*（鋳物の壺）、*čöjyön*（急須）、*čöjyön*（鋳鉄塊）。クマン方言の *cöj čöjün*（鋳鉄）。タランチ方言の *čöjgün*（鋳物の壺）、*čöjün*（鋳鉄）。西アジアでは、ウズベク語の *čugin, čujin*（鋳鉄）、コーカサス・バルカル語の *čogun, čojun*（鋳鉄、鋳物の壺）、オスマン語の *čöjgen*（鋳鉄）。

最後に、ヨーロッパでは、クリミア・タタール語の *čojun*（鋳物の壺）、カザン・タタール語の *čujin*、トロキ・カライム語の *čojun*（鋳物の壺）。この語はブルガリアとロシアに移ると *čugun* だが、それはまた鉄の鋳造のふつうの名称でもある。ルーマニア語では、*ceaun*（*čaun*）は鍋（蓋と両把手付き）を指すが、鋳鉄の名称 *tuciu*（tuč）はチュルク語の銅を指す語からの借用である。ジョージアでは同じ語 *thudži* が鋳鉄を指す（Radlov, 1893-1911, t. 3; Schahumjian, 1935; Magazanik, 1931）。

これらの証言を前にすれば、東欧がアジアに発する鉄の鋳造を知ったのは明かであるように思われる。西洋の高炉がロシアに導入されたとき、人びとはそこから取り出されていた鋳鉄を「識別し」て、中国からトルコを介して将来していた壺と同一視した。

したがって、鋳造の知識が中欧にまで、可鍛鉄の生産装置〈塊炉〉*Stückofen* から鋳鉄の生産装置〈溶塊炉〉*Flussofen* への変換の始まりと指摘されている、シリアとオーストリアの冶金工集団にまで到来していなかったかどうかを自問するのは道理にかなっている。

この歴史をはっきりさせるためには考古学者の関心が、中国と西洋のあいだの、中央アジアを介した、貿易関係の証言であるこの金属に向けられることが必要である。

19　古代中世の中国科学

古　代

歴史的環境

中国史の始まりが繰り広げられる劇場は主として大河、黄河すなわち黄色い川の流域から成っている。この川はアジアの中心から発して、風が運んできた豊かな黄土に覆われた山岳地方のなかに大きな輪を描きながら高原を流れ下る。その沖積土から生じた広大な平野に出るが、その平野は海の方へ山の東（山東）と呼ばれる山岳半島にいたるまで広がっている。もっと南には、もうひとつの大河、揚子江すなわち青い川が、同じく山岳地方と内部にある平野、もっとも重要なのが四つの川（四川）であるが、その水を集めている。

モンスーン気候は森林の生長を可能にしていたが、新石器時代以来の開拓がそれをほとんど消滅させていた。実際に西暦紀元前三千年紀からすでに、新石器農業文明が黄河段丘に存在しており、彩色した焼物によって西アジアの似通った文明との関係をしめしている。中国人はこの平野に到来したときにはまだ家畜飼育者であった、と表現することがきわめて大胆であるとは思えない。その言語から、かれらは中央アジアの山岳地帯の全住民と起源を同じくしており、チベット人がそのもっとも西方の、そしてビルマ人がもっとも南方の代表者である。かれらの文字における羊（⺷）の記号の重要性もまたそれをしめしている。しかし、後に、農業は植物生産に集中し、牧畜はブタとイヌと牽引用のウシ科の動物（この後者は食料に用いない）に縮少される。モンスーン気候は牧畜飼育を犠牲にして農業にあきらかに有利にはたらく。植物生産の重要性は中国思想史の理解にとってきわめて重要な事実である。

逆に、森林を保持するには乾燥し過ぎているアジア高原の内部の渓谷と盆地は、中国の北方と西方の近隣の集団には家畜飼育につとに有利にはたらいた。インド、メソポタミア、エジプトと違い、中国は家畜飼育を最小にして、しかも近隣の家畜飼育者の度重なる侵略にもかかわらず無傷のままにその言語と文明を数千年間保持するほど、豊かな単一の平野であった。

その先史時代についての中国の伝承は神話的帝王と文化英雄に、そして第一王朝に関係がある。同定できる最初の考古学的記録は第二王朝商–殷の都のひとつ、黄河に近い平野のなかに位置する安陽で発見された甲骨文である。西暦紀元前十四世紀には、中国文字がすでに発明されている。王朝の占卜官が記した年代、天文学的事実が教えてくれるのは組織された国家、戦争と飢餓と洪水を占いによって予知しようとする政府である。この時代に金属の導入を証言する青銅器は中国技術の一頂点に達している。

西暦紀元前一一二二年という伝承年代に、黄河渓谷のなかでも上流に位置する周公国の元首が、殷の首都を占領して第三王朝を創建する。数世紀経って、新しい技術（製鉄、犂耕）の導入と青河渓谷までの中国文明の普及が中国国家の細分化をもたらす。諸侯の多くが王であると宣言する。重要な歴史的役割を演ずるであろうこの時代の大国は一方には海に臨む山東半島に齊[1]公国があり、さらに黄河の上流に晋公国、とりわけ極西に秦公国がある。それが春秋戦国と呼ばれる時代である（西暦紀元前八世紀から前三世紀まで）。

この時代の戦争と社会的騒乱は善政と世界平和による解決策を探究する聖人と学者の政治学派の形成へと導く。

政治学派を二つのグループに区分しよう。干渉主義者の学派は家畜飼育と航海に由来する観念に立脚しており、その見解によれば追求する結果に到達するためには強力かつ自発的に干渉する必要がある。この学派のひとつは、科学史の観点から重要な、墨翟《ぼくてき》の学派であり、隣人への愛のための積極的宣伝と集団の安全保障に役立つ軍事組織によって世界平和をもたらそうと考えていた。もうひとつの重要な学派は法家と呼ばれる学派であり、ローマ人の流儀でしか、すなわち力を用いてその法に従わせる唯一の政府の下での軍事的征服と統一によってしか、平和を構想しない。

別の学派はとりわけ植物栽培から着想を得ている。かれらにとって干渉は有害である。もっとも重要な学派は、Confuciusというラテン名で知られている、孔丘（孔子）の学派である。孔子にとって意志は知識なしには無力であり、もっとも重要なことは人間、社会的存在としての人間を知ることである。かれは青銅器時代の家父長制的社会を理想化して、もっとも重要な徳として慣習としての礼儀正しさ〈礼〉*li*（*'liei*）と公平さすなわち配分的正義〈義〉*yi*（*ngiè*）を立てており、義という語は表意文字が羊（⺷）を含んでいて貴族間の羊の〈贈与〉*potlach*[*1]を想起させるが、今では社会的関係における相互性の意味を帯びている。かれはエゴイズム〈私〉*sseu*（*si*）と利益〈利〉*li*（*li'*）を告発するが、それらは穀類の表意文字（禾）で記されており、したがっておそらく穀物を生産する農民は思いやりの心でそれを貴族に売り渡すことを望んでいなかったのである。とはいえ高貴な起源のこの道徳は、農業従事者の世界観によく適合していた。孔子のもっとも有名な門弟、孟子はしばしば人間を植物に喩える。たとえば言う、もし人が植物の伸びるのを助けるためにそれを引っ張るならば、植物を殺す、と。[*2]孟子にとって政府は社会的騒乱にたいして責任をとるべきである、農民がその畑の悪い状態にたいしてとるように。統治の技術はひとつの科学と考えられるし、それゆえに、孔子学派（儒家）は社会学の始まりを予告していると言うことができる。

＊1　**〈贈与〉*potlach***　アメリカ北西部沿岸地方の先住民の冬祭り。その祭りでの贈物分配の儀礼。転じて一般に贈物を指す。

＊2　**もし人が……**　『孟子』公孫丑篇上に見える孟子のことばの要約。

もうひとつの学派は人間を孤独であると見なす。それが道家、すなわちそれぞれの事物についてその〈道〉*tao*（*'dau*）すなわち進んでゆくその道路。そのやり方を探究しようとする人びとである。この人たちにとってはいかにして長生するか、いや人の〈道〉を見出しながらいかにしてまさに不死にいたるか、すなわち社会によって影響される以前の、自然種としての人間の存在の仕方を追求することが問題である。それには生活が忘れさせた自然の秘密を再発見しなければならない。かれらにとって、理想はあらゆる私的占有以前の、あらゆる社会階層以前の、原始共同体である。かれらの探究は技術を進歩させたが、それはたいていの場合個人的な秘訣、骨《こつ》であり、必要不可欠な社会組織をもたらすであろう機械的進歩を引き起こす知識ではなかった。にもかかわらず、道家は最初の生物学者（心理学者で博物学者）であるように思われる。かれらの世界観はあらゆる超越性とあらゆる人間中心主義から解放されていた。かれらの著作のひとつ、『列子』のなかにたとえばこう見える。地上の富[*3]が天によって人間に与えられたのでないのは、人間が蚊と虎に与えられたのでないのと同じである、と。

＊3　**地上の富は……**　『列子』説符篇のことば。原文は「人は食べられるものを取って食べる。どうして天がもともと人のためにそれを生んだりしよう。蚊は肌を刺し、虎狼は肉を食う。天はもともと蚊のために人を生み、虎狼のために人を生んだりするものではない」。

このいろいろな学派（実際には中国人は〈家〉*Kia*（*Ka*）と言う）は公式に組織されていたのではなかった。西暦紀元前三一八年に、斉王[*4]は道家、儒家、墨翟の門弟を包括するもっとも有名なアカデミーを建てた。しかし法家の観念が発展するのはとりわけ西方の諸国においてである。秦王による中国のすべての国家の征服は法家学派に勝利をもたらすだろう。この王は西暦紀元前二二一年に始皇帝を宣言するだろう。こうして中華帝国が創建され、そこからChine（シン）という語が由来することになる。もはや存在理由を失って、墨翟の学派は消滅した。しかし法家の勝利は短かった。かれらの乱暴な方法がその人望をなくさせた。もっとも有名な例のひとつが詩と歴史と社会学の著作の破壊である。こうして、帝国の創建者の死後三年、西暦紀元前二〇六年に、ある徒党の領袖が新しい王朝を創建する。儒家を拠り所にするために法家を見捨てた漢王朝である。中国では、農業生産の優越、海上貿易の欠如、比肩できる文明をもつ近隣民族の不在が、西洋におけると同様の商品生産と奴隷制の発展を許さなかった。社会観の進化はだから別の様相を帯びて、勝利を占めたのは儒家と道家である。繁栄の時代には儒家が尊重されたし、騒乱と飢餓の時代に人びとを駆り立てたのは逆に道家（道教徒）だった。

＊4　斉王　斉の宣王は稷門に館を建て、文学游説の士七十六人を招いて住居と食禄を与え、自由に談論させたので、大いに学問が栄えた。これを稷下の学という。

西暦紀元前一四一年以降、漢政府は法家を支持する官僚を追放する。西暦一二四年には首都に公立の学校が未来の官僚に儒家の古典を教えるために創建された。

それにたいして、この王朝のもっとも有名な皇帝たちは秘密、とりわけ不死の秘密を習得するために道士を近くにはべらせた。中央アジアとヴェトナムの征服後、紀元九年から二十三年までのあいだ王朝の短い中断があった。そのとき王莽《おうもう》という名の大臣が皇帝を自称する。塩と鉄の生産のような、重要な工業企業はすでに国有化されていた。王莽はとりわけ農業を援助しよう、そして穀物取引を国有化し、奴隷を解放し、土地をもっと平等なやり方で分配して財政を強化しようとしていたように見える。しかし黄河の氾濫が農民一揆を引き起こした。この赤眉の道教徒の反乱がかれの治世を終焉させた。

漢代の中国は一貫してもっとも繁栄した、もっとも先進的なアジアの国家であった。しかし一八四年に第二の一揆、黄巾の道教徒の反乱が帝国の統一を破壊する。二二〇年から二八〇年までは三国時代、すなわち三つの王朝間の戦争の時代である。それは国の人口減少をもたらすが、技術の新たな進歩、すなわち手押し一輪車の発明、紙の普及をも伴っている。最後に帝国の統一が晋王朝によって回復されるが、しかし西洋のフン族と同一視されている北方の蛮族の圧力はいっそう執拗さを増し、帝国の首都の奪取[*5]が、西暦三一一年と三一七年の間に、古代の終焉を刻印する。中国史のこの長い時代を駆け足の描写ですませて、これから科学の領域におけるその主要な獲得物の調査リストの作成にとりかかろう。

＊5　**首都の奪取**　匈奴の劉氏が三一一年に晋の都洛陽を陥し、三一三年に懐帝を殺す。その年愍帝が長安で即位するが、三一六年劉氏は長安を陥し、三一七年愍帝を殺す。ここに晋（西晋）が滅ぶ。

数学

数

中国語は10個の素数と10の冪《べき》の最初のいくつか、100, 1000, 10000を指す単音節語を持っている。数の名称は、一方では、中国語と同じ起源をもつ、チベット－ビルマ諸語のなかに見つかり、他方では、タイ諸語のなかに見つかるが、こちらは借用されたのかも知れない。というのはミャオ諸語は別の名称を持っており、中国語の名称は数えるためにしか使われないからである。この事実は中国人にかんして数の先史時代の用法をしめしているように思われる。

西暦紀元前十三世紀の、最初期の甲骨文からすでに数は近代中国においてと同じやり方で数えられ表記されている。たとえば、５４７日は、五百と四十と七日、と書かれる。起源このかた数の表現は分析的で十進法によっていたことが分かる。

数えることにたいして、二つの集合を比較することが問題であるときは、中国人はそれを上と下に対置する。そのうえでかれらは十語のシリーズ、十天干[＊6]（**図19―1**）を使用する。このシリーズは天文学では別の十二語の列挙するシリーズ、十二地支[＊6]と組み合わせて用いられる。組み合わせによって六十のシリーズを作

数			数字	天干（十干）			
表記法	発音						
	古代	近代					
一	ˀiĕt	yi	〡	甲	kap	kia	1
二	ñi’	eul	〢	乙	ˀiĕt	yi	2
三	sâm	san	〣	丙	püAng	ping	3
四	si’	sseu	〤	丁	tieng	ting	4
五	‘ngo	wou	〥	戊	mŏu’	meou	5
六	liuk	liu	⊤	己	‘ki	ki	6
七	ts’iĕt	ta’i	⊤⊤	庚	kɛng	keng	7
八	pat	pa	⊤⊤⊤	辛	siĕn	sin	8
九	‘kiŏu	kieou	⊤⊤⊤⊤	壬	‘ñiĕn	jen	9
十	žiŏp	che	一	癸	‘kwi	kouei	10
百	pɛk	pai					100
千	ts’ien	ts‘ien					1 000
万	müAn	wang					10 000

図 19-1　中国の数字と天干（十干）

るためである。

*6　**十天干、十二地支**　十干十二支のことを別に天干地支ともいう。

他方では、十箇の素数をあらわす表意文字が存在するにもかかわらず、中国古代には計算の手法に由来する棒の形をした正真正銘の数字があらわれるが、それはすぐ述べる。

計算

小さな石、〈計算石〉*calculi* がラテン民族の人びとに演じた役割を、中国では小さな棒[*7]、棒崩し[*8]の棒が担っている。それを罫《けい》盤すなわち碁盤目の板のうえに置いて数を書くのに用いるのである。数の十進分析は、さきに見たように、すでに中国語の発話によってあたえられていた。もはやすることといえば一の位に相当する棒の数を右の行に置き、十の位に相当する数を同じ高さのすぐ左に位置する行に、百の位に相当する数を次の左の行に、などと置くだけだった。だから今日使っているのとよく似た順位の記数法によって表現される数が得られた。間違いを避けるために、一の位の棒からはじめて奇数位の行では棒を縦向けに、偶数位の行では横向けにしていた。したがって二種類の数字が見つかる。一つは一の位と十の偶数冪、すなわち百、万、その他の位にたいする数字、違った向きには、十の奇数冪、すなわち十、千、などの位にたいする数字である。この操作法の細部に到達したのはようやく西暦紀元三世紀である。しかし数字は青銅器の刻文や紀元前数世紀の貨幣のうえに読みとれる。

＊7　**小さな棒**　中国数学では竹製で算籌《さんちゅう》といい、和算では木製で算木と呼ぶ。
＊8　**棒崩し**　わが将棋崩しによく似た、山積みの棒の中から一本ずつ、ほかの棒を動かさずに、取り出して集める遊び。

加法と減法は直接に板上で棒を使って数を書きながら行って、そのあと足し引き操作の結果の棒を、行ごとに得れば十分だった。

乗法にかんしては、被乗数は碁盤目の盤の下の方に、乗数は上の方に置かれていた。部分積[*9]は中間の線上に置かれていて、得られた順番に自動的に加算されていた。除法は除数をみな下の方に、被除数を中間の線上に置くという、よく似通ったやり方で行われていた。商は上に置いてあって、被除数から順番に部分積に等しい棒を取り除いていった。この演算を記述している孫子は、被除数に余りが残るときには余りを「子」(分子)に除数を「母」(分母)にとらなければならないと注意している。分数が実際にすでに知られていたのである。

＊9　**部分積**　乗数が二つ以上の位を含むとき、そのうちのひとつの位を被乗数に掛けたもの。

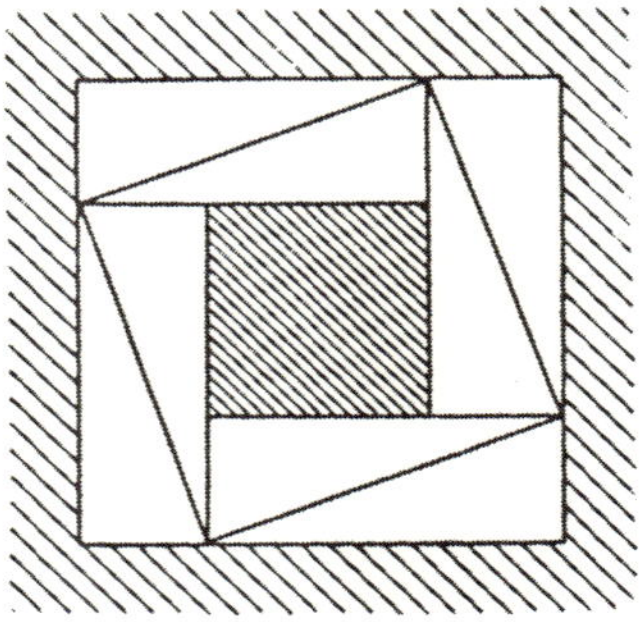

図19-2　ピタゴラスの定理の証明
趙君卿による

平方根の開法も同様に知られていた。西暦二六三年に、劉徽《りゅうき》はこう指示している、余りがあるときは十を「母」（分母）とする数字を用いるがよい、と。こうして純小数の形に書いた根が得られる。計測の結果の小数による割り算は、この時代に一般化される。

幾何学

幾何学の始まりは墨翟学派の著作のなかにはじめて見出される、というのもそれには点と線の定義が力学の始まりと同様にふくまれているからである。

中国のほかの書物のなかではもっぱら面積と体積の計算が主題である。このジャンルの最初の著作、『ノーモンの計算の経典』〈周髀算経〉のなかでは、3、4、5の直角三角形が考察されている。しかし「ピタゴラスの定理」の独創的な証明である線図を付け加えているのは、ようやく西暦紀元二世紀末の注釈家、趙君卿である。すなわち一辺が三角形の直角をはさむ二辺の和に等しい正方形の中に、そして一辺がその直角をはさむ二辺の差であるもう一つの正方形の外に、八個の直角三角形が位置している（**図19―2**）。

古代の著作のなかでは、円と直径のあいだの比は一般に3と見積もられているが、王莽の治世に遡る、北京に現存する、金属製の円筒にはその体積、一六二〇立方寸をしめす刻文があり、その大きさは高さが一〇寸で、その底の中心に位置する一辺が一〇寸の正方形は、外の円周から九〈釐《り》〉五〈毫《ごう》〉[*10](すなわち〇・〇九五寸。というのはすでに小数による割り算があるからだが)のところに頂点がある。これはπの値として三・一五四七を想定する。

＊10　**九〈釐〉五〈毫〉**　1寸＝10分、1分＝10釐、1釐＝10毫。

算術と代数学

漢代の無名氏の書、『九章からなる計算術』〈九章算術〉は、この時代の数学的知識を教えてくれる。九つの章はこうである。

1　面積(方田)——長方形、台形、三角形の面積の正確な計算、円の近似計算(π＝3)、それに演算の四則。

2　穀粒(粟米)——比例と百分率の問題。

3　比例配分(衰分《さぶん》)——分配と三項則[*11]の問題。

＊11　**三項則**　比例式a/b＝c/dのa、dを外項、b、cを中項という。三項則とは比例中項の積が外項の積に等しいという法則。

4　長さと幅(少広)——面積が与えられている正方形、または面積とほかの一辺が与えられている長方形の辺を求める問題。開平方根と開立方根の規則。

5　仕事の見積り(商功)——角柱、角錐、円柱などの体積の計算。扇形の面積は矢と弦[*12]の和と矢との積の半分と見積られる。

＊12　**矢と弦**　円の直径が弦、中心から弦に垂直に立てた半径が矢である。

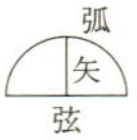

この計算式の値はむろん近似値。

6　公平な課税（均輸）――農民が国家に納入しなければならない、移動を考慮に入れた、穀物提供にかんする問題。穀物の引き渡しは町の公共穀物庫で行われる。

7　超過と不足（盈不足）――超過による解と不足による別の解とで解く問題を仮定する、未知数が一つの一次方程式の解法[2]。

8　将棋盤上の計算（方程）――すなわち将棋盤上での代数計算であり、すべての算術の演算も行っていた。問題は未知数がnの連立n次方程式を解くことである。将棋盤上で各方程式は縦の行を一つ占め、同じ未知数の係数は同じ横の列に並べられていた。

こうして連立方程式

$$\begin{cases} x + 2y + 3z = 26 \\ 2x + 3y + z = 34 \\ 3x + 2y + z = 39 \end{cases}$$

はこう記された、

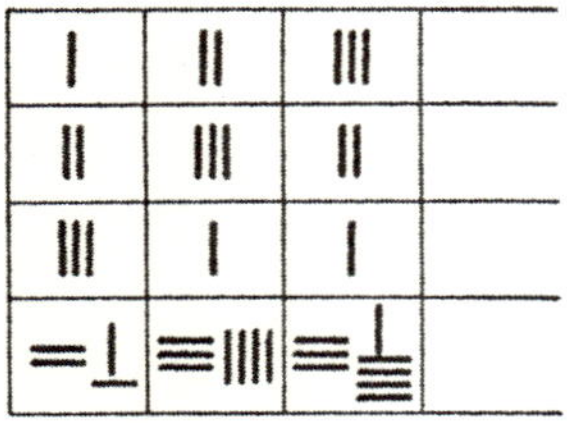

方程式を解くことは棒の操作によって行われていたが、演算の過程で負数があらわれると、着色した（赤い）棒は黒い棒に置き換えられていた。負（中国語では「背《そむ》く」*fou*（'*bïŏu*））数は正（「正しい」

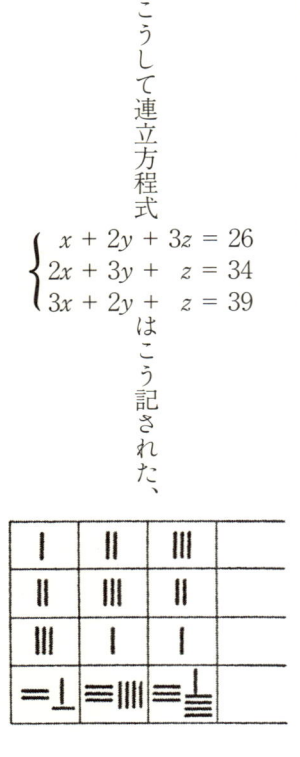

tcheng（*tsiang*）数とは別扱いにされる。

9　直角（句股）――ピタゴラスの定理の使用に本づいて、二次方程式を導く問題。

ふたりの数学者

何人かの数学者の名前が分かるのは西暦三世紀のことにすぎない。

劉徽は内接正一九二角形、ついでもう一つ内接正三〇七二角形を使ってπの値を計算し、さらに先へ行けることをしめした。かれは3.14159の価を得たのである。二六三年には『海上の島の計算の経典』〈海島算経〉を著し、そのなかで相似直角三角形による接近不可能な距離の計測を論じた。

この時代の末期に孫子の作と見なされる『計算の経典』〈孫子算経〉が生まれたが、そこには、三で割ると二が余り、五で割ると三が余り、七で割ると二が余るような最小数を求めるという問題[*13]が見えていた。

*13　**問題**　これはガウスによって定理として一般化された（一八〇一年）が、のちに孫子の解法と一致することが指摘され、中国剰余定理と呼ばれるようになる。

音　階

音楽が提出した数学の問題は古代以来研究された。戦国時代末期の『呂公の春と秋』〈呂氏春秋〉のなかに、十二律管の構成の規則が見えており、半音階の十二律が与えられている。すなわち最初の管を三分の一減らし、こんどはこの第二の管を三分の一減らすが、しかしそれはオクターブから外に出ているので、そこに戻すためにそれを二倍にする。三分の一を減らして二倍にするたびにその管が最初の管の半分より小さくなる怖れがあるときはその都度二倍にすると、$1, 2/3, 2^3/3^2, 2^4/3^3, 2^6/3^4, 2^7/3^5, 2^9/3^6, 2^{11}/3^7, 2^{12}/3^8, 2^{14}/3^9, 2^{15}/3^{10}, 2^{17}/3^{11}$、のシリーズが得られる。

ところで第十三音、$2^{18}/3^{12}$、つまり262144/531441、は½オクターヴとは正確には一致せず、管をランク付けするときはもうその生成の順序によってではなくて、減少する大きさおよび増大する音楽的な高さの順序によって、音程の不均等を確認する。この問題は中世に研究されるだろう。

もうひとつの困難は、漢代では、長さの計算であった。最初の管にたいして長さを81にとると、つづく四管にたいしては整数、54、72、48、65が得られる。そのほかの管にたいしては歴史家司馬遷は、42 2/3, 56 2/3, 75 2/3, 50 2/3, 67 1/3, 44 2/3, 59 2/3を与え、淮南王は、43、57、76、51、68、45、60を与えている。

いわゆる音[*14]にかんしては、全体で五つ、〈宮《きゅう》、商《しょう》、角《かく》、徴《ち》、羽《う》〉があって、十二律中の最初の五律の音程に対応している、すなわち三つの長全音をもつ五音音階、$2^3/3^2, 2^3/3^2, 2^5/3^3, 2^3/3^2, 2^5/3^3$、を成している。古代以来また七音音階にも注目しており、二つの変記号、変宮と変徴は、それぞれ$2^5/3^3$の音程を全音$2^3/3^2$と半音に近い$2^8/3^5$とに分割している。

＊14　音　『史記』律書は五音を次のように導く。9×9＝81を宮（ド）、81（1－1/3）＝54を徴《ち》（ソ）、54（1＋1/3）＝72を商（レ）、72（1－1/3）＝48を羽（ラ）、48（1＋1/3）＝64を角（ミ）。この五音は十二律の最初の五律、$1, 2/3, 2^3/3^2, 2^4/3^3, 2^6/3^4$、に対応している。さらに変徴（ファ）、変宮（シ）を加えると七音になる。

天文学

公的な天文学

古代中国には天文学者、時計製作者、占星術者、地理学者、考古学者がいて、政府のために働いていた。初期の甲骨文にすでに天文観測が見つかる。すなわち紀元前（三六）年の月食、前一二一六年の日食、それに新星（新たに光りはじめた星）の情報、これらの観測は統治の成功を予測するために必要であった。

さらに、暦を編成しなければならなかった。そのために使用された器具は正午と冬夏至の影と南北の方向をしめすノーモン、時間間隔を等しい十二時に分割すると同時に正午と真夜中で折半する水時計、おそらくは古い器具を象徴している硬玉製の円筒状と円環状の儀礼用具[*15]である。最後に青銅製の天球儀を回転させるのに水車を利用したのは、西暦二世紀の地震計の発明者張衡とされている。

＊15　**儀礼用具**　『書経』舜典に「璿璣玉衡《せんきぎょくこう》を見て、七政（日月五星または北斗七星）を観測する」という言葉があり、古くから璿璣玉衡とはなにかが論ぜられてきた。有力な説の一つは、璿璣を硬玉製の円筒、玉衡を同じく円環とみる。玉衡は周極星座定規であり、中央の円い孔に望筒である璿璣の一端をはめて北天を観測し、北極の真の位置を知る、というのである。のちに儀礼用となった古い玉器（遺物が現存）とするこの説とは別に、後世の渾天儀（観測器械）の原型とみなす説もある。

この時代の日時計が何枚か知られており、それにはただ一枚の板面上の周辺に百分の一の目盛りが刻まれている。

暦法

初期の文献以来、一年は三六五日と四分の一日であり、円はそれと同数の度に分割されているが、暦年は冬に始まり、十二箇月が十三箇月に数えていた。それらの月には暦月の名称がなく、たんなる数であった。それにたいして、農民の太陽年は、戦国時代からすでに、二十四〈気〉（「気息」）に分割され、冬至、穀雨、小雪、啓蟄《けいちつ》などのように、二字句を使って命名されている。日付けとしての日は、甲骨文からすでに二字、すなわち「干」と「支」によってしめされ、この十のシリーズと十二のシリーズの組み合わせは、最後に同じ日付けに戻ってくる六十日の周期を生み出す。年が同じ方式で年次を記されるのはようやく漢代に過ぎない。

惑星は中国では固有の名称を持たず、金星は大いなる白（太白）、木星は歳をしめす星（歳星）である。そして、惑星の運動の周期は誤差が一日以下の近似値で知られている。木星の十二年周期には二字ないし三字からなる名称[*16]がついており、その意味ははっきりしないが、しばしば月と日の名称として用いられた。木星の反対側では、不可視の惑星「大きな暗がり」〈太陰〉が気象と農事の予知に重要な役割を演じていた。

＊16 **名称** 『辞雅』釈天・歳陽に「太歳寅に在るを摂提格と曰い、卯に在るを単閼と曰い、云々」とあり、十二支の異名とされ、十干の異名とともに、年の干支をしめすのに使われた。月・日の名称として使われたというのは思い違いであろう。なお木星が歳星・大歳と呼ばれたのは、天球上のその回転周期約十二年が十二支に対応しており、十二支（方位）のどこに位置するかによって歳をしめすとされたのである。

太陽と月が最後に同じ相対的な位置に戻る期間、その周期は、中国古代からすでに知られている。十九年（いわゆるメトン）周期は[*17]〈章〉と呼ばれ、七十六年周期は〈蔀《ほう》〉と呼ばれる。完全日数を得るには八一月を必要とし、月食周期は一三五月だから、この二つの数の最小公倍数、四〇五月＝一一九六〇日が得られる。二十七〈章〉は一〈会〉（五一三年＝四七月食周期）である。八十一〈章〉は一〈統〉であり、整数日数（一五三九年）となる。最後に四百二十〈蔀〉はすべてが繰り返しを終える一四二〇年の一〈紀〉*ki*（*gĭok*）となる。

＊17　**十九年周期**　漢代の四分暦では、一年の日数が365 1/4日であり、朔望との間に、

235朔望月≒19太陽年　（メトン周期）

という関係が成り立つ。したがって、

$$1\text{朔望月}=\frac{365\frac{1}{4}\times 19}{235}=29\frac{499}{940}\text{日}=29.530851$$（現在値：29.530589）

以下に列挙される関係と数値はすべてここから導かれる。たとえば、

1朔望月×81箇月＝2391.9989日≒2392日

これが完全日数である。

星の正確な位置決定

中国では、これは特定の時間の星の位置、もっと正確にいえば、年間の日付けをしめす極からの垂直面における、その子午線通過である。この方法の使用は天体の位置決定を極と子午線、他のすべての星を極に結びつける線に関連させて行われる。子午線にたいするもっとも正確な目印は、したがって極からの最遠距離帯、すなわち天の赤道にあるだろう。赤道帯の二十八の星々がこうして二十八の「仮の宿《やど》」〈宿《しゅく》〉(3)を決定す

る。それはおそらくもともと、ひと月の間に月が次々に占める位置に対応する、月の獣帯である。「心」sin（siĕm）宿は中国では春に対応する、というのは満月がその季節にそこに在るのだから。ところがギリシアーラテンの獣帯ではそれは蠍《さそり》座の星であり、秋に対応する、というのは太陽がその季節にそこに見られるからである。

起源

『歴史記録の経典』〈書経〉*18 は、至点と分点にあって太陽と向かい合う星について指示をあたえ、一年は三六六日であると付け加える。ところですでに見たように、西暦紀元前十三世紀の甲骨文がすでに365 1/4日というきわめて正確な価を知っている。だからこの文献はもっと古い時代の天文学について教えているし、おなじく至点と分点の位置によってその時代をしめしている。

*18 〈書経〉『書経』舜典に、「昼夜が中分し、昏に朱雀鳥が現れるときを春分とせよ。昼が最も長く、昏に蒼龍星が現れるときを夏至とせよ。昼夜が中分し、昏に玄武星が現れるときを秋分とせよ。昼が最も短く、昏に白虎星が現れるときを冬至とせよ」、「朞《き》（一年）は三百有六旬有六日」とみえる。

というのは周知のように実際に、分点歳差運動のおかげで分点は時の経過の間にゆっくり位置を変え、星々のなかで北極（日周運動の回転軸）の相関的な移動をもたらす。この分点歳差運動は中国では漢代の末に天文学者虞《ぐ》喜《き》によってはじめて発見され計算されたのであって、天文学の創始者英雄の神話的時代の分点の位置を計算して『書経』のデータを実際より古く見せかける操作ができたということはありえない。

他方、中国的世界観においては、極はそのまわりに社会を組織する主権者の象徴である。たとえば現在の北極星は「天皇大帝」[*19]という名である。漢代に北極であった星は「天極」と呼ばれ、西暦紀元前一〇〇〇年の北極であった星は「天帝星」という名である。ところで、五等星の二つの小星にたいして「太一」と「天一」という名が見つかるが、それらは西暦紀元前二〇〇〇年紀の間に、北極星であったという以外に特殊性を備えていない。最後に、「紫微垣」と名づけられた星座のなかに、それぞれ「右枢」と「左枢」と名づけられた二つの星があり、その星の間に、西暦紀元前三〇〇〇年という、中国考古学の証言に先立つ年代に、北極が見出されていたとすれば、そのことは天文学的伝統の外国起源をしめしているのかも知れない。

*19 **天皇大帝** 過去の北極星も現在の北極星の天皇大帝と同じく、それぞれの時代の天の北極からは多かれ少なかれずれている。

星表

星の一覧表は中国では正確で古い。戦国時代にすでに、三人の天文学者、魏の石申、齊の甘徳、それにニックネームしか知られていない第三の巫咸が、二八四星座にまとめられた一四六四星のカタログを作成している。それぞれの星座にたいして、それにふくまれる星数、近隣の星座の名称、度数による極からの距離〈北極距離〉（直角はその度数の91 3/8度に等しい）――これは赤緯に相当する――、そして右側に位置する〈宿〉の子午線からの度数による距離（赤道宿度）――これは赤経に相当する――が与えられている。

宇宙構造論

中国人は世界体系について権威ある公的な説を一度も持たなかった。古代の間には三つの異なった説が見出される。

近東の説を想起させる、見たところもっとも古風な説は、『周髀算経』のなかに述べられている。恒星天は帽子、すなわち方形の地の上で回転する半球状の蓋《ふた》である。太陽と月は、天空を反対方向へ移動しているものの、挽き臼の上の蟻のように一緒に連れて行かれる。これが「蓋をした天」〈蓋天〉の理論である。

紀元前二世紀の落下閎《らっかこう》に帰せられる、第二の説は、張衡が陳述している。それが「球状の天」〈渾天〉の理論である。宇宙は球状の卵に似ており（弩の弾丸のように）、天空が卵殻、大地が卵黄であった。天空の直径は二〇三万二三〇〇里と見積られた。目印も境界もない天空の背後になにがあるのかまったく分からない。

漢末の郄萌《げきぼう》に帰せられる、第三の理論は中世の著作のなかにしか述べられていない。それが「広大な夜」〈宣夜〉の理論である。そこには固体の天はなく、空の青さは光の効果に過ぎず、星や太陽や月は虚空の中に浮かんで「硬い気」〈剛気〉に支えられている。列子の作と見なされる道家の著作のなかでは、固体の天は存在しないのだから天が落下しないか心配するには及ばぬと説かれている。

物理科学と自然界の科学

墨翟の物理学

すでに幾何学の痕跡を見た、墨翟の教説の断片のなかには、力学と光学の基礎も見出される。

たとえば「持続時間」〈久〉*kieou*、「持続時間のない瞬間」〈止〉*che*、接触、偶然の一致、連続の定義。「ちから」〈力〉は「固体」〈刑《ケイ》（形）〉を「動かす」〈奮〉ものである。〈奮〉という語は田から飛び立つ鳥、一種の加速運動を表す。運動の停止〈止〉*tche*（*'tsi*）は障害物〈久《チュ》〉*tchou*（*'diu*）のせいである。もし矢が障害物のあいだを通り抜けるならば、それは飛びつづける。運動は[20]、蝶番いにかんして閉まっていない扉の運動のように、一種の怠慢に負っている。完全な球は力に抵抗できる。重さは力である。暗箱[21]は「宝物の密室」〈庫〉という名で知られ、像の倒立を教えてくれる。光の入射を可能にする点は空の孔であり、したがって足の光は下でさえぎられて上に像を作り、頭の光は上でさえぎられて下に像を作る、というのは照明された人は発光しているみたいに輝くからである。「凹鏡」は、中心にたいする物の位置に応じて、小さくて倒立した像、あるいは大きくて正立した像を生ずる。「凸鏡」は一種類の像しか生じない。

＊20　**運動**　この条は解釈が幾通りもある。

＊21　**暗箱**　原語はchambre noire、暗い部屋。カメラ・オプスキュラのこと。この條の解釈はJ・ニーダムの説である。ふつうは庫を庳（障に同じ）その他の字の形似による誤りとみる。

物理学理論

中国で勝利を収めることになった自然の現象を説明するための諸観念はすでに『書経』洪範編のなかに見えている。それらは、西暦七九年に皇帝の招請により白虎観で行われた討論を伝える報告書[22]のなかに、かなり詳細に見出される。

＊22　**報告書**　班固撰『白虎通徳論』（別名『白虎通議』）として伝わっている。

自然現象は根本的には〈陰〉（暗、寒、湿、女、奇）と〈陽〉（明、熱、乾、男、偶）の交代によって説明される。その説明は斉のアカデミーの鄒衍《すうえん》によって喧伝された。五元素、もっと正確に言えば五「作用因」〈行〉――なぜならこの中国語は「行進する、行動する」をも意味するのだから――の理論もまた同じ学者に帰せられる。この五作用因とは土、火、金、水、木である。自然と社会のなかに存在するものはすべて、これら二原理と五作用因に結びつけられ、それによって説明される。それは本質的に質的かつ動的な世界観である。とにかく人間、自然、または社会のなかに存在するもの、それは〈陰〉と〈陽〉のあいだの平衡状態である。昼と夜、夏と冬、日（太〈陽〉）と月（太〈陰〉）の交代は、それらがいかに時間を巡りながら平衡を保ち、崩壊することなく継起するかをしめしている。五作用因は五方（四つの方位の基点と中心）、五色（青、赤、黄、白、黒）、五味（酸、苦、甘、辛、鹹）、五音（五音音階の音）、五畜（五種類の動物）、などと関係づけられる。

技術と科学の理論はすべてその上に基礎を置いている。今日偽《にせ》科学と呼ばれているもの、つまりその当時の占いの技術、占星術、筮法、それに風水、つまり家や墓を建てるのに適した土地の決定法は、等しくこの同じ理論に基礎を置いている（図19―3、4）。

中国思想のなかには、西洋の物質概念、精神と理性の概念と同一視できるような、物質的実体と観念のあいだの区別が見当らない。たとえば、法家にたいへん近かった儒家荀子が自然の諸界のあいだの差異をどう理解していたかは、次に見られるとおりである。

五行[*23]、水火は〈気〉、「息、エネルギー」を有するにすぎない。

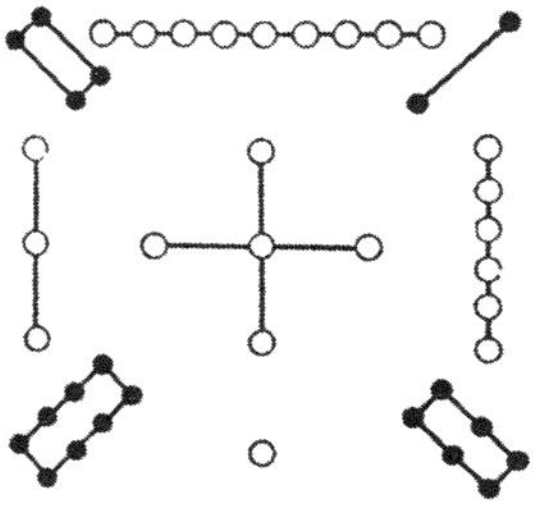

図 19-3　中国の魔方陣

もっとも古い証言がある，この魔方陣は，伝説によれば，神話的帝王禹のために，天が洛水に放った亀の背中に記されていた。この九つの数は『書経』の九類の「常道（洪範）」を象徴する。

三重記号	名称	発音	
		古代	近代
☰	乾	giän	k'ien
☷	坤	k'uon	k'ouen
☳	震	tśiĕn'	tchen
☵	坎	'k'âm	k'an
☶	艮	kŏn'	ken
☴	巽	swän'	siuen
☲	離	liĕ	li
☱	兌	duâi'	touei

図 19-4　八卦

神話的君主で占いの方法の発明者宓犠に竜が示した八つの三重記号。それらは記数法となんの共通点もなく，ライプニッツがそこに二進法が見られると信じたのは誤りである。

植物は〈気〉を有し、〈生〉、「生成、生存」を有する。

動物は〈気〉を有し、〈生〉を有し、そして〈知〉、「知恵、知覚」を有する。

人間は〈気〉を有し、〈生〉を有し、〈知〉を有し、しかも〈義〉、「公正、正義」を有する。

＊23　五行　以下は『荀子』王制篇のことば。アリストテレスの植物は植物霊魂を有し、動物は植物霊魂と感覚霊魂を有し、人間は植物霊魂と感覚霊魂と理性霊魂を有するという説を念頭に置いて、訳出されている。

同じ著者の重要な概念、〈理〉は多くの場合「道理」と訳されてきた。実際には、この語は、本来の意味では、適切に切断するか彫刻するためには知る必要がある、宝石の構造を指し、比喩的な意味では、構造、組織　配置を指す。それぞれの事物の〈理〉の知識は重要であるかどうかを知り、理性的に働きかけるためには不可欠であるが、しかしそれを事物の道理と同一視するわけにはゆくまい。

同様に、「精神（エスプリ）」と訳される語〈心〉は、実際には、中国では意識と意志の在処《ありか》とされている器官、心臓にほかならない。

医学と生物学

病気は〈気〉の過剰によって起こる、と戦国時代の物語のなかに指摘されている。寒（陰）、暑（陽）、風、雨、晦、明という、六種類の気がある。古代の三人の医者が有名である。淳于意は西暦紀元前一六七年に違法な治療を施したかどで告発されたとき、「穀物倉庫の管理者」〈倉公〉だった。その取り消し後、かれは自分の医療活動を弁明するために覚書を送った。この返書のなかで二十五の臨床例を列挙し、一ダースくらいの業《わざ》を利用している。かれは五つの実質性内臓、心、肺、肝、脾、腎を五色などに関係づける。かれは臨床の個々のケースを尊重する。かれの療法はなによりも薬物学的である。下剤、催乳薬（*Scopolia japonica*〈ハシリドコロ〉）、虫下し（*Daphne genkua*〈フジモドキ〉）など。二人目は外科医華佗であり、体操、水治療法、手術中の麻酔薬の使用を強く勧める。三人目は、西暦二世紀に生きて、『熱病論』〈傷寒論〉（熱病は腸チフスと分かる）およびその他の病気にかんする『金色の箱の摘要』〈金匱要略〉を残した張仲景。かれは〈マオウ〉*Ephedra*、〈ニッケイ〉*Cinamomum cassia* の煎じ薬、〈サイカチ〉*Gleditschia* の粉薬を用いる。首吊り自殺の事例には人工呼吸、服毒には胃の洗滌を勧める。この時代の医学理論は『内部の経典』〈内経〉に見出され、人体の解剖学的記述を器官の平均的な寸法とともに与えている。頭蓋は髄の貯蔵所にすぎないが、心臓と器官のあいだの血液循環を肯定し、その速度については、一呼吸運動ごとに六寸、と指定している。すでに言及した五つの実質性内臓とならんで、五つの中空性内臓[*24]（消化管、膀胱）に注意を促し、人体の孔を五臓と五作用因に、〈陰〉と〈陽〉に関係づける。

＊24　**五つの中空性内臓**　ふつうは五臓と並称して六腑（大腸、小腸、胆、胃、三焦、膀胱）というが、三焦は独立の器官としては存在しないので、五つとしたのであろう。

人体は、主権者が心臓、肺臓が大臣、肝臓が将軍、などであるような、ひとつの国家と見なされる。

診断の四つの方法は視診、聴診、問診、脈診である。

儒教の発展は両親から授った身体を無傷のままに維持するという道徳的義務を作り出して、きわめてすみやかに外科の衰退をもたらした。西暦三世紀に、皇甫謐《こうほひつ》は、中国医学を特徴づけている療法、鍼灸を論じた『甲乙経』を著す。王叔和《おうしゅくか》は『傷寒論』を編集し、『脈拍の経典』〈脈経〉を書き、脈による診断が中国医学の特徴的な方法になるだろう。

薬学と植物学と化学

中国人はまぎれもなく、古代このかた、最大多数の植物を作物化した民族である。いくつかのありふれた雑草は中国においてしか利用されず改良されなかった。たとえば、小さな十字花科のナズナ（*Capsella bursa pastoris* Med.）は『詩歌の経典』〈詩経〉のなかに引用されており、いまでもサラダ菜として栽培されている。開墾が自生状態では消滅させた樹木を、イチョウ（*Ginkgo biloba* L.）のように、庭園に植えて、保存していた。[4] 本草は植物・動物・鉱物三界の有用、無用、あるいは利用可能な産物を記述するきっかけを与える。そのもっとも古い著作、『神農本草』のなかには、三百種以上の植物と四六種の鉱物が見えている。

多くの場合皇帝の命に下に編纂された、概論的な著作のかたわらに、王侯の取り巻きのなかから生まれた著作がある。『淮南子《えなんじ》』、「淮河の南の王」と題された著作がその類であり、そのなかに金属鉱床の動力学が見えている。中央の地域の気は埃《あい》天に上昇して五百年後に缺（同定されない物質）を生みだし、缺は五百年後に黄水銀（鶏冠石）を作り出し、黄水銀は五百年後に黄金（金）を作り出し、黄金は千年後に黄龍を生み出す。〈気〉が東に生ずれば、産物は青緑、変化には八百年を要する。〈気〉が南に生ずれば、産物は赤（辰砂、銅）で変化には七百年を要する。〈気〉が西に生ずれば、産物は白（砒、銀）であり、変化には九百年かかる。最後に〈気〉が北に生ずれば、産物は黒（鉄）であり、変化は六百年である。

こうして中国人がいろいろな量と特性のあいだに確立した関係がありのままの現実に本づいて把握される。その関係は恣意的ではなかった、というのは中国の中央部では大地は黄色いからである。青緑の海は東にあり、雪をいただく白い高山は西にある。赤い火を象徴する太陽は南にある。すべてのこの前科学的な一般化のなかには厳密な意味での誤謬というよりも早まった一般化がある。この時代の中国における物質文明の進展が知識の広範な集成を伴っていたことは疑問の余地がない。

結論

戦国時代このかた、すなわち西暦紀元前五世紀以来、中国は、その技術的知識の水準によって、その面積によって、そしておそらくはその人口によって、世界でもっとも進んだ民族だった。秦漢帝国はその重要性において同時代のマケドニア、ローマあるいはインドの諸帝国を凌駕している。その代わり中国はギリシア人のいくつかの科学的成果には到達しなかった。どうして科学的知識は技術的知識と並行して進歩しなかったのだろうか。

すでに見たように、ギリシア科学の発展と似通った発展を生み出すことができたかも知れない要素が、墨翟の政治学派の著作[*25]のなかにあった。その書物のなかに、科学的知識を獲得する方法のリストが見える。「知識」〈知〉tche（tiĕ）は伝聞〈聞〉*wen*（*mïon*）によって、推論〈説〉*chouo*（*sïät*）によって、直接の観察〈親〉*ts'in*（*ts'ïĕn*）によって、そして意図的な行為〈為〉*wei*（*hwiĕ*）すなわち実験によって得られる。しかも原因〈政〉*kou*（*kuo*）と結果〈成〉*tch'eng*（*dźiäng*）の間を明確に区別している。かれらの方法はたしかに説得に向けられる行動と軍事技術における機械装置の研究とに基礎を置いていた。すでに見たように、この学派は戦国時代、多数の小国から成る中国で諸国がたがいに戦っていた時代に最盛期にあった。もっとも重要な国家は、片や牧畜が支配的である西の国、秦と晋、片や航海が支配的である東の国、斉と呉である。だからヨーロッパ地中海、とりわけギリシアの状況とたいへん似通った状況にあった。古代ギリシアの思想と科学の特徴は多くの場合牧畜（関係、牧夫－牧羊）、航海（関係、舵取り－漕ぎ手）、海賊行為と戦争の重要性、その結果としての奴隷制（関係、主人－奴隷）の重要性によって説明される。その結果が二元論的世界観（関係、精神－物質、神－宇宙）と世界が従わなければならない法則を〈アプリオリ〉に演繹する人間精神にとっての可能性、ということになる。

＊25　著作『墨子』経上篇にみえる。

とはいえ実際には、中国の地理的統一性、他の文明地域からのその孤立が、間もなく政治的統一をもたらした。しかも東アジアの地理的環境は、地中海地方とはたいへん異なり、その大陸性地塊の性質と牧畜および航海に比べて農業のもつ経済的重要性とによって、中国社会を別の方向へと導いた。国家統治における儒教の社会学派の現実的な勝利、良好な体調と長生のための個人的努力にたいする道教の生命－心理学派の成功は、ほかのすべての学派の地位を奪った。西洋で誕生するものを想起させていた演繹的科学の萌芽は墨翟の学説とともに消滅した。

実際に、道教徒や儒教徒にとっては、用語を〈アプリオリ〉に定義する必要はなく、そのことは〈アポステリオリ〉に知識を獲得するのが客観的現実であることを示唆している。関係は決して一方向的ではなくてつねに相互的である。そして結局作為的な行〈為〉*wei*（*huìĕ*）を慎しまなければならなくなる。

この観点はだから、数学では、代数学を幾何学に優越させ、物理学では、磁気や音響の共鳴のような、遠隔作用を力学の衝撃作用に優越させ、医学では、刺針と点火（鍼灸）の遠隔作用を外科の直接作用に優越させる。最後に、社会学では、聖人と賢人は統率し立法する長となるのではなく、みずからしめすその手本と助言によってのみ働きかける。

中国人がこの時代このかた科学的合理的世界観をもたなかったと言うことはできない。かれらにとっては超越的なもの、説明不可能なものはなにもなく、かれらにとっては人間と社会が知識の対象である。しかしかれらは〈ア・プリオリ〉な定義に基礎を置く数学的証明には到達しなかった。このことはたしかに科学の観念と方法が技術でなく、社会的実践全体に由来することを証明しているように思われる。

中世

中国の科学と思想の発展は中世の間も漢代にすでに始まっていた方向に沿って進みつづけた。外国の影響、すなわち仏教、次いでマニ教とネストリウス派のキリスト教の導入は、中国人がそれまで知らなかった区別を持ち込み、宋代の新儒学派[*26]について見たように、かれらの世界観を明確に述べるようにしむけた。

＊26　**宋代の新儒学派**　この「中世」の節は『科学全史』第一巻「中国中世の科学」の章の「結論」のみを収録したものであり、割愛されたその章の序言のなかに次のような文章がある。「中国の領土の統一は宋王朝によって九六〇年に確立された。中国文明は燦然と輝き、そのとき頂点に達した。新儒学派は道教と仏教の貢献を十九世紀まで古典でありつづけた哲学全書のなかで綜合した」。新儒学派は朱子学派と言い換えてもここでは支障ないだろう。

これらの観念は今日からみれば同時代にヨーロッパに行き渡っていた観念よりも公正であった。にもかかわらず、この時代の末期に、ヨーロッパではコペルニクス、ベーコン、ガリレイ、などとともに、近代科学が誕生している。

ヨーロッパでは中世から近代への移行において決定的な役割を演じたとされている、大砲の火薬、羅針盤、印刷術は、しかしながらそれらを発明した中国には、ヨーロッパに知られる何世紀も以前に存在していた。

この逆説は中国社会とその政体を注意深く検討することによってしか解決できない。理論的には、資格試験と選抜試験を通して募集された社会学者たちによって無数の農民が統治される農業社会である。これらの社会学者にとって統治すべき社会は自律的な有機体、自生的な秩序によって動く客観的な現実である。かれらのきわめて重要な役目はその動きが乱されるのを妨げることにある。ところで孔子このかた、周知のように反社会的悪徳は根本的には個人的利益〈私〉と〈利〉、競走〈競〉と〈合〉の精神である。実際に混乱を引き起こしてこの社会を予測不能なやり方で変容させることができるのは、商品生産と商人階級の発展である。塩田と塩鉱山を国有化したときの漢代から、当時はすでに造船の質、船尾舵と羅針盤の発明によって可能になっていた遠洋航海を明朝が禁ずる十五世紀まで、その内政全体が商品生産の発展を抑制することから成っていた。

にもかかわらず現実には、中国社会は格差を残したままであって、選抜試験に挑戦するために必要な受験勉強期間の長さが行政官への登龍門を富裕な社会層に残しておきがちであった。しかも孟子が社会的混乱状態はすべて悪政から引き起こされると教えて以来、小農民が没落したまさにその時にはいつも、かれらの反乱が正当なこととして発生した。農民一揆はいつも新しい王朝と新しい行政府をもたらした。

それにたいして、ギリシア都市の商品生産の伝統が持続したヨーロッパでは、その多くは、中国から到来した技術の進歩が生産に利益をもたらし、こうしてイタリアと西欧でのブルジョア都市の発展を助けた。神授説に本づく政権はこの新しい社会的勢力に支えられている。農民一揆はいくつかの都市では成功するが(オランダ、イングランド)、この型の政権を転覆させるには決していたらない。

科学の起源とその発展という観点からは商品生産の不均等は重要な結果を招いた。第一に、それが発展する場所では、商業と貨幣流通の慣行が商品の価格、貨幣に具体的に表現された抽象的かつ一般的なカテゴリーを数学的に処理するにいたる。実際には、中国では、銀行業務のある程度の発展と紙幣の発明にもかかわらず、土地税と地代はつねに現物で支払われていた。ところで、中国人が具体的な物であれば正確に計量する習慣を持っていたとしても、かれらの前科学的な概念はもともと質的であって、計量する可能性はほとんどなかった。たとえば、話によれば、二世紀に中国で発明された地震計[*27]を使って、地震を測定することは不可能である、というのはこの出来事は〈陰〉と〈陽〉の予知できない衝突の結果なのだから。

＊27　地震計　復元模型によれば、この地震計は地震波の来た方位(八方位)に球が落ちるようにできており、震源地の大まかな方位を知ることができる。一般に、中国の観測器械には長さ、重さ、度数などの目盛りが刻まれている。なお陰陽は比較概念であり、仮に量化することに意味があるとすれば、それが可能なのは比例関係としてであろう。ギリシアの四元素もそれは同じである。

この生産の発展の第二の結果は、都市の増加と社会関係の総量および強度の増大である。この点では十七世紀以降にヨーロッパで知られたことと比べものにならなかったように思われる。たとえば、次のことを宋代に確認し強烈な印象を受ける。印刷術は知られているのに、同時代の三人の偉大な数学者[*28]は知り合いでなく、異なった師を持ち、記号を異にする方法を用い、しかも二世紀後までかれらの業績は完全に無視されている。碩学たちがかれらを発掘したのは十八世紀末から十九世紀のことにすぎない。同じように注目すべきは、中国人朱載堉[*29]によってなされ、一五九四年に中国で印刷された平均律音階の発見が、中国では決して応用されなかったことである。ヨーロッパでは、発明者が分からないままに——シモン・ステウィン[*30]（一五四八—一六二〇）の未刊の文書のなかでその計算が発見されたのだけれども——一六三六年にメルセンヌ[*31]の知るところとなり、そのときから急速に普及する。

＊28　**同時代の三人の偉大な数学者**　『数書九章』（一二四七）を著した秦九韶（一二〇二ごろ—一二六一ごろ）、『測円海鏡』（一二四八）、『益古演段』（一二五九）を著した李冶（一一九二—一二七九）、『詳解九章算法』（一二六一）を著した楊輝（?-）。かれらの業績は十八世紀中葉から十九世紀にかけて、清朝の考証学者、数学者たちによって整理研究された。

＊29　**朱載堉**　明の王族（一五三六—一六一〇ごろ）。その著作集『楽律全書』に収める『律呂精義』で平均律を論じている。

＊30　**シモン・ステウィン**　Simon Stevin。オランダの数学者・物理学者。流体静力学の研究などで知られる。

＊31　**メルセンヌ**　Marin Mersenne (1588-1648). フランスの神父。デカルトらとの文通で知られる。

中国の印刷物の生産は全体が主として芸術と技術にかかわっており、そこに医学と政治が含まれていた。今日科学と呼んでいるものはそこでは実のところ霞んでいる。印刷術が知られてる時代についてさえも、われわれの知るかぎり業績の多くは手に入らない。中国における科学的知識の進歩の緩慢さと不確実さがそれによって説明される。

中世以降、中国社会全体は、社会関係の強度を考慮すると、容量がたいへん大きくなったように思われるが、そのこともやはり、軍事的行政的カーストを形成している近隣の遊牧民モンゴル族、ついで満州族によるその征服を説明してくれる。官僚制をいただく封建制と規定できる型の社会が、西洋ではまさに衰退するというときに、極東では腰を据える。要するに、ヨーロッパにおけるルネサンス以前、新しい型の社会の出現以前、すなわち科学の発展が指数関数的増大の形をとることになった資本主義国家の出現以前には、中国はそれにもかかわらず、自然の細部についての最大量の正確な科学的知識とその全体に最も適した見方とを同時に備えていた世界一の地域であった。

原注

（1）中国語の名詞の転写は『技術全史』（P・U・F）の諸巻ですでに用いられているフランス式に従っているが、しかしわれわれは、中国学者が復元している中世の発音を括弧に入れてしめすのが有用であると判断した、というのは、存在している、つまり今日の転写で同形異義であらわれる語の多くがかつては異なっていたからである。語の前後の省略符号は古い上声と去声をしめし、子音と母音の間にあるのは有気音をしめす。（訳者注。漢字のフランス式転写は、中世の発音をふくめ、とくに必要と認めた場合以外は省略。）

（2）この方法はアラブ人の Al-Khwarizmi において知られ、その後 *al-khataayn*「中国式」というアラブ語の名称でヨーロッパに到来した。

（3）*sieou* はインドの *nakshatra* と関連づけるべきである。

（4）浙江の山中に野生の状態を捜しに来るらしい。

V　動物と植物と社会

20　動物の家畜化と植物の栽培と他者による処理

人類の進化のなかで決定的な一歩が食料植物の栽培と動物の家畜化の発明とともに踏み出された。それが革命と呼ばれたのは当然である[1]。

この新石器時代の革命はとりわけ量的観点から考察された。すなわち食料資源の増大が人口の増加を可能にし、それが順番にもっと秀れた分業　技術の進歩と社会の分化、たとえば階級の出現を可能にする。わたしが注意を喚起したいのはこの革命のべつの局面、すなわち人間と自然の関係の変化について、そして人間相互の関係にかんしてはその結果についてである。動植物界と向き合って、新石器時代このかた、人間はもはやたんなる狩猟採集者兼消費者ではなく、それ以後は〈家畜化＝作物化〉した種を〈援助し〉、〈保護し〉、それと〈長期共存する〉。この新しい関係が「友好」型として確立されると、そのことを想起させるのでなければ、人間同志が集団のなかで話題にすることはない。しかし採集時代に存在していた関係を完全に廃止することはできず、収穫（植物にたいして）か屠殺（動物にたいして）のときにそれが再登場する。この不可避的な態度の変化には通過儀礼、祭礼が必要となる。周知のように、多くの社会において、家畜が祭礼抜きで屠殺されることも食肉されることも決してなく、わが国ではだれでも気がつくように子供は自分が飼育した兎を食べようとしない。これはごく一般的な指摘である。しかしここでわたしが注意を喚起しようとしているのは、地表の動植物界の多様性がすべての文明における「友好」関係の質的同一性を不可能にしていることである。

極端な二つの型、ヤマノイモ—ヒツジ

ヤマノイモ（*Dioscorea alata* L.）の栽培は、ニューカレドニアのメラネシア人によって行われていたように、〈間接的消極的〉行動とわたしが呼んでいるものの好例であると思われる（Leenhardt, 1930: 114-134; Barrau, 1956: 34-72）。そこには家畜化された生き物との空間的な直接接触も時間的な同時存在もいわば決して存在しない。腐植土の畝を入念に作り、次いでそこにヤマノイモの種子を置く。巨大な塊根を手に入れようとすれば、それできっといっぱいになる空間を整えておかなければならない。塊根の生長の妨げにならないように塊根からある間隔で太い支柱を立て、次いで塊根から出て支柱に達する蔓をからませる細い棒を斜めに置く。収穫は用心深く塊根を掘りながら、次いで葉でそれを包みながら行われる。巨大な塊根の場合には、畝の土手を開削して、塊根を藁の床のうえにそっと寝かせ、編んだココヤシの葉を被せて、それを運ぶために竿に括りつけなければならない。

これはすべてこの植物のもろさと関係がある。植民地化がニューカレドニアに家畜を導入したとき、それは先住民農業にとって破局であった。というのはたんに踏みつけられた植物が死ぬだけではない、同じ畝の

ヤマノイモ全体が病原菌に感染するからである[2]。

最後に念を押しておきたいのは、野生状態では、ヤマノイモは棘《とげ》のある植物の茂みかそれが枝を伸ばした藪で保護されていること、その作物化が森林の周辺で生活している熱帯全住民の農業の源泉だということである。

地中海地方で行われていたような、ヒツジの飼育は、逆に〈直接的積極的〉行動の典型とわたしには思われる。それは家畜化された生き物と不断の接触を必要とする。羊飼いは日夜その群れを引き連れ、その杖で群れを導いて、放牧地を選び、水飲み場の在処《ありか》を見越し、難路では生まれたばかりの子羊を抱え、最後にオオカミにたいして群れを護らなければならない。その行動は直接的である、すなわち手が棒による接触、杖で投げつける土くれ。*1 その行動は積極的である、すなわち道程を選択して絶えず群れに強制する。

＊1　土くれ　羊飼いの杖には一端に羊の足を捉えるための鉤、他端に離れた羊に土くれを投げつけるための小さな鉄のシャベルが付いている。

このことは防御と本能的行動の性質を失くしながら飼い慣らされた動物、ヒツジの「超家畜化」によるか、それとも急斜面がオオカミから保護し高度が絶えず食物を保証する山岳地帯のなかに、以前は生息していた動物の移住によって説明される。

この正反対の行動は、栽培された植物－家畜化された動物、という区別に起因するのでは決してない。西洋の穀物はヤマノイモと同じ要求を持っていない。それは草食動物の歯を怖れないステップの植物である。周知のように葉先食い――青い穀物の先端を食べながら家畜の群れが急ぎ足で通り過ぎること――を効果的に行わせることができる。これらの植物は熱帯の塊茎塊根と同じ「敬意をこめた友情」を必要としていない。

土壌の下準備は穀物にたいして僅少であってよい。農耕の初めに、自然状態の土地の表面を家畜の群れに足踏みさせれば、投げ播きした種子を土に埋めるには十分だった。根こそぎするか鋸鎌《のこぎりがま》で刈って手荒く収穫したのち、脱穀に使われて藁から穀粒を分離させるのはもう一度動物の足踏みであり、すべての操作が穀粒の堅さのゆえに可能になっていた。

同様に家畜化されたすべての動物はヒツジに似ていない。インドシナの農村では、スイギュウは子供たちが「番をして」いるが、しかし虎にたいしてその群れを護ることになるのは子供でなく、その「番人」を攫う虎を妨害することになるのが、身を守るすべを知っている動物の群れである。

すべての穀物もまた、少なくともその栽培法にかんしては、似通っていないわけではない。極東の穀物、イネはヤマノイモの畝かタロイモの溝と同じく「作られた」田を必要とする。つまりちゃんとならして土手で囲んだ地面が必要である(3)。

庭園にかんしては、同じ型の対立が、一方ではフランス式あるいはイタリア式庭園（〈アプリオリ〉に決められた図面にしたがって人工的に配置され、たえず幾何学的図形にしたがって刈り込まれる植物）と、他方では中国式庭園とのあいだに存在する。中国式は地面に大きく手を加え、池を掘るために運び出した土は小山を築くのに利用し、岩を運び込み、植物は自然の景観を再現するように配置する。そして小さい植物が欲しいときは、直接に手を加えてそれを剪定する代わりに、矮小形の植物を手に入れるために間接的に行動する。だから直接的行動は技巧に到達するように見える。間接的行動は自然への回帰として現れる。

地理的決定論か

大陸表面の気候分布（東にモンスーン、西に差異を生む気候地帯）は西洋での動物の群れの飼育に有利にはたらいていたに違いない。ヒマラヤと大西洋のあいだの、山岳地帯の東－西配置は気候の対照を際立たせて、季節移動放牧、すなわち飼い葉集め無しの飼育を可能にしていた。

次いで飼い葉の利用が飼育の定住化と、うまい具合に西洋農業への統合とを可能にする。ほとんどそれぞれの農民が牝ウシを、そしてそれぞれの村落がヒツジの群れを所有したと言っていい。

極東では、反対に、家畜は牽引動物とブタに限られた。ジェルネ（Gernet, 1952: 31-38）がいくつかの語の文字にかんして指摘したように、ヒツジは中国で青銅器時代に重要な役割を演じたと思われるにもかかわらず、すべての大型家畜と同様に、大河渓谷とその他の地域のあいだの生態学的連続性のせいで排除された。

というのは、ラティモアが述べている通り、

「中国では、ほかの大河の渓谷においては、農業生産の改良は最大限の労働力と最小限の牽引動物をともなう集中的形式をとる、人間によってすでに耕作されていた土地で動物を養わないために……。中国では、その発展の頂点で、動物の非利用が顕著になった。人間は運河に沿って運搬船を引っ張り、揚子江の急流の激流に逆らって船を曳く仕事に就いていた。平野では人間は一輪車を押していた。揚子江の南では、車輪付きのいかなる運搬手段も存在せず、人間は動物以上に荷物を運んでいた。」

中国では乳も羊毛も利用されていなかったことをつけ加えておこう。

(Lattimore, C., 1962: 105.)

中国の菜園と地中海地方の羊小屋

人間を園芸流に論ずるのは中国文明の特徴（Needham, 1954-1980, vol. 2: 543-583）、とりわけその支配的イデオロギー、儒教の特徴である。古典のなかでは、人間は、順番に、植物、土地、雨……に比較される。たとえば孔子かその直弟子たちの著作とされる『中庸』（不変の中道）のなかに、

「政治家の徳はただちに善政を打ち樹てる、大地の徳がすみやかに植木を大きくするように。すぐれた制度は藺《い》や葦《あし》と同じ速さで成長する。政治の完成度は大臣に依存している。君主はその人格の美質によって大臣たちの心を惹きつける……。(4)」、と。

間接的行動に注目しよう。君主はその大臣を選ぶのではない、惹きつけるのだ。孟子の著作のなかでは比較はまださらに鮮明である。

「その男は収穫する穀物が生育していないのを見て心を痛め、手がその茎を引っ張った。家に戻って、

この愚か者は家人に言う、「今日はとてもくたびれた、収穫する穀物が生育するように手を貸したんだ」。息子たちが走ってその仕業を見に行く。茎はすでに枯れていた。世の中に非常識な手段で収穫する穀物を生育させようと努めない人は少ない。……なおざりにする人は、収穫する穀物のなかで雑草を大きくなるままにしている耕作者に似ており、荒っぽい手段を用いる人は……その収穫する穀物を引き抜いたあの非常識な男も同然だ。かれらの努力はたんに無益であるだけでなく、有害である。(5)」

さらに自生する植生とその伐採を取り上げている。

「かつて牛山の上には樹木が美しかった。それは大国の領土との境界にあったから、斧斤《まさかり》がそれを伐採した。いったいその美しさは保たれていたか。精気が絶えず循環しているし、雨露がそこを潤しているので、新芽や蘖《ひこばえ》は伸びた。しかし今度は牛や牝羊がやって来てそれを食べた。これこそこの山が丸裸である理由だ。それが丸裸なのを見て、この山には建造に使用できる樹木は一度も生えなかった、とひとは想像する。それがこの山の本性に内在する欠陥だろうか。

人間が本性として授かった感情は(それと同じではあるまいか)。人間は思いやりと正義の感情を持っているのではあるまいか。人間にそれを喪失させたものは樹木にたいする斧斤と同じである。もし毎日それに打撃を加えるならば、生長できるだろうか。それは日夜力を回復する性質のものである。朝には……愛情と嫌悪は人間が持っているはずのものより幾分少ない。それも昼間にとる行動がそのすぐれた感情を邪魔して窒息させるのである。

行動が感情を繰り返し窒息させると、夜の回復行動はもはや感情を完全な消滅から守るのに十分ではない。夜の有効な作用がそれを維持するのにもはや十分でなければ、人間は動物とほとんど違わない。理性のない生き物のようになっているのを見ると、人間はかつてすぐれた性質を持たなかった、とひとは考えるだろう。人間は生まれつきそうなのだろうか。[6]」

西洋文明においては人間の牧夫扱いがよく知られている。文学における羊飼いの詩的理想化を雑然と思い出してみよう。「創世記」のなかでの農夫カインの役割とは対照的な牧夫アベルの美しい役割、良き羊飼い、「福音書」の迷える小羊、古代ローマ人の人を見たら狼と思え。アリストテレスからの二、三の引用だけで十分だろう。

「王が臣下を愛するのは、かれらにたいして多くの恩恵を施すことができるその優越性のゆえである。というのは王たるゆえんの徳のおかげで、羊飼いが羊の群れにたいして心をくばるのと同じように、臣下をしあわせにしようと心掛けるからである。その意味でホメロスはアガメムノンを、民族の牧夫、と呼んだのである。」

その関係は不平等であるとアリストテレスは強調する。

「生命のない物にたいして可能な愛はなく、同様にそれにたいする正義もなく、同様に人間の馬と牛にたいする愛と正義もなく、また同じく主人の奴隷にたいする愛と正義も奴隷であるかぎりない。」

（『ニコマコス倫理学』第八巻、第十一章）

とはいえこの温情主義的心性をもっとも鮮やかに表現している文献は、われわれがここで理解しているような意味での西洋の境界、すなわちインドの産物である。『ダルマシャストラ』（マヌ法典）(7)のなかに次のように読める。

「王のために、主はかつてかれ自身の息子、ダルマ（法）、すべての生き物の守護者、ブラフマン（万物の創造者）の閃光から成る（化身の）刑罰を創造した。

すべての生き物、動物と植物は、かれ（刑罰）を怖れて、享受する物であることに抗わず、かれらの義務から逸脱しない。刑罰、それは王、男であり、かれは長でかつ管理者である。かれは生の四様式への従順さを保証する人である。刑罰はすべての被造物を支配し、刑罰はそれらを保護し、刑罰はそれらが寝ているときその不寝番をする。賢者は刑罰、かれが王であることを知っている。

もし王が当然罰すべき人に、倦むことなく、いつも刑罰を科していなかったならば、最も強い者が最も弱い者を串刺しの魚のように料理するだろう。

小鳥がいつも儀礼用の菓子を食べ、犬がいつも供え物を舐めていたら、そこには人のための所有権がなくなってしまって、すべてが上下の隔てなしになるだろう。

神々、ダーナヴァ（タイタン族）、乾闥婆《けんだつば》 gandharva（天上の楽士たち）、羅刹《らせつ》 raksasa（巨人族）、鳥、そして蛇にすら、刑罰によって苦しめられるときには人が待ち望む享受があたえられる。もし刑罰がいつもさ迷っていたならば、すべてのカーストは損われ、すべての堤防は決壊し、全世界は荒れ狂っているだろう。しかし黒い色の血走った眼をもつ刑罰、罪の破壊者が巡回しているところでは、長が正しく見分けるよう心掛けるならば、臣民が道を踏みはずすことはない。(7)」

わたしはこの中国―西洋の対立を生物学的地理決定論によって説明すると言い張っているのではない。他にも要因が介在している。たとえば、航海である。

園芸家と船乗り

航海術、とくに古代地中海で発展したオール航海術は、人間関係の進化において疑う余地のない役割を果たした。船を指揮する人のオールを漕ぐ人にたいする関係は、牧夫とそのイヌかヒツジにたいする関係に似通っている。「支配する governer」が航海用語（舵を取る）に借用されるのは無理もない。

他方、航海の発展には商業、商品生産、したがって奴隷制の発展が、量的（海戦と海賊行為による奴隷の数の増加）と同時に質的な発展、すなわち物の商品生産への奴隷の利用の発展がつづく。

このことはギリシア－ラテン古代だけが奴隷制段階を、すなわちこの生産様式が支配的だった社会状態を完全に経験したことを明らかにする。これらすべての要因は、もしそう言ってよければ、西洋に「支配者」の心性を押しつけるのに一役買っていた。クセノフォン、コルメラ、プリニウスは主人が奴隷労働をいかに正確に計画的に組織し、命令を下すべきか説明している。

中国人が支配というものをどう理解していたかをしめす好例が西暦七世紀の、唐代の官僚を評価するのに役立っていた寸言の序列のなかに見つかる（R. des Rotours, 1948, t. 2: 665)。

各部類の皇帝の監察官のために、三つの寸言が三つの実際にありうる評価を述べていた。

第一類　評価上、かれは兵士の数を減少させた。
　　　　評価中、食料が十分である。
　　　　評価下、かれは国境での戦闘で手柄を立てた。
第二類　評価上、収穫が豊かである。
　　　　評価中、かれはめったに刑罰に頼らない。
　　　　評価下、かれは税を割り当てるすべを心得ている。
第三類　評価上、かれは人民に平安をもたらす。
　　　　評価中、かれは悪人たちを改めさせる。
　　　　評価下、かれは告発の真実を見分ける。
第四類　評価上、かれは心配の種ではない。
　　　　評価中、かれは清廉潔白で勤勉である。
　　　　評価下、かれは成功裏に統治する。
第五類　評価上、かれは計画を立案した。

評価中、かれは事業に成功する。
評価下、かれは修復し建設するすべを知っている。

評価下を一括するだけで十分である。

「かれは国境での戦闘で手柄を立てた。かれは税を割り当てるすべを知っている。かれは告発の真実を見分ける。かれは成功裏に統治する。かれは修復し建設するすべを知っている」、西洋の規準にしたがって理想的な長を記述するために。

評価上を一括しよう。

「かれは兵士の数を減少させた。収穫が豊かである。かれは人民に平安をもたらす。かれは心配の種ではない。かれは計画を立案した。」

だから翻訳者の驚きをだれもが共有する。

「もしあえて現代と関連づけることができるとすれば、千年以内に歴史家たちが、現代人の称讃する議会制度あるいは自由経済はいかにして機能できたか、と自問するだろうと考えてみることが許される。これらの歴史家は議会制が統治の仕事をひどく困難にしたこと、そして経済的自由主義を決して全面的には適用できなかったことを証明できるだろうが、それでもかれらはこれらの体制が時代の要請に合致していて、十九世紀の栄光を生み出したことを認めるに違いない。おそらく七世紀の中国にたいしても同様だっただろう。」

(R. des Rotours, 1948, t. I: LXXI.)

日本は海上に位置しており、その点で中国とはっきり区別され、こう言ってよければ、西洋の制度と生産様式に比較的に前適応することが可能であった。

動物園

動物にたいする園芸家の行動は他の人間にたいする人間の行動のモデルである。『農書』[*2]にはこう見えている。

*2 『農書』 元の王禎の著作、一三一三年の自序がある。以下の二つの引用はその第一部にあたる農桑通訣の畜養篇の養牛類および養羊類の文。ただし養羊類の文は『斉民要術』（北魏）巻六・養羊の冒頭と同じであり、『要術』には孫陳振の注が付いている。書簡の筆者ジャック・ジェルネは翻訳にあたって『要術』を参照し、孫注の一節を抽出して『農書』の本文を補ったのであろう。（　）で括った部分がそれである。

「牛は人間と同じ気血、同じ性質と感情を持つ動物であり、ひとはその空腹と満腹に合わせててその感情を共にする。」

さらにヒツジについて述べているところに注目しよう。

「草を食べさせに羊を連れて行くのは、老人でなければならない、老人は協調的で従順だからだ。興奮しやすい人や子供を使うと、たたかれる羊を見る破目になる。でなければかれらは見張らないで遊びにゆくので、犬と狼が損害を与える……。（羊はおとなしい臆病な性格で身を守るすべを知らないから、）羊小屋は家の近くに作らなければならない。[8]」

このことはすべて決して犬のせいとは見なかった、ニューカレドニアのメラネシア人たちの行動を想起させる。一八四五年に、宣教師たちは、先住民の「しつこさ」を厄介払いするために、コルヴェット艦ライン号で、犬の群れを取り寄せた（Leconte, 1851, vol. 2: 562）。先住民に襲いかかってかれらのふくらはぎに噛みつくのにいちばん積極的な犬はラインと名づけられた。さて、バラド（散歩）と称する宣教師たちの家に何度も滞在したことのある難破した船長から聞いた話だが、ある日、近郊の首長が白い布地（たたいたコウゾ *Broussonetia* の樹皮）を腕にかかえて、代表者のところにやって来て、「犬の長《おさ》」すなわちラインに接見を申し入れた、犬たちと平和を結び良好な関係を築くためである。ラインが連れてこられたが、平和はおそらく結ばれなかった、翌年その宣教師が非業の死を遂げ、さらに先住民にたいして犬をいちばんけしかけていた宣教師、助修道士のブレズ・マルモアトンがライン同様殺されるまでは（Garnier, 1901: 266, Courant, 1931）。

モンスーン地帯と極東地方と西洋のステップの中間にある、インド平原には、もはや菜園でもなく羊小屋でもない、動物園型の社会が形成される。農業と家畜化の初期の時代、牝ウシの乳がそっくりその情緒的価値を保ち、多くの社会で養子縁組が人乳のすくなくとも象徴的な吸飲によって決定されるような一時期に、生活様式と心性を異にする全住民のあいだで、接触はカースト社会の組織となって現れる。これらの異なった人間集団は動物学的にはっきり異なる種と見なされて、その集団間では婚姻関係はもはや可能ではない。ウシはヒトの多くのカーストよりもはるかに尊敬に値する一カーストを形成している。カースト間の便益提供の交換が社会の絆を維持しているが、しかし四足類のなかのネズミと鳥類のなかのカサギと植物のなかの雑草がヒト集団においては泥棒カーストと見なされても、もはや驚くにはあたらない。博物学者が生態学的平衡と呼んでいたものを維持することが必要なのである。
こうしてマヌ法典のテキスト[*3]に納得がゆく。すなわち「羊飼いは動物園の番人になっており、柵のどんな破壊であれひどいことになるだろうから、いつも手にその棍棒を持っていなければならない。(9)」

*3 **マヌ法典のテキスト** 数種の邦訳マヌ法典中にこの引用文の所在は確認できない。

結論

本格的な科学論文というよりもずっとエッセイに近いこの論文の終りに、民族動物学または民族植物学は民族学の附随的ないし副次的な専門分野ではないが、反対にもっとも本質的な問題を提出することが可能であるのを、わたしはしめそうと思っていた。

人間と自然との関係は、それが表現する人間の行動と社会の歴史を明らかにするためには、その頭蓋骨や皮膚の色の形成よりもはるかに重要である。

過去の時代の日常生活は、もっとも抽象的な領域においてすら、現実を理解するために復元しなければならない。支配する神、命令する道徳、超越する哲学がヒツジになんの関係もなかったかどうか、お好みの奴隷制的および資本制的生産様式を介して自問すること、そして命令する道徳と内在の哲学がヤマノイモとタロイモとコメになんの関係もなかったかどうか、古代アジア的および封建官僚制的生産様式を介して自問することは、ばかげている。

原注

（1）G. Childe（1960, chap. 3）（初版は一九四二年。一九五四年版の邦訳『歴史のあけぼの』岩波書店、一九五六年）を見よ。またR. J. Braidwood（1960）を見よ。しかしこれらのテキストでは穀物の農業が取り上げられていて、塊茎塊根の農業はそうではない。だからこの後者についてはL'Homme et plantes cultivées（Haudricourt et Hédin, 1943: 88, 134, 140）を参照していただかねばならない。

（2）森林を焼いたのち下準備していない土壌に種を播くイネ、今日原インドシナ語族の基本的な穀物、の存在を口実に、ひとはわたしに反論するだろう。それは陸稲栽培に水稲栽培より古い農業段階をみるわたしの見解の誤りであった。野生イネは水生植物であり、おそらくそれは最初タロイモの溝の雑草として出現し、次いで非灌漑に耐えうる変種を生み出す以前に自立的な灌漑栽培になったのであろう。Condominas（1957: 375）は、ムノン語族集団（訳者注。ベトナム南部）では、「神聖な人びと」が開墾をはじめる以前の未来の焼き畑にヤマノイモを植える、と報告している。陸稲（オカボ）はそれが知られているところではどこでも、ヤマノイモに取って代わった、というのも仕事が少くてすむからである。

（3）水稲については、前注参照。

（4）S. Couvreur の翻訳『四書』*Les Quatre Livres*（1895, rééd., 1949: 144）（訳者注。『四書』は朱子学の最も重要な古典、大学・中庸・論語・孟子を収める。引用文は『中庸』章句第二十章）。G. Pauthier のあまりよくない翻訳が *Les Livres sacrés de l'Orient*（1860: 168）にある。

（5）S. Couvreur 訳、364-365; G. Pauthier 訳、234.（訳者注。『孟子』公孫丑章句上、第二章）。

（6）S. Couvreur 訳、前掲、568-570; G. Pauthier 訳、前掲、282。（訳者注。『孟子』告子章句上、第八章）。ほかの比喩は次の通り。

「賢者は五つの異ったやり方を教える。それは恵みの雨のように振る舞う者であり、……」。Couvreur 訳、627; G. Pauthier, 297.（訳者注。『孟子』盡心章句上、第四十章）。

「かの王の無智に驚くことはありません。世界でいちばん容易に生長する植物であっても、一日太陽に曝し、それから十日寒気に曝せば決して生長しないでしょう。私はめったに王に見《まみ》えることはありません。私が辞去してからすぐに熱意を冷ます事態になったらその思いやりは……」。Couvreur 訳、570; G. Pauthier, 282.（訳者注。『孟子』告子章句上、第九章）。

（7） *L'Inde classique*（1947: 436）に収める L. Renou 訳。A. Loiselear-Delongchamps による別の訳は *Les Livres sacrés de l'Orient*（1860: 392）に見える。（訳者注。『マヌ法典』第七章、14—25）。

（8） 一九五〇年に交わした書簡の中で、Jacques Gernet 訳。

（9） 「刑罰」と訳したマヌ法典の語——danda——はもともとの意味では棒、杖、藤の杖、棍棒——を指す。Dictionaire sanscrit-francais（Stchoupak, Niti, et Renou, 1932）。

21　ヤマノイモ文明での自然と環境
クローンとクランの起源

ジャック・バローへ
ニューカレドニア滞在中に受けた援助の記念に

オセアニアには歴史がわれわれのために社会学的実験を用意してくれたように思われる特権的な地方のひとつがあり、そこでは今日その結果を観察することができる。実際に同じ祖先から出た全住民が、家畜の飼育を行うかどうかはともかく、ある人びとはとりわけ漁業で、べつの人びとはとりわけ農業で暮らしているのが見られるからである。

二、三千年のあいだ家畜を持たず、哺乳類がいないので、狩猟は取るに足りない位置を占めていたニューカレドニアは、わたしがヤマノイモ文明と呼ぼうとするものの見本として取り上げることができる。海洋漁業が果たして来たし今も果たしている役割をわたしはなにも知らない。それは初期の植民（おそらくニューヘブリデス諸島[*1]から来た）が可能にしたものであり、本来の意味でのニューカレドニア（グランド・テル[*2]）を、もっとも典型的な熱い海の漁業文化に出会うロワヨテ列島、フィジー諸島およびポリネシアと比較したときに理解できるような、政治－経済組織を明らかにしてくれるものである。

＊1　**ニューヘブリデス諸島**　ニューカレドニアの北東、今日のバヌアツ共和国。

＊2　グランド・テル　Grande Terre、大きな土地を意味し、ニューカレドニア本島を指す。

しかしその主題の核心に入るまえに、まだ民族学者の知識の一部を成すとは見なされていない、植物学と作物学についていくつか指示を与えておかなければならない。

塊茎塊根と種子

人間が貯蔵物質を食用にする野菜——とりわけ澱粉質——は、悪天候の季節を乗り越えることを植物に可能にする。乾燥しすぎるか寒すぎる季節のあいだ、植物の空気中に出ている部分は干からびて枯れ、植物は地下の塊茎塊根のなかか種子のなかでしか生き残らない。湿気が暑気とともに突然戻ってくる、対照性の強い気候では、貯蔵物質が多ければ多いほど、新芽が力強ければ強いほど、近隣を犠牲にして光を採れば採るほど、生き残る幸運に恵まれる。こうして典型的なモンスーン気候地方で、滝のような雨がしかし時たま降る砂漠で、周期的に冠水する土地で、自然選択はいわば人間のために食用植物を用意してくれていて、人間は料理を発明したときにそれを利用したのである。

塊茎塊根は多年性植物と呼ばれるものに属する。毎年、塊茎塊根から出る植物は傍にか少し離れて一つないし幾つかのべつの塊茎塊根を改めて作るが、しかしそれは生物学的にはつねに同じ個体である。

種子はそれにたいして花から生じ、新しい個体を作る。それは動物か人間の生殖によく似た有性生殖の結果である。個体は遺伝形質の半分を雄の要素から、もう半分を雌の要素から受け取る（これら半分は同一ではないから、同じ一対の若芽は存在せず、逆に同じ遺伝形質の正真正銘の双生もまた存在しない）。おそらく、大部分の植物集団では、性は分離されていないが、しかし雄の要素、花粉は風か昆虫によって運ばれる可能性をもつ細かい粉末であるという事実が有性生殖のあらゆる利点、とくに大きな変異性を植物に十分に保証している。この変異性が、地質時代の間、海陸の配置が変動していたとき、その生存を可能にしていたのである。逆に、有性生殖のこの有利さが、こんどは、自然選択を介して、植物集団に性的特徴を維持させた。

ところで、塊茎塊根は個体の永続性をちゃんと確保する。分散性はたしかに少し落ちるが、それでも何種かの植物集団では、分離して地上を転がるか水上を漂うことができる空気中の塊根、むかごが、ある程度それを保証している。実は、塊茎塊根植物集団では、種の生存に必要な、長距離の分散と変異性は種子によって保証されている、羽根のある小さな種子は風に運ばれ（ヤマノイモ科）、小さな漿果は小鳥に食べられる（サトイモ科）などして。

それとは逆に、比較的大きい、多年性植物の種子は、対照的な二つの性質に従っている。種子が小さいほうは、分散を確実に行うだろうが、蓄積する貯蔵物質は比較的少ないだろう。種子が大きいほうは、蓄積する貯蔵物質は比較的多いだろうが、その分散はもっと難しいだろう。だからこそわが穀物の原産地方は（コムギ、キビ、オオムギについては）暴風によってか草食動物の群れによって散布されるステップであり、でなければ（イネについては）水が運んでくれる沿岸である。

クローンと系統

いまもし種子植物農業（たとえばヨーロッパ農業の起源である近東、エジプト、メソポタミアの農業）を塊茎塊根農業と比較するならば、まず農業労働の外面的な違いに気づく。一握りの種子を持って地面に穀物を「播くいかめしい身振り」、そして刈るためにごっそり一束摑む刈り人の身振りは、前もって拵えておいた穴のなかにヤマノイモの断片を注意深く挿し入れ、収穫するときは、まわりの土全体を削りながら掘り出す、ヤマノイモ栽培者の身振りとは明らかに対立する。ヨーロッパに導入することができた塊茎塊根農業の唯一の植物（アンデス高原と温帯地方のあいだのよく似た気候のおかげで）ジャガイモの栽培をコムギの栽培と比較すれば、この対立について一応の理解がえられる。

しかしもっと深くてもっと目立たない違いは栽培植物の増殖の方法に由来する。種子植物の栽培は、栽培期ごとに異なった個体がえられる、一種の〈系統〉*lignées* 栽培である。気候と表土はほかの種子を犠牲にして、ある種子に有利に働くことができるし、野生の親を使って栽培植物との間に交雑を行うこともできる。もし農民がいちばん秀れた穂の中でその種子を選ばないとしたら、その植物は退化する。穂を選ぶ代わりに、いちばん重い穀粒を仕分けることにとどめるならば、その穀物に伴っている雑草をも同様に選択することがあり、プリニウスが述べているように、ヨーロッパの寒冷地方では、コムギとオオムギがライムギとカラスムギに退化した。

塊茎塊根の栽培は、栽培期ごとに同じ個体を次に収穫するために植え代える、一種の〈クローン〉*clone* 栽培である。〈クローン〉という語は、相次ぐ植え代えによって同じ個体に由来した塊茎塊根全体を指す。だからそれは生物学的基礎が完全に安定した農業であり、出来が悪い場合には、表土と仕事の仕方と雨だけに責任があり、「退化」に責任を負わせるわけにはゆかないことを、農民は知っている。（フランスでジャガイモの退化と呼ばれているものは昆虫に食われて拡がったウイルス性の病気であって、遺伝性変異と見なすべきところはまったくない。)

だから、あらゆる卵を同じ籠のなかには置かないように、塊茎塊根の栽培者はかなりの種類のクローンを、一つは比較的乾燥に強いもの、別の一つは湿気に……などと、気象の不安定にたいして備えるために、自由に使えるようにしておかなければならない。ところが一方には、ほとんど系統の区別がなく、有性生殖のおかげで、変則的な気象に直面しても自生的な植生と同じ適応性をしめす栽培植物の、栽培者がいるのである。(1)

ニューカレドニアでのクローン

ニューカレドニアの伝統的農業においては、澱粉質の塊茎塊根の、ヤマノイモ科に属するいろいろな種、すなわち *Dioscorea alata* L.（真のヤマノイモ）、*Dioscoea esculenta* Burk., *Dioscorea bulbifera* L.（カシュウイモ）、*Dioscorea pentaphylla* L., *Dioscorea nummularia* Lam.、それとサトイモ科に属する種、すなわち *Colocasia antiquorum* Sch.（タロイモ）、*Amorphophallus companulatus* Blume., *Alocasia macrorrhiza* L. 以外に、挿し芽によって同様に栽培されるほかの科の植物、すなわち *Taetsia* sp.（cordy line）, *Musa sapientum*（バナナノキ）、*Musa troglodytarum* L.（fehi）（バショウ科）、*Artocarpus altilus* Fos.（パンノキ）、*Hibiscus tiliaceus* L.（オオハマボウ）、*Hibiscus manihot* L.（アオイ科）、*Saccharum officinarum* L.（サトウキビ）、*Syzygium malaccensis*（カナクリンゴ）が見つかる。それとは逆に、ココヤシノキ（*Cocos nucifera* L.）と挿し芽されないソテツ科 *Cycas* は、樹の根元に見つかる発芽した種子が植え代えられる。種播きの問題が生ずる植物はヒョウタンとインゲンマメだけである。ヒョウタン（*Lagenaria vulgaris* Sér.）は現実に

はアメリカフクベノキ（*Crescentia cujete* L.）と瓶のまえに姿を消した。利用するまえに実を空にしてしまったとき種子の分散が生じていたということはありうる。その地でとれるインゲンマメ（*Dolichos lablab* L.）はまだ栽培されているが、半ば自生しているのも見つかっており、その栽培が古いかどうか自問してみることもできよう。というのは半ば自生しているほかの植物、たとえば「イヌホオズキ」（*Solanum nigrum* L.）とノゲシ（*Sonchus oleraceus* L.）は、栽培の対象とされたことがないのに保護され食用にされているからである。

いまもし種ごとに知られているクローンの数を調査するならば、大きなむらが確認されるだろう。上に引用した種の多くはクローンが一つか二つしか知られていない貴重な植物だが、これに反して三つの種——真のヤマノイモとタロイモとサトウキビ——にはそれに異常な種類が現れる。一世紀まえ、ヴィエイヤールはグランド・テルの北部でタロイモの名称を約二〇とサトウキビについて約四〇を指摘していた。何年か後に、グレスランがTouho[*3]地方のイグナムのクローン約三〇種を記述した。最近、J・バロー（Barrau, 1956）はWunjoでヤマノイモのクローンの名称を二五、Bobopeで三一、Ateuでタロイモのクローンの名称を二五見つけた。わたしの第一回調査派遣の期間中、一九五九年に、わたしはYambéでヤマノイモのクローンの名称を六七、タロイモの名称を二六、サトウキビのを二七、Koumacでヤマノイモの名称を五一、タロイモを一五、サトウキビの名称を二八見つけた。一九六三年にわたしはTiuaéでヤマノイモの名称を四〇、タロイモの名称を二〇、サトウキビの名称を二三見つけ、最後にPaama-Bayeでヤマノイモの名称を七二以上とサトウキビの名称を三九見つけた（が男たちは、女たちにかかわる事柄であるタロイモについて、わたしに語るのを拒否した）。バナナの木にかんしては、クローンの名称はめったに一〇を超えない。

＊3　Touho　以下、ニューカレドニアの地名と人名はすべて原綴のまま表記する。

これらのクローンのいくつかは一世紀未満以後に導入された。カトリック伝導団の名称――サン・ルイ、ワガプ、サン・フィリプ――が表しているのがそれであり、またほかの島の名称――パプア、サント、ベレプ、フトゥナ――は、同じく近年導入されたサツマイモの一〇のクローンについて捜し出された名称である。しかし名称の大部分は近年の導入という解釈に適合せず、しかも、一世紀以来、耕作可能な面積を減少させた植民地化と伝染病による人口減少の結果として生じた土着文明の没落が、クローンの数を減少させたにちがいない。西暦紀元前一世紀か二世紀に、双子丸木舟の小船団が最初の移民を、ヤマノイモの百余りのクローン、同じくらいのタロイモ、同じくらいのサトウキビのクローンと一緒に連れて来た、と想像すべきだろうか。そうではなくて一千年の間、規則的な海上関係が存在していて、その結果、メラネシア諸島とアジア大陸の間にクローンの規則的な交換があったと想定すべきであろうか。

それもありうるが、しかしほかの解決も検討されていい。

畑と低木林

ニューカレドニア農業は輪作農業であったが、にもかかわらず、ヤマノイモにたいしては畝、タロイモにたいしては灌漑可能な段々畑による、表土の整地を前提していた。数年が経ったときには土地はすっかり痩せてしまっており、畝と段々畑をよそに整地しておいて、その表土は十年から二十年休ませていた。そのあと同じ場所で栽培を復活させることができるようになっていたのは、以前に行った盛り土、いつか切り倒した低木、丸太にして焼いた高木のおかげである。今日、開拓された牧草地のなかに、いたるところ畝とタロイモ畑の隆起が見られる。

収穫が決して完全には行われず、ヤマノイモかタロイモのひこばえが休耕地のなかに残っていて、花をつけ、そのあと発芽して新しい個体を生み出す種子をもたらすこともありえた。低木林のなかでこうして新しいクローンが形成されたのである。

一九五九年における音韻調査の間に、わたしは「低木林のなかになにか物を捜しに行く」を意味する単音節語に出会った。わたしははじめ、それは飢饉のさいに、昔の耕作の場所へ、なにか食べられる植物が残っていないか見に行くことだ、と考えた。しかしながらその意味が短い一語のなかに表現されており、したがってしばしば使われているのは意外だった。実際にそれが表現していたのは、むしろ植え代えるためのなにかのひこばえを捜しに行くことだったのである。

食用果実のバナナノキは不稔性種間雑種である。きわめて稀に、それが種子をつけるときは、その種子は果実が食べられない種子のバナナノキしか生み出さない。食べられる根茎のあるバナナノキのクローンが存在していて、それは、種子をつけることができたにもかかわらず、ニューカレドニアにおける一〇種の古いクローンがその場で形成されたのではなかったということはありうるし、その細胞遺伝学的研究は、ほかの諸島のクローンとの比較と同様に、古い移民と海上関係をしめしていた。

過去をしめすほかの植物に、フランス語方言で「マニャニア magnania」と呼ばれる、塊根のあるマメ科植物（*Pueraria thunbergiana* Benth. = *P. lobata*）（クズ）がある。これは栽培されていない。塊根を毎年八月に収穫する、採集植物である。飢饉のさいに利用される食料ではないが、たいへん貴重な食物、食物の長である。奇妙なことに、この植物は花を咲かせるが決して種子をつけず、そのうえもはやほかのメラネシア諸島にはない。それを見つけるにはフィリピンか日本まで行かなければならない。だからニューカレドニアにはこの種のクローンは二つか三つしか存在せず、それらは地域内のすべての言語のなかにまったく異なる名称を持っている。この植物が独りで到来したのではなく、鳥が日本から種子を運ぶことも、近隣の諸島から塊根（数キロの重さがある）を運ぶこともできなかったのは、確実である。

わたしはあえてメラネシア人がそれぞれの種の三つか四つのクローンをたずさえてニューカレドニアに到来したと想像してみよう。稔性種は低木林のなかで新しいクローンを生み出し、農民がそれを発見して増殖させせた。ヤマノイモとタロイモとサトウキビの場合がそれである。不稔性種は際限なく栽培されるそのクローンが見られたが（バナナノキの場合）、しかしクズの場合には、この植物は低木林のなかで際限なく生き続けており、したがって一千年にわたる輪作の果てに、この種の二つか三つのクローンがいたるところに広がっていて、それを収穫しつづけてきたにもかかわらず、もはや栽培する必要はなくなっていたのである。

自然と超自然

わたしはこれからこのメラネシア農業とニューカレドニア人の「宗教的」観念のあいだのつながりを明らかにしたいと思う。そこでモーリス・リーンハルトがその著作『グランド・テルの人びと』（Maurice Leenhardt, 1937、とくに 176-177, 46 および 178）のなかで「神々」について述べた主要な節を引用しよう。

「父系図に描かれた線の頂に、それぞれの祖先が子孫の力の先導者として鎮座して、子孫のために贖罪を保証している。かれらが神々、〈バオ〉*Bao* である。

カナク[*4]は〈バオ〉という語をのべつに口にするように聞こえる、トーテムを意味する〈ル〉*rhe* という言葉は、会話のなかでめったに出てこないのだが。この神という語はフランス語ではじつにさまざまな意味に変化するから、われわれが資料を解釈する場合に決して無知な先住民が滑り込んだりしないように、〈バオ〉という言葉を明確にする必要がある。

＊4　**カナク**　Canaque（Kanak）。主としてニューカレドニアの住民を指すが、またバヌアツ、オーストラリア、ニューギニアの住民もカナクと呼ばれることがある。

皮膚のあらゆる異常な化身、ハンセン病の斑紋、膿痂疹《とびひ》、などは、ある〈バオ〉、ある神が投げてわれわれに当った、見えない投げ槍の徴《しるし》である。

暗闇のなかでのあらゆる激しい恐怖、狐火、静寂、あるいは物音、あらゆる異様な発現はある神の仕業である。

……むき出しの場所はどこでも神々の踊りの足跡が草の発芽……を妨げた所である。

……神々は人間に語りかける。夢のなかで、かれらは教育し、啓示し、前兆をしめし……〈バオ〉は創造者でもあり……

性懲りもない知りたがり屋が、島のなかにたくさんある、岩石彫刻の由来を説明してくれるようカナクにたのむと、かれは答える、「〈バオ〉が作られた」、と。原因を知らない具体的な発現はすべて神々の特権とされる。

これらの神々は名前である。名前はやがて忘れられる。幾つもの世代、誕生と死に、ひとは神々を見る。生者のうちどうでもいい人か補助的な人は古い死者か新しい死者である。かれらは人間の姿をまとい、生者の社会にまぎれて幽霊の役割を演ずることができる。

幽霊との出会いはしょっちゅうあることで……

このことは眼の前の肉と骨を備えている個人を生物と見なすのをためらうカナクの、われわれをひどく面食らわせる、その態度を理解するのに役立つ。わたしの生徒のひとりが貨物船の水夫になっていた。ニューヘブリデス諸島の首都ポルトヴィラで、埠頭に目を輝かせてかれを見つめている先住民を見かけた。かれはどぎまぎしながらその男を見た。というのは数年来村から姿を消して死んだと見なされている従兄弟のひとりによく似ていたからだ。そしてあちらが嬉しそうにかれから目を離さずにいたので、その親類とはっきり見分けがついて、わが水夫は手すりのうえに身を乗り出し、口のなかでつぶやく、「きみは死んだのかい、それとも生きているのかい」。それは次のことを意味する、すなわち、すぐに答えてよ、きみはぼくの古い友達かい、それとも幽霊かい、と。

今日のカナクたちのこの態度は歴史上のカナクたちの態度に照明をあてている。クック[*5]の話によれば、かれら船員たちを前にしてもカナクは仕事を中断しなかった。かれら自身は自分たちの場所にとどまっているのに、船員たちには往ったり来たりするままにさせておいて、仕事の手を休めたり、ただヨーロッパ人の動きをうかがったりするだけだった。翌日、かれらは山の小道に案内するのを承知したが、どうやら黙ったままそうしたようだ。こうして同じ所で出会ったが、いかなる衝突も、いかなるもめ事も、いかなる実質的な交換もなしで、クックはそれにたいへん強い印象を受けた。この慎重な態度はいまなら難なく分かる。白帆の船団が水平線にあらわれて、抜け目のない色白の顔をした人たちが下船するのをカレドニア人が見たときは、かれらはためらうことなくその人たちにかれらの家族の死者たち、その素朴な祭壇で祈る死者たち、祖先たち、化身した神々を見た。そしてその神々が村を通って散歩したとき、かれらは黙ったままじっとしていて、助力を求められたときだけ助力した。このあの世の人たちは、この特異な日に、だれの目にも明らかだった、かれらの存在が不思議に思われていたのではなく、かれらがある具体的な姿形《すがたかたち》のもとで動き回るのをみんなが見守っていたことが……。

＊5　クック James Cook（1728-1779）. イギリスの航海者。三回にわたる太平洋探検航海の第二回（一七七二―一七七五）にニューカレドニアに上陸。三回のいずれにも航海の記録を残している。

最近でもまだ、西海岸の人びとはヨーロッパの僧服を神々の皮膚と呼んでいた。〈バオ〉という名称は英知に恵まれた老人か狂人に与えられる。わたし自身、この国での長い宣教師生活から、わたしの靴にさわっている子供に、「さわらないが、それは〈バオ〉だよ」、と警告することを覚えた。

普通とは違った生活を送っている、したがって異常な生者はすでに神々であり、……と同一視され……

神々の表象における、この重なり合う生と死は、一貫性に欠ける結果では決してない。生と死の境界は存在の二つの状態を区別するものであって、存在と無を対置させるものでは決してない……

人間が生きている状態の存在であるように、〈バオ〉は死んだ状態の存在である。それには一般的ないし包括的な様式はない。それは死体そのものである。葬いのさい喪主は、死を移動させるために、言う、「〈バオ〉を持ち来たれ」、と。

ひとはこの宣教師が教えてくれたことを、〈バオ〉*bao*は他界の存在、すなわち神々、死者たち、亡霊たち、と言って要約するかも知れない。しかし神々、超自然についてのわれわれの観念をメラネシアに移し換える権利がわれわれにあるだろうか。

栽培と自然

生きている人間をその畑、日常生活の領域に属する、予定された、待ち望まれていた、理にかなった、親戚と考えるほうがいいのではあるまいか、栽培植物のクローンはつねにそれ自身と同一なのだから。

逆にひとが死者を置く場所は低木林、過去の畑すなわち未来の畑、不慮の、偶然の、異常な出来事の領域、そこに既知のものよりもっと旨い味の新しいクローンが見つかるときは有益な、新しいクローンが隔世遺伝的な戻りによって刺激性の結晶かまたは野生植物の有毒物質を含んでいるときは有害な、領域ではないのか。

人間はその生存中にしか「栽培され」ない。その死によって自然に帰る。しかしこの自然は、この語のフランス語の意味では、したがってわたしが「栽培（教養）」をむしろ「未栽培（無教養）」に対置するほうを好むという意味では、いかなる程度においても「自然のまま」ではない。だから、モーリス・リーンハルトの観察がもっとうまく説明してくれる。たとえば、「死体」にたいしてと「神」にたいして、同じ語（そして同じ発想）が使われる。ヤマノイモを食べる生きている人間は「栽培人」であり、それにたいして、死ねば、放棄された畑が低木林になるように、「未栽培人」となる。しかし、低木林が畑に戻ることができるのと同様に、「未栽培人」は「栽培人」に戻ることができるし、だからそれが「神々」、クランの祖先として姿を現わす。伝統的な物語のなかでは、「蘇生」、生命への回帰は、水に浮かんだ死体の口のなかに落ちるカナクリンゴ（*Syzygium malaccensis*）であれ、「未栽培人」がはじめは吐き出して、たいてい三度ためした後でしかむさぼり食うにはいたらない焼きヤマノイモであれ、「栽培」食物の摂取によって起こる。

中部（Houailou）における古い生命への回帰物語のなかでは、ヤマノイモはサトウキビを伴っており、その摂取に先立って草にペッペッと唾を吐きかける（祈禱師の普通の方法）。北部（Koumac）の物語のなかでは、ヤマノイモの摂取に先立ってアブラギリの実をこする。モーリス・リーンハルトのテキストでとくに重要な意味をもつとわたしに思われるのは、つぎに要約する、「身体障害者」と題する文章である。

ある男が綿ネルの幽霊のために暗殺された。ただその魂だけが妻と息子に別れを告げに家に戻って来て、それから森の中へ行き、ある樹のなかに消えた。息子はその生命を呼び戻そうと願った。かれはKonduに登り、ヤマノイモを一本掘り出し、サトウキビを一本刈り取って、以前に、父を見失ってしまった場所へ行った。かれは犠牲を捧げて祈った。「父よ、偉大なる父よ、どしゃ降りに雨を降らせたまえ、雷鳴を轟かせたまえ、洪水を下したまえ」。

そこで雷鳴が轟き、父が閉じこもっていた樹を引き裂いた。幹が半開きになり、若者は飛びついて父親をつかみ、かれにヤマノイモを一切れ与えた。しかし父はそれを吐き出した。若者が別のを与えるとかれは飲み込み、つぎにサトウキビを差し出すと吐き出した。二度目の試みで、父はそれを飲み込んだ。(3)

このテキストは今度はJ・ギアルの、今日存在しているクラン、Pooの長、Pwaataoの起源にかんする未刊の（わたしが同じように要約する）記録（Guiart, 1957）を想起させる。

Pooの人たちが山中にタロイモ掘りに行き、かれらの集団に戻って投げ槍で遊んでいたある日、見知らぬひとが遊ぶためにかれらの中にそっと入り込み、そのあと森のはずれに消えた。二日目も同様だったが、こんどはそれをNéénuクランのふたりの男と気づく。三日目、かれらはその後を付けてある樹（テリハボク *Calophyllum montanum*）の中にかれが消えるのを目撃する。翌日、かれらは待ち伏せ場所に待ちうけて、かれがやって来るとき、捉まえる。その男は抵抗してかれらに言う、「きみたちはGorodu-Pwaataoの人間、「houp」（*Montrouziera*）と「tamanou」（*Calaphyllum*）の心臓になにをする」。一方のふたりが答える、「われわれは下の村に連れてゆくためにきみを捉まえている。――いやだ、わたしはGorodu-Pwaataoに残る、ここがわたしの住処《すみか》だ。――だめだ、ここ低木林のなかに残るのはよくない、村で生きるほうがいい」。かれらは男を村まで担いでゆく。そこで、かれらはヤマノイモを一本焼き、男はそれを食べて、吐き出す。ふたたびそれを与えると、かれは飲み込んでまた吐き出す。最後に、三回目に、かれはそれを飲み込んでそのままでいる。それが終りだが、そのときふたりの男がかれに言う、「きみはわれわれの長になるだろう……」と。

クランの系図を遡りながら、七世代から八世代遡った末に、リーンハルトが「神々」と呼んでいたもの、ほかの宣教師たちが「悪魔」と呼んだもの（人びとがフランス語で用いるのはこの最後の表現である）、そしてわたしがむしろ「未栽培人」と呼んでいるものに辿り着く。クローンの起源が、低木林で見つかる、一本の「未栽培」植物に遡るのと同様に、クランの起源は同じく低木林から無理やりに引き離された一人の「未栽培人」に遡る。

グランド・テル南部のGoroで、わたしは有名なLifouのKétéwaréを見に行こうとしていたある娘の話を聞かせてもらった。

彼女はその住処《すみか》に辿り着く。ひとの話では一匹のヘビかトカゲだ。それはNyégotéの「石油の木」(*Fagraea schlechteri*)のなかに棲んでいて、夜女たちと一緒に眠りに行くためにしかそこから外に出ない……最後に、ある老女が幹の樹皮を引き裂いたので、明け方かれが幹の方へ戻ってきて、そこにふたたび入ろうとするが、すぐに別の側から出てしまう。「どうしてこんなことになるんだ」とかれは言って、そのまま人間にとどまる。例の女はかれに薬を飲ませて治療を終える……最後にかれは「サモア教」を受け入れる。

言い換えれば、物語作者にとっては、十九世紀の前半にプロテスタンティズムに改宗したLifouの長たちのひとりが問題なのである。

それどころか、わたしのインフォーマントのひとり、Marcel Pwéla Inonがわたしに話してくれたところでは、三十年ほど前、Maréの人びとはNouméaの二〇キロメートルばかりのところで低木林のなかに「悪魔」の家族を見つけていた。両親は逃げ去っていたが、人びとは男の子を捉まえることができたので、養子にしてポールと名づけた。Marcel Pwéla は Piībéé とかいう名のひとに証人になってもらい、アメリカ軍にたいする戦争のあいだ、並以上の力の持主だったこのポールと一緒にかれらは働いていたことを、この人に思い出させた。

クランの起源である「未栽培人」は、異邦人でもありうる。

異邦人と未栽培人

したがって、メラネシア人はクックと最初の航海者たちを「神々」と見なしたとなぜ言うのか。かれらは、航海者たちを実際に「未栽培人」、ヤマノイモを食べていなかった人たち、かれらの文明に合わせて自由に行動できなかった人たち、と見なした。

メラネシア人の「栽培すべき」異邦人にたいする関心は、今日ある際立った流儀で表明される。すなわちかれらの村落は実際にアメリカ、アジア、あるいはアフリカまでもの観賞植物に覆われている。新しい植物の挿し木をうまく手に入れるたびに、かれらはそれを家に持ち帰る。それをかれらは持っているものと交換する。オセアニアではごく日常的な子供の交換と関連づけることが是非とも必要である。近隣の家族にたいして「植え代える」ためにその子供たちを渡すのを嫌う「進歩人」は、エゴイストで反社会人として非難される。毎年「良い穀粒を毒麦から分別」しなければならず、自分の畑以外で栽培することに決してなに一つ良い面を見出さないであろう、穀物栽培者の族内婚制、外国人嫌いとの、なんという対照！

植物学および農学の原理の知識は血液型や指紋の知識よりも民族学者の役に立つことを、わたしはこの数ページでしめしたつもりである。

原注

（1）上にしめした対照は一年生穀物農業の発明者と塊茎塊根農業の発明者を対比している。トウモロコシとイネは塊茎塊根栽培者によってあとから採用された穀物である。トウモロコシの穀粒は植えて、次いで根元に土をかぶせ、イネは植え代えて、ほとんどクローンと同じように安定した「純系」を生む自家受精種を選択する。たとえばインドネシアの山岳地帯には一連のイネの系統があり、ニューカレドニアでのヤマノイモの一連のクローンと比較することができる。

（2）ニューカレドニアの気候は「対照的な」気候ではない。植生は連続的に生長する。樹木の木部には生長の繰り返しをしめす年輪が現れない。食用植物は、栽培したのも採集したのも、アジア大陸か大きい諸島（ニュージーランド）の原産があって、ごく少数が人間到来以前に鳥か海流によって運ばれたに違いない（タシロイモ、Taetsia、そしておそらくココヤシノキのような）。ところで、モーリス・リーンハルトは中部の人びとの起源神話に本づいて、採集時代が農業時代に先行していたと想像し、ココヤシノキの到来は遅いと考えていた（あらゆる証拠から、それほど古くはないが、すくなくとも人間の到来よりも古い）。たぶんココヤシノキは神話または儀礼のなかでは大きな役割を演じていないのだろうが、ジャクリーヌ・カサレル夫人はわたしに、ニューカレドニアに固有の走鳥で、植民者たちが記章として捉えた、カンムリサギモドキが、これまた神話と儀礼ではまったく知られていないことを、適切に教示してくれた。そういう事情ならば、その導入は新しいと言うこともできよう！

（3）M. Leenhardt, Documents neó-calédoniens（1932: 389-396）、そして「生命の回帰」については、*ibid.*（180, 253, 413. および420, 469）。北部については、cf. J. *Guiart, Contes et Légendes de la Grade Terre*（1957: 20, 73、および75）.

付録

ヤムベで知られた*DIOSCOREA ALATA*（「真の」ヤマノイモ）のクローン（1959）、ヤウェ語（1959）

juxuic	kora-kajanu	puacek
pangara	hyagic	uyelo
kilira	beea	wavenyada
kajanu	ku	koyi
kubwiit	kumhwek	koviye
kuwa	kubwaaô	chaamat
nikola	wanabiyo	tâla
kupuny	cixaaen	tâla pebwan
kapedan	cedala	chaat
kora	puuang	kugeena
deen	kumajop	kacagulop
pwaban	move	bwaaheleo
pwaauran	kumanyô	kuwaba
kupiyap	thuxemani	kamôve
nexilan	kudim	wavulura
waanhyaat	kaokaok	hôda
mwadac	cankôk	kukac
janap	kelerua	unytana
kupû	kuhwek	kuchaanô
malongany	maxelo	kupe
chawaoo	kanôot	kuhyen
kucha	kabooe	
kudila	bigenchep	

ヤムベで知られたタロイモのクローン（1959）、ヤウェ語

〈食用塊茎の灌漑地のクローン〉

jali	doming	habu
waxap	jali miia	domwa
hyalam	povo	
thala	jali axap	

〈食用の葉だけの灌漑地のクローン〉

thaaoda	chamooa	bwixooc

〈乾燥地のクローン〉

kaje	unegat	phurunâ
kaje puny	ujanu	mateeo
hyankenpaek	pwandoli	barevin
divu	chanaboe	wanmai
janbwala	yommeo（= than maaop）	kaheec

トネクンゲンパイクのサトウキビのクローン（1959）、プエ語

wala	deuwa	kaneok
wala pûthâ	dekali	sabu
wipiin	sigudiian	thilipi
bwadap	dimwâ	huwan
mita	gorea	huwan hulo
hoaai digan	jan haya	huwan magat
pulaoa	jan keet	didu
gala	sibwi	thaaket
gala peepo	hinkula	thaawa
khûndaahma	sat	kayova

パイシダアラポ語における「真の」ヤマノイモ（D. ALATA）のクローン（1963）、パンマ－バイエ

ajunägöri	mwäda	dee nyèrè
taikä	mwäda pêtê	dee géré
taikä êmwî	mwäda âüü	dee kacöa
bato	mwäda jö	dee imîî
cikêi	göröpô	dee göröwâ
waapwi wéta	göröpô âboro	dee îrîcö
puë	iidi göröpô	dee wâdû
ciéédara	göröpô märädo	dee gomî
êdëu	göröpô kèrèpürü	dee göönyèrè
pwakuta	göröpô auköö	dee êtërëpuu
bêêkè	göröpô pûjagö	dee kököci
kakkînîtöa	göröpô märù	dee dorowâji
bwau	göröpô wanèmîjö	dee cânämîrî
kököci	tëuri	èrè atë
nägori wänä aumâkëtéâ	tuauru	èrè pwëpié

bwilênä	waradé	nüméa
citiimwâ	tomü	guënü
biili	bwatanâ	buké
kumäjö	tanä urudö	dipu näräköö
pöia	pwärä wâi	popwaalé
pabua	nägöri nümwä	wërë itau
êöki	awi	mëruga
êöki durubwërë	awi ilëri	waakuruta jiirimärù
wëtöpwe wänäpuwâ âboro	bwûcûrû	kaapwû

サトウキビのクローン、同上

wâji nümwâ	ûrû	nyüâdi
bwara	éaarö	göriwiigéca
bwanäänîupo	tërëkädii	jêmôtö
mîta	tûûnââ	déuwë
pümü	câgödû	uakäräjitëmü
dêê	bwibwi	jêi
camwädu	purawa	tëpwe
cëurunâgöröbwau	ciibwi	wiihpwûrûé
wäré	miduwâjé	kacaa
doromäräânyè	jétéa	uuwëpwâlo
pwê	wäniâ	wâijawé
warémwäri	pitëpaacîrînäîé	
götârâtikakara	cipö	

22 原始共同体社会の農業文明の質的諸側面

マルクス主義は階級社会にかんして、階級関係が社会の歴史的進化の主要な原因である、と仮定する。それとは反対に無階級社会にかんしては進化の原動力は生産関係、すなわち人間と自然の関係であるに違いない。

無階級社会の決定的な進歩のひとつは植物の作物化と動物の家畜化をともなう農業の誕生であった。この進歩はとりわけ量的観点から考察された。すなわち食料資源の増大が人口増加を可能にして、それがこんどは分業と階級の出現を可能にした、と。

しかしわたしが明らかにしたいのはこの進歩の質的な側面である。新石器時代以降、人間はもはやたんなる狩猟採集民ではなく、いまや家畜化作物化した動植物種を援助し保護して共存する。家畜ならびに栽培植物と友好型の関係を確立し、その関係は（植物にたいしては）収穫、（動物にたいしては）屠殺のときにしか廃止されず、この態度の変化には通過儀礼、祭礼を必要とする。

最後に地表の動植物界の多様性は地域ごとにこの友好関係に違いをもたらし、そのこと自体によって地域間の人間関係に影響をおよぼす。

実例として二つの極端な場合を取り上げよう。

1　硬い穀粒をもつ栽培植物（穀物、豆科の植物）と群棲する草食動物、たとえばヒツジの飼育に依存する近東農業。この農業を直接的、選択的、積極的行動の典型として取り上げよう。

（a）直接的。人間と動物か植物とのあいだに接触行動がある。羊飼いはその棒でヒツジを捉えるかまたは導き、かわらに土塊を投げつける。農夫は種子を摑んで播き、それを表土のうえに乱暴に撒き散らし、種子は動物が足踏みするか犂《アレル》が通るかして地中に埋まる。

（b）積極的。羊飼いは群れの通り道を選択し、水飼い場を予定し、行程を描くなどしなければならない。農夫は犂《アレル》を牽引するようにウシかロバを調教し、それを連れて行って仕事に向かわせなければならない。

（c）選択的。家畜化された動物は種子植物と同じく有性生殖の個体群であり、選択、最良の物の選定は不可欠であって、交雑育種を防ぐためには似通った野生生物を排除するか根絶しなければならない。

2　東南アジアに由来するオセアニア農業、これは逆に根茎あるいは塊茎塊根として栽培され、挿し芽によって繁殖する植物に基礎を置いていて、草食の家畜はいない（犬や豚のような雑食動物が何種かだけ）。この農業を間接的、消極的、収集的行動の典型として取り上げよう。

（a）間接的。主要な植物ヤマノイモ *Dioscorea alata* L. の脆弱《ぜいじゃく》さは、つねに最大限に注意して実行する、最小限の接触を必要とし、挿し芽は慎重に置き、成熟した塊根はまわり全体の土を削りながら掘り出して、それから引き抜かずに持ち上げる。

（b）消極的。植物を信用して消極的にしか助けない。たとえば塊根が難なく伸びることができるように挿し芽の下に隙き間を用意しておいたり、あるいは茎の成長を妨げる雑草を引き抜いたりして。

（c）収集的。挿し芽による増殖は、気象異変にたいして十分な適応性をもつように（種子植物の場合なら個体群の遺伝資源によって確保される適応性）、農民にクローンの収集を余儀なくさせる。農民はその近隣の集団においてか、それとも（有性生殖を行うことができる）未開墾地のなかで、新しいクローンを収集する。

人間関係の見取り図への帰結は次の通りである。

近東（およびそこからヨーロッパへ）においては、家長、族長（および神）が命令を下し、積極的に干渉する、「干渉主義的」心性。アリストテレスの著作においてと同じく聖書のなかでは、羊飼い‐牝羊の対《つい》が、族長‐民族、神‐人類、主人‐奴隷の関係の象徴であり、まず最初に奴隷制的生産様式の、そのあと資本制的生産様式の発展を助長する。他方では選択者の観点が族内婚と外国人嫌いを助長する。

オセアニアでは、そして極東（そこからオセアニア農業が由来した、しかもイネがその自家受精の系統によって塊茎塊根のクローンに取って代わった）では、中国の儒教の古典のなかでとくに明瞭な、植物の象徴がしばしば人間もその感情も表現する、「非干渉主義的」心性。最後に外婚制と外国人の寄与による異文化融合を助長する「収集的」心性。

23　民族動物学ノート——家畜化における〈排出物〉excreta の役割

人間の進化における性的禁忌の役割はずっと前から明らかにされた。それに対して、糞便にかんする禁忌はそれほど研究されていない。にもかかわらず、その糞で遊ぶことと糞尿譚を冗談の種にすることの子供への禁忌、それはおそらく、到る処で出会す人間と動物のあいだの関係を理解するのに重要だ、とわたしには思われる現象である。

現地で研究する民族学者が、東南アジアと西オセアニアで出会す（がめったに書きとめられない）のは、これらの地方では、便所に行くのに棒を手にしなければならないことである。それで拭くためでなく、家畜のブタかイヌを追い払うためである、というのはこれらの家畜は人間の排泄物の友なのだから。イヌとブタは極東で家畜化されたいちばん古い動物である。丁寧に雑食性を仕込まれたこれらの種は、まさしく食糞類または住糞類と呼ばれるにふさわしくなっていた。この類はそんなふうにして自発的に家畜化されないのだろうか。漢代の墓のテラコッタの模型は地下に便所－豚小屋のある住居を表している。漢の高祖が死ぬと、その未亡人は夫の愛妾の手足を切断させ、「ひとぶた（人彘《じんてい》）」と呼んで便所に投げ込ませたという[1]。

極東ではこれら住糞類の動物は食用にされる、コロンブス発見以前のアメリカがイヌ食を知っていたのだから、おそらく先史時代以来だろう。中国農業における人肥の使用はどの段階で住糞性が克服されたかをしめしている。これはわが二種類の動物が家庭ごみ清掃屋だった西洋と近東の場合にはあてはまらない。中世のパリでのブタ（ルイ肥満王[*1]の長男はブタの前で落馬して死ぬ）と前世紀のイスタンブールの犬を想起しよう。ともあれイヌは食用にされず、ブタにかんしては、ユダヤ教とイスラムの禁忌がもっぱらもっと古い地方的な古い禁忌を踏襲している。

＊1　**ルイ肥満王**　Louis VI（在位一一〇八―一一三七）。

極北文明のある専門家の示教によれば、人尿にたいするトナカイの貪欲がその家畜化の基礎になっている（Tan-Bogoraz, 1933）。この反芻動物は草食（もっと正確にいえば地衣食）であり、問題になっているのはおそらく塩の必要性であろうが、ともあれこれは動物が人間の匂いに慣れっこになることを教えてくれる。それに対して、西洋と近東で反芻動物、すなわちウシ、ヒツジ、ヤギの家畜化にさいして尿が役割を演じたかどうかを知ることは難しい。今日塩は野生の反芻動物を引き寄せるために狩猟に使われている（Shih Sheng-han, 1962: 29）。わたしの意見では、乳の利用はその関係が完全に逆である。人間の排泄物に引き寄せられているのがもはや動物でなく、動物の排泄物に引き寄せられているのが人間なのである。

吸乳は集団へ、クランへ迎え入れる様式であり象徴である。多くの全住民集団では、異邦人は、成員並みに扱ってもらうために、威厳ある婦人の乳を吸う仕草をする。西洋では人間のほうが反芻動物によって成員並に扱われたようにわたしには見える（Haudricourt, 1962a）。牡ウシの糞は、これはまた、いかなる糞尿譚的性格ももたない排泄物である。それは家庭用暖炉の燃料としてと同じく人家の壁や床を覆うためなど、多様な用途に使われる。

インドではウシの地位が大いに書き立てられた一方、イヌとブタに割り当てられたみじめな境遇の地位[2]はまじめに考慮されなかった。しかしながらそれは、わたしに言わせれば、アジア新石器文明を性格づけ区別するためのひとつの重要な特徴である。

原注

（1）『司馬遷の史記』（E・シャヴァンヌ訳注、1898, II：400）を引用する、M・グラネ『中国文明』、1929：50。同じく日本語注釈版『史記』、東京（1921, I：422）参照。

（2）西洋ではブタは、ウシやヒツジと同じやり方で、監視される群れとして飼育された――ひとりの豚飼いがコナラ属やブナの森の中で餌を食べさせに群れを連れ歩いていた――が、しかしそれはもっとも軽蔑すべき職業であり、福音書の寓話のなかで放蕩息子の零落の象徴であった。

ニューギニアでは、女たちは平気で子豚に授乳するが、これはカニバリスム（「長豚」食）と同じくらい宣教師たちを震え上がらせる。

24　生態学とアジア農業

アジア（ヨーロッパはほとんど島にすぎない）における狩猟と採集から飼育と栽培への移行の生態学的条件は西（ヨーロッパと近東）と東（極東）のあいだにはじめから重要な違いがある。

西では、気候帯は温帯、地中海、ステップ、砂漠にはっきり区分され、そのうち最後の二つはアジアの中央部まで延びている。東では、夏の雨をともなう、モンスーン気候が、北から南までとぎれることなく続く森林植生を育てる。

西の凹凸の配置、すなわち東－西に方向づけられた山岳地帯は氷河期のあいだ植物相の移動を助けず、近東は西洋（肥沃な三日月地帯）よりも種類が豊富である。

動物相の観点からみた結果は西のステップの草食動物と東の森林の雑食動物のあいだの対立である。ところで草食動物（ヒツジ、ウシ）の家畜化は雑食動物（イヌ、ブタ）の家畜化とはずいぶん違っている。

乳の利用、すなわち人間が牝ウシか牝ヒツジの乳を飲むために子ウシと子ヒツジに取って代わることが、最初の草食動物の家畜化の起源であったように見える。それを仲間として扱う儀礼と考えてもかまわない

（異邦人は仲間として扱ってもらうために部族の年配の婦人の乳を吸う仕草を行った）。インドのカースト制度のなかでの（それぞれのカーストは結婚によってほかのカーストと交配することができない動物学上の種と見なされている）ウシ科の動物の高い地位は説明がつく。トダス（インド南部）の集団では聖職者だけが聖牛の乳を飲むことができて、俗人ときては、チーズに加工しなければそれを食用にすることは許されない。

逆に雑食動物は、もし人間の排出物によって引き寄せることができれば、自発的に家畜化するように見える。（アジアの極北－東では、同じ草食動物のトナカイは、塩の代わりに差し出される人尿によって家畜化されている）。雑食動物は人間社会のなかに、低い地位で、とにかく受け入れられて、家庭ゴミ清掃屋として加入している。小動物は女たちから授乳されることもありうる（ニューギニアの子豚）。東のこれらの社会はすべてイヌとブタを食用にする。逆に導入されたウシとヒツジの乳は利用しない。

西では逆に、食糞性のイヌとブタは評判が悪い。それらの名称はひどい悪口である（中国山岳地帯のミャオ－ヤオ族は皇帝の娘と結婚していたイヌの子孫であることを誇りにしているというのに）。イヌは決して食用にされず、ブタはユダヤ教とイスラムによって禁止されている。

ヨーロッパが存在していたこの極西へインドと近東から農業が移動する間に、群棲する草食動物の飼育は定住農業と統合され、ブタは草食動物扱いにされて、豚飼いはドングリとトチの実を食べさせるためにその群れを連れて森のなかを歩く（福音書のなかで、放蕩息子は最低の職業、豚飼いとなる）。

この相違は耕作された畑のなかに見つかる。西では、それは野生の穀物が生えていた元のステップの一部である。表土は自然のままであるが、しかし導入された栽培植物は、種子によって増殖し、変異するので、雑草から選別して保護する必要がある。穀物畑は温帯か地中海地帯の森林を犠牲にして広がっている。

逆に、東では、畑はまずなによりもモンスーン気候のために繁茂する森林を犠牲にした人工的作品であり、塊茎塊根をそこに植え替えるために穴を掘るか土を盛る。植え代える挿し芽の安定性を求めて、農民は進んで野生植物の利用へ、さらに品種収集へと向かう。この特徴は塊茎塊根が水生植物、イネに置き換えられたときに存続し、その田は入念に作り上げられ、品種が植え代えられる。

たんに気候だけではなくて、とりわけ動植物の型という、具体的な条件がいろいろな文明を方向づけて、今日まで持続する特徴を刻みつけた。

Ⅵ 結論

25　研究と方法
マリエル・ジャン＝ブリュン・ドラマルとの対話

最初の研究、最初の仕事

A・G・H――わたしの父は、農民、土地所有者で、また職人でもあった。父は農具、車を修理し、農場の屋根を修繕し、いわゆる耕作が必要とする仕事以上に多くの仕事をこなしていた。幼いわたしときたら、手先があまり器用な質ではなかったから、父を見守るだけ、是非もなければ加熱炉の火を熾すために送風器のクランクを回していた。とはいえその光景はわたしにとっては教育に満ちており、だからわたしはつとに技術学のいくつかの局面に触れたというわけだ。

M・J・B・D――お話を伺うと、アンドレ・オードリクールは少年時代にすでに将来の研究分野に強い印象を受け、たぶん気持もそちらへ向かっていたということですね。ところであなたは技術学をどう定義されているのですか。

A・G・H――マルセル・モースによれば、民族諸科学のなかに、「技術学」と呼ばれる専門分野の区分が必要であり、それは全住民の物質的活動の、つまり狩る、漁《すなど》る、耕す、着る、住む、食べるそのやり方の研究である。モースは技術学のなかに「身体の技術」の名で社会的に獲得されたあらゆる筋肉習慣、すなわち歩く、坐る、眠る、泳ぐ、走る……やり方を含めていた。民族誌は若干のものを除いてその多くが、たんなる製造法とその使用法の調査という観点にとどまっているが、この研究によってその観点を乗り越えることが可能になる。

M・J・B・D――あなたはどういうふうにしてモースを知ったのですか。それにかれがあなたに与えた影響をどう認識しておられますか。

A・G・H――『アルク』誌のモース記念号（1972）でその話をした。一九三二年には、モースの講義はフランスで唯一の民族学の講義だった！　わたしはそれを聴講しようと決めて、はじめて傍聴した講義が終ると、わたしは〈グロッキー〉だった――それは地理学科の階段教室で行われた（民族学と地理学はサン－ジャック通に同居していた。人類学博物館はまだ存在していなかった）――。大学教育のなかで、あれほど立て続けに機知のひらめきとほのめかしを傍聴したことは一度もなかった。モースはその聴講者の興味を引きつけるために、その適性を目覚めさせるために話していたので、自分のしゃべっていることが客観的に真であるかなど一向に気にしていなかった。

M・J・B・D――モースの輝き、しばしば閃光を放つその直観と、かれが依拠している資料とのあいだに、明らかに、ある種の矛盾があったのはお話のとおりです。思い出すのは父ジャン・ブリュン[*1]が、コレージュ・ド・フランスで、モースの『贈与論』（一九二五年出版）を解説しながら行った講義です。われわれは北米インディアン集団の〈ポトラッチ〉*potlatch*を、とくにブリティッシュ・コロンビアで現地調査するために、再びやって来ていました。父がびっくりしたのは、モースが作った、恣意的で疑わしい見解の、ある種の取り上げ方でした。議論を呼ぶにちがいない物語を使い、もっと徹底的に検証する必要をかえりみようともしなかったのです。

＊1 ジャン・ブリュン Jean-Brunles Delamarre（1869-1930）. フランスの地理学者。主著『人文地理学』（一九一〇）。

A・G・H――たしかに、モースは現地にいた旅行者たちがかれに話したことをたいへん重視していて、講義のなかでもかれらの主張を繰り返していた。講義のあとで、一度ならず、わたしはかれに反論しなければならなかった、トマトやブドウのことでだよ！

M・J・B・D――驚くのはかれがあまり旅行をしなかったことです。もっとも二十世紀初め頃はフランスの地理学者がたいていその通りでした。父の死後間もなくのド・マルトンヌの手紙には、同世代のフランスの地理学者のなかで旅行好きの地理学者はきみの父上とわたしだけだった、と認《したた》めてありました。

A・G・H――モースは旅行しなかったが、他の人には旅行をするよう勧めていた。わたしがソ連へ行ったのはかれのおかげだ。かれは聴講者に講義のあと会いに来てほしいと言っていたので、わたしはある日勇を鼓してかれに打ち明けたんだ、ヨーロッパに嫌気がさしたし、コムギの起源を研究するためにトルキスタンへ行って腰を据えたいとね。かれは即座にわたしに答えた、「そんなふうに姿を消すもんじゃない。わたしがきみに目的地を見つけてあげよう。栽培植物の起源は民族学者がすごく興味を持っているんだ」。アグロ（Agro、不詳）を出ると、わたしはすでにアルバニアに行っていたが、実はこの旅行がわたしに人文科学の世界を開くことになる。そこにはフランス人のように白い、それでいてまったく違った人びとがいるのに、わたしときたら農学、地理学……のわたしの研究のなかには答えが見つからなかった。その結果、わたしは人文科学の知識を深めるという意志を抱いて戻ってきたが、それがわたしを、なかでも、モースの講義へ向かわせていたものなのだ。つまりはモースのおかげで、わたしはヴァヴィロフ[*2]と接触をとり、その方法の初歩を学び、カフカスとトルキスタンのその実験研究所を訪ねるために、ソ連へ出発した。わたしはロシアに一年とどまった。

＊2　ヴァヴィロフ　Nikolai Ivanovich Vavilov（1887-1943）．ソ連の農学者、作物地理学者、作物学者。

M・J・B・D――あなたがルイ・ヘダンと一緒に書かれた著作、『人類と栽培植物』の序文のなかで、オーギュスト・シュヴァリエは回想していますね、あなたは何年ものあいだ自然史博物館のかれの実験室に留まり、『応用生物学雑誌』の共同編集者だった、と。あなたは次つぎに遺伝学を、生物学を、言語学を、民俗学を学びながら、栽培植物にかんする研究に熱中しておられた、とつけ加えています。わたしは地理学をつけ加えておきましょう、あなたは民族学の資格証書のほかに一般地理学と経済地理学の資格証書も取得されたのですから。

A・G・H――だけどもっと大きかったのは人びと、それに物との接触だ。その接触のおかげで、人と物に生じているような問題と、提示できるか少なくとも示唆できる回答に、気づくことができるようになった。少年時代に環境が与えられていたので、わたしの関心は子供っぽかったにしても、旅行する間にわたし自身で、わたしの読書で、出席した講義で知ったのは、わたしがとりわけ興味をそそられるのは農業技術だということだった。栽培植物がわたしを導き、それがわたしを技術へと導いた。わたしは機能している最中の物を観察することができたんだ。物のたんなる形式主義的記述に満足するのでなくその機能を定義することが、多くの場合異なった外観をもつ道具のあいだの関係を発見し、その系統を確立する唯一の手段であって、定義したその表現がこんどは研究に、仮説に協力の手を差し延べることになる。わたしはすでにそのころ歴史の進化の原因は技術の進化のなかに求めるべきだと確信していた。

だからこそ、ある日講義をさぼったとき、ルフェーヴル・デ・ノエッテが繫駕具の陳列をおこなった部屋に入って、その起源、その歴史的重要性にいっそう強烈な印象を受け、わたしの研究の方向を固めたのだ。

M・J・B・D――繫駕法は実際農業技術の一局面だし、多くの国でそれは農業技術と緊密に結びついています。その欠除も、それはそれで、特徴的ですね。

A・G・H――ロシアでは、繫駕法の型をたくさん、とりわけドゥガの繫駕法（1940d）を観察した。ちなみに、ロシア語は民族誌での言語学の重要性をわたしに証明してくれた。わたしはまたロシア語の語彙で鉄の鋳造の起源も追求していた、もっと後で再開した研究（1952）だ。ロシアへのわたしのお返しに、オーギュスト・シュヴァリエが博物館の友の会で、ヴァヴィロフについて、講演させてくれた。シャルル・パランとマルセル・コーエンに面識をえたのはそのときだ。そのあとわたしは四年間病気に倒れた。

M・J・B・D――しかしサンティレール＝デュ＝ドゥ＝トゥヴェの研究者サナトリウムで過ごされたその期間、あなたはなにもされなかったわけではない。シャルル・パランという、研究者で、おそらくだれよりもよくあなたの研究の独創性を、すでに寄与されていたすべて――そして期待されていたすべて――を理解してくれそうな友人に出会っておられた。シャルル・パランに宛ててあなたは一九三六年と一九三七年にたくさんの手紙を書かれた。パランがおそらく、思考の歴史にたいする、推論のメカニズムを発見することにたいする、方法の精密な仕上げを見習うことにたいする、その価値を紹介しようと保存していた手紙です。その手紙はシャルル・パランによって人類学博物館に寄託されており、かれはわたしにそれをとにかく調査させるつもりでした。もしあなたさえ構わなければ、われわれはすぐにもそれに全部ざっと目を通します。

A・G・H――それはとても楽しみだ、なにしろわたしは一度も点検していないからな！

M・J・B・D――あなたの許可をえたので、抜萃を何通か抜き出しますが、それは手紙の意義にかるく触れるに過ぎませんし、手紙に添えてある「技術」の小さなデッサンはすべて、ここには、残念ながら載せられません。

A－G・オードリクールからシャルル・パランへの一九三六―一九三七年の手紙の抜萃

一九三六年十月二十二日〔すなわち出発の二日前〕

……手押し一輪車の問題は興味深く、それは北方を通ってわが国に到来する。手押し一輪車 brouette〈*breue*、英語 *barrow*〉。ロシア語とポーランド語の語に *lacka* があるが、わたしにはいまのところ起源が分からない。しかし手押し一輪車は高炉と〈同時に〉出現していた。それは鉱石と木炭の運搬に使われる。最後に手押し一輪車は中国でずっと前から知られており、わが国よりずっと多くの種類がある。問題はなぜそれが南方へ急速に広まらないかを理解することだ。わたしは今のところ、新しい冶金技術の一部としてヨーロッパ北部に導入されたからだと考えている。手押し一輪車は人間動力車であり、その使用法はM・モースが身体の技術と呼んでいるもの、すなわち筋肉の習慣の一部を成す。筋肉の習慣と精神の習慣はもっとも頑なだ。それらは全体の修正によってしか修正できない。
重い荷物を運ぶやり方はいろいろな民族で異なっていることにたぶんきみも気づいていたろう。たとえばコーカサス山脈のかなたでは、もっとも重い荷物は胸の高さにかけた帯を使って運ぶ。この運搬の歴史をもっと深く研究するには綱や紐帯……の歴史を研究する必要があるだろう。〔この運搬法にかんする研究はもっと後に再開されるだろう、1948b〕。

一九三六年十一月初め〔繫駕具のなかで介在物として使われる部品、すなわち頸木－パロニエの図式を追って、*Annales*, 1936の論文のなかで再び取り上げた〕

地中海地方では馬鍬に出会わないのにきみは驚いているが、わたしには脱穀橇 tribulum と同じ物であるように思われる。たぶん使用法には違いがあるだろうが……。地面を軟かくする役割は地中海地方では犂《シャリュ》によって果たされているので〔われわれは後にこの犂《シャリュ》を指すのに犂《アレル》の語を使うだろう、1955〕脱穀橇式馬鍬を使う必要はない。脱穀橇式馬鍬とならんで似通った歴史をもつものとして、荷車 plaustrum 式ローラーを考察しなければならない。西ピカルディー地方ではモグラの穴をならしながら牧草地を分蘖《ぶんけつ》させるのに使う重い道具を「プルトル機 ploûtreuse」と呼ぶ。わたしの母は「プルトレ ploûtrer」という動詞を「押す、砕く、平たくする」の意味に使う。フランスの北部地方には畑の土塊を砕くのに使うローラーを指す「プルトル ploutre」という語があるようにわたしには思われる〔研究は一九五〇年に再開した〕。だから二種類の道具、つまり脱穀橇式馬鍬と荷車式ローラーがあり、犂《シャリュ》と同様、原始的な農業のなかでは儀礼的な起源を持っていたにちがいない。しかしそれらが同じ地理的起源……を持っているとはわたしは考えない。

一九三六年十一月二十日

技術的観点では、馬鍬の対立物をなす道具がある、それがローラーだ。ローラーはその分布を馬鍬の分布と比較してみるとおもしろいだろう（犂《シャリュ》と馬鍬は地面を持ち上げ、ローラーは押しつける）……。犂《シャリュ》はその動物牽引のおかげで「絶対的な技術的優越」をなしていて、なにものにもその普及を止めることはできなかった。まさしく近代繋駕法と同様、その同じ文明領域でモロッコの奥地……にまで浸透した。地中海領域では犂《シャリュ》に取って代わられて、馬鍬とローラーは特殊な用途に化石化している、その領域の北部地方では依然として広く使用されて技術的に改良されながら進化したにもかかわらず。しかしエジプトがある。わたしにはまだヴァヴィロフの言葉が耳に残っている、「エジプトにはなにもない、なにも」……世界でも特異な自然条件が、たんに遅れているだけでなくてなにより狭く特殊化した文明をそこから作り上げ、その狭隘な特殊化という理由そのもので技術の歴史に重要な役割を果たさなかった。

〔A・G・H、このあとフランスでの巨石遺跡の出現を説明する仮説を手軽に作り上げて、我流に、解答を「調査する」といったふうのきわめて特徴的なやり方から、結論を下している。〕

新石器文明の出現を説明するためにわたしが立てた少なくとも第十番目の仮説があるが、一年以内にわたしがパリに戻ってくるときにはもうこの主題を議論するわけにはゆくまい、というのはもっと気の利いた第十一仮説をきっと見つけているだろうから。

マルク・ブロックさんは技術の呪術起源説の支持者ではない……と教えてくれてありがとう。きみに告白するが、M・モース（の技術の呪術起源説の「発明者」）がわたしに向って、なんども繰り返し、マルク・ブロックさんを称讃したのは、わたしにはとりわけ大きな驚きだった。歴史学と社会学的民族誌の間にそんな仕切り壁があったとはわたしはいっぺんも考えたことがなかった！　わたしにとっては、自分がM・モースの影響下にあることを心得ているが、しかしまたわたしには実証主義、三段階の法則〔神学、形而上学、実証主義〕への通路も残っている。

ところできみはその問題でヴァラニャクさんと議論した。わたしは最近かれに「哲学的」書簡を一本書いて、こう述べた、「古代には技術的発明は決して存在せず、物質的技術革新は呪術的、美的ないし宗教的次元にある」。表現がわたしの考えを大きく超えていたことは分かっている。わたしはそれに「地理的弁証法すなわち技術の世俗化」と題するサラダを添えた。かれはそれに夢中になったらしく、なんの保留もつけずに、それを十一月二十五日のマルクス主義研究グループに提出しようとさえしている。

一九三六年十二月八日

〔馬鍬、撲土板付きか付きでない犂《シャリュ》の問題を再び取り上げて〕……研究することが重要だと思われるほかの物がある。それは鋤《すき》（ベシュ bêche。ピカルディー方言ではルシェ louchet）だ……イギリスの鋤はフランスのとは違ったやり方で扱う……鋤でまず地面の土塊を完全にひっくり返しておいて（撥土板のように）そのあと軟かくし……。手押し一輪車についてきみに言ったことは純然たる仮説だ。ロシアにいたとき、わたしはそれに専心していなかった。その時期にはフランスにおける生物学の古色蒼然たる状態がわたしに方向転換を余儀なくさせるだろうとは予想していなかったからだ。

……手押し一輪車に付いている物がある。それは一杯にするのに使うスコップだ〔A・G・Hのつねにきわめて実用主義的な精神に気づくだろう、最初に、次いで仮説である〕……スコップは一輪車以前にヨーロッパに存在しえた。手押し一輪車のほかにも手押し車はあるが、それは古代には知られていないようにわたしには思える……人は多くの場合吊り帯を使って腕で車を引っ張る。極東起源に違いない運搬手段に背負い籠があり……古代にはない。その出現の年代は？〔荷物運びの問題はもっと後に再び取り上げられた、1948b.〕

一般にわたしが作る仮説はたんにわたしの個人的な満足のためである。わたしには理性的なものにしたがって説明もし生活もしたいという欲求がある。しかし科学的な観点では数え上げる事実しかない。仮説の唯一の効用はそれまで無視することが許されていた事実に注意を喚起することである。

一九三七年一月一日

〔P・レザーの犂《シャリュ》についての本（1931）にかんして〕わたしが読んだ犂《シャリュ》の研究は形式主義的であるという重大な欠陥を持っており、物の形体と材料だけを研究している。わたしは逆にまず機能を研究しなければならないと考える。すなわち（1）〈動力〉、エネルギー源（ここで繋駕法）。（2）〈機構〉エネルギー変換装置（ここで犂《シャリュ》）。（3）消費された仕事の〈結果〉（ここで耕された畑）。物の形体と材料を条件づけているのはそれである……犂《シャリュ》は単一の起源を持ち、栽培植物の起源の複数性とはなんの関係もないと確信していたし、いまもそうだ。〔A・G・H。ガロ頸木や角頸木の問題を取り上げ、ローラー、鋤、草取り鍬の問題に戻って〕しかしこれらすべての道具にかんして肝心なのはその形でなく、使い方だ……フランドル人とこの土地の人〔A・G・Hが少年時代を過ごしたピカルディー地方の農民である〕との間の違いのひとつは、フランドル人が小枝を払うのに鉈鎌《なたがま》serpeを使うのを知らないことである……かれらは手鋸を使っている。ちなみに鉈鎌はたしかに半月鎌と同じ起源であるようにわたしには思われる。半月鎌のロシア語の名称は、*serpi*である……。背負い籠のことで興味深いのは籠または袋が背中に接触している事実でなく、人体に吊るすそのやり方だ。

一九三七年一月二十八日

繫駕法についてのわたしの覚え書は十一月号（『アナール』誌、一九三六年）に発表されるはずだった。その序文のなかでマルク・ブロックさんは馬の技術、細分化された金銀細工術、鷹訓練法、ホップ、ライムギを同列に置いている！〔ライムギの起源についての長い議論が続く〕……わたしは本の執筆を再開しようとしている。もしきみがドフォンテーヌさんに会ったらわたしの失踪の理由をかれに教えてくれたまえ。〔〈本として〉、『人類と栽培植物』が問題になっていた。〕

一九三七年三月二十四日

……半月鎌と軽鎌にかんすることでは、わたしには少年時代の記憶しかないが、いずれにせよ二つの物にはたいへんな違いがある。半月鎌、これは藁を固めて束にするのにしか役立たず、切りも鋸挽きもしない。軽鎌、これは刈るのに使い、大鎌を軽くしているが、刃は大鎌のと同じである。ところで肝心の収穫が機械によって行われる時代が問題だ。以前はほかの道具もちゃんと存在できた。マルク・ブロックの本、『フランス農村史の基本的性格』を読みはじめている。わたしには実に面白く、多くの教科書のなかで言われていることに異論を唱えているようだ。提起されている問題のひとつは三年輪作である。穀物の起源がこの問題をはっきりさせるのに貢献できるとわたしは思う……

一九三七年五月二十八日

民族誌の原理についてすでにきみに話したと思うが、それは物の使用を研究しないでまずその類型学を研究することにある。もしこの原理を半月鎌に適用するならば、それは木の枝を切る一連の道具と不可分であるのに気づく。後者のなかできみに注意を促したいのはピカルディー地方とコー地方〔ノルマンディーの泥土地帯〕のなかに広まっている「三日月鎌」で、これは長い棒に取り付けた滑らかな刃をもつ一種の半月鎌以外の何物でもない〔鉈鎌か三日月鎌で切った垣根と、大鋏《おおばさみ》で切った垣根のデッサン〕。三日月鎌は腕を上に挙げて、刃を高い所へ持って行く。それは牧草地の生け垣の道路側の壁面を切るのに使う〔牧草地側では出ている小枝を食べる役を家畜が引き受けるから〕。最後に語の研究はなにかを提供できる。たとえばドイツ語と英語の半月鎌の名称、*Sichel, sickle* は一致する。逆に大鎌にかんしては、*Sense, scythe*。いずれにせよ、大鎌の名称と半月鎌の名称のあいだに語源学的関係はない。同様にロシア語では、*serpi, kosa*、しかしこの両語が共通スラブ語であるかどうかわたしは知らない……〔次にA・G・Hは薪置き台、暖炉、ストーブ付きの家、壁に密着した暖炉付きの家の問題について、発言できるかどうかをよくよく熟考している〕……

一九三七年七月

わたしは聖書〔現存するもっとも諷刺的な本のひとつ〕を読みはじめている。そこでは牛車は一度も語られず、戦車〔梶棒付き二輪車〕という語はつねに馬と結びついていることにきみは気づいていたろう。それにたいして「鉄の先端を備えた橇」は農業用運搬手段として語られている。デュメジル[*3]（比較神話学）を聴講したわたしの友人のひとりが言うには、ジョージアでは雷は氷結した天を巡回する脱穀橇に乗った神が起こすと信じられていた。イザヤ書第二十八章二十七節にきみが興味を持つにちがいないテキストを見つけている〔次に引用文〕。香草を打つのに用いるその棒は、連枷《からさお》ではないにしても、少なくともその祖先だ。これまでわたしは連枷の問題にはまるで関心を払わなかったが、英語の名称*flail*とドイツ語の*Flegel*がラテン語（flagellum）から来ているのに気づくと好奇心をそそられる……

＊3　デュメジル　George Dumézil（1898-1986）. フランスの印欧語族学者。印欧語諸民族の文学、神話、伝説、儀礼などを研究。

わたしの論文にかんしてそれがどう受け止められたか、わたしはほとんど知ることができない、というのもここでは歴史の定期刊行物を読むことができないからだ……わたしの植物とわたしのトルコ語を再開するためにとにかくわが家に戻りたい。

一九三七年九月二十一日

わたしは間もなくこのサナトリウムを去ろうとしているときみに知らせるのがすこし早過ぎた。というのは今日また一連の手術を受けなければならず、年が明けるまえに去ることは出来そうにないからだ。きみと直接の接触を取り戻すことはできないのがとても残念だ。

重い荷物の運び方にかんして、きみに背負い籠の話をしたら、きみはヌビアの女たちを描いたエジプトの絵を教えてくれた……わたしが背負い籠と呼んでいるのは「吊り帯」で吊るす籠だ（兵士の袋のような）。

わたしの持っている複製には逆に「頭のうえを通す帯」で吊るした籠がある……胸に水平に通した帯を使って重い荷物を運ぶエジプトの小さな立像の絵を見たことがある。一見したところエジプトと全古代が吊り帯で吊るすことを知らなかったようにわたしには見える。背負い籠は多くの場合ブドウの収穫に使われており、その古さ、その広がり、その地方名を知るのは興味深いだろう。同様にわが国よりも極東でもっと日常的に見られる、重い荷物のべつの運搬用具、つまり「首掛け」がある……この運搬手段はその限られた用途にもかかわらず一輪車の用途に似通っていて興味深い。

とくにローマの兵士は背中に背負う袋を持たなかったので、持つ荷物は今日の兵士よりもっと少なかったに違いない。

M・J・B・D――わたしが確認したところでは、このたくさんの手紙のなかには、構想中の、後にあなたが自分自身で取り組んだか、あるいは共同研究者たちといっしょに取り組んだ、多くの主題と問題！が見つかります。もちろん残念なのはあなたがシャルル・ペランの手紙を見つけ出せそうにないということです、二枚折りの絵の第二面も同様に興味深かったにちがいありませんから。

ところがあなたがシャルル・ペランに宛てた手紙のことで、ペランは十分に意味のある補足的な情報を、その時代に関連させながら、提供してくれました。なかでもかれが思い出すのは、モースがとりわけあなたを植物学へ向かわせたがっていて、繋駕法についてのあなたの覚え書を知ったとき、かれはそれを面白味がなく平凡極まる！　と考えるでしょう。まったくべつの反応はマルク・ブロック、というのはこちらはそれを『アナール』誌に麗々しい帽子をかぶせて発表するのですから。「モースにとってそれは賞品吊るしの滑り棒よりおもしろくない」！　という次第。あなたのお仕事が同時にどれほど斬新でかつ必要であったかをしめすべつの事実。パランは、農業文明についての本のことで、あなたに地理学の共同研究者を探すように勧めました。あなたがリーンハルトのところに赴くと、かれは答えました、「しかしわたしには弟子がいません。わたしが育てるとすぐに、かれらは所蔵品目録のカード作りに人類学博物館へ行ってしまいます」。あなたはマクス・ソール[*4]に会いに行ってかれに学生をひとり欲しいと頼まれた。ソールは、溜め息をつきながら、答えました、「学生たちは自然地理学、経済地理学、統計地理学……を修めますが、人間には興味をしめしません」。

＊4　マクス・ソール　Maximiliem Sorre（1880-1962）．フランスの地理学者。主著『地理学と社会学の接点』（一九五七）。

A・G・H——シャルル・ペランがかれの雑誌にそういう事実を記録してくれていたのは幸いだった、わたしは記憶してはなかったからね。実際にかれらは三十五年から四十年以前の人文科学の状況を十分に特徴づけている。

方法、研究、科学的立場の選定

M・J・B・D——あなたはさっき技術学 technologie を定義されました。では技術 technique はどうでしょう。

A・G・H——その問いには『パンセ』誌〔1964b〕に発表した論文のなかで、それにフランス文化についておしゃべりしたときに〔1965〕答えておいた。技術とはうまくやる人間の行為であるとね。それほど簡潔ではないが、求める結果を得るのに必要な行為の知識である、と定義してもいい。第一次近似として、技術を生み出すのは科学であり、技術は科学的知識の実生活への適用にすぎない、と考えるかも知れない。今日の技術の成功と精度が科学的知識の進歩に見合っているのは否定できないが、しかしつねにそうだったと考えるのは人類史のまったく間違った見方だろう、技術は科学よりも古く、両者の発展は並行というには程遠いのだから。

M・J・B・D——動物と、同じく植物の——人間より古い起源を持つ——ある種の「身振り」を考慮すると、技術は人間より古いと言えるのでは。

A・G・H——いや、植物や動物の「行為」と技術と呼ばれる人間の行為とのあいだには大きな違いがあるからね。植物の運動はその構造によって、周囲の環境によって条件づけられてる。事態は動物についてはそれほどはっきりしない。しかし技術——それに言語——を獲得するには社会的環境が必要だ。その獲得を可能にするのは出生後の接触だ。技術はだから出生と同時に生物学的に獲得されるのではなくて、社会的に習得され社会的に伝達される。

M・J・B・D——しかし技術の起源にあなたは呪術を介在させておられて、それもあなたのような合理主義者にしては驚きでは。

A・G・H——それは自分でとやかく言うことではないが、それでもむかしの過ぎたことを理解しようとすると……さっき、わたしがパランに宛てた手紙にざっと目を通していると、いまから読もうとしている一節があって、そこにこう書いていた、「民族学的事実（とその事実の部分を成す技術）を前にすればひとはおのずと呪術のなかに陥る……と実際にわたしは信ずる」、となの料理全体、すなわち火を通すこと、洗うこと、砕くことは、善いものであれ悪いものであれ、呪術的な力を取り除くための、聖性剥脱の儀礼の観を呈し、命《いのち》にかかわるような薬草にたいしてはたいへん強烈で……、わたしの見るところ、純粋に技術的な観点からは、これらの儀礼にはなんらかの有効性がある、つまり火を通すことと砕くことは消化率をふやし、洗うことは毒性が無くなるようにする（マニオク）。しかしこれらの儀礼を行う人びとはわれわれとはまったく違った流儀でそれを表現し、しかもかれらにとって食料を消化吸収できるようにすることは、たとえば異邦人を「文明化する」のと同じ性質のことなのだ（異邦人の生《なま》の食物と異邦人の火を通した食物のあいだの中国人の区別のように、異邦人の火を通した食物は中国文明のある種の価値に同化された食物である）。儀礼と農業技術のあいだの関係もなんというか……物質的発明が呪術的信念から導き出されるときは、その物質的発明の成功はその信念を裏付けて高揚させる。

M・J・B・D——わたしは覚えていますがマルクス主義研究グループに提出された覚え書（前記一九三六年十一月二十日の手紙を参照）——やはりシャルル・パランのおかげでわたしが知ったテキスト——のなかであなたはこうつけ加えておられる、「呪術的儀礼としてのこの物質的発明が地理的に広まるとき、それはべつの信念を持つ民族集団に浸透して、儀礼はその精神的内容を失う。その起源となった地方から遠ざかれば遠ざかるほど、呪術的儀礼は経験的方法となり、実験的行為にすらなる」。しかしもしあなたの観点を採用するならば、「信じている」民族は儀礼の首枷《くびかせ》から逃れることができないでしょう。しかしそれでも発明は「それらの集団では同じもの」！

A・G・H——それは発明がある民族集団ではべつの民族集団と同様〈失敗した模倣〉であるということ

だ。この〈失敗した〉という語を軽蔑的な意味にとってはならない。それは模倣がモデルにたいして――理由が意図的であろうとなかろうと――忠実ではなく、ほかの経験、ほかの結果に可能性を開いていて、前の物よりたいへん勝れているかも知れない、ということを言おうとしている。そのうえ古代では、技術の発明はほとんど既存の要素の新しい組み合わせにすぎない。

M・J・B・D――発明、技術は社会的行為です。モースが教えていたように、これこれの行為を研究するときには「社会全体がついて来る」、それぞれの行為のなかに社会が丸ごと存在する。したがって着手するために、ひとつの「簡単な」技術の研究ですら、主題の攻め所を特定し、位置を限定するのが難しい。

A・G・H――いろいろな方法があり、わたしは『文化技術学方法試論』という表題の下に出版した著作(Haudricour et de Garine, 1968)のなかでそれをはっきりさせようと試みた。そこでこの試論の基本線をもう一度話そう。技術に関心を寄せる地理学者と民族学者はそれをとりわけ歴史的ないし進化的観点、そして地理学的ないし生態学的観点から考察する。モースはどうかというと技術をその目的、物の獲得、消費にしたがって分類していて、すでにやや機能的であるように見える。ルロワ－グーランは運動とその結果、すなわち打撃の方法と打撃を加えられた材料の可塑性を調査して、もっと厳密な意味で動力学的な観点を発展させた。わたしはこれこれの観点によって位置づけられている技術をいかにして現実のなかで把握することができるかをしめした。ところでわれわれが共同で書いた本、『人類と犂《シャリュ》』*L'Homme et la Charrue*〔1955〕はおそらくさまざまな観点のもっとも完備した証明のひとつであり、技術的な、結局は民族学的な分析と綜合を一度に試みるために、次つぎにあるいは同時にそれぞれに助けを求めることができる。

われわれの共同研究

M・J・B・D――シャルル・パランはその雑誌にわれわれの最初の出会いをあなたがかれにどう語ったか書き留めました。A・オードリクールは、デフォンテーヌの推薦で、家畜についての本の執筆に協力してもらうために、ジャン－ブリュン・ドラマール夫人にその計画を説明しに行った。説明が終ると夫人は言った、「だけどぞっとする話ね、その話全体にたいして少々頭が割れそう。よくよく考える時間がいるから、八日ないし十五日の間にまたおいで。私にはその角度から物事を考察する習性がないの。あなたはなにもかも説明したがっているけど……」。この証言のなかで考慮に入れなければならないのは第一に、パランに提供したのはあなたであり、あなたの精神はときとして……いささか辛辣であることをわたしがいまは少々心得ていることです。そのつぎにあなた自身が「証言ではなく物で歴史を構成しなければならぬ」と書いておられたのでは。わたしが思い出すのは、あなたが二十頁ほどのちょっとした書き物を持参して下さったことで、それにはとくに犂《シャリュ》に関係していました。一九四〇年のことで、われわれの研究は占領の第一年目の後にはじまりました。

A・G・H――その何頁かが五百頁を超えるものになった。わたしがきみにしばしば言ったように、きみなしにはあの本は決して日の目を見なかった。

M・J・B・D――思い返すとわれわれの研究協力は十年に渡りました。最初の構想に章がいくつもつけ加わり、新しい問題が途中で生じました。この共同研究はわたしにとってはたいへん実り豊かでした。それはそうと、この著作の序文執筆者、ピエール・デフォンテーヌとアンドレ・ルロワ－グーランはこう書いていました。「A・G・オードリクールがとくに方法論的および言語学的部分に、そしてジャン－ブリュン・ドラマール夫人が研究（図像学、古文書）、収集した豊富な資料、専門家および情報提供者との接触、著作の編集に責任を負っているとしても、全体のなかでそれぞれの役割を厳密に区別することは困難である」。

A・G・H――きみたちは決して十分に資料を持っていなかった！

M・J・B・D――それはあなたのしばしば大胆な仮説を支持するためには、「正当化」するためには……あるいは今日ふうに言えばそれを異議申し立てに仕立てるためには！　でした。われわれはつねに具体的なものから出発しますが、しかしあなたがパラン宛の手紙のなかで言われたように、説明を見つける必要があったときには、あなたはなんにでも答えておられた、たとえひとつの答えのあとにべつの答えを見つけることになっても。あなたはまたしばしばわたしの質問、私の疑問をわたしに告げて、それ、つまり前のよりもっといいほかの解答を自分で探さざるをえないようにされた。そうでしょう。

A・G・H――そうだ、精神に刺激的な問題を提起すること、それにわたし自身のためには、われわれの共同研究のなかでわたしが高く評価したことしかきみに隠していない。

M・J・B・D――突然ひとつの問題があなたの精神のなかで止め金を外したようにあなたを起動させると、その証明があなたかそれともあなたの聴衆のまえで構成され、ときには驚かせたり、感嘆させたり、あるいはあっけにとらせたりします。あなたはきわめて広い範囲の知識を利用されるので、説明を補強するために、それもしばしばきわめて簡潔なやり方で、きわめて多様な専門分野のなかのあれやこれやに助けを求められる。しかし白状しますが、あなたは時折いともやすやすと推論して、まるでそれが自然で理にかなっているみたいに、われわれを想像力の領域に引き込まれたのでは。

A・G・H――わたしはよく考えてみると超現実主義の画家みたいなものだ。わたしは具体的なものから出発して、次いでその後……。だからたぶんわたしが本当に分かる唯一の画家は超現実主義の画家だろう。そういうことになる。

M・J・B・D――たとえば、羊の受動性についてわれわれに話して下さった日のことを思い出されませんか。

A・G・H――きみを驚かせたことは分かっている、一緒にいた地理学史家のP・ド・ダンヴルもな。わたしはきみたちに話し、その時以後に書いた〔1962a〕、羊はその素質を一部分喪失していて、一種の「超家畜化」によってこの動物が防禦と本能的行動の性質を喪失したにせよ、以前は急斜面が狼から保護し高度が恒久的食料を保証する山岳地帯に生息していたこの動物の移住によるにせよ、その受動性の原因は人間にあった、とな。

M・J・B・D――わたしが『フランスにおける村の羊飼い』についての研究を終えたときには、わたしはしょっちゅう羊のところに通っていましたが、あなたの仮説はわたしにはつまるところきわめて妥当であるように思えました。

わたしが残念に思っていますように、オードリクール先生、あなたは現在多くのものをもたらされた技術学と民族学の直接の研究からもはや遠ざかっておられます。

A・G・H――しかし言語は物と同じくらい、いやそれ以上に文明の、したがって技術の発展の啓示者だよ。おまけに語は、研究者にとって物よりもっと運びやすくてもっと疲れないんだよ！

M・J・B・D——あなたは言語についての、語についての研究を粘り強く追求することによって、民族学全体に役立ちつづけようと考えておられるのですから、すでに何年か前に〔1959〕あなた自身が表明された希望にしたがって、「労働の身振りを言語行動の身振りと同じ厳密なやり方で研究できるまでその」記号表記の方式を、すでにこの仕事を追求している人たちと一緒に、われわれのために「作り上げる」[*5]ことが間もなくおできになることでしょう。そうすればこの「発明」、この……「失敗した模倣」——しかも有益な——のおかげで、知識のひとつの新しい段階が越えられるでしょう。

＊5　**作り上げる**　これを可能にしたのはコンピュータによる画像解析の手法だった。こうして労働科学、スポーツ科学、舞踊科学などの技術学の分野が成立ないし確立した。

26 太平洋の群島における民族史の研究

一般に人文科学は自然にかんする科学と同じ厳密さを持っていない、なぜならそれには実験がないから、と批判されている。実験室での実験による仮説の検証が可能ではないのである。

しかしながら、たとえば天文学では、実験室に太陽と惑星、あるいは銀河系を作ることはできない。天文学者はその仮説を検証するために観測を繰り返すことで満足しなければならない。

人文科学ではわれわれはよく似通った状況にある。しかし、天文学者はその観測手段の改良のおかげで絶えず新しい星を発見できるのに、われわれが観測できる人間社会の数は限られており、しかもその数は絶えず減少している。

人文科学の研究者は未来の世代にたいして重い責任を感じている。消滅する前に記録されていないあらゆる習慣、伝統、知識は科学のために取り返しがつかないまでに失われるだろう。

都市開発のなかでの建築作品の消滅、大型土木事業中の考古学的鉱脈の消滅は、遺跡を保存するために保護ないし記述の努力を行うことができる専門家集団に衝撃を与えている。

ところで方言全体が、職人の仕事が、物議をかもすこともなく記憶から消え去るかも知れず、専門家がある問題を研究しようとしても、必要とする資料の消失に気づくのは遠い日のことではない。だからこそ研究者、言語学者や民族学者は、現存するあらゆる方言と言語、まだ利用されているあらゆる家族制度、まだ利用されている採集、漁撈、狩猟あるいは農業のあらゆる技術を、ある特定の社会のなかで、これらの要素を維持しているさまざまな関係を明らかにするというやり方で記述するために、一種のタイムトライアルコースの先頭に立っているのである。

特別に恵まれた地帯

太平洋の群島、とりわけメラネシア地方は、一世紀このかた、こうした研究のための特別に恵まれた地帯を成している。グレブナーとW・シュミットを擁する「文化圏」民族誌学派がその理論を彫琢したのは、ドイツ植民帝国時代に、この地域で収集した記録からである。広大な大陸のなかには「歴史」から逃れることができた、すなわち農業に本づき金属使用に基づく文明の発展から不断に影響を受けず、移民によって一変させられることもなかった、小さな人間集団は見出されない。

これはオセアニアの諸民族が先史時代の文明以来一千年の孤立によって奇跡的に保存された証人であるなどと言おうとするのではない。かれらは、かれらもまた、時間のなかでの進化を、すなわちわれわれが再構成しなければならない局所的な歴史を経ている。

メラネシアでは、ヨーロッパ人の到来以前に、少なくとも二千年のあいだ、人間集団が同じ土地に長い間存続することができた。

だからわれわれは社会制度の発展とそこに帰結した平衡を説明できるすべての要因を、原理的には、知ることができるはずである。

この歴史の再構成はわれわれの研究対象にとってそもそも本質的である。というのはこの地方の社会制度と言語の世界一の驚くべき多様性は初期の探検家たちを、次いで先述のドイツ民族誌を、移民がこの多様性の要因であったという考えに導いていたからである。地誌も、自然人類学も、考古学も決定的な論拠を提供できていなかった。

これらの社会の地理的基礎は比較的理解しやすい。探検家たちがそこを見つけた時のそれぞれの島の表土と植物と動物は分かっている。もしこの研究が打ち切りにならなければ、少なくともそれについては主な結果が分かるだろう。

考古学がしめす道具の変化は人口の変化をいささかも証明しない。それは進化と同じくたんなる文化的接触によっても生じうる。

自然人類学は、それとしては、現在の情報しか提供せず、遺伝学は島の分離が大陸人口の大きな全体集団のなかに形成された同様の小集団内部でよりももっとずっと速く肉体的変化を引き起こすことをしめしている。

もっと説得力のある情報は言語学が与えてくれるだろう。

言語学的研究

言語学的資料は、それぞれの方言にたいして数千語を取り上げるのだから、たいへん豊富である。この地方の言語の研究はいろいろな局面で着想することができる。

——第一は、むしろ「まさしく言語的」な、ヨーロッパとアジアの言語から彫琢された——その歴史は書かれた記録のおかげでよく知られている——音声学的体系の一致とその構造的進化についての仮説が、メラネシアの言語と方言においても正しいと立証されるかどうかを検証することにある。

それぞれの言語の音声（すなわち子音と母音）の全体を音声学的体系と呼ぶ。子音と母音が存在し、語尾変化すなわち活用の規則も同じく存在していて話者に強制されているからといって、言語が書かれている必要はない。

音韻法則、すなわちヨーロッパの言語の歴史の間に確認された子音あるいは母音の規則的変化は、オセアニアの言語のなかに、すくなくとも大きな島あるいは群島の言語のなかにも、やはり存在する。

例——ニューカレドニア北端の言語は、半世紀以来、発音のある種の変化を受けた。海軍士官たちは河川と山岳の土着民の名称を復誦しながら、カードを作った。今日の発音を調査するとき、ある子音は消滅し、ほかの子音は変化しているのが見つかる。カードのうえでは、*neoue* と呼ばれていた川がいまは *née* と呼ばれている。宣教師たちが *iabuan*（女）と書き留めていた語がいまは *iawan*（英語の *w* を参照）と発音されている。デンマークの言語学者イェスペルセン[*1]が *drift*、「派生」と呼んだもの、すなわち子音 *bw* が *w* になった間に、古くからあった*w*が消滅していた例もある。

＊1　イェスペルセン　J. O. H. Jespersen（1860-1943）.

にもかかわらず、オセアニアは、たんにヨーロッパで知られている現象に似通った現象があるだけではない。混成言語あるいは言語混淆《こんこう》とでも言うべきものの特殊な事例が存在する。たとえば異なった言語を話す数人の個人が、それぞれに他の人の言語をまったく知らないまま、「サビール語」[*2]で説明してすませる。ところでこのような小さな人間集団は、孤立していなければ、それが由来する言語全体の中の一言語によって間もなく取り込まれる。地中海の船舶からサビール語が消えたのはこうしてである。ところがオセアニアでは逆に、小集団が孤立しているとき、近隣の人たちとの接触はたまにしかない。このときそのサビール語は完全な言語に発展する。たしかにここでは、大陸では観察できない「経験」が問題である。言語学的研究のこの最後の二つの局面はずっと前から知られておらず利用されてもいなかった。残念ながら、まさしく言語学的な局面は近年まで比較的無視されていた。研究が実際に始まったのは第二次世界大戦後に過ぎない。いま、アメリカ人、イギリス人、ドイツ人、ニュージーランド人がこの研究に着手しているが、フランスが関与しているものでは、国立学術研究センターがそれであり、一九五八年から、最初に個人を派遣し、次いで一九六三年から一九六六年までの第一回目の太平洋文化研究、一九七一年にはじまった第二回目のそれによって、言語学では、フランス領、すなわちニューカレドニア、ロワヨテ島、ニューヘブリデスのメラネシア諸語の詳細な調査に着手することが可能になった。

＊2　**サビール語**　sabir はいくつかの異なった言語から少数の語彙と規則で作られた混合言語。

――もう一つの、むしろ民族学的な局面は、それぞれの人間集団の知識の小百科がえられるように、これら諸言語の語彙を収集し、語の意味を明確にし、さらにその口誦文学を収集すること――さいわいにしてまだ大部分の場合に入手可能――にあり、ヨーロッパ人との最初の接触以前の土着社会を復元することができる。われわれが〈考古民族学〉と呼んでいるものがこれである。

――この言語学的研究の第三の局面は〈比較研究法〉を適用することにある。すなわち今日確認される分化以前のこれら諸言語のある種の相（アスペクト）[*3]を知るために、祖語の語彙の一部を復元しながらその歴史を遡るのである。こうして、少しずつ、言語の系統学的分類を手にすることができる。

＊3　相（アスペクト）　助詞があらわす行為の、継続、展開、完了などを表現する文法形式。

言語の調査リスト

ニューカレドニアの言語にかんする最初の成果は、度重なる移民を仮定するいかなる理由もないことを明らかにしている。

事実、この島が発見されたときには、イヌも、ブタもいなかった、これらの動物の存在が記録されたニューヘブリデス群島に隣接しているにもかかわらずである。

この群島の諸言語は、音声学的な面では変化に富んでいるが、すべてが同じ言語族、すなわちマダガスカルから台湾までとパク島（チリの西）に広まっているオーストロネシア語族に属している。ニューカレドニアの言語的多様性は度重なる侵入に帰することはできず、幾多の世紀にわたって繰り広げられている現地での分化によって説明されなければならない。それは古い植民をしめしている。いま話されている言語は、確実に西暦紀元前数世紀前の、最初の到来者たちの言語に由来する。比較文法は基本的な食料を構成する栽培植物――たとえば大型ヤマノイモ――が最初の到来者たちに知られていたことを明らかにしている。

他方、生物学は島内には食用植物がほとんどなかったことを教えている。だから初期の全住民はその栽培植物と一緒に到来した。その植物はアジア大陸か、でなければ移住の途中にあった大きな島（ニューギニア）に由来する。

東オセアニア[*4]の言語、すなわちポリネシア諸語を担当する研究者たちもまた、ポリネシア人が将来した古代の観念とその言語を直接にインドネシアとインドそのものから再検討する方向に向かった。

＊4　**東オセアニア**　ここで地名を一括して注記しておく。
オセアニア――六大州の一、大洋州。オーストラリア大陸とニュージーランド、ニューギニアおよびポリネシア、ミクロネシア、メラネシアの諸群島。
ポリネシア――日付変更線以東のハワイ、サモア、トンガなどの諸島。
ミクロネシア――赤道以北・日付変更線以西のマリアナ、マーシャルなどの諸島。
メラネシア――赤道以南・日付変更線以西のフィジー、ニューカレドニアなどの諸島。

ポリネシア諸語はサモア群島で形成されたように思われ、その諸語が東太平洋に、諸群島に、あるいはそのとき人が住んでいなかった大きな島（ニュージーランド、ハワイ）にさえ広まるのは、そこからである。西では、すでに人が住みついていたメラネシアの群島では、ポリネシア人は無人の小島か環礁にしか居住できなかった。この征服者である全住民がすでに人が住んでいる大きな島のなかに根を下ろすこともその言語を押しつけることもできず、メラネシアへのその分布はたんにもともと無人の環礁にとどまったという事実は、移住－侵入による言語の変更という仮説が世界のこの地方においてはほとんど本当らしくないことをしめしている。

ヨーロッパでは、言語を変更した全住民の幾多の事例がある。フランスでは、西暦紀元一千年前に話されていた言語が何であったかさえ分かっていない。分かっているのは「ゴール人」が西暦紀元前五〇〇年にケルト語を導入したということである。次いでローマ人がラテン語を導入し、それが、分化しながら、その場その場に、いろいろな方言と俚言（方言の下位区分）を提供した。そして、こんどは、イル・ド・フランス地方（首都パリを中心とする地方）の方言、フランス語が、部分的にか全面的に、ラテン語から出た各地方の方言と俚言に取って代わった。

言語のこの変更はもっとも威信のある社会階層の模倣によって行われる。ときには、変更に着手するがうまくゆかない。フランスのゲルマン語の場合がそうだ。メロヴィング時代とカロリング時代のその言語の威信にもかかわらず、日常言語の語彙と固有名詞のなかに大きな痕跡を残しながら消滅した。言語変更の要因は、たとえば、農民層が俚言としてケルト語を守っていた間に、貴族階級に急速にラテン語化することを可能にしたケルト社会の社会構造であった。

アジアに近い諸群島では、言語の変更は起こりえなかった。ニューギニアあたりでは、言語の変更があったことは明らかであるように見える。オセアニアの航海者たちはニューギニアの大きな島の両側と両端にかれらの言語をうまく根づかせることができた。

逆にわれわれが研究している太平洋中央部では社会構造ととりわけ地理上および人口上の細分化が似通った現象を許さなかった。言語の多様性は内的要因によって説明しなければならない。

たとえばポリネシア社会の貴族階級的性格は音韻体系の異常な安定性を、この口誦表現文明においては権利とされている家系の暗誦と関係づけて、説明することができる。

これに対してメラネシアのもっとも保守的な地方においては、それぞれのグループがその言語を持っている。人びとは首長の家系を七、八世代に渡ってしか知らず、したがって音韻の進化にたいし同じ歯止めがない。首長の威信は二言語併用にある。それぞれの集団はその個性の核心である方言をどこまでも維持しようとする。その隣人の言語にたいして自分の言語を放棄する理由はなにもない。言語は集団が消滅したときに消滅する。

農業と制度

問題の言語学的処理とならんで、生物‐農学的処理を述べることもできる。

ニューカレドニアで伝統的に重要な栽培植物は以下の通りである。大型のヤマノイモ *Dioscorea alata* L.、タロイモ *Colocasia esculenta* sch.、それにサトウキビ *Saccharum officinarum L.* ——挿し芽によって増殖する植物。この繁殖方式はどこまでも固守される。というのはそれは際限なく分割される同じ個体、農学者が〈クローン〉と呼ぶものだからである。それぞれのクローンには、オセアニア語のなかに固有の名称があり、それは言語調査のおかげで、その三つの種のそれぞれについて六〇から八〇のクローンがあることが知られている。

このクローンの同定は、商業農作物の栽培にしか興味がない農学者によっても、種にしか興味がない植物学者によっても、いちども行われていないので、研究者の新しい世代、すなわち〈民族植物学者〉によって行われなければならない。

ここでもまた、比較研究法によって、それぞれの言語のなかでそれぞれのクローンを同定しながら、それらの社会の生存の物質的基礎の歴史を推論するために、言語と島を越えてその分布を確定するように実施しなければならない。

ほかの何種かの食用栽培植物はもはや観賞植物にすぎない。たとえばタヒチで神聖な植物として植えられている、センネンボク *Taestia fruticosa* Merr. は実際には昔その巨大な甘い根のゆえに栽培された植物である。ほかの植物はもはや野生状態でしか生き残っていない。ニューカレドニアでは澱粉質の塊根の「マニャニャ」（クズ）*Pueraria lobata* Own. がそうである。オセアニアでは種子を生じないので、人間によって運ばれたということはありえない。それはアジアに由来し、中国と日本では植物繊維[*5]をとるために栽培されている。

＊5　**植物繊維**　このクズの説明は第21章「ヤマノイモ文明での自然と環境」の「畑と低木林」の節の説明とは異なる。

これらの民族の古代農業の知識がいかにしてかれらの制度を理解する助けとなりうるか。

このクローン農業を例としてとりあげよう。メラネシアの農民はできるだけ潤沢なクローンの収集を、あるいは隣人と交換したり、あるいは見つかった新しいクローンを未耕作地から持ち帰ったりして、作り上げようとする。だから新しさと交換に同時に呼び覚まされる。子供を借用ないし交換すること、異邦人を養子にすることを、当り前と考えるのである。

逆にニューカレドニアに古くからブタが存在せずニューヘブリデスに存在することは、近隣の両地方間の大きな違いの一つを説明してくれるだろう。ニューヘブリデスでは、社会的地位の上昇を果たすために飼育され交換されるブタが一種の貨幣取引を習慣として植えつけていた。それゆえにかれらはヨーロッパ人がもたらした給与生活を簡単に受け入れたのにたいして、ニューカレドニアでは、交換は直接に消費される食料に限定されており、それが賃金労働の利用を受け入れることへの全住民の抵抗を説明してくれる。一世紀にわたる占領期間中、ヨーロッパ人は最初ニューカレドニアへニューヘブリデスから、ついでインドシナとインドネシアから連れて来なければならなかったのである。

今日ではますます西洋文明の手が加わったこの地方での研究作業は、それゆえにオセアニアの全住民が居住しながら意識することなく行った経験について調査資料を最大限に収集することにある、これこれの家畜を持っているか、これこれの栽培植物を持っているか、島にかんしては、山が多いか、火山か、肥沃か、それとも火山ではない山か、肥沃でないか、あるいは石灰質の台地（隆起した環礁）か、あるいは典型的な礁湖の環礁か、あるいは部分的に冠水した環礁か――すべては同じ文明と同じ言語に由来しながら。

これらの研究の直接的な結果としては、あるいくつかの場所で、言語がまさに消滅しつつあったときの、その全住民の口誦文学の出版を挙げることができる。ある意味では、このことはこれらの国の若者たちに、ほかの国々と同じ、ヨーロッパと関連してかれらが経験しているアイデンティティの危機を乗り越えることを可能にするだろう。かれらの祖先たちの技術水準は先天的劣等のせいではなく、地球のもっとも遠く隔たった地点にかれらを位置づけた歴史的状況のせいであり、その一千年の孤立の間に、かれらは平衡を見出してそれに順応することができて、広大な大陸の全住民に貴重な教訓をもたらしていることを、かれらに理解させることができるだろう。

27　技術の起源

技術はいまでは魅力的な響きをもつ語のひとつです、技術とは成功をもたらす人間の行動である、と。芸術、スポーツの領域においては、自分に課した目標を達成するためにはすぐれた技術をもたなければなりません。したがって技術はこう定義することができます、追求する結果を得るのに必要な行為についての知識、と。

第一次近似としては、技術を生み出すのは科学であり、技術は実生活への科学的知識の応用にすぎない、と考えてもいいでしょう。

今日の技術の成功と正確さが科学的知識の進歩に見合っていることは否定できませんが、いつもそうだったと考えるのは人類史のまったく間違った見方でしょう。というのは技術は科学よりも古く、その相互の発展は並行というには程遠いからです。

検討しなければならない最初の点は、技術は人類そのものより古いかどうか、植物あるいは動物は技術をもっていると言えるかどうかです。小さなエンドウマメが巻きひげで絡まりながら支柱を上ってゆくやり方、あるいは鳥がその巣を作るやり方は技術と呼ぶべきでしょうか。日常言語でそう言われているのは、もっともです。実際には、植物や動物のそれらの行為と技術と称する人間の行為とのあいだにはきわめて大きな違いがあります。

植物の動きはその種子の生化学的構造によって最初から完全に条件づけられています。鳥については事態はそれほど明白ではありませんが、確かなのは、卵から出ていなかった以上、両親が巣を作るのを見ることはできなかった、ということです。人間にとっては、逆に、生化学的構成も、好都合な物理－化学的環境も、人間に技術と言語を獲得させるに十分ではなく、それには社会的環境が必要です。その獲得を可能にするのは、誕生後の、他者との接触です。毎日の行為のなかでいちばん本能的と思える大人のふだんの行動、つまり食べる、眠る、座る、歩く、立っている、といった行動は、実際には、まず初めに習得されました。それを証明するのは、まず最初に、「狼少年」（狼に育てられた少年）でして、話すことも歩くことも知らず、次に、民族誌の観察が記載するところでは、いろいろな民族はその道具と使い方によってだけでなく、歩行や水泳のような見かけはもっとも本能的な運動によってもまた異なっていました。

最後の例はとくにはっきりしています。泳ぐのに生まれつきの、本能的なやり方はありません、習得したやり方しかないのです。確かめてびっくりするのは、たとえば、ヨーロッパでは平泳ぎしか知られていなかったこと、今日のスポーツ水泳の基礎となっているのはアメリカのインディアンとポリネシア人の水泳だということです。

長いあいだ人類は自分の類似物（神）を想像する精神の世界に住んでいましたが、それから徐々にその超自然的発明物を捨て去って、当然にも、自分を自然の一部と見なしています。十九世紀にとりわけ広まった、このどこまでも生物学的な自然観は、民族学的研究によってしか修正できませんでしたし、しかもこの修正のほうは一般大衆のなかにゆっくりとしか浸透しませんでした。

近代における地球上での技術発展の不均等はしばしば人種の不均等の証明として引かれました、発明し進歩することができるヨーロッパ人のように知性的な人種もあれば、原始的段階にいつまでも停滞しているような遅れた人種もあり、進歩を拒否するおとなしい人種すらある、と。

残念ながらたいへん広まっているこれらの観念にはすべて、いかなる根拠も証拠もなく、たんに技術の歴史を知らないに過ぎません。ほかと同じく技術学にも、〈無から〉*exnihilo* の創造、突然の飛躍はありません。すべての発明、すべての技術革新は、周囲の環境、既知の技術から借用した既存の要素の新しい組み合わせにほかなりません。

たとえば、コロンブス以前のアメリカの事例をとりあげましょう。この大陸の文明がアジアとヨーロッパの文明より遅れていたこと、その遅れが悲惨な結果（スペイン人による征服）を招いたことは本当です。しかしどれがその原因でしょうか。人間の居住状態における初期のたんなる遅れ、車、冶金術、鉄を知らないこと、それにそれほど好都合ではない生物地理学的条件は、旧大陸との違いを十分に説明してくれます。

旧大陸では、農業が発明されたとき（西暦紀元の約八千年前）には家畜化する余地のある草食動物、つまりウシ科の動物、ヒツジ、ウマがまだ残っていました。ところで、大型草食動物の家畜化とその技術的利用は車と水車を利用するなかで決定的となりました。人間の運動はおのずと行ったり来たりの往復運動になります。連続運動を提供してくれたのは綱でつないだ動物でして、それは水力を利用できたこの運動（連続運動）を利用することをひとが学んだときです。

それにたいして、アメリカでは、優れた旧石器時代人が、人間を知らなかった動物相にたいして、すでに進歩した狩猟技術をたずさえて、突如として到来し、その結果、大型哺乳類、とりわけ象と馬は、アメリカの農業が決定的な歩みをはじめたときには、トウモロコシの作物化が西暦紀元の数千年前ですが、すでに絶滅してしまっていました。アメリカの土着民が車を発明できていなかったと言うのは正確ではありません。かれらはスポーツでは穴のあいた円板、子供の遊びではルーレット用の物を持っていましたが、車の技術的利用と発展は、大型草食動物を家畜化して平原地方に定着した、農業文明のなかに場所を占めることはできませんでした。

もうひとつの例は鉄の冶金です。旧大陸においては、それは鞴《ふいご》の発明と緊密に結びついています。皮革を生産する遊牧文明と関係がある鞴は、銅や貴金属を必要としていたその文明の高炉の温度を高めるのに不可欠でした。

ですから、比較的孤立している地方では、技術の不均等発展を説明してくれるのは自然条件です。

もうひとつの説明要因は社会関係の強度であって、それはあるいは人口密度によって、あるいはコミュニケーション（交通・通信）の容易さによってはっきりしめされます。

たとえば、文字の採用はある人口密度が行政上の記録文書の管理を必要とするとき、つまり自然環境と技術水準がある強度の密度（都市の形成）を可能にしたときにしか行われず、そのことは旧大陸の広大な平原のなかではじめて生じます。

コミュニケーションの容易さは大陸の地形に、山岳地帯の向きと気候地帯の連続性に依存します。この点においても、旧大陸、すくなくともユーラシアは、アメリカよりも決定的な優位にありました、すなわち広大な平原と台地による陸上交通、果てしがある内海、地中海とシナ海です。コミュニケーションの重要性はたんにある局限された地方でなされた発見のユーラシア全体への伝播のなかにあるだけでなく、ある技術が起源となった地方からほかの地方へ移転することそれ自体が、進歩と発明の要因なのです。

そうだということは、たとえば、西暦紀元前二千年紀の間に銅の冶金術が中国に到来して、よそで知られていたのとは比較を絶する量的および質的な発展を遂げ、次いでそこで鍛鉄の冶金術が鋳鉄の産業に転換され、最後に車輪および二輪車といっしょに到来していた二頭用頸木の下での動物繋駕法が、長柄とパロニエつきの一頭用の近代繋駕法に転換されて、馬の動力を最大限に利用することが可能になりました。中世の間に技術が極東からヨーロッパへ逆流するとき、ヨーロッパ北部の農業のように相変らず粗放的だった農業のなかへ導入された馬の繋駕法は、ヨーロッパ地方の経済的進歩の始まりであったに違いありません。

ヨーロッパにたいする北米の今日の技術的優位は似通ったやり方で説明されます。もっとも高度の技術をもつと称されているような、もっとも文明化された人間集団のなかのだれ一人として、いまいるここに完全に一人で到達したと鼻を高くすることはできません。競技用のスポーツの技術のみを遠隔地から、すなわちオセアニアから水泳を、ラポン（ラプランド）からスキーを、エスキモーからカヤクを、カナダの土着民からカヌーとトボガン（小型ソリ）を借用しただけではなくて、もっとも必要不可欠な生産技術、つまりアジアの輓馬《ばんば》の技術、南米のジャガイモとタバコ、メキシコのトウモロコシなどについてもそれは同様です。

結論として申し上げたいのは、技術が人間のもっとも合理的で、もっとも特徴的な活動であるということです。この活動は、個人的な形態においてすら、社会的に習得され、社会的に継承されます。人間集団の技術的活動は、単一の集団によって発明されたのではなくて、一部分は、過去の世代の技術と近隣集団の技術から来ています。かれらの独創性は、無からの「霊感による創造」どころか、とりわけ既知の技術から借用する既存の要素の新しい組み合わせのなかに、そして地方的な状況にほかよりもうまく適応するところにあるのです。

訳者あとがき

1

アンドレ＝ジョルジュ・オードリクール（一九一一—一九九六）は農学者であり、社会学者マルセル・モースが提唱した「技術学」をいわば実体化し、専門的な学問分野として定立した技術学者、言語学者である。本書はその業績の全容を理解できるように編集された論文集であり、技術学の方法論の構築を試みた長篇論文と、それを具体的個別的な物と事に適用した（技術学が取り上げる問題はつねに具体的個別的である。それを通して歴史の大きな流れと現実の多様性が見えてくる）多彩な論文から成っている。

この本には、実は著者自身による本書のすぐれた解説が載っている。第Ⅵ部結論に収められた、若い共同研究者マリエル・ジャン＝ブリュン・ドラマルとの対話「研究と方法」である。そのなかで、モースの提唱についてこう述べている。

マルセル・モースによれば、民族諸科学のなかに、「技術学」と呼ばれる専門分野の区分が必要であり、それは全住民の物質的活動の、つまり狩る、漁《すなど》る、耕す、着る、住む、食べるそのやり方の研究である。

モースは技術学のなかに「身体の技術」の名で、獲得されたあらゆる筋肉習慣、すなわち坐る、眠る、泳ぐ、走る……やり方を含めていた。民族誌……の多くが、たんなる製造法とその使用法の調査という観点にとどまっているが、この研究によってその観点を乗り越えることが可能になる。

モースのこの身体の技術を物の技術と緊密に結びつけ、現実のなかではたらいている技術をありのままの現実として捉えようとしたのが、オードリクールの技術学であった。こうして、技術学はもっとも人間的な行為の研究となった。

この対話において、著者は少年時代のいわば技術学的原経験にはじまり、研究の歩みと研究者としての歩みのすべてを語っている。この本はどこから読んでもいい、興味のあるところから繙《ひもと》けばいいが、まず最初にこの対話に目を通すのも、論文集の読み方としてはひとつの適切な選択だろう。

その意味でこの本に解説はいらない。フランソワ・シゴー（François Sigaut）が本書に寄せた序文「オードリクールと技術学」を割愛した主な理由は、その文章が古代以来のヨーロッパの科学思想史における技術学の位置づけを試みたものであり、日本の読者にはおおかたなじみが薄いと思われる名前が頻出する内容のためであるが、またいま述べた理由にもよる。

シゴーはその序文をこう結んでいる。

オードリクールの著作は、もっとも綿密でもっとも具体的な研究を、目的が明晰でも一般的でもある観念と、緊密にかつ分かちがたく結びつけた、おそらく最初のものである。だからこそそれを読み、再読し、三読しなければならない。

実例として、車の進化を見てみよう。オードリクールは橇《そり》と棒橇から出発する。棒橇は、二本の長い木の棒の先端を縛り、動物に繋いだ、細長い二等辺三角形の橇である。この橇の棒の末端に車をつけると、最初の二輪車が誕生する。二本の棒を一本の梶棒に代えると、梶棒付き二輪車（西洋古代の戦車）が生まれる。二等辺三角形の棒を平行な棒に代え、車をつけると、長柄つき二輪車（日本の牛車など）が生まれる。そして梶棒付き二輪車を二台、木釘で連結すると、自由に方向転換できる梶棒付き四輪車になり、梶棒に長柄が取って代わって、四輪車の最終形態に到達し、ここに車の進化の系統樹が完成する。この系統樹から外れているのは、橇に四輪をつけた車である（一八二頁、図9―14参照）。この四輪車は方向転換がきかず、祭礼、儀礼の行進用として（祇園祭の山車などのように）かろうじて命脈を保っている。

この車の進化が牽引する動物の繋駕法と緊密に結びついているのは言うまでもない。基本型は一頭または二頭の馬であり、一頭なら長柄、二頭なら梶棒を引っ張る。とりわけ決定的な段階を画したのは馬の近代繋駕法の発明であった（一四六―一四七頁、図6―1〜6参照）。

車と繋駕法の進化には、ヨーロッパから極東まで広がるユーラシア大平原に住む幾多の民族が関与し寄与している。なかでも重要な役割を果たしたのは、チュルク＝モンゴル民族であった。かれらはおそらく長柄付き二輪車出現にかかわっていたと思われるが、さらに画期的なのは近代繋駕法の発明であった。これによって動力としての馬の能力は最大限に発揮されるようになる。

ちなみに前で合わせてボタンで止める袖付きの上衣は、ヨーロッパの拡大とともに全世界に広まったヨーロッパの服装と思われているが、実はチュルク＝モンゴル民族の発明であり、かれらと接触したスラブの人びとが模倣してヨーロッパに伝えたのである。

現代文明は、地球上の幾多の民族の寄与によって成り立っている。ヨーロッパ人は平泳ぎしか知らず、水泳競技の泳法という身体の技術を発明したのは、ポリネシア人とアメリカ先住民であり、そのアメリカ先住民は、トウモロコシ、カボチャ、ジャガイモ、キクイモ、トマト、ズッキーニ、トウガラシ、ピーマンを作物化して、現代人類の食生活に大きく寄与している。尊敬に価しない民族は存在しない。

技術学は、すべての民族の技術文化を研究する人文科学の一分野である。「人間と自然の関係の地理的かつ歴史的な研究の深化が寄与できるのはほかでもなく、人間と人類のいっそうすぐれた理解にたいしてであろう」とオードリクールは述べ、さらにこうつけ加えている、「しかしいちばん直接に役立つその貢献は、おそらく人種主義との戦いであろう」と。

わたしはこのオードリクールの著作が、技術史や技術民族学の研究者たちだけでなく、小中高校の教師たち、発展途上国ではたらく人たち、スポーツ科学や労働科学など身体の技術の研究者たち、さらには身体の技術に関心をもつ人たち、物の技術を身体の技術と結びつけて捉えようとする人たち、こうしたすべての人たちに読まれ、再読され、三読されることを、F・シゴーとともに願っている。

ここで取り扱われている技術は決して過去の技術ではなく、あるいは慣習として、あるいは日常的行為として、あるいは遊びとして、あるいは伝統技術として、ときには儀礼や祭礼として、世界のいたるところに生きている技術である。それを理解することは現代の世界と文化の多様性と豊かさを知ることである。世界が一体化するとともに分裂を深めている今日、それは現代に生きる人びとに求められる、もっとも基本的な認識の方法であり知識であるだろう。

2

オードリクールは、少年時代の技術的原体験を対話のなかでこう語っている。

わたしの父は、農民、土地所有者で、また職人でもあった。父は農具、車を修理し、農場の屋根を修繕し、いわゆる耕作が必要とする仕事以上に多くの仕事をこなしていた。幼いわたしときたら、手先があまり器用な質《たち》ではなかったから、父を見守るだけ、是非もなければ加熱炉の火を熾《おこ》すために送風機のクランクを回していた。とはいえ、その光景はわたしにとって教育に満ちており、だからわたしはつとに、技術学のいくつかの局面に触れたというわけだ。

そして論文のなかでもなんどもその原経験に立ち帰っている。

この本を翻訳することは、わたしにとっても少年時代の技術学的原経験を想い起こすこと、いわば追経験することであった。

わたしはオードリクールとよく似た環境に育った。父は農民で技術者だった。牛小屋の隣の農具小屋の片隅には、鉄の刃をつけた木製の昔の鍬がまだころがっていた。屋敷の裏の菜園には、一年中自給できるだけの野菜が植えてあり、菜園のまわりには、甘柿、渋柿、富有柿、蜜柑、金柑、枇杷、無花果《いちじく》、庭では柘榴《ざくろ》や椎の木が実をつけた。菜園の手入れは母の仕事だった。わたしはなにかと母を手伝い、大きくなるにつれて、鍬や鎌や斧などの使い方も覚えた。薪割りはいつかわたしの仕事になった。

話はそれるが、農具を使っていて、蛇の冬眠に出会わしたことがある。菜園の隅に残っていた未耕地を春にそなえて開墾することになり、唐鍬を入れると、土塊が蓋のようにぽっかり開いて、楕円体の空洞があらわれた。中にはいろんな種類の蛇が何十匹となくからみ合い、楕円体を形作っている。空気と光に触れて蛇たちはすこし体を動かしたが、すぐに静まった。わたしは蓋を閉め、開墾をあきらめた。

米と麦も自給できるだけは作っていた。田植え、草取り、取り入れ、脱穀はむろん手伝った。連枷《からさお》や唐箕《とうみ》にもなじんだ。裏作の麦畑の鍬による畝作りや、藁束のくつをはいて麦踏みもやった。麦の芽の分蘖《ふんけつ》を助けるためである。

小学生になって間もなく、知り合いの家から、山羊の子をあげるから取りにおいで、と電話があった。子山羊を抱いて帰ると、父はすぐ倉庫のかたわらに小屋を作ってくれた。父が毎朝刈ってきてくれる草をやり、敷き藁が古くなると、堆肥小屋に運び、新しい藁を入れ、昼間は山羊を外に出して一緒に遊ぶ。それがわたしの飼育だった。藁を切り、米糠や烏麦を入れて水で混ぜる父の牛の飼い葉作りを手伝ったこともある。角を握って押しくらべをしても山羊が微動だにしなくなったころ、乳房がふくらみ、乳を出すようになった。戦争の末期から戦後にかけて、わたしは毎朝母がしぼってくれる山羊の乳を飲んだ。

農具も道具なら、その使用に欠かせない筋肉運動を習得するのは比較的簡単だが、器具となると格段に難しくなる。わたしが「身体の技術の習慣化」に失敗した三つの技術がある。手押し一輪車と天秤棒と川舟の櫓である。

重い荷を積んで手押し一輪車を軽々と押して行く一ツ年下の少年がいた。ある日わたしは少年に頼んで一輪車を扱わせてもらった。ところがいざ長柄を握ってみると、車体を安定させて真直ぐに押して行くのがすでに難しい。荷物を載せるとたちまち横転した。

天秤棒はよく肥たごを運ぶのに使われる。いちどそれに挑戦したことがある。天秤棒は歩調と棒のしなるリズムがぴったり一致しないと運べない。二、三歩踏み出しただけで桶のなかの黄色い液体はたちまち波立ち、外にあふれて、あたりに臭気を撒き散らした。

伯父が川舟の櫓漕ぎを教えてくれるという。教えられた通りに櫓を動かしているつもりだが、一向に前へ進まない。舳が右へ左へと動くだけである。こうした失敗から、「ある器具を操作するにはある特定の筋肉運動を習得しなければならない」ことを、身を以って知った。

家の中では母は職人のように働いていた。蒸した麦や大豆に麹《こうじ》を混ぜて味噌や醬油を作り、挽き臼を挽き、糸車や桛《かせ》を回し、縁側の機で絣を織った。おまけに村の娘さんや若妻たちに裁縫を教えていた。近所に住む伯母は蚕を飼い、熱湯の表面でおどる数箇の繭から抽き出した生糸を巻き取ってゆくのだが、繭の動きの面白さ、生糸の美しさ、そして伯母の手の器用な動きに見入られた。

穀物倉の中には、脱穀用の足踏み式の杵と石臼があった。庫の前の土間の壁には、横棒から何本も綱を垂らしただけの原始的なむしろ機が取り付けてあり、藁を打つための大きな木の台と太い杵が置いてあった。むしろを織ったことはないが、縄のない方と藁草履の編み方は父に教わった。

そして遊びに過ぎないが、木や竹でおもちゃ作りに熱中していたわたしは、いろんな大工道具の使い方や刃物の研ぎ方を覚え、機械の部品や道具を修理する作業場の加熱炉と鞴《ふいご》で、簡単な鍛造と鋳造の仕方を学んだ。

これがわたしの少年時代の技術学的原体験のあらかたである。この原経験がなければ、おそらく、この本を翻訳することはきわめて困難であったろう。

3

この翻訳は原著のほぼ全訳であるが、すでに述べたF・シゴーの序文のほかに、次の五篇の小論文を割愛した。最初の数字は原著の章、下の〔 〕内は同じく頁数をしめす。

18. Ploutrer, plouter, bloutrer（1950).〔3頁〕
19. L'«étriche» de la faux. Recherches technologiques et linguistiques（1960, en collaboration avec M. Jean-Brunhes Delamarre).〔2頁〕
20. La paille et la faucille, le foin et la faux（1975).〔3頁〕
21. Le nom du champ sur brûlis et le nom de la rizière（1975).〔5頁〕　以上第Ⅲ部
23. Les dénominations spécifiques et les instruments du musique（1975).〔2頁〕　第Ⅳ部

いずれもきわめて限定された地域か特殊な事物を扱っており、いささかわたしの手に余るところがあるうえに、日本の読者の関心を引くことも少ないだろうと判断したからである。

そのほかフランスの教育制度にかかわる記述を第1章で約三分の一頁、第25章で約一頁省略した。論文の由来に触れた注記などはすべて省略した。

4

「あなたに是非読んでもらいたい技術史の本があります」と言って、このオードリクールの論文集を送ってくださったのは、パリの国立科学研究センターの研究主任、ジョルジュ・メテリエさんであった。メテリエさんは中国と日本の生物学（本草）の研究者である。それからすでに十三年の歳月が経過した。なんらかの形で紹介したいと考えていた本書を、翻訳として日本の読者に届けて、メテリエさんの好意に応えることができるのは、わたしの大きな喜びである。

この書の翻訳は、はからずもわたしに少年時代の記憶を細部まで蘇らせることになった。物作りが好きだったわたしにたいする父の期待と希望は、工学部へ進んで後を継いでくれることだった。わたしが理学部を選んだとき、父を説得してわたしに希望する道を歩ませて下さったのは、母であったことを後で知った。いまは追憶のなかの父と母に、鎮魂の思いをこめて、この訳書を捧げる。

最後になったが、本書の出版を心よく引き受けて下さった藤原書店の藤原良雄社長と、編集・校正を担当された刈屋琢さんに心からお礼を申し上げる。

二〇一九年一月十二日

山田慶兒

初出一覧

I 領域と方法

1 人文学としての技術学

La technologie, science humaine

La Pensée〔『パンセ』誌〕, 115, 1964 : 28-35.

2 身振りと運動

Gestes et mouvements

Extrait de « Méthode scientifique en linguistique structurale »〔「科学の方法と言語構造」の抜萃〕, *L'Année sociologique*〔『社会学年報』〕, 1959 : 31-48.

3 旅する言葉は理解できるということ

Ce que peuvent nous apprendre les mots voyageurs

Mélanges d'histoire sociale〔『社会史雑纂』〕, 1942 : 25-30.

4 文化技術学方法試論

La technologie culturelle, essai de méthodologie

J. Poirier (éd). *Ethnologie générale*, Paris, Gallimard (La Pléiade), 1968 : 731-822. En collaboration avec I. de Garine.〔J・ポワリエ編『民族学概論』I・ド・ガリーヌとの共著〕

II 輸送と動力

5 繋駕具

Attelage

Dictionnaire archéologique des techniques〔『技術考古学辞典』〕, Paris, Éditions de l'Accueil, 1963.

6 近代繋駕法の起源について

De l'origine de l'attelage moderne

Annales d'histoire économique et sociale〔『経済史社会史年報』〕, 1936, 8 : 515-522.

7 〈ドゥガ〉の起源

L'origine de la duga

Annales d'histoire sociale〔『社会史年報』〕, 1940, 2 : 34.

8 近代繋駕法への照明

Lumières sur l'attelage moderne

Annales d'histoire sociale〔『社会史年報』〕, 1945 : 117-119.

9 車の地理学と民族学への寄与

Contribution à la géographie et à l'ethnologie de la voiture

Revue de géographie humaine et d'ethnologie〔『人文地理学・民族学雑誌』〕, 1, 1948 : 54-64.

10 農業における畜力　時代を超えたその使用史の素描

Les moteurs animés en agriculture. Esquisse de l'histoire de leur emploi à travers les âges

Revue de botanique appliquée et d'agriculture tropicale〔『応用植物学熱帯農学雑誌』〕, 20 (230-231), 1940 : 759-772.

11　人力研究への寄与

Contribution à l'étude du moteur humain

Annales d'histoire sociale〔『社会史年報』〕, 2, 1940 : 131-132.

12　習慣的身振りと衣服の形と荷物の運び方の関係

Relations entre gestes habituels, forme des vêtements et manière de porter les charges

Revue de géographie humaine et d'ethnologie〔『人文地理学民族学雑誌』〕, 3, 1948 : 58-67.

13　自然エネルギー利用の初期の段階

Les premières étapes de l'utilisation de l'énergie naturelle

M. Daumas (éd.), *Histoire générale des techniques*〔M・ドーマ（編）『技術全史』〕. Paris, Presses universitaires de France, 1962, vol. I : 91-115.

III　道具と農業技術

14　農　業

Agriculture

Dictionnaire archéologique des techniques〔『技術考古学辞典』〕, Paris, Éditions de l'Accueil, 1963, vol. 1.

15　いくつかの穀類の起源について

De l'origine de quelques céréales

Annales d'histoire sociale 〔『社会史年報』〕, 1, 1939 : 180-182.

16 穀物、野菜、果樹

Céréales, légumes, arbres fruitiers

Dictionnaire archéologique des techniques 〔『技術考古学辞典』〕, Paris, Éditions de l'Accueil, 1963.

17 犂《アレル》と犂《シャリュ》の生物地理学

Biogéographie des araires et des charrues

Comptes rendus de la Société de biogéographie 〔『生物地理学会報告』〕, 1955, 280 : 77-83*.

Ⅳ 中国と極東における技術と科学

18 中国における鋳造——鉄の鋳造の知識はどのようにして古代中国から中世ヨーロッパへ到来することができたか

La fonte en Chine. Comment la connaissance de la fonte de fer a pu venir de la Chine antique à l'Europe médiévale

Techniques et civilisations 〔『技術と文明』〕, 2 (2) 1952 : 1-5.

19 古代中世の中国科学

La science chinoise anitique et médiévale

R. Taton (éd.), *Histoire générale des sciences* 〔R・タトン（編）、『科学全史』J・ニーダムとの共著〕, vol. 1. Paris, Presses universitaires de France, 1957 : 184-201 et 487-490. En collaboration avec J. Needham. 〔J・ニーダムとの共著〕

V 動物と植物と社会

20 動物の家畜化と植物の栽培と他者による処理
Domestication des animaux, culture des plantes et traitement d'autrui
L'Homme〔『人間』〕, 2 (1), 1962 : 40-50.

21 ヤマノイモ文明での自然と環境 クローンとクランの起源
Nature et culture dans la civilisation de l'igname : l'origine des clones et des clans
L'Homme〔『人間』〕, 4, 1964 : 93-104.

22 原始共同体社会の農業文明の質的諸側面
Aspects qualitatifs des civilisations agricoles de la société de communauté primitive
Actes du VIIe Congrès international des Sciences anthropologiques et ethnologiques〔『人類学的民族学的諸科学第7回国際会議報告書』〕, Moscou, 1964, vol. 5 : 506-507.

23 民族動物学ノート――家畜化における〈排出物〉excreta の役割
Note d'ethnozoologie. Le rôle des excreta dans la domestication
L'Homme〔『人間』〕, 17 (2-3), 1977 : 125-126.

24 生態学とアジア農業
Écologie et agriculture asiatiques
La Pensée〔『ラ・パンセ』〕, 198, 1978 : 131-132.

Ⅵ　結論

25　研究と方法　マリエル・ジャン－ブリュン・ドラマルとの対話
Recherche et méthode. Un dialogue avec Mariel Jean-Brunhes Delamarre
La Pensée〔『思想』〕, 171, 1973 : 10-23.

26　太平洋の群島における民族史の研究
Recherches d'ethno-histoire dans les archipels de l'océan Pacifique
Le Courrier du CNRS〔『国立学術研究センター通信』〕, 5, 1972 : 35-38.

27　技術の起源
L'origine des techniques
Causerie diffusée sur France-Culture〔フランス－文化について放送した談話〕, le 24 janvier 1965 et publiée dans *Le Courrier rationaliste*〔『クリエ・ラショナリスト』紙〕12, 1965 : 32-36.

TAN-BOGORAZ, W.G. 1933. « Reindeer breeding : origin, development and perspectives », in *The problem of the origin of domesticated animals,* Leningrad, Éditions de l'Académie des Sciences [en russe, résumé en anglais] : 219-252.

TANDARD, S. 1910-1911. *Dictionnaire français-cambodgien*. Hong Kong, Imprimerie de la Société des missions étrangères, 2 vol.

THOUIN, A. 1827. *Cours de culture et de naturalisation des végétaux*. Paris, 3 vol. et atlas.

THUNBERG, K. P. 1796. *Voyages de C. P. Thunberg, au Japon, par le cap de Bonne-Espérance, les îles de la Sonde, etc...* Traduits par C. Langlès, Paris, B. Dandré, 4 vol.

TOFFIN, R. 1956. « Haudreville. Établissement agricole millénaire et antique prieuré bénédictin au pays de Marle », *Mémoires de la Fédération des Sociétés savantes du département de l'Aisne*, 3.

— 1959. *L'exposition de l'outil à la main*. Haudreville (Société archéologique de Vervins et de la Thiérache.)

Tu' diên Mèà-viet [Dictionnaire méo-vietnamien], 1971. Hanoi, Nha xuât ban khoa xa hôi.

TYLOR, Sir E. B. 1865. *Researches into the early history of mankind and the development of civilisation*. London, J. Murray.

USHER, A. P. 1929. *A history of mechanical inventions*. New York, McGraw-Hill.

VARLET, 1896. « Dictionnaire », *Mémoires de la Société philomatique de Verdun*, 14.

VAVILOV, N. 1936. « Les bases botaniques et géographiques de la sélection », *Revue de botanique appliquée,* 16 (174) : 124-129 ; (175) : 214-223 ; (176) : 285-293.

VILKUNA, K. 1935. « Das Krummholz im Kumtgeschirr », *Studia Fennica*, 3 : 65-81.

VIOLET, E. 1936. *Les patois mâconnais de la zone de transition entre le francien et le franco-provençal en partant du patois d'Igé*. Mâcon, Protat frères.

WAILES, R. 1956. « A note on windmills », in C. J. SINGER *et al.*, vol. 2 : 623-628.

WANG, Zhen. 1956. *Nong Shu* [Traité d'agriculture]. Pékin, Zhonghua shugu (1re éd. 1313).

WARTBURG, W. VON, 1923. « Notes lexicologiques », *Revue de philologie française et de littérature,* 36 : 96-128.

— 1928-1970. *Französisches etymologisches Wörterbuch*. 23 vol.

WARTBURG, W. VON ; KELLER, H.-E. ; GEULJANS, R. 1969. *Bibliographie des Dictionnaires patois gallo-romans (1550-1967)*. Genève, Droz.

WATT, Sir G. 1889-1896. *A dictionary of the economic products of India*. London, W. H. Allen, 7 vol.

ZÉLIQZON, L. 1922-1924. *Dictionnaire des patois romans de la Moselle*. Strasbourg, Librairie Istra ; New York, Columbia University Press.

ZEUNER, F. E. 1954. « Domestication of animals », in C. J. SINGER *et al.*, vol. 1 : 327-353.

READ, T.T. 1934. « The early casting of iron (a stage in iron age civilisation) », *Geographical review*.
— 1936. « The largest and oldest iron castings », *Iron Age*.
— 1937. « Chinese iron, a puzzle », *Harvard journal of Asiatic studies*, 2 (3-4) : 398-407.
RENOU, L. 1947. *L'Inde classique*, Paris, Payot.
RICHELET, P. 1680. *Dictionnaire françois...* Genève.
RINGELMANN, M. 1905. *Essai sur l'histoire du génie rural*. Paris, Librairie agricole de la Maison rustique.
— 1908. *Le génie rural appliqué aux colonies*. Paris, A. Challamel.
ROBERT, R. 1941. *Notes sur les Tay Deng de Langchánh (Thanh-hoá, Annam)*. Hanoi, Imprimerie d'Extrême-Orient.
ROBIN, 1927. « Enquête sur le matériel agricole en Cochinchine », *Bulletin économique de l'Indo-Chine*.
ROSELLINI, I. 1832-1844. *I monumenti dell'Egitto e della Nubia*. Pisa, 9 vol. et atlas en 3 vol.
ROTOURS, R. DES 1948. *Traité des fonctionnaires et traité de l'armée, traduits de la Nouvelle histoire des T'ang*. Leyde, 2 t. (Bibl. de l'Institut des hautes études chinoises, 6).
SARTON, G. 1927-1948. *Introduction to the history of science*. Baltimore, The Carnegie Institution, Williams and Wilknis.
SAUSSURE, L. DE 1930. *Les origines de l'astronomie chinoise*. Paris, Librairie orientale et américaine Maisonneuve.
SAVINA, F. M. 1924. *Histoire des Miao*. Hong Kong, Société des missions étrangères.
SCHAHUMJAN, R. 1935. « Balkarskaia leksika », in G. Serdutchenko (éd.), *Yaziki severnogo Kavkaza i Dagestana* [Les langues du Caucase septentrional et du Daghestan], Moscou, Éditions d'État sociales et économiques : 67-86.
SCHMIDT, L. 1952. *Gestaltheiligkeit im bäuerlichen Arbeitmythos — Studien zu den Ernteschnittgeräten und ihrer Stellung im europäischen Volksglauben und Volksbrauch*. Wien, Österreichisches Museum für Volkskunde.
SCHULZ, A. 1913. *Die Geschichte der kultivierten Getreide*. Halle, L. Nebert.
SHAW, A.G. 1952. *Introduction à la théorie et à l'application de l'étude des mouvements*. Préface de Sir Stafford Cripps. Paris, C.E.G.O.S. Trad. de *An introduction to the theory and application of motion study*. London, H.M.S.O., 1945.
SHIH, Shêng-han. 1962. *A preliminary survey of the Book Ch'i min yao shu, an agricultural encyclopaedia of the 6th century*. Peking, Science Press.
SINGER, C.J. *et al.*, 1954-1958. *A history of technology*. Oxford, Clarendon Press, 5 vol.
SOMMERFELT, A. 1938. « Études comparatives sur le caucasique du Nord-Est », *Norsk Tidskrift for Sprogvidenskap B.*, 9 : 115-143.
SORRE, M. 1943-1952. *Les fondements biologiques de la géographie humaine*. Paris, A. Colin, 3 vol.
STCHOUPAK, N. ; NITTI, L. ; RENOU, L. 1932. *Dictionnaire sanskrit-français*. Paris, Librairie d'Amérique et d'Orient A. Maisonneuve.
STÜBEL, H. 1937. *Die Li-Stämme der Insel Hainan ; ein Beitrag zur Volkskunde Südchinas*. Berlin, Klinkhardt & Biermann.
SZINNYEI, J. 1910. *Finnisch-ugrische Sprachwissenschaft*. Leipzig, G. J. Göschen.

Maspéro, H. 1929. « L'astronomie chinoise avant les Han », *T'oung pao*, La Haye.

— 1939. « Les instruments astronomiques des Chinois au temps des Han », *Mélanges chinois et bouddhiques*, 6.

Mauss, M. 1935. « Les techniques du corps », *Journal de psychologie*, 32, 3-4 : 271-293 (réédité dans *Sociologie et anthropologie :* 365-386, Paris, P.U.F., 1950).

Mehler, J. 1784. *Erste Sammlung der böhmischen Ackergeräte*. Prague.

— 1794. *Zweite Sammlung der böhmischen Ackergeräte*. Prague-Dresde.

Meillet, A. 1937. *Introduction à l'étude comparative des langues indo-européennes*, Paris, Hachette, 8e éd.

Meyer-Lübke, W. 1911. *Romanisches etymologisches Wörterbuch*. Heidelberg.

Montandon, G. 1934. *L'ologenèse culturelle. Traité d'ethnologie cyclo-culturelle et d'ergologie systématique*. Paris, Payot.

Morgan, L. H. 1877. *Ancient society ; or, researches in the lines of human progress from savagery through barbarism to civilization*. Chicago, Kerr.

Mounier, E. 1948. *L'éveil de l'Afrique Noire*. Paris, Le Seuil.

Needham, J. 1954-1980. *Science and civilisation in China*. Cambridge, Cambridge University Press, 5 vol.

Needham, J. ; Lu Gwei-djen, 1960. « Efficient equine harness, the Chinese inventions », *Physis, Rivista di storia della scienza*, 2, 2 : 121-162.

Nicot, J. 1606. *Thrésor de la langue françoyse, tant ancienne que moderne,...* Paris.

Niederle, L. 1923-1926. *Manuel de l'Antiquité slave*. Paris, E. Champion, 2 vol.

Nong Shu (voir Wang Zhen).

Nordenskiöld, E. 1919-1931. *Comparative ethnographical studies*. Göteborg, Elanders boktryckeriaktiebolag, 6 vol.

Nouveau Larousse illustré. 1898-1901. Paris.

Odin, L. 1910. *Glossaire du patois de Blonay*. Lausanne, G. Bridel.

Oudin, A. 1640. *Curiositez françoises pour supplément aux dictionnaires...*, Paris.

Parain, C. 1935. « L'origine des plantes cultivées », *Annales d'histoire économique et sociale*, 7, 36 : 624-628.

— 1937. « Les anciens procédés de battage et de dépiquage en France », *Travaux du 1er Congrès international de Folklore, Paris 23-28 août 1937,* Publications du Département et du Musée national des arts et traditions populaires ; Tours 1937 [rééd. in *Outils, ethnies et développement historique*, Paris, Éditions sociales, 1979 : 17-28].

— 1941. « The evolution of agricultural technique », in J. H. Clapham, E. Power (eds.), *The Cambridge economic history of Europe*, vol. I, *The agrarian life of the middle ages*.

— 1979. « Évolution des techniques agricoles au Moyen Age », in *Outils, ethnies et développement historique*, Paris, Éditions sociales.

Pelosse, J.-L. 1981. « Trois procédés de tricotage », *Geste et image,* 2 : 16-43.

Pouchat, P. 1906. « Le matériel de ferme au Tonkin », *Bulletin économique de l'Indo-Chine*, 9.

Poux, J. 1945. *La traction canine*, Paris, R. Foulon.

Przyluski, M. 1921. « De quelques noms anaryens en indo-aryen », *Mémoires de la Société de linguistique de Paris,* 22 (5) : 205-210.

Radlov, W. 1893-1911. *Opyt' slovar' Tiurkskih' narečiĭ — Versuch eines Wörterbuches der Türk-Dialekte*. Saint-Pétersbourg, 4 vol.

— 1934. « Rye in the Far East and the Asiatic origin of our word series rye », *T'oung Pao*, 31 : 237-273.
LAYARD, A. H. 1849. *Nineveh and its remains...* London, J. Murray.
LECONTE, F. 1851. *Mémoires pittoresques d'un officier de marine.* Brest, Le Pontois, 2 vol.
LEENHARDT, M. 1930. *Notes d'ethnologie néo-calédonienne.* Paris, Institut d'ethnologie.
— 1932. *Documents néo-calédoniens.* Paris, Institut d'ethnologie.
— 1935. *Vocabulaire et grammaire de la langue houaïlou.* Paris, Institut d'ethnologie.
— 1937. *Les gens de la Grande Terre.* Paris, Gallimard.
LEFEBVRE DES NOËTTES, R. 1931. *L'attelage ; le cheval de selle à travers les âges ; Contribution à l'histoire de l'esclavage.* Paris, A. Picard, 2 vol.
LEROI-GOURHAN, A. 1936. « L'homme et la nature », in *Encyclopédie française*, 7, *L'espèce humaine*, fascicules 10 à 14.
— 1943. *Évolution et techniques*, t. 1. *L'homme et la matière.* Paris, Albin Michel.
— 1945. *Évolution et techniques*, t. 2. *Milieu et techniques.* Paris, Albin Michel.
LESER, P. 1931. *Entstehung und Verbreitung des Pfluges.* Münster im W, Aschendorff.
LI FANG-KWEI. 1948 a. « Notes on the Mak language », *Bulletin of the Institute of History and Philology*, 19 (Taipeh, Academia Sinica).
— 1948 b. « The distribution of initials and tones in the Sui language », *Language*, 24, 2 : 160-165.
LICENT, E. 1924. *Comptes rendus de dix années (1914-1923) de séjour et d'exploration dans le bassin du fleuve Jaune, du Pai Ho et des autres tributaires du golfe du Pei Tcheu Ly.* Tien-tsin, Librairie française.
LIÉTARD, A. 1913. *Au Yun-nan ; Les Lo-lo P'o, une tribu des aborigènes de la Chine méridionale.* Münster im W., Aschendorff, VIII-272 p.
LIGER, L. 1732. *Nouvelle maison rustique ; ou, Économie générale de tous les biens de la campagne...* Paris, C. Prudhomme, (4e éd.).
LITTRÉ, E. 1863-1869. *Dictionnaire de la langue française.* Paris.
LO HSIANG-LIN. 1967. « The Yüeh Bronze Drums, their manufacture and use », in F.S. Drake (ed.), *Symposium on historical, archaeological and linguistic studies.* Hong Kong University Press.
LOISELEUR-DELONGCHAMPS, A. 1843. *Livres sacrés de l'Orient.* Paris, Société du Panthéon littéraire.
LORIMER, D. L. R. 1935. *The Burushaski language.* Oslo, H. Aschehoug ; Cambridge, Mass., Harvard University Press.
LUQUET, G. H. ; RIVET, P. 1933. « Sur le tribulum », in *Mélanges offerts à M. Nicolas Iorga.* Fontenay-aux-Roses — Paris : 613-638.
McGUIRE, J. D. 1894. « A study of the primitive methods of drilling », *Report of the United States National Museum :* 623-766, Washington.
MAGAZANIK, D. A. 1931. *Turecko-russkii slovar/Türkçeden russkaya lûgat* [Dictionnaire turc-russe]. Moscou, Éditions de l'Encyclopédie soviétique.
MALINOWSKI, B. 1922. *Argonauts of the Western Pacific.* London, G. Routledge ; New York, E. P. Dutton.
MASON, O. T. 1895. *The origins of invention : a study of industry among primitive peoples.* London, W. Scott.

in *Actes du VIe Congrès international des sciences anthropologiques et ethnologiques,* t. 2, vol. 1, Paris, Musée de l'Homme : 517-518. [Chapitre 19.]
— 1973. « Recherche et méthode. Dialogue », *La Pensée,* 171 : 10-23. [Chapitre 30.]
HAUDRICOURT, A.G. ; NEEDHAM, J. 1957. « La science chinoise antique et médiévale », in R. Taton (ed.), *Histoire générale des sciences,* vol. 1. Paris, Presses universitaires de France : 184-201 et 487-490. [Chapitre 24.]
HAUST, J. 1927-1933. *Le dialecte wallon de Liège.* Liège, H. Vaillant-Carmanne.
— 1933. *Dictionnaire liégeois.* Liège, H. Vaillant-Carmanne.
Hmongb-shuad jianming cidian [Dictionnaire de poche miao vert-chinois]. 1958, Guiyang, Guizhou minzu chubanshe.
Hmub-diel jianming cidian [Dictionnaire de poche miao noir-chinois]. 1958, Guiyang, Guizhou minzu chubanshe.
HOMMEL, R. P. 1937. *China at work.* New York, Job Day.
HUARD, P.-A. 1948-1949. La science et l'Extrême-Orient. Hanoï, Conférences polycopiées par l'École française d'Extrême-Orient.
HUGUET, E. 1925-1959. *Dictionnaire de la langue française du seizième siècle.* Paris, Didier, 5 vol.
IZIKOWITZ, K.G. 1942. « Quelques notes sur le costume des Puli-Akha », *Ethnos,* 4.
JABERG, L. ; JUD, J. 1928-1940. *Sprach- und Sachatlas Italiens und der Südschweiz.* Zofingen (Suisse), Ringier.
JACOBEIT, W. 1960. « Der Schäferstab in Mitteleuropa, Formen und Funktion, Alter und Verbreitung », Communication au Congrès international des sciences anthropologiques et ethnologiques, Paris.
JEAN-BRUNHES DELAMARRE, M. 1958. « L'étriche de la faux », *Arts et traditions populaires* (3-4) : 286-287.
— 1970. *Le berger dans la France des villages.* Paris, C.N.R.S.
KAEMPFER, E. 1712. *Amoenitatum exoticarum politico-physico-medicarum fasciculi V...* Lemgo, Meyeri.
KARLGREN, B. 1923. *Analytic dictionary of Chinese and Sino-japanese.* Paris, P. Geuthner.
KAUDERN, W. A. 1925-1944. *Games and dances in Celebes.* La Haye, M. Nijhoff (*Ethnographical studies in Celebes ; results of the author's expedition to Celebes, 1917-1920,* vol. 4.)
KOWALEWSKI, 1849. *Dictionnaire mongol-russe-français.* Kasan, Imprimerie de l'Université.
LAMARCK, J.B.P.A. DE MONET DE. 1783-1817. *Encyclopédie méthodique ; Botanique.* Paris, Panckoucke, 13 vol.
LAOUST, E. 1920. *Mots et choses berbères, notes de linguistique et d'ethnographie, dialectes du Maroc.* Paris, A. Challamel.
LAROUSSE, P. 1865-1890. *Grand dictionnaire universel.* Paris, 17 vol.
LATTIMORE, C. 1938. « The geographical factors in Mongol history », *Geographical journal,* 91, 1.
— 1962. « La civilisation mère de barbarie ? », *Annales E.S.C.,* 1 : 95-100.
LAUFER, B. 1917. *The beginnings of porcelain in China.* Chicago, Field Museum of natural history.
— 1919. *Sino-iranica ; chinese contributions to the history of civilisation in ancient Iran, with special reference to the history of cultivated plants and products.* Chicago, Field Museum of Natural History.

— 1962 a. « Domestication des animaux, culture des plantes et traitement d'autrui », *L'Homme*, 2 (1) : 40-50. [Chapitre 25.]
— 1962 b. « Les premières étapes de l'utilisation de l'énergie naturelle », in M. Daumas (ed.), *Histoire générale des techniques,* vol. 1, Paris, Presses universitaires de France : 91-115. [Chapitre 13.]
— 1963 a. « Agriculture », in *Dictionnaire archéologique des techniques,* Paris, Éditions de l'Accueil. [Chapitre 14.]
— 1963 b. « Arboriculture fruitière », in *Dictionnaire archéologique des techniques,* Paris, Éditions de l'Accueil. [Chapitre 16.]
— 1963 c. « Attelage », in *Dictionnaire archéologique des techniques,* Paris, Éditions de l'Accueil : 102-103. [Chapitre 5.]
— 1963 d. « Céréales », in *Dictionnaire archéologique des techniques,* Paris, Éditions de l'Accueil : 261-262. [Chapitre 16.]
— 1963 e. « Légumes », in *Dictionnaire archéologique des techniques,* Paris, Éditions de l'Accueil. [Chapitre 16.]
— 1964 a. « Aspects qualitatifs des civilisations agricoles de la société de communauté primitive », in *Actes du VIIe Congrès international des sciences anthropologiques et ethnologiques,* vol. 5, Moscou : 506-507. [Chapitre 27.]
— 1964 b. « La technologie, science humaine », *La Pensée*, 115 : 28-35. [Chapitre 1.]
— 1964 c. « Nature et culture dans la civilisation de l'igname : l'origine des clones et des clans », *L'Homme*, 4 : 93-104. [Chapitre 26.]
— 1965. « L'origine des techniques », *Le Courrier rationaliste,* 12 : 32-36. [Chapitre 32.]
— 1968. « Ethnominéralogie », in J. Poirier (ed.), *Ethnologie générale,* Paris, Gallimard, Encyclopédie de La Pléiade : 1767-1771.
— 1972 a. *Problèmes de phonologie diachronique*. Paris, SELAF.
— 1972 b. « Recherches d'ethno-histoire dans les archipels de l'océan Pacifique », *Le Courrier du CNRS*, 5 : 35-38. [Chapitre 31.]
— 1972 c. « Souvenirs personnels », *L'Arc* (Marcel Mauss), 48 : 89.
— 1974. « Le nom du champ sur brûlis et le nom de la rizière », *Études rurales,* 53-56 : 467-471. [Chapitre 21.]
— 1975 a. « La paille et la faucille, le foin et la faux », in *Ethnologie et histoire (Mélanges offerts à Charles Parain)*. Paris, Éditions sociales : 49-51. [Chapitre 20.]
— 1975 b. « Les dénominations spécifiques et les instruments de musique », *Ethnos*, 1(4) : 150-152. [Chapitre 23.]
— 1977. « Note d'ethnozoologie. Le rôle des *excreta* dans la domestication », *L'Homme*, 17 (2-3) : 125-126. [Chapitre 28.]
— 1978. « Écologie et agriculture asiatiques », *La Pensée,* 198 : 131-132. [Chapitre 29.]
Haudricourt, A.G. ; Garine, I. de, 1968. « La technologie culturelle. Essai de méthodologie », in J. Poirier (ed.), *Ethnologie générale,* Paris, Gallimard, Encyclopédie de La Pléiade : 731-822. [Chapitre 4.]
Haudricourt, A.G. ; Hédin, L. 1943. *L'homme et les plantes cultivées*. Paris, Gallimard.
Haudricourt, A.G. ; Jean-Brunhes Delamarre, M. 1955. *L'homme et la charrue à travers le monde,* Paris, Gallimard, Encyclopédie de La Pléiade.
— 1960. « " L'étriche " de la faux. Recherches technologiques et linguistiques »,

Guiart, J. 1957. *Contes et légendes de la Grande Terre.* Papeete, Études mélanésiennes.

Guilleminet, T. 1959-1963. *Dictionnaire bahnar-français.* Paris, École française d'Extrême-Orient.

Hadi, S.M. 1902. *The sugar industry of the United Provinces of Agra and Oudh.* Allahabad, F. Luker, Government Press.

Haigneré, D. 1901. *Le patois boulonnais comparé avec les patois du nord de la France*, Paris, A. Picard.

Handbook of South American Indians, 1959, Washington, Smithsonian Institution, Bureau of American Ethnology.

Hatt, G. 1914. *Arktiske skinddragter i Eurasien og America ; en etnografisk studie.* Kobenhavn, J. H. Schulz.

Haudricourt, A.-G. 1936. « De l'origine de l'attelage moderne », *Annales d'histoire économique et sociale,* 8 : 515-522. [Chapitre 6*.]

— 1939. « De l'origine de quelques céréales », *Annales d'histoire sociale,* 1 : 180-182. [Chapitre 15.]

— 1940 a. « Contribution à l'étude du moteur humain », *Annales d'histoire sociale,* 2 : 131-132. [Chapitre 11.]

— 1940 b. « Histoire du nom du soja et agriculture tropicale », *Revue internationale de botanique appliquée,* 20.

— 1940 c. « Les moteurs animés en agriculture. Esquisse de l'histoire de leur emploi à travers les âges », *Revue de botanique appliquée et d'agriculture tropicale,* 20 (230-231) : 759-772. [Chapitre 10.]

— 1940 d. « L'origine de la *duga* », *Annales d'histoire sociale,* 2 : 34. [Chapitre 7.]

— 1942. « Ce que peuvent nous apprendre les mots voyageurs », *Mélanges d'histoire sociale* : 25-30. [Chapitre 3.]

— 1945. « Lumières sur l'attelage moderne », *Annales d'histoire sociale* : 117-199. [Chapitre 8.]

— 1948 a. « Contribution à la géographie et à l'ethnologie de la voiture », *Revue de géographie humaine et d'ethnologie,* 1 : 54-64. [Chapitre 9.]

— 1948 b. « Relations entre gestes habituels, forme des vêtements et manière de porter les charges », *Revue de géographie humaine et d'ethnologie,* 3 : 58-67. [Chapitre 12.]

— 1948 c. « Les phonèmes et le vocabulaire du thai commun », *Journal asiatique,* 88 : 197-238 ; rééd. in *Problèmes de phonologie diachronique,* 1972 : 85-188.

— 1950. « Ploutrer, plouter, bloutrer », in *Mélanges de linguistique et de littérature romanes offerts à Mario Roques,* vol. 1, Paris, Didier : 95-97. [Chapitre 18.]

— 1952. « La fonte en Chine », *Techniques et civilisations,* 2 (2) : 1-5. [Chapitre 22.]

— 1955. « Biogéographie des araires et des charrues », *Comptes rendus de la Société de biogéographie,* 280 : 77-83. [Chapitre 17.]

— 1959. « Méthode scientifique et linguistique structurale », *L'Année sociologique* : 31-48. [Chapitre 2, « Gestes et mouvements », extraits.]

* Les chapitres auxquels il est fait référence pour Haudricourt sont ceux du présent ouvrage [note de l'éditeur].

Espérandieu, E. 1907. *Recueil général des bas-reliefs de la Gaule romaine*. Paris, Imprimerie nationale.

Esquirol, J. 1931. *Dictionnaire 'ka nao-français et français-'ka nao*. Hong Kong, Imprimerie de la Société des missions étrangères.

Esquirol, J. ; Williate, G. 1908. *Essai de dictionnaire dioi-français reproduisant la langue parlée par les tribus Thai de la haute rivière de l'Ouest... suivi d'un Vocabulaire français-dioi*. Hong Kong, Imprimerie de la Société des missions étrangères.

F.E.W. : Französisch-etymologisches Wörterbuch (voir Wartburg, W. Von).

Feldhaus, F. M. 1914. *Die Technik der Vorzeit, der geschichtlichen Zeit und der Naturvölker*. Leipzig-Berlin, W. Engelmann.

— 1931. *Die Technik der Antike und des Mittelalters*. Wildpark-Potsdam, Akademische Verlagsgesellschaft Athenaion.

— 1954. *Die Maschine im Leben der Völker ; ein Überblick von der Urzeit bis zur Renaissance*. Basel, Birkhäuser.

Flavigny, R. C. 1940. *Le dessin de l'Asie occidentale ancienne et les conventions qui le régissent*. Paris, Maisonneuve.

Forbes, R. J. 1956. « Power », in C. J. Singer *et al.*, vol. 2 : 589-622.

— 1955-1958. *Studies in ancient technology,* Leyde, E. J. Brill, 6 vol.

Forrer, R. 1932. « Les chars cultuels préhistoriques. Leurs survivances aux époques historiques », *Préhistoire*, 1 : 19-123.

Frémont, C. 1913. *Origine et évolution des outils*. Paris, Société d'encouragement pour l'industrie nationale.

Furetière, A. 1690. *Dictionnaire universel*. La Haye et Rotterdam (plusieurs éditions jusqu'en 1727).

Garnier, J. 1901. *Voyage autour du monde. La Nouvelle-Calédonie (côte orientale)*. Nouvelle édition augmentée. Paris, Plon-Nourrit.

Gauthiot, R. 1909. « Des noms de l'abeille et de la ruche en indo-européen et en finno-ougrien », *Mémoires de la Société de linguistique de Paris,* 16 : 264-279.

Gernet, J. 1952. « Comportements en Chine archaïque », *Annales E.S.C.,* 1 : 31-38.

Gille, B. 1956. « Machines », in C. J. Singer *et al.,* vol. 2 : 629-658.

Gilliéron, J. L. ; Edmont, E. 1902-1910. *Atlas linguistique de la France*. Paris, H. Champion.

Gilliéron, J. L. ; Mongin, J. 1905. *Scier dans la Gaule romane du Sud et de l'Est*. Paris, H. Champion.

Godefroy, F. 1881-1902. *Dictionnaire de l'ancienne langue française et de tous ses dialectes, du IXe au XVe siècle*. Paris.

Grande Encyclopédie (La). 1886-1902. Paris, H. Lamirault, 32 vol.

Granet, M. 1929. *La civilisation chinoise ; la vie publique et la vie privée*. Paris, Renaissance du Livre.

— 1934. *La pensée chinoise*. Paris, Renaissance du Livre.

Grierson, Sir G. A. 1885. *Bihar peasant life, being a discursive catalogue of the surroundings of the people of that province*. Calcutta, The Bengal Secretariat Press ; London, Trübner (2nd rev. ed. Patna, Superintendant, Government printing, Bihar and Orissa, 1926).

Grist, D. H. 1936. *An outline of Malayan agriculture*. Kuala Lumpur, Department of Agriculture.

Guaman Poma de Ayala, F. 1936. *Nueva Coronica y Buen Gobierno* (Codex péruvien illustré). Paris, Institut d'ethnologie.

Cotgrave, R. 1611. *A Dictionarie of the French and English tongues.* London [autres éd. : 1632, 1660, 1673].

Courant, V. 1931. *Le martyr de la Nouvelle-Calédonie. Blaise Marmoiton, frère coadjuteur de la Société de Marie, 1812-1847.* Lyon-Paris, Vitte.

Cueng6-Han sü2 vei (bon3 siu6 ding6) [Dictionnaire de poche zhuang-chinois]. 1959, Nanning, Guang3 si6 min2 cu2 cu2 ban3 se.

Dampier, W. 1701. *Suite du voyage autour du monde... avec un Traité des vents qui règnent dans toute la zone torride...* Amsterdam, Paul Marret.

Daremberg, C. ; Saglio, E. 1877-1919. *Dictionnaire des Antiquités grecques et romaines d'après les textes et les monuments.* Paris, Hachette.

Dauzat, A. 1938. *Dictionnaire étymologique de la langue française.* Paris, Larousse.

Davias-Baudrit, J. 1966. *Dictionnaire rhadé-français.* Banmêthuòt, Mission catholique.

Davidson, D. S. 1936 a. « Australian throwing sticks, throwing clubs and boomerangs », *American anthropologist*, 38 (1).

— 1936 b. « The spearthrower in Australia », *Proceedings of the American philosophical Society,* 74 : 445-483.

Davies, N. de Garis. *The rock tombs of Deir el Gebrawi.* London, Egypt Exploration Fund.

Deffontaines, P. 1932. « Note sur la répartition des types de voitures », in *Mélanges de géographie et d'orientalisme offerts à E.-F. Gautier.* Tours, Arrault.

Demenÿ, G. E. J. 1904. *Mécanisme et éducation des mouvements.* Paris, Alcan (Bibliothèque scientifique internationale, 99).

Deniker, J. 1900. *Les races et les peuples de la terre.* Paris, Schleicher.

Descamps, P. 1930. *État social des peuples sauvages.* Paris, Payot.

Dictionnaire de poche miao-chinois (voir *Hmongb-shuad...* et *Hmub-diel...*).

Dictionnaire de poche zhuang-chinois (voir *Cueng6-Han...*).

Dictionnaire de Trévoux (voir *Dictionnaire universel...*).

Dictionnaire méo-vietnamien (voir *Tu' diên...*).

Dictionnaire universel français et latin, contenant la signification et la définition tant des mots de l'une et l'autre langue... 1704. Trévoux, E. Ganeau, 3 vol. [plusieurs éditions ultérieures jusqu'en 1771].

Diguet, E. 1895. *Étude de la langue Taï ; Précédée d'une notice sur les races des hautes régions du Tonkin comprenant grammaire, méthode d'écriture Taï et vocabulaires.* Hanoi, F.-H. Schneider.

Dikaios, P. 1940. « The excavations at Vounous-Bellapaïs in Cÿprus », *Archaeologia*, 88 : 1-174.

Donaldson, J. 1970. *Tai-Vietnamese-English vocabulary.* Saigon, Tu sach ngôn-ngû dan-toc tuen-sô Viêt-nam.

Dournes, J. 1965. *Ébauche de dictionnaire de la langue Jörai.* Cöreo.

Du Mesnil Du Buisson, 1932. « Instruments agricoles de Syrie », *L'Ethnographie*, nouvelle série, 25 : 107-115.

Duraffour, A. 1923. *Extrait d'un lexique patois-français du parler de Vaux-en-Bugey (Ain).* Grenoble, Allier (Annales de l'université de Grenoble, 34, 2).

Enquête sur l'ancienne agriculture réalisée par le Congrès international de Folklore. 1937. Paris (Manuscrits conservés aux Archives du Musée national des A.T.P.).

— 1935 a. « Avènement et conquêtes du moulin à eau », *Annales d'histoire économique et sociale,* 7 : 538-563.
— 1935 b. « Les inventions médiévales », *Annales d'histoire économique et sociale,* 7 : 634-643.
— 1936. « Les techniques, l'histoire et la vie », *Annales d'histoire économique et sociale,* 8 : 513-515.
BLOCH, O. 1914. *Atlas linguistique des Vosges méridionales*. Paris, H. Champion.
BLÜMNER, H. 1875-1886. *Technologie und Terminologie der Gewerbe und Künste bei Griechern und Römern*. Leipzig, 4 vol.
BOILLOT, F.-F. 1910. *Le patois de la commune de la Grand-Combe (Doubs)*. Paris, H. Champion.
BRAIDWOOD, R. J. 1960. « The agricultural revolution », *Scientific American*, 203 : 130-148.
BREBION, A. 1935. « Dictionnaire de bio-bibliographie générale ancienne et moderne de l'Indochine française », *Annales, Académie des sciences coloniales*, 8.
BRUNEAU, C. 1914. *Enquête linguistique sur les patois d'Ardenne*. Paris, vol. 1 (Bibliothèque de l'École des Hautes Études, Sections philologie et histoire, t. 207).
CAPOT-REY, R. 1946. *Géographie de la circulation sur les continents*. Paris, Gallimard, 2e éd.
CHARRIER et BERTRAIS, RR. PP. 1963. Dictionnaire hmong-français. Vientiane (miméogr.)
CHAVANNES, E. 1898. [trad. et annot.]. *Les mémoires historiques de Se-Ma Ts'ien*. Paris, E. Leroux.
— 1909. *Mission archéologique dans la Chine septentrionale*. Paris, Imprimerie nationale, 2 vol. (École française d'Extrême-Orient).
CHILDE, V. G. 1954 a. « Rotary motion », in C. J. SINGER *et al.*, vol. 1 : 187-215.
— 1954 b. « Wheeled vehicles », in C. J. SINGER *et al.*, vol. 1 : 716-729.
— 1960. *What happened in history ?* London, M. Parrish. (Trad. : *Le mouvement de l'histoire*. Paris, Arthaud, 1961.)
CLÉMENT, P. 1948. « Le forgeron en Afrique Noire. Quelques attitudes du groupe à son égard », *Revue de géographie humaine et d'ethnologie*, 1 (2).
COCHET, E. 1933. *Le patois de Gondecourt (Nord)*. Paris, E. Droz.
COHEN, M. 1949. « Autour de l'ethnographie », *La Pensée*, 26 : 89-97.
— 1962. « Sur l'ethnologie en France », *La Pensée,* 105 : 85-96.
COLANI, M. 1938. « Mères et petits enfants », *Institut indo-chinois pour l'étude de l'homme*.
COLE, S.M. 1954. « Land transport without wheels », in C. J. SINGER *et al.,* vol. 1 : 704-715.
CONDOMINAS, G. 1957. *Nous avons mangé la forêt*. Paris, Mercure de France.
CONFUCIUS. « Tchong-Yong » [L'invariable milieu] in S. COUVREUR (trad.) *Les quatre livres,* 1895, Ho kien fou, Impr. de la mission catholique ; rééd. 1949, Paris, Catharsia ; traduit également par G. PAUTHIER in *Les livres sacrés de l'Orient*, 1857, Paris, Bureau du Panthéon littéraire.
COON, C. S. 1954. *The story of man ; from the first human to primitive culture and beyond*. New York, Knopf.
CORBLET, J. 1851. *Glossaire étymologique et comparatif du patois picard, ancien et moderne...* Paris, Dumoulin (extrait des Mémoires de la Société des antiquaires de Picardie, t. 9).

全般的な文献

ADAM, L. 1881. *Les patois lorrains*. Paris, Maisonneuve.

ALEMBERT, J. LE ROND d' ; DIDEROT, D. 1751-1765. *Encyclopédie ou Dictionnaire raisonné des sciences, des arts et des métiers*. Paris et Neuchâtel.

ALVAREZ, J.-M. 1930. *Formosa geografica e historicamente considerada*. Barcelona, L. Gili, 2 vol.

AMIOT, J.-M. 1789-1790. *Dictionnaire tartare-mantchou-français*. Paris, F.-A. Didot l'aîné, 3 t. en 2 vol.

ANDREWS, F. H. 1935. *Descriptive catalogue of antiquities recovered by Sir Aurel Stein... during his explorations in Central Asia, Kansu and eastern Iran*. Delhi, Manager of publications.

ARISTOTE. *Morale à Nicomaque*. Trad. J. Barthélémy-Saint-Hilaire, Paris, A. Durand, 1856.

« Atlas ethno-linguistique » [Plusieurs publications sous ce titre dans le] *Bulletin du CEDRASEMI* (Centre de documentation et de recherche sur l'Asie du Sud-Est et le monde insulindien), 1970, 1 (1) ; 1971, 2 (2 et 4) ; 1972, 3 (1 et 4).

BALTZER, L. 1881. *Glyphes des rochers du Bohuslän (Suède)*. Gothembourg, Göteborgs Handelstidnings Aktiebolag.

BARNIER, L. 1950. *L'analyse des mouvements*. Paris, Presses universitaires de France, 2 vol.

BARRAL, J.-A. ; SAGNIER, H. 1889. *Dictionnaire d'agriculture*. Paris, Hachette.

BARRAU, J. 1956. *L'agriculture vivrière autochtone de la Nouvelle-Calédonie*. Nouméa, Commission du Pacifique Sud.

BAUDOUIN, A. 1887. « Glossaire du patois de la forêt de Clairvaux », *Mémoires de la Société académique d'agriculture des sciences, arts et belles-lettres du département de l'Aube*.

BERG, G. 1935. *Sledges and wheeled vehicles ; ethnological studies from the viewpoint of Sweden*. Stockholm, C.E. Fritze ; Copenhagen, Levin & Munksgaard (Nordiska museets handlingar, 4).

BERTHE, L. 1959. « Sur quelques distiques Buna' (Timor central) », *Bijdragen tot de Taal-Land-en Volkenkunde,* 115 (4) : 336-371.

BESCHERELLE, L. N. 1843. *Dictionnaire national, ou Grand dictionnaire critique de la langue française*. Paris, M. Simon (14e éd., 1870).

BEST, E. 1925. *Games and pastimes of the Maori*. Wellington, Whitcombe and Tombs (New Zealand, Dominion Museum, Bulletin n° 8).

BIOT, J.-B. 1840. *Recherches sur l'ancienne astronomie chinoise*. Paris, Imprimerie royale.

— 1862. *Études sur l'astronomie indienne et sur l'astronomie chinoise*. Paris, Lévy.

BLOCH, M. 1926. « Technique et évolution sociale », *Revue de synthèse historique*, 41 : 91-99.

著者紹介

アンドレ－ジョルジュ・オードリクール
(André-Georges Haudricourt)

1911-1996年。フランスの植物学者，人類学者，言語学者。1931年，国立農業研究所卒業。国立科学研究センターで植物学の研究ののち，1945年，言語学部門に移り，アジアの諸言語，特に古代中国語とベトナム語の研究を行なう。主な論文に「ベトナム語における声調の起源」(1954年)など。

訳者紹介

山田慶兒（やまだ・けいじ）

1932年福岡生まれ。京都大学名誉教授，国際日本文化研究センター名誉教授，中国科学院名誉教授。専門は，科学史。京都大学理学部宇宙物理学科卒，同大学大学院文学研究科西洋史学専攻修士課程修了。中国古代医学史研究でA. L. Basham Medal受賞。

著書に『黒い言葉の空間』（1988, 中央公論社, 大佛次郎賞）『夜鳴く鳥――医学・呪術・伝説』（1990）『中国医学はいかにつくられたか』（1999）『中国医学の起源』（1999）『気の自然像』（2002，以上岩波書店）『日本の科学　近代への道しるべ』（2017，藤原書店）他多数。編書に『東アジアの本草と博物学の世界』上・下（1995，思文閣出版）他。訳書にガリレオ『偽金鑑識官』（共訳, 2009, 中央公論新社），『ルネサンスの工学者たち』（2005，以文社）他。

作《つく》ること　使《つか》うこと――生活技術《せいかつぎじゅつ》の歴史《れきし》・民族学的研究《みんぞくがくてきけんきゅう》

2019年 3月10日　初版第1刷発行 ©

訳　者　山　田　慶　兒
発行者　藤　原　良　雄
発行所　株式会社　藤　原　書　店

〒162-0041　東京都新宿区早稲田鶴巻町523
電　話　03（5272）0301
ＦＡＸ　03（5272）0450
振　替　00160 - 4 - 17013
info@fujiwara-shoten.co.jp

印刷・製本　中央精版印刷

落丁本・乱丁本はお取替えいたします
定価はカバーに表示してあります

Printed in Japan
ISBN978-4-86578-212-7